犯罪心理学

（第二版）

主　　编：姚　峰

副 主 编：连春亮　吴艳华

参编人员：（以撰写章节先后为序）

吴艳华　周世军　段春媛

连春亮　师玮玮　黄通勇

李　瑞　姚　峰

法律出版社
LAW PRESS · CHINA

——北京——

图书在版编目(CIP)数据

犯罪心理学 / 姚峰主编. -- 2 版. -- 北京 : 法律出版社, 2020(2023.2 重印)
ISBN 978-7-5197-4374-1

Ⅰ. ①犯… Ⅱ. ①姚… Ⅲ. ①犯罪心理学－教材 Ⅳ. ①D917.2

中国版本图书馆 CIP 数据核字(2020)第 056013 号

犯罪心理学(第二版)
FANZUI XINLIXUE(DI-ER BAN)

姚 峰 主编

责任编辑 李 群 陈 熙
装帧设计 贾丹丹

出版发行 法律出版社
编辑统筹 法规出版分社
责任校对 张红蕊
责任印制 耿润瑜
经　　销 新华书店

开本 710 毫米×1000 毫米 1/16
印张 20.5 **字数** 390 千
版本 2020 年 7 月第 2 版
印次 2023 年 2 月第 2 次印刷
印刷 永清县金鑫印刷有限公司

地址:北京市丰台区莲花池西里 7 号(100073)
网址:www.lawpress.com.cn
投稿邮箱:info@lawpress.com.cn
举报盗版邮箱:jbwq@lawpress.com.cn

销售电话:010-83938349
客服电话:010-83938350
咨询电话:010-63939796

书号:ISBN 978-7-5197-4374-1
定价:45.00 元

凡购买本社图书,如有印装错误,我社负责退换。电话:010-83938349

前　言

本教材较全面地反映了我国犯罪心理学的理论发展和最新成果，同时在教材结构和编写体例上作了创新性安排。本教材由理论与实践两篇组成，理论篇系统地阐明了犯罪心理学的研究对象、学科性质、学科体系、基础理论、发展历程等学科基本知识；实践篇系统地论述了变态心理与犯罪、犯罪心理的预测、犯罪心理的预防、犯罪危险性评估、罪犯心理矫正等重要问题。

该教材的创新点在于各章均采用了最新的国内外犯罪个案作为教学案例；结合西方精神分析理论和犯罪学思想进行犯罪人分类并进行危险等级的划分；结合中国传统文化的思想提出矫正罪犯的办法和策略；将西方心理学和中国传统文化相结合提出了预防犯罪的对策。本教材着重培养刑事执行、监狱管理、法律事务、心理咨询等专业学生的犯罪心理学的分析问题能力和解决问题能力，夯实这些专业学生的基本功，为这些专业其他主干业务课程的学习打牢基础，也给那些预防犯罪工作者以及对犯罪心理学感兴趣的人士提供参考。

《犯罪心理学》由姚峰任主编，连春亮、吴艳华任副主编。全书经姚峰审查、修改定稿。各章撰稿人（以撰写章节先后为序）为：

吴艳华　（河北司法警官职业学院）：第一章、第二章
周世军　（湖南司法警官职业学院）：第三章、第七章
段春媛　（黑龙江司法警官职业学院）：第四章、第八章
连春亮、师玮玮　（河南司法警官职业学院）：第五章、第六章、第九章
黄通勇　（四川司法警官职业学院）：第十章
李　瑞　（湖南司法警官职业学院）：第十一章
姚　峰　（安徽警官职业学院）：第十二章、第十三章、第十四章、第十五章

目　录

第一章

犯罪心理学概述

犯罪是人类文明的阴影，它既是人类面临的一道永恒的难题，又是人类文明进程中的正常社会现象。由于它对社会的危害严重，至今仍是世界各国普遍关注的问题。从古至今，无论是西方还是东方，人们都在不断探求犯罪到底是怎么产生的；有哪些因素对犯罪现象的产生起到了至关重要的作用；是什么原因促使犯罪人实施了危害他人或社会的行为；如何预防、减少犯罪现象的发生；等等。为解决这些问题，犯罪科学的庞大学科体系应运而生。随着科学的发展，特别是随着心理学、精神病学、医学等科学的发展，人们又从心理学的角度来探讨犯罪的问题，为研究犯罪现象、犯罪原因开辟了一个新天地，形成了一门犯罪学的分支学科——犯罪心理学。

第一节　犯罪心理学的研究对象

一、犯罪心理学的研究对象和内容

任何一门学科都有自己的研究对象和研究内容，犯罪心理学也不例外。要了解犯罪心理学的研究对象和研究内容，就必须先弄清楚什么是犯罪心理学。

（一）犯罪心理学的含义

犯罪心理学的含义历来有狭义和广义两种理解，至今仍是如此。

狭义的犯罪心理学，是指运用心理学的基本原理研究犯罪主体的心理和行为的一门学科；广义的犯罪心理学，是指运用心理学的基本原理研究犯罪主体的心理和行为以及犯罪对策中的心理学问题的一门学科。可见，广义的犯罪心理学包括狭义的犯罪心理学和有关预测预防犯罪的心理学问题。在我国，罗大华教授是广义说的代表，他认为，“犯罪心理学是研究影响和支配犯罪人实施犯罪行为的心理结构的形成、发展和变化规律以及犯罪对策的心理学依据的一门学科”。而邱国梁教授则是狭义说的代表，他认为：“犯罪心理学是研究实施犯罪行为的主体——犯罪人的一系列心理活动及其客观规律的一门学科。”也就是说，犯罪心理学不仅研究犯罪主体的犯罪心理产生、形成及发展规律，还要研究如何运用这些规律对付犯罪的心理对策，包括侦查心理、审讯心理、被害人心理、知情人心理、犯罪心理的预测、预防等犯罪对策心理，以便人们更好地应用犯罪心理学为实践服务。本书根据社会实践的需要，认为广义说更具有现实意义，故采用广义说。

既然犯罪心理学研究犯罪人的心理和犯罪对策中的心理学依据，那我们就必须要弄清楚与之相关的几个概念。

1. 犯罪与犯罪人

（1）犯罪。犯罪是具有严格刑法意义的概念。《刑法》第 13 条明确规定：“一切危害国家主权、领土完整和安全，分裂国家、颠覆人民民主专政的政权和推翻社会主义制度，破坏社会秩序和经济秩序，侵犯国有财产或者劳动群众集体所有的财产，侵犯公民私人所有的财产，侵犯公民的人身权利、民主权利和其他权利，以及其他危害社会的行为，依照法律应当受刑罚处罚的，都是犯罪……”因此，所谓犯罪就是危害社会的、触犯刑事法律的、依法应受刑罚处罚的行为。可见，犯罪有三个基本特征：社会危害性、刑事违法性和依照刑法的规定应受刑罚惩罚性。

值得注意的是，关于犯罪心理学中犯罪的概念和刑法学中犯罪的概念是否一致的问题，一直存在争论。一种观点认为，“犯罪心理学中‘犯罪’的概念必须与刑法学中‘犯罪’的概念相一致”，也即犯罪心理学中的“犯罪”概念是以刑法学中“犯罪”的概念为限的，否则，容易造成刑事法学理论和刑事司法实践的混乱。另一种观点认为，“犯罪心理学中的犯罪概念与犯罪学中的犯罪概念是一致的，是泛指一切比较严重的危害社会的行为。它不仅包括刑法上的犯罪行为，而且还包括其他法律文件所规定的违法行为，以及人们，特别是青少年的不良行为”。比如梅传强教授就认为，第一种观点是合理的。主要理由如下：第一，犯罪概念是整个刑事法律科学最基本的概念，在“刑事一体化”思想越来越深入人心的今天，如果各门学科之间对犯罪这个最基本的概念的认识都存在较大分歧，势必引起人们思维的迷茫和学科之间的混乱，不利于学科的发展；第二，基于研究犯罪行为发生的规律和预防犯罪的需要，虽然犯罪心理学要研究违法行为、精神病人的危害行为、未达到刑事责任年龄的人的不良行为等，但上述行为在犯罪学和犯罪心理学中并未称作犯罪行为，他们与刑法意义上的犯罪行为显然是有区别的，因此，不能说犯罪学和犯罪心理学扩大了刑法学的犯罪概念的外延。事实上，所有刑事法学科关于犯罪的认识，都是以刑法学中关于犯罪的概念为基础的。当然，刑法学和犯罪心理学是从不同的角度来研究犯罪问题的，所以他们对犯罪问题的研究各有侧重点。刑法学主要研究犯罪行为的构成要件和处罚原则，以及如何准确地根据行为人的具体行为表现定罪量刑。而犯罪心理学侧重研究犯罪行为发生的心理原因、心理规律，目的在于寻找治理犯罪的心理依据和心理对策，因而更注重对犯罪行为发生原因及过程的研究。由此，犯罪心理学所指的“犯罪”比刑法学中的“犯罪”概念更为宽泛，它把一般违法行为也纳入研究范围。但不管怎样，犯罪心理学对犯罪心理现象的探讨应以刑法学对犯罪的规范为基础。

（2）犯罪人。犯罪人是指实施了犯罪行为，被认定为有罪的人。这是严格法律意义上的概念。而犯罪心理学所研究的行为主体比法律意义上的犯罪人要宽泛得多。

犯罪，作为人类的一种特殊的社会行为，其发生、发展和完成总是要受到人的特定心理活动支配和制约的，所以要研究犯罪人的行为还必须明确心理与犯罪心理的概念。

2. 心理、犯罪心理与犯罪行为

（1）心理。心理也称心理现象、心理活动，是人脑的机能，是人脑对客观现实的主观能动反映，是人们所共有的。人的心理现象包括心理过程（认识过程——感觉、知觉、记忆、思维、想象；情绪情感过程——情绪、情感；意志过程——意志行动、行为习惯等）和个性心理（个性心理倾向性——需要、动机、兴趣、理想、信念、世界观等和个性心理特征——气质、性格、能力）以及心理状态三部分内容，我们进行任何活动都要有这些心理现象的参加，实施犯罪也要有这些心理现象的参与。人的心理是客观现实作用于人的大脑后“内化”的结果，它一经形成，就会对外界环境影响作出能动反映，这种反映就是行为。行为是人的心理“外化”的结果，受心理的调节和控制。

（2）犯罪心理。犯罪心理是指影响和支配犯罪人准备和实施犯罪的各种心理因素的总称，或者说是指挥或控制犯罪人准备和实施犯罪行为的全部心理活动的总称。它具有内隐性、整体性和危害性的特征。

（3）犯罪行为。犯罪行为是指犯罪人在一定的犯罪心理影响与支配下，所实施的危害社会的、触犯刑律的、应受刑罚处罚的各种行为的总称。它是犯罪心理外化的结果。

3. 犯罪心理与犯罪行为的关系

犯罪心理与犯罪行为的关系可以归纳为以下三点：

（1）犯罪心理是犯罪行为发生的内在根据。正如心理是行为发生的内在根据一样，犯罪心理是犯罪行为发生的内在根据。犯罪行为因犯罪心理的存在而发生，即先有犯罪心理，后有犯罪行为。任何犯罪活动（过失犯罪除外）都具有一定的动机和目的，而只有具有犯罪心理的人才会产生犯罪动机，并进而把它演化为犯罪行为。不受犯罪心理影响的犯罪行为是不存在的。正因如此，我们对犯罪心理的研究才具有意义。

（2）犯罪行为是犯罪心理的外化。行为是心理的外化，是心理的外部表现。犯罪行为同样是犯罪心理的外化，是犯罪心理的外部表现。犯罪心理是犯罪人大脑活动的结果，具有内隐性，在没有用语言和动作的形式表现出来，即没有发生犯罪行为之前，是看不见、摸不着、听不到的。而犯罪行为则是外显的，其表现形形色色。因此，我们必须通过观察、分析和研究犯罪人的犯罪行为来推断、分析其犯罪心理活动，以找到犯罪心理形成、发展和变化的规律。

（3）犯罪行为受犯罪心理的调节和控制，犯罪心理又会因犯罪行为的实施而得到巩固和强化。任何犯罪行为都是在犯罪心理的支配下发生的，即有什么样的犯罪心理就会发生什么样的犯罪行为（指故意犯罪而言），并随着犯罪心理的发展变化而发展变化；犯罪行为的实施又会对原有的犯罪心理起到强化和巩固的作用，使犯罪心理进一步向恶性方向发展。

总之，犯罪心理具有内隐性特征，而犯罪行为则具有外显性特征；犯罪心理具有相对的独立性，而犯罪行为则具有依存性；犯罪心理形成在先，犯罪行为发生在后。

4. 犯罪心理与一般心理现象的关系

犯罪心理与一般心理活动，从心理现象上说并无本质区别。一般人有感觉、知觉、记忆、思维、想象、情感、意志、需要、动机、气质、性格、能力等，犯罪人也有这些心理活动。但是从心理活动的内容和方式来看，则有本质的区别。比如，一般人和犯罪人都有需要，但是他们需要的内容、层次和满足需要的方式则显著不同；一般人和犯罪人都有情感，但犯罪人缺乏高级的社会性情感；一般人和犯罪人都会在社会生活中因某种原因而产生心理失衡感，但是他们解决心理失衡的方式方法截然不同，或者说他们的心理反应机制是不同的；一般人和犯罪人都有认知活动，但是他们认知选择的内容却完全不同，守法者在进行认知选择时，选择的更多的是积极因素，而犯罪人在进行认知选择时，选择的多是消极因素。

犯罪心理活动仍要遵循一般的心理规律，如心理是脑的机能，脑是心理活动的物质器官；心理是人脑对客观现实的主观能动反映；心理是在社会实践中产生和发展的。犯罪心理也是如此。但是，犯罪心理的发生、发展、变化在遵循一般心理活动规律的同时，也有某些个性的东西，因为犯罪人毕竟是人类社会中一个特殊的人群，犯罪心理学正是研究这一特殊人群中具有共性的心理特征和规律的科学。

人的心理具有发展性和相对稳定性的特点，犯罪心理同样如此。发展性是指犯罪心理形成后并不是一成不变的，而是随着主客观条件的变化而发生着变化；相对稳定性是指犯罪心理一旦形成，便会保持一段相对稳定的时期。当然，在犯罪心理保持相对稳定的同时，其内部的构成要素仍然在发展变化着，只不过这种发展变化不足以破坏犯罪心理的稳定性。

所以，犯罪心理与一般心理既有联系，又有区别。

（二）犯罪心理学的研究对象与内容

根据犯罪心理学有狭义和广义之说，犯罪心理学的研究对象也有狭义和广义之分。狭义的犯罪心理学把犯罪主体的心理与行为即犯罪心理与犯罪行为作为其研究对象。广义的犯罪心理学的研究对象，除包括狭义的犯罪心理学的研究对象外，还应该把侦查心理、审讯心理、被害人心理、证人心理、审判心理以及犯罪心理的预测预防和矫治等作为其研究对象。也就是说，广义的犯罪心理学既研究犯罪人的心理和行为，又研究与犯罪作斗争的对策心理学部分，即被认为是司法心理学的有关内容。本书采广义的犯罪心理学的理论体系与架构，其研究对象具体包括：

1. 研究对象所涉及的行为人的范围

（1）犯罪人。这是犯罪心理学的主要研究对象。

（2）一般违法人。它是指虽然违反了法律，但情节显著轻微、危害不大和违反《治安管理处罚法》的行为人。虽然犯罪行为与一般违法行为在法律上有比较明显的界定，但从心理机制上看，违法与犯罪的心理之间却是一脉相承、难以区分的，并且，犯罪行为往往是由一般违法行为演变而来的。因此，为了预防犯罪，致力于将犯罪消灭在萌芽状态，犯罪心理学有必要把一般违法人作为研究对象。

（3）虞犯。它是指可能犯罪的人，一般指那些人格有严重缺陷的人。他们经常出入不良场所；与有犯罪习性的人交往；经常旷课、逃学或离家出走；参加不良组织；经常携带凶器，寻衅滋事等。这些人在犯罪心理形成之前，往往在认知、需求、情感与行为上表现出异常的征兆。犯罪心理学之所以把这些人的心理作为研究对象，是为了探求其心理逐渐恶变的规律，为犯罪心理的预测、预防提供理论和实践依据。

（4）刑满释放与解除劳动教养人员。实践表明，刑满释放与解除劳动教养人员中那些未被真正矫正好的人，容易重新犯罪，而且许多大案、要案、恶性案件都是他们所为，社会危害性极大。为了预防和及时制止他们重新犯罪，犯罪心理学把他们作为研究对象不仅非常必要，而且也符合“首要标准”的要求。

（5）揭露与惩治犯罪的有关人员。揭露与惩治犯罪是公安、司法部门的主要任务，因此担负这项任务的工作人员的心理状况直接影响着任务的完成。为了提高办案质量，犯罪心理学有必要把这部分人的心理作为研究对象。此外，在揭露犯罪的过程中，证据起着至关重要的作用。而证据的主要来源除犯罪人的供述外，还有被害人的陈述和证人证言等。为了取得有效的、可靠的证据，犯罪心理学不能不研究被害人和证人的心理。

（6）监管矫治犯罪人的人员。监管矫治罪犯的工作主要由监狱（对在狱内服刑的罪犯进行监管矫治）和司法行政机关（对在社区服刑的罪犯进行监管矫治）的工作人员来完成，他们的心理素质和心理状况如何，直接影响着犯罪人犯罪心理矫治的成效。因此，犯罪心理学同样有必要研究这部分人的心理。

2. 研究内容

犯罪心理学的研究内容十分广泛，主要研究：

（1）犯罪心理学的研究对象、任务和方法。

（2）犯罪心理学的研究历史与现状。

（3）犯罪心理的成因——研究各种犯罪原因的理论流派；研究犯罪心理的形成机制和犯罪心理形成的影响因素；研究犯罪主体犯罪心理的各种表现。

（4）不同类型犯罪人的心理特征及表现。

（5）被害人、知情人心理。

（6）犯罪的对策心理——研究侦查对策心理；研究犯罪的预测和预防；研究犯罪心理的矫正对策等。

（三）犯罪心理学的学科性质

1. 犯罪心理学既是一门交叉性学科，也是一门边缘性学科

犯罪心理学从它用于与犯罪作斗争而研究犯罪人的犯罪行为而言，属“犯罪学科”，从把普通心理学原理延伸用以研究社会的特殊心理而言，又属“社会心理学”的范围，或称“应用心理学”，是社会心理学的一个分支。可见，犯罪心理学既是犯罪科学体系中的一个分支学科，又是心理科学体系中的一个分支学科，它是介于这两门学科之间的一门交叉性学科或叫边缘性学科。在犯罪学科体系中，广义犯罪心理既涉及犯罪原因学领域，又涉及刑事司法学领域，还涉及犯罪防治学领域；在心理学科体系中，犯罪心理学是应用心理学领域——法律心理学的一个分支学科。但是，犯罪心理学绝不是犯罪科学的部分领域与心理科学的

部分领域的简单拼凑，而是采用了大量的心理科学的理论、方法、研究成果，研究犯罪科学的基本对象——犯罪人及犯罪对策，从而形成一门独立的学科——犯罪心理学。所以说，这门学科的主体内容是心理学与犯罪学的彼此结合、渗透和交叉。

2. 犯罪心理学是一门侧重于社会科学的综合性学科

犯罪是一种常见的社会现象，是在一定的社会历史条件下阶级矛盾和社会其他各种矛盾的综合反映。某种行为是否被视为犯罪行为，是由一定社会的统治阶级通过法律的形式来规定的。由于人是社会的人，所以某个体或某群体犯罪，社会因素往往起着主要的作用，是各种社会因素相互作用的结果。犯罪人的犯罪心理是各种消极的、不良的社会客观现实在其头脑中的反映，其犯罪行为又总是危害社会的行为，因此，把犯罪人的心理和行为作为其基本研究对象的犯罪心理学必然属于社会科学的范畴，具有明显的社会科学性质，这是犯罪心理学的学科性质占主导性的一面。但人是自然属性和社会属性的统一体，而且自然属性在先，社会属性在后。尤其是从犯罪心理与人脑的关系来看，犯罪人的犯罪心理的形成、发展或犯罪行为的发生，又都离不开一定的生理机制的作用。所以研究犯罪人实施犯罪行为的心理形成、发展和变化规律的犯罪心理学，又不能不具有一定的自然科学的性质。由此可见，犯罪心理学是介于社会科学和自然科学之间且偏重于社会科学的一门学科，具有综合性学科的特点。这一特点反映了犯罪心理学与某些社会学科、自然学科以及其他介于这两门学科之间的学科的密切关系。研究犯罪心理学，需要综合运用哲学、法学、经济学、政治学、犯罪学、社会学、心理学、社会心理学、生理学、精神病学等多学科的理论知识，才能对复杂的犯罪心理现象进行深入而有效的研究。

3. 犯罪心理学是一门兼具理论性和实践性特点的学科

犯罪心理学从心理学的角度研究犯罪原因、犯罪心理机制，揭露犯罪心理形成和发展变化的规律，为预防犯罪、揭露和惩治犯罪以及矫治罪犯提供了心理科学的理论依据，具有一定的理论性。但是犯罪心理学研究的课题直接来源于与犯罪做斗争的实践，是一门在打击和预防犯罪的实践中产生和逐步发展起来的学科，因此它具有重要的应用价值。犯罪心理学研究的结论，为公安、司法等执法机关及工作人员提供了揭露、惩治犯罪的心理学依据和方法，也为家庭、学校、社会提供了一些犯罪心理学的科学知识，为更好地培养和保护青少年健康成长，有效地预防、控制、减少犯罪，为保护社会的稳定、和谐作出贡献。

4. 犯罪心理学是注重实证研究的学科

犯罪心理学与犯罪学、心理学一样都很注重实证研究。著名的意大利犯罪学家龙勃罗梭首先倡导对犯罪的实证研究，开创了犯罪实证研究的先河，它对后来的犯罪心理学的研究产生了重要的影响。很多从事犯罪心理学研究的前辈们都非常注重从实践中获取大量的第一手材料，这种注重实证研究的传统对犯罪心理学的迅速发展起到了巨大的推动作用。

5. 犯罪心理学是一门或然性的学科

许多科学研究的结论只具有相对性，它只告诉人们在某种特定条件下其可能性（概率）有多大，绝对准确的预测是难以做到的。犯罪心理学的研究也不例外。影响犯罪心理形成和犯罪行为发生的因素是极其复杂的，它涉及许多的变量，即使很小的差异，也可以改变结果。因此，犯罪心理学研究的结论并不完全适用于任何犯罪人和任何犯罪情境。例如，犯罪心理学研究表明，由于青少年特有的生理和心理特征（尤其是处在青春期的青少年），接触过淫秽物品的比没有接触过的更容易实施性犯罪。但这并不意味着凡是接触过淫秽物品的青少年都会实施性犯罪，因为还有很多其他因素足以遏制犯罪心理形成和犯罪行为的发生，因人而异。所以，犯罪心理学的研究结论具有一定的或然性，它只告诉人们在某种情况下的心理或行为过程可能如此，而不是说必然如此，但这绝不意味着犯罪心理学的研究成果不准确或没有价值。实践证明，它揭示的犯罪规律，提供的犯罪概率，对于预防犯罪、控制犯罪和打击犯罪，发挥了重要的作用。为进一步提高犯罪心理学研究结论的可靠性，降低研究结论的或然性，还需在已有成果的基础上进一步深入研究犯罪心理学的各种课题。

6. 犯罪心理学是一门发展性的学科

犯罪心理学作为一门独立学科，迄今为止不过百余年的历史，是一门十分年轻的发展学科，在许多方面还很不成熟，还有很多问题有待探讨和研究。例如，我们还没有把影响犯罪心理形成和犯罪行为发生的全部因素及其相互关系搞清楚，还需进一步探讨和研究。随着社会的发展，犯罪现象不断增加，犯罪类型不断分化，尤其是黑社会犯罪、具有国际性质的恐怖犯罪不断增多等，我们必须加大研究的力度，找出它们存在的根源、影响因素等，为预防犯罪、打击犯罪作贡献。

二、犯罪心理学与邻近学科的关系

犯罪心理学在形成和发展过程中，受到了大量的其他学科的影响，并在这种影响和渗透中不断发展、完善自己。其中对其影响比较大、关系最密切的学科主要有以下几种：

（一）犯罪心理学与心理学的关系

1. 犯罪心理学与普通心理学的关系

普通心理学和犯罪心理学都是研究人的社会行为和心理的，但前者主要研究个体的一般社会行为和心理，而犯罪心理学则运用普通心理学的原理，着重研究特殊的社会行为和心理，即犯罪行为和犯罪心理。普通心理学是研究犯罪心理学的基础，犯罪心理学是对普通心理学原理的具体运用和延伸。因此，普通心理学的发展必定带动犯罪心理学的发展，而犯罪心理学的研究成果又可丰富和发展普通心理学的理论。但二者的研究重点毕竟不同。

2. 犯罪心理学与社会心理学的关系

社会心理学是研究社会心理与社会行为，个体心理与社会心理的相互关系的科学。在探讨社会心理对个体心理的作用、影响方面，它着重研究社会文化、道德、信仰、风俗习惯、舆论等社会意识对个体心理的影响，特别是在探讨社会进步、社会制度和社会组织的变革中，人与人在社会生活中的相互影响。由于犯罪行为也是一种社会行为，只不过它是反社会行为现象；犯罪心理也是一种社会心理，只不过是一种特殊的反社会心理现象，因此犯罪心理也是在社会心理，即已经形成的概念、观念、思想、文化的影响下产生和发展的，是与各种社会现象紧密联系着的，所以社会心理学有助于弄清犯罪人犯罪心理的形成和发展的规律以及应当采取何种矫正措施等。

3. 犯罪心理学与教育心理学的关系

为了提高对罪犯的教育矫正的质量和效果，需要运用教育心理学的基本理论，遵循教育心理学的基本原则。所以，犯罪心理学要借用教育心理学的研究成果来丰富和发展自己的内容。

（二）犯罪心理学与犯罪科学的关系

1. 犯罪心理学与犯罪学的关系

犯罪学是研究犯罪的综合学科，致力于研究犯罪产生的原因、性质、对社会的影响、犯罪的预防和救治的原理、原则等。它和犯罪心理学研究的客体——犯罪人和犯罪行为是一致的。在历史上，犯罪心理学一直是犯罪学研究的一个重要内容。直到20世纪初，在心理学，特别是应用心理学有了发展以后，犯罪心理学才从犯罪学中分化出来，成为一门独立的学科。在探讨个体犯罪原因方面，犯罪心理学的研究成果可为犯罪学的研究提供丰富的资料，而且还可提供不同于其他研究的手段和方法，这使我们对犯罪现象的探讨更有深度，提出的犯罪对策更具有针对性。

2. 犯罪心理学与犯罪社会学的关系

犯罪心理学与犯罪社会学的关系密切，在理论方面它们相互吸收和借鉴，在研究对象、研究方法上有许多共同之处。它们的区别在于：犯罪社会学是从社会环境方面寻找犯罪原因，它承认人类学、生物学和心理学因素与犯罪的联系，但认为这些不是犯罪的主要原因；它运用社会学方法，研究犯罪的社会性质。犯罪心理学是研究人的心理状态同犯罪的关系的学科，特别注重研究犯罪者的动机、目的和犯罪行为的内在联系，它注意发现犯罪者的心理状态、精神状态及下意识活动与社会环境的联系，以此解释犯罪现象，揭示犯罪动机和行为的关系；它更多地借助于医学、生理学等自然科学的知识和技术。

（三）犯罪心理学与法学的关系

1. 犯罪心理学与刑法学的关系

从法律上看，犯罪心理学与刑法学的研究有共同之处。因为犯罪心理学研究的犯罪行为，必须是在刑法上已构成犯罪的为限，它受刑法学犯罪概念的约束。但他们也有不同之处，如犯罪人实施犯罪行为前的心理现象，刑法学是不研究的，刑法也不予处罚，而犯罪心理的形成结构及其原因却是犯罪心理学研究的重点，特别是犯罪动机问题更是犯罪心理学着重研究的课题，因为犯罪人的一切行为都是受其动机支配的，可是动机在刑法学上只是作为某些罪的构成要件，对某些罪只是在量刑时做适当的考虑。可见，二者研究的侧重点不同。

2. 犯罪心理学与刑事诉讼法学的关系

犯罪心理学要研究刑事诉讼过程中的心理现象，要研究诉讼参与人的心理活动，因此，不可避免地要与刑事诉讼法学发生关系。特别是在当事人主义诉讼模式下，诉讼的进程和结果在很大程度上依赖于对抗的双方当事人的心理交锋，所以，对诉讼过程中的心理现象的研究可以提高诉讼的效率和公正性。当然，研究刑事审判心理学、审讯心理学等必须遵循诉讼法学的基本程序，借用诉讼法学的基本理论。

总之，犯罪心理学与以上各门学科之间存在密切的关系，他们相互借鉴，相互促进，取长补短，共同发展、完善。

第二节　犯罪心理学的研究任务

犯罪心理学是基于犯罪现象日益复杂，形势严峻，为打击和防范犯罪提供必要的心理学依据这一社会需要而产生的。它既要探讨理论问题，为预防、打击犯罪的实践提供理论依据，又要解决实际应用问题，为理论研究提供素材。所以，犯罪心理学的研究任务既有理论任务，又有实践任务。总体来说，犯罪心理学的研究任务就是运用心理学的基本原理和方法，探索犯罪心理形成的原因、形成的机制和发展变化的过程、规律，阐明与犯罪有关的心理活动规律，为预防犯罪、揭露和惩治犯罪，以及教育改造罪犯提供科学的心理学依据，并在此基础上制定出符合心理规律的工作方法和措施，为治理日益严重的犯罪问题服务，以达到维护社会治安、保障社会安全、构建和谐社会、使社会主义现代化建设顺利进行的目的。

理论来源于实践，又指导实践。理论若不以实践为基础，就会变成空洞的理论；实践若没有理论的指导，就成了盲目的实践。所以，犯罪心理学的研究任务既包括理论任务又包括实践任务，二者缺一不可。

一、理论方面的任务

（一）完善自身的理论体系

犯罪心理学是一门发展中的学科，特别是在我国，面临着不断提高自身的理论水平，构建具有中国特色的、坚实的理论基础的完整理论体系的紧迫任务。这就要求我们不断吸收心理学、犯罪学、刑法学以及自然科学等相关学科的理论，借鉴前人和国外学者对犯罪心理学的研究成果，结合我国的具体情况，探讨犯罪心理形成、发展、变化的规律，以丰富和发展我国犯罪心理学的理论研究水平，逐步构建、完善自己的犯罪心理学的学科体系，使之成为一门既具有独立理论，又具有实践价值的新学科。

（二）推动相邻学科的发展与完善

随着犯罪心理学研究的不断深入、发展，在积极汲取相邻学科研究成果的基础上，也应以自身的研究内容，不断推动相邻学科的发展与完善。

1. 积极推动心理学的发展与完善

犯罪心理学对犯罪人心理和行为的研究，运用的是普通心理学的基本原理和方法。但犯罪心理和犯罪行为是一种反社会的心理和行为，属社会心理的范畴。而对犯罪人的教育、矫治又是教育心理学的内容。因此，犯罪心理学的研究成果可以丰富心理学的研究内容，拓宽心理学的研究领域，完善心理学的基本理论，推动心理学向更加全面和现实的方向发展。尤其是犯罪心理学研究的新发现、新成果，不但有利于自身的发展和完善，对整个心理科学的发展和丰富，都是一个贡献。

2. 积极推动犯罪学的发展与完善

因为犯罪心理学是犯罪学的一个组成部分，尽管人类社会在出现了犯罪以后，人们就开始对犯罪问题进行了诸多的探讨，但时至今日仍有许多问题没有得到解决，如犯罪的深层次原因问题；犯罪的生理机制问题；犯罪的预测预防问题等。对于这些问题，犯罪心理学的研究具有不同于其他犯罪学科的独特视角，犯罪心理学更注重对个体的研究，特别是犯罪心理机制的研究；非常注意把犯罪心理的形成放在个体心理发展过程中加以研究，注意社会文化、社会意识、社会背景对个体心理发展变化的影响研究；在研究方法上注重研究的量化和研究成果的可操作性。这种研究是其他学科所不能代替的。所以，犯罪心理学的研究成果必将充实犯罪学的内容，推动犯罪科学的发展与完善，为揭露、惩治与预防犯罪，制定犯罪心理对策与矫治措施提供科学依据。

3. 积极推动刑法学的发展与完善

犯罪心理学要研究犯罪心理，需要以一定的法律法规为准绳。因此，犯罪心理学要借助刑法学的研究成果，以对犯罪作出明确的界定，增强其针对性。另外，犯罪心理学是从主体自身发展冲突中去探讨犯罪行为发生发展的规律，并更注重主体的生理成熟年龄和心理年龄，所以，它可为刑法学上具体案例的定罪量刑提供参考依据。从这个角度上说，犯罪心理学的研究内容可为刑法学的不断改进提供理论依据，推动刑法学科更加客观地为现实生活服务。

除以上几门学科之外，犯罪心理学的研究成果还可为社会学、伦理学、教育学等相关学科的发展与完善提出新问题，丰富他们的理论内容，拓宽他们的研究领域，促进其共同发展。

二、实践方面的任务

犯罪心理学是一门在预防、打击犯罪的实践中产生和发展起来的学科，它的根本任务和最终目的就是为社会实践服务。维护社会的安全、稳定、和谐，积极预防、控制和减少犯罪现象的发生。具体表现在以下几方面：

（一）犯罪心理学的研究成果，为党和政府制定刑事司法政策提供依据

刑事司法政策是党和政府根据社会治安中出现的犯罪特点、趋势，为有效地预防、打击犯罪并维护社会治安稳定而制定的。犯罪心理学的研究认为，犯罪心理的形成和犯罪行为的发生，是由多种因素共同作用的结果。为了达到社会的稳定和安宁，就必须通过多种途径和方法来预测犯罪动向，及时掌握犯罪发展趋势，消除诱发因素。这些研究对于刑事司法政策的制定、社会综合治理的落实无疑会产生积极的作用。

（二）犯罪心理学的研究成果，可提高公安、司法工作人员的业务能力和工作效率

犯罪心理学通过对犯罪人在不同情境中的心理状态和不同类型的犯罪人心理的研究，有助于提高公安、司法部门工作人员对犯罪心理和犯罪行为规律的认识，为他们揭露和惩治犯罪，以及矫正犯罪提供心理依据和方法，增强他们的业务能力，提高侦查破案、审讯以及监狱改造等环节的工作效率。特别是近年来，一些犯罪人为达到自己的罪恶目的，费尽心机地总结和掌握反侦查、反审讯的经验和方法，而且犯罪的智能化、科技化与组织化程度不断提高。在这种情况下，

犯罪心理学的研究成果对于打击犯罪就显得更为重要。

1. 提高侦查破案能力和效率

侦查破案是公安机关的一项重要工作，是指刑事侦查部门运用专门的技术和手段去查明犯罪事实，揭露和证实犯罪。侦查活动中涉及许多方面的心理学问题，侦查人员可以将有关犯罪心理学的知识运用到现场勘查、案件调查、心理画像等方面，尤其是近年来在刑侦破案过程中测谎技术的运用、犯罪心理痕迹的分析技术等为缩小侦查范围和明确侦查方向作出了一定的贡献。例如，侦查人员掌握和运用犯罪人在犯罪前、犯罪过程中、犯罪后的心理状态和心理活动的变化规律，对现场勘查中获取的物证痕迹进行心理分析，就可以推测案件的性质、犯罪的动机和目的，了解犯罪人的气质、性格和能力特点，这必然有助于确定、排查犯罪嫌疑人的范围，为准确破案、及时破案提供科学的依据，为制订侦破方案及措施提供了保证。所以，侦查人员运用犯罪心理学的理论和知识，掌握犯罪人在犯罪期间的心理活动规律，可以大大提高侦破工作的业务能力和工作效率。

2. 提高审讯能力和效率

侦查人员在审讯工作中会接触到各种不同类型的犯罪嫌疑人，而且审讯人员与犯罪嫌疑人之间经常会发生审讯与反审讯的斗争，双方进行着激烈的心理较量。这就要求审讯人员必须运用犯罪心理学的理论与知识，了解和掌握犯罪嫌疑人的心理状态、个性特点及其发展变化的规律，有针对性地制定出审讯方案，采取有效的心理对策与审讯方法，突破犯罪嫌疑人的心理防线，以便查清犯罪事实，从而提高审讯效率与质量。

3. 提高监狱改造的工作效率和质量

犯罪心理学通过研究罪犯的教育矫正，可以为监狱部门提供一些科学的教育方法和矫正措施，使他们能够根据不同罪犯的情况，对症下药，因材施教，提高对罪犯的教育矫正质量。监狱工作的主要任务就是教育矫正罪犯，消除罪犯的犯罪心理，使他们重返社会后能够适应社会的要求，成为一名合格的、守法的社会公民。为了达到这个目的，监狱干警就必须既要了解罪犯个体的心理特点和行为特点，又要了解罪犯群体的心理特点和行为特点，还要了解各种不同犯罪类型、不同犯罪经历、不同性别、不同年龄的犯罪人的心理特点和行为特点，并运用犯罪心理学的研究成果，使他们尽快发生良性转化，保证教育矫正工作的顺利进行，维护社会的和谐稳定，减少和制止重新犯罪的发生。

（三）犯罪心理学研究成果的运用，可提高“综合治理”的最大效应

犯罪心理学通过对犯罪心理形成、发展变化原因及规律的研究，可以为家庭、学校、社会提供一些犯罪心理学的科学知识，及时发现家庭教育、学校教育和社会教育中存在的问题，使上述各种教育更具有针对性，从而使犯罪预防的观

点贯彻到家庭、学校和社会教育当中去，提高其教育效果，并为青少年健康成长创造一个良好的社会环境，有效地预防、控制和减少犯罪，发挥“综合治理”的最大效应。

犯罪心理学通过对犯罪的预测与预防研究，可以调动社会各方面的力量，齐抓共管，加强防范，提高整个社会的犯罪防范意识，降低和控制犯罪的概率，为社会治安综合治理提供理论依据。

第三节　犯罪心理学的研究方法

一、研究犯罪心理学的指导原则

对犯罪心理学的研究必须坚持以辩证唯物主义和历史唯物主义为指导思想。辩证唯物主义中关于事物之间的普遍联系、动态发展、矛盾统一以及质量互变等基本观点对于开展犯罪心理学的研究起着重要的指导作用。根据犯罪心理形成和发展的规律，针对犯罪心理学研究对象的特殊性，在进行研究时要特别注意贯彻下列原则：

（一）客观性原则

所谓客观性原则，就是指研究者对待客观事实要采取实事求是的态度，既不能歪曲事实，也不能主观臆测。客观性是任何科学研究都必须遵循的原则，犯罪心理学的研究也不例外。在犯罪心理学研究的整个过程中，坚持客观性原则显得特别重要。在搜集资料的过程中，必须如实地、详尽地记录在研究中观察到的客观事实。切忌用研究者自己的主观体验、主观感受来代替观察到的客观事实。在对资料的处理、结果的分析中应尽可能用客观的尺度来评定，从客观事实到研究结论的推论也要建立在逻辑规则上，根据客观的事实下判断，不可任意取舍。

（二）系统性原则

所谓系统，是指由若干相互联系、相互作用的部分组成的具有一定结构和机能的整体。系统性原则，就是要坚持整体系统的观点，多层次、多侧面进行研究，不能孤立、片面、割裂式地研究问题。犯罪心理学研究中贯彻系统性原则，就是要用整体系统的观点，对犯罪心理现象进行多层次、多侧面的剖析，研究各系统、各要素之间的相互关系，从而揭示犯罪心理发生、发展以及变化的规律。例如，犯罪人的心理系统是由犯罪人的思维模式、犯罪人格、犯罪动机等多种要素构成的，影响和支配犯罪人实施犯罪行为是多种犯罪心理因素的有机结合，往往不是单一的因素导致的，我们在研究中常常需要着重对某种要素进行研究，但是，对某种要素的分析是不能脱离整体进行的，只有将它放在有组织的系统中进行考察，从系统的不同层次、不同侧面进行分析，才能准确地揭示其本质与规律。在贯彻系统性原则的同时还必须坚持科学发展观的原则，要在发展中研究犯罪心理学，因为犯罪心理现象具有动态性。人的任何心理活动都有一个发生发展变化的过程，犯罪心理也不例外，它是动态的、发展的，它会随着各种主客观环境、条件的变化而发展变化，所以，在研究犯罪心理学时，必须考察具体的情境、场合和具体的条件。要把犯罪心理和行为与当时的各种影响因素（如时间因素、情境因素、地理环境和当时的社会环境因素等）结合起来加以考察，切不可孤立地、片面地看待问题。

（三）伦理性原则

在犯罪心理学的研究中，经常要采用一些控制情境或被试的手段来收集资料，这时就应特别注意在创设情境时切忌采取违背伦理性原则的方法，如欺骗被试、隐瞒研究目的、威胁恫吓以及可能造成研究对象身心损伤的方法。西方心理学中有名的对婴儿“恐惧”条件反射形成的实验和“模拟监狱实验”之所以受到严厉的批评，就是由于实验者对伦理性原则的重视不足，造成被试者心理紧张、情绪抑郁等心理问题所致。在犯罪心理学的研究中、在模拟实验的设计中、在主试与被试的直接访谈中以及对犯罪人进行心理测验时，都要考虑研究可能给被试者心理造成的负面影响及伤害，应尽可能地予以避免和消除。

（四）理论联系实际原则

犯罪心理学研究的课题来自刑事司法实践，如果犯罪心理学的理论不能应用于司法实践，不能指导实际部门对犯罪的揭露和惩治，这种理论就没有生命力。在犯罪心理学的研究中贯彻理论联系实际的原则，就是既要注意基本理论的研究，又要注意实际应用，在实际应用中使理论进一步得到充实和完善。在研究中，理论工作者与实际工作者要密切配合、携手合作；同时还要注意从实践中提炼研究的课题，升华为理论后，再回到实践中加以检验。通过这种方式获得的理论才具有生命力。总之，犯罪心理学的理论只有在实践应用中才能得到检验、修正和发展。

（五）个性观原则

个性观原则，是指在进行犯罪心理学的研究过程中，要将犯罪人视为具有独特背景和个性特点的对象来加以考察的原则。由于犯罪行为的多样性以及影响犯罪心理形成的主客观因素的差异性，使犯罪心理在存在一些普遍规律和共性的同时，也带有明显的个性特点。如不同年龄、不同性别、不同犯罪经历、不同犯罪类型、不同社会交往、不同家庭背景、不同教育方式、不同生活经历的犯罪人，其犯罪心理特点和行为特点是不同的，表现在作案、审讯、矫正期内的心理特点和行为特点的差异性。这就要求我们在研究犯罪心理时，必须从客观实际出发，坚持具体问题具体分析的原则，考虑研究对象的个性特点和实际情况，切忌主观臆断，要将心理学和法学的知识与具体的犯罪行为结合起来。只有这样，才能逐步弄清各种类型的犯罪心理和行为的发生原因与特征，才能对具体犯罪行为采取有针对性的措施，以便取得更大的成效。

（六）生物性与社会性相统一原则

生物性与社会性相统一的原则即指在犯罪心理学的研究中要将犯罪人的生物性与社会性统一起来综合考察的原则。作为社会的人，不仅具有生物属性，更具有社会属性。人的心理是在先天遗传素质的基础上发生、发展起来的，是大脑活动的结果，所以具有生物性。同时，人的心理的发展更多是受后天的社会生活环境和条件的制约，又具有社会性。正因如此，不同时代、社会、阶级、民族，参与不同实践活动的人，其心理活动和发展是不一样的。所以，人的心理是生物性和社会性的统一。犯罪心理也不例外。在犯罪学和犯罪心理学的发展过程中，曾出现片面强调生物性的“犯罪生物学派”和片面强调社会性的“犯罪社会学派”，他们都是从单一的生物学因素出发或单一的社会学因素出发来研究犯罪的成因问题，很显然这两种观点是不客观的、不科学的。我们在研究犯罪心理学时，必须把生物性和社会性统一起来考虑。既要考虑犯罪心理形成的生物因素，如个体的遗传素质、神经类型、内分泌活动状况、某些疾病引起的不良后果等，又要考虑犯罪心理形成的社会因素，如社会环境、社会文化、学校教育、家庭因素、人际交往等。

二、研究犯罪心理学的基本步骤

对犯罪心理学的研究必须严格按步骤进行，才能更好地揭示出犯罪心理现象的规律和机制。研究犯罪心理学的基本步骤主要包括以下几个程序：

（一）确定研究课题

犯罪心理学可供研究的课题和内容很多，如犯罪的原因，影响犯罪心理形成的因素，犯罪心理和犯罪行为形成的机制，青少年犯罪心理和行为特征，中老年犯罪心理和行为特征，女性犯罪心理和行为特征，不同犯罪动机犯罪人的心理和行为特征，黑社会犯罪人的心理和行为特征，运用高科技手段犯罪人的心理和行为特征，毒品犯罪人的心理和行为特征，具有变态心理犯罪人的行为特征，犯罪心理画像，犯罪心理分析，犯罪的预测、预防和矫治等。研究者不可能对所有课题都进行研究，因此，根据自己的兴趣和条件，科学地确定研究课题，有助于对这门学科的相关问题进行深入细致的研究。

（二）建立假设

研究课题确定后，根据已知的科学事实和原理进行尝试性或假设性的推测，也就是提出问题。研究者根据自己的假设，设计出科学的研究方案，包括研究目的、研究计划的确定，研究方法的选取，研究对象的确定，研究的层次和角度，研究的主客观条件，研究经费的保障等，以便使研究能够顺利进行下去。

（三）搜集资料

研究方案制订后，进一步的工作就是根据事实资料验证假设的真伪。在犯罪心理学研究中，搜集资料的方法主要有观察法、调查法、问卷法、个案追踪法、实验法等。

（四）分析资料

科学研究的第四个步骤就是采用适当的方法将搜集到的原始资料加以整理、分类，使之系统化和简约化。在犯罪心理学的研究中，分析资料的方法通常采用统计分析法来完成。统计分析的主要作用有两个：一是简化原始资料，根据资料的性质进行整理、分类，以便把握资料分布的情况；二是检验各种资料的关系以及关系的程度。常用的统计分析方法有百分比、差异检验、相关检验、方差分析和因素分析。

（五）得出结论

得出结论即验证假设的过程，确定假设的正确与否。科学结论的得出必须根据事实资料，不能凭空臆断。所搜集到的资料必须具有可靠性、有效性和客观性。如果假设得到了验证，这个假设的可信度就提高了，在此基础上进一步验证，进行更深入的研究，假设就可能进一步发展成理论或定律。如果研究的结果不能或只能部分地证实假设，那么，研究者就必须回到先前的研究阶段，对所获的资料进行认真分析，查看哪个环节出了问题，并及时加以纠正。如未发现问题，则应重新考虑自己提出的假设，并加以修正，然后再对这个修正过的假设进行检验，直至假设得到科学的验证。

三、研究犯罪心理学的主要方法

（一）观察法

观察法是犯罪心理学研究的一种最基本的方法。它是指研究者通过感官或借助于一定的科学仪器，有目的、有计划地考察和描述犯罪人的各种行为表现来收集资料的一种方法。观察法的依据是人的心理活动必然与人的行为相联系。犯罪人的心理尽管隐蔽，总要通过其言语和表情（面部表情、身段表情、言语表情等）以及行为动作表现出来，我们通过观察可以收集到大量的行为材料，对这些材料进行分析，就可以了解犯罪人的心理特点。

当前，随着科学技术的发展，观察法汲取了情报学、控制论、系统论等现代科学思想，采用录像、录音、摄影、电子计算机等现代技术手段，观察技术不断提高，从而使观察法收集的资料比较客观、全面而准确。但是，由于观察材料的质量在很大程度上受观察者本人的能力水平、心理因素的影响，主观性相对较强，并且应用观察法只能了解某些心理活动的外部表现，所以，观察法常常与其他研究方法综合运用。

根据观察地点的不同，可以将观察法分为实验观察法和自然观察法。前者是指在备有各种观察设施的实验室内，对被干预和控制的被试的观察。后者是指在日常生活情境中对未加控制和干预的对象的观察，如在日常的监管环境中对罪犯行为的观察。

根据观察中观察者所采取的角色，可以分为非参与观察和参与观察。在非参与观察中，观察者处在被观察群体之外，完全不参与其活动，尽可能不对群体或环境产生影响。在一项研究的初期，可以采用这种观察方法了解最基本的情况，以帮助形成问题的焦点或者研究的假设。参与观察就是研究者深入所研究对象的生活背景中，实际参与研究对象的日常生活，在日常生活过程中进行的观察，如研究者假扮罪犯进入监管环境中对罪犯人际互动的情况进行观察，再如研究者带着问题到实地去寻求资料和“理论性的解答”。

使用观察法时应该注意以下几点：第一，研究者在观察前要有明确的目的和计划；第二，观察中的记录要详细、准确与客观，尽量避免掺杂观察者自己的希望与偏见；第三，对同一类行为，要尽可能做多次重复观察，尽量减少偶然因素的影响。

观察法的优点是能对被观察者在自然条件下的行为进行直接的了解，获得的材料真实可靠，且具有简单、直接、经济的特点。在研究对象不配合的情况下，访谈、问卷法等的实施有很大困难时，可采用观察法收集资料。

观察法的局限性在于：（1）研究者处于被动地位，只能被动地等待所需现象的出现，因此在观察时可能出现不需要研究的现象，而要研究的现象却没有出现；（2）在自然情境中，影响某种心理活动的因素是多方面的，因此用观察法得到的结果，不易作量化处理，难以进行精确的分析；（3）观察者本人的能力水平、知识经验、兴趣、愿望以及观察技能对观察资料的质量有较大的影响，在同样的条件下，不同的观察者所收集到的资料可能差别很大。

（二）调查法

调查法是通过各种途径，广泛收集有关犯罪人的资料，研究犯罪人心理特点和规律的方法。在犯罪心理学的研究中，最常用的调查方法有问卷法、访谈法等，下面分别予以介绍。

1. 问卷法

问卷法是采用书面问答的形式来收集被试心理特征和行为表现资料的方法。就问卷法整个研究过程来说，问卷的设计、问题的选择、问卷法的实施以及问卷结果的处理和分析等都要按照一定的原则和要求来进行，以此来保证问卷法的科学性、准确性和有效性，避免研究的盲目性和主观性。运用问卷法进行研究要注意以下几个问题：第一，指导语要简洁诚恳，清晰明了；第二，问卷内容应生动有趣，题目用语要避免流露研究者的期待，题目不宜太多，回答方式应简明扼要；第三，问卷一般应进行信度和效度的检验，以保证其科学性。

问卷法的优点在于简便易行，可在较短时间内收集较多的资料，研究结果的处理分析方便，很适合进行大规模的研究。其局限性主要是问卷的回收率和填写问卷的质量难以保证，很难对复杂问题进行深入的探索和研究，灵活性较差，且对被试的文化水平有较高的要求。

2. 访谈法

访谈法是研究者通过与犯罪人，犯罪人的家长、亲友，办案人员等进行口头交谈的方式来收集研究资料的方法，可以分为结构访谈和非结构访谈。结构访谈是依据有一定结构的问卷而进行的比较正式的访谈。在结构访谈中，对选择访谈对象的标准和方法、访谈中提出的问题、提问的方式和顺序、被访谈者回答的方式、访谈记录的方式等都有统一的要求。非结构访谈只按照一个粗线条式的访谈提纲进行访谈，对访谈对象的条件、所要询问的问题等只有一个粗略的基本要求，只围绕访谈的主题，灵活地询问和交谈。

在犯罪心理学的研究中，访谈法是很重要的一种研究手段。如果研究者有经验，可以收集到很多用其他方法无法得到的资料，便于对犯罪人犯罪心理发展变化的情况作深入细致的分析。但是，这种方法费时、费力、费财，所得资料也难以进行统计处理和定量分析，结果的准确可靠性很大程度上受研究者素质的影响。

3. 测验法

测验法是指使用标准化测验量表来测量犯罪人心理特点的方法。如使用卡特尔 16 种人格因素量表（16PF）、艾森克人格问卷等对犯罪人的人格特点、心理健康状况等情况进行测量。使用 SCL－90 对犯罪人的身心健康状况进行测量，以了解其躯体症状等。心理测验必须具有信度和效度，这是标准化测验的基本要求。信度（reliability）是判断心理测验是否可靠和稳定的指标。效度（validity）是反映测验有效程度的指标，即测验是否较好测到了所要测量的心理品质。有效度的测验常常也有信度，但有信度的测验不一定有效度。

用标准化量表测量心理特征时应注意以下几个方面：第一，选用的测量工具应适合于研究目的的需要；第二，主持测验的人应具备使用测验的基本条件，如口齿清楚、了解测验的实验程序、能够严格按测验手册上规定的实施程序进行测验等；第三，严格按照测量手册上规定的方法记分和处理结果；第四，对测验分数的解释应有一定的依据，不能随意解释。

观察法、调查法和测验法收集到的资料，可以用来发现两个（或多个）变量之间的相关程度，但却不能确定它们之间是否存在因果关系。要确定变量之间的因果关系，必须借助于实验法。

4. 实验法

实验法是指有目的地控制或创设一定的条件来引起研究对象的心理活动，以便进行研究的方法。在实验中，包含着一系列变化的因素，称为变量。由实验者操纵变化的变量称为自变量。由自变量而引起的某种特定反应叫因变量。实验中还有一类变量叫作无关变量，是实验时要尽可能控制的变量。实验法可分为实验室实验和现场实验。实验室实验是在实验条件的严密控制下借助专门的实验仪器所进行的实验，如用测谎仪研究犯罪嫌疑人供词的可靠性。现场实验是在实际生活情境中对实验条件作适当控制所进行的实验，如在正常的监管环境中进行“分类管教”对罪犯犯罪心理矫正的效果的实验。实验法的优点是研究者可以通过对变量的控制和操纵，引起被试心理行为的变化，主动地获得所需要的研究资料，科学性较强，并且能揭示心理现象之间的因果关系。其局限性在于研究的外部效度差，难以将结论推广到日常生活情境中。

5. 案例分析法

案例分析法就是选择典型的各类案例进行分析，从中发现犯罪人的犯罪心理形成、发展和变化规律的方法。这是一种从具体到抽象、从分析到综合、从特殊到一般的研究方法。运用这种方法时要注意两点：第一，选择的案例要典型，具有代表性；第二，要选择一定数量的案例，才能作出有价值的推论或提出假说。

6. 比较研究法

比较研究法是指对两个或两个以上的事物进行比较，找出它们之间的异同点，以便更加深入地探讨彼此的特点和规律。在犯罪心理学的研究中，比较研究法使用很广。例如，把男性和女性犯罪人的心理特点和行为特点进行比较；把不同犯罪类型、不同犯罪经历、不同年龄的犯罪人的心理特点和行为特点进行比较；把团伙犯罪心理和单个犯罪心理进行比较；把农村和城市的犯罪人心理进行比较；等等。通过比较找出他们带有规律性的东西，为预防、打击犯罪服务。

7. 心理分析法

心理分析法就是依据心理与其外部行为之间的必然联系，通过犯罪行为的外部表现和客观后果，去分析犯罪人的犯罪心理活动及其规律。由于犯罪心理的隐蔽性、研究的间接性和在现场研究的困难性等特点，决定了犯罪心理研究中必须广泛使用心理分析的方法，这也是犯罪心理学研究方法的特点之一。进行心理分析，要求研究者具有较高的心理素养、丰富的实践经验，并且详细占有第一手材料。心理分析的准确性在很大程度上取决于研究者的能力、方法、经验及掌握材料的数量和质量。

延伸阅读

犯罪心理学研究方法的发展趋势

犯罪是一种非常复杂的社会现象，犯罪心理的形成涉及众多的因素，犯罪行为的发生也是多种因素相互作用的结果。因此，犯罪心理学的研究方法应当是多元的，以问题为中心的，是多种研究方法的有机整合。这种发展趋势主要表现在以下几个方面：

一、以问题为中心，注意采用多种方法研究和探讨课题

在犯罪心理学的研究中，应该以问题为中心，依据所要研究的课题而选取相应的研究方法，切忌拘泥于一种方法来研究复杂的犯罪心理现象。因为每一种研究方法都有其优点和局限性，仅仅采用某种单一的方法，往往难以做出全面、准确的结论。在一项具体的研究中，综合运用观察、调查、测验、实验等方法，对不同结果进行相互比较，往往可提高研究结果的可靠性。例如，关于电影电视中暴力节目对青少年犯罪的影响，国外研究者采用了实验室实验、现场实验（在少管所中进行）、调查等方法进行研究，其结果相互补充印证，使我们对这一问题有了较为全面的认识。

二、注意将定性研究与定量研究方法相结合

犯罪心理学前期的研究偏重于定性分析和经验描述，但随着研究的深入，越来越多的研究者认为应注重将定性研究和定量研究结合起来。定性研究是用文字来描述现象，判定某对象实体是否存在、结构如何、各要素之间具有何种联结等，是一种基于经验和直觉之上的研究方法。定性研究缺乏量化，不能对特定事件作出严密的阐释，具有不精确性；定量研究是用数字和量度来描述现象，其关键是通过科学仪器来测量被观察对象的各种数量关系，刻画对象的数量特征以获得事物或现象的清晰、准确、普遍的认识。定性研究与定量研究各有所长，各有所短。在研究中，应该把两种方式有机结合起来形成优势互补。事物本身是质与量的统一体，在进行研究时，当然应该把定性与定量方法结合起来。定性研究与定量研究的互补融合，也是科学方法自身不断改进和完善的必然趋势。在犯罪心理学的研究中，可以通过各种定性方法如观察法、调查法等对犯罪心理现象进行充分的了解，对其性质意义作出定性分析，然后运用实证方法对定性研究的结果进行量化分析，最终获得较为全面的主客观数据，挖掘出材料的深层含义，揭示出犯罪心理形成和发展变化的内在规律性，以提升犯罪心理学科的研究水平。

三、用相互作用的理论思路来分析犯罪心理现象

传统心理学研究中，主要采取了三种理论思路和概念模型，即特征论模型、心理动力模型和情境论模型（王重鸣，1998年）。特征论模型只重视人们的个性和智力特征，心理动力模型则主要强调人的“动态心理场”，两者都强调人的自身内在因素决定其行为；情境论模型则不同，主要通过对环境中外部刺激的考察来寻找决定人们行为的主要因素，分析行为反应的一般规律。

20世纪70年代中期以来，心理学研究中逐渐形成一种较新的思路，即相互作用心理学，其基本思想集中于行为发生过程中人与环境的多向性交互作用，在这种交互作用中，人和情景是相互依存而非单方面所决定。

近年来，国内犯罪心理学的研究中也开始运用相互作用的理论思路来分析犯罪心理现象。犯罪人在其犯罪心理的支配下发动犯罪行为，往往与情境中的若干因素存在一种交互作用，情境中的人、事、物与具有潜在犯罪心理的行为人交互作用，导致犯罪行为的发生或者不发生，其中存在很多规律性的东西。有人对“三陪女”被害现象的犯罪心理学分析就是相互作用分析的一种有效尝试。

第二章

犯罪心理学的历史与现状

第一节 犯罪心理学的历史

一、我国犯罪心理学的发展简史

犯罪心理学作为一门独立的学科发展到现在虽仅有短短100多年的历史，但是人类对犯罪心理学思想的探讨却源远流长，其在打击、预防犯罪方面所起的作用早已被世界上大部分国家所认可。我国对犯罪心理学的研究起步较晚，虽然取得了很大的成就，但就其研究水平而言，与发达国家相比仍有很大的差距。了解犯罪心理学在我国的发展简史，有助于把握本学科在我国发展中存在的问题，有助于更加清晰地认识到今后努力的方向，这对我国犯罪心理学的进一步发展有着重要的意义。

（一）我国古代的犯罪心理学思想

我国是世界上探讨心理学思想最早的国家之一。著名的心理学史专家高觉敷曾指出，“我们近时才有犯罪心理学，但有关犯罪心理学的思想则起源很早”。我国犯罪心理学思想的萌芽可以溯源到3000多年前的殷周时期，春秋战国是中国古代犯罪心理学思想的奠基和形成时期。古代思想家对有关犯罪心理的问题作了基本的探讨并形成了许多深刻的论述，比如有关犯罪心理预防的思想、审判心理的研究等，这些思想远远比当时西方的研究理论深刻，甚至可以为我国现代犯罪心理学的研究提供借鉴经验。

1. 注重犯罪与经济、文化的关系

即从社会经济的角度分析犯罪心理形成的原因。如春秋时期政治家管仲提出

“仓廪实而知礼节，衣食足而知荣辱”（《管子·牧民》），认为贫穷是产生犯罪心理和导致犯罪行为的原因。而道家学派创始人老子（约公元前571年—公元前471年）则主张“常使民无知无欲”，他认为，犯罪是由经济发展、物资丰富、法令完善引起的，使民众“无知无欲”才会出现人民淳朴、天下安宁的局面。孟子则说：“富岁，子弟多懒，凶岁，子弟多暴。”汉代的董仲舒提出，过度的贫穷和富裕都会引起犯罪心理和导致犯罪行为，他指出：“大富则骄，大贫则忧。忧则为盗，骄则为暴，此众人之情也。”（《度制》）

2. 强调后天习俗对犯罪心理形成的决定作用

除法家的少数思想家外，古代思想家大多主张产生犯罪的心理原因最根本的是后天的习俗。孔子首先提出“性相近，习相远”，即大部分人的人性生来是相差无几的，但由于后天的环境和教育不同，逐渐显示出较大的差别，强调学习和教育的重要性。荀子虽然倡导“性恶论”，但也认为“注销习俗，化性为伪”（《荀子·儒效》）。他注重环境和教育对人的发展的影响，认为人的性格才能的差异不是由于天性，而是后天积习造成的，后天的学习可以改变人的恶性。东汉思想家王充（27—97年）指出，对于绝大多数“中人”而言，是“习善而为善，习恶而为恶”（《论衡·本性》），即经常学习善，性情就会变善；经常学习恶，性情就会变恶。西晋思想家傅玄（217—278年）则提出“近朱者赤，近墨者黑”（《傅子·阙题》）。明代的思想家王延相、清代的思想家王夫子等人也提出了类似的观点。

3. 注重从人性的角度探讨犯罪心理的成因

我国古代思想家关于人性的探讨可谓众说纷纭。“性善论”“性恶论”“性三品论”等重要的理论观点与探讨犯罪心理的成因关系密切。孟子主张“性善论”，人皆有“恻隐”“羞恶”“恭尊”“是非”之心，即善的本性，犯罪心理不是人生来就具有的。荀子则主张“性恶论”，他认为“人之性恶，其善者伪也”（《荀子·性恶》），人生而就有“好利”“疾恶”“好声色”等本性，如果任其自然发展，就会“争夺生而辞让亡”“残贼生而忠信亡”“淫乱生而礼义文理亡”（《荀子·性恶》）。西汉初年的思想家董仲舒、唐代的韩愈（768—824年）则是性三品说的代表人物。他们认为，阴阳二气的运转搭配形成了三品的人性，即“圣人之性”、“斗筲之性”和“中民之性”。圣人得天独厚，不存在犯罪的可能性，圣人之性为纯粹的仁和善，圣人不用教化，是可以教化万民的；斗筲之人是天生的犯罪人，这些人即使经过圣人的教化也不会成为性善者，对他们只能加以严格防范；中民之人具有善的素质，存在为善或为恶两种可能性，如果教育得当，个人就会变为善人，反之，就会作恶犯罪。也就是上品之人不可能犯罪，下品之人是天生犯罪人，中品之人则既可为善，又可为恶。

4. 试图对犯罪人的心理进行分析并用于审讯过程中

如始于西周的“五听”方法：“以五声听狱讼，求民情，一曰辞听；二曰色听；三曰气听；四曰耳听；五曰目听。”（《周礼·秋官·小司寇》）这是中国古代关于在讯问中如何用察言观色的方法帮助判断口供真实性的最早论述，说明我国在西周时期就已经注意到运用司法心理分析问题，并将其运用到司法实践之中。自西周起，以后各朝各代均将“五听”作为刑事审判的重要手段，如《唐六典》规定：“凡察狱之官，先备五听。”明孔贞运《明兵部尚书节寰袁公墓志铭》：“及曳缟从公（袁可立）于吴门，以迈种劝勉，无取刻深，故公之五听以简孚称。”五代的《疑狱集》和宋代的《折狱龟鉴》中收集了大量的案例，这些案例分析包含着丰富的犯罪心理和司法心理思想。

5. 强调运用综合控制的方法预防犯罪心理

中国古代思想家多主张从预防的角度治理犯罪现象。提倡运用刑法等外部手段控制人们犯罪心理的蔓延，同时也重视运用道德教化的方式加强人们的内在控制；既重视从经济上“去贫”而进行防治，也主张从政治上实行德治而进行防治，即强调运用综合控制的方法预防犯罪心理。孔子和孟子十分强调用道德教育去感化人的内心，主张通过人们的品德修养和内在觉悟来实行自我控制，最终达到预防犯罪心理和犯罪行为的目的。有学者把中国古代学者的犯罪心理预防思想归纳为：身教胜于言教；重视家庭、社会交往以及早期教育的预防功能；重视刑罚和教化的心理预防功能，修身自强。

6. 注重对青少年的教育

春秋时代的商鞅（约公元前395年至公元前338年），曾说：“故贫者益之以刑，则富；幼蒙者教之以法，则立。”（《商君书·说民》）晏子（公元前578年至公元前500年）也有同样的看法：“景公目睹有乞于途者，公曰：是无归夫?”晏子对曰：“君存，何谓无归，使吏养而教之，法而范之，可立而以问，民感而效之。”二人均强调对少年进行法治教育的重要性，认为只有使其知法，才能令其守法和不以身试法。荀子认为子是否成器，全在于幼时教育是否得当。他认为：“干越夷貉之子，生而同声，长而异俗，教能然也。”（《荀子·劝学》）强调后天教育、幼年教育的重要性。

（二）我国近代犯罪心理学的发展

1. 我国犯罪心理学学科的萌芽阶段

虽然我国对犯罪心理学的研究有着较长的历史，但是，其作为一门独立的学科是登上我国历史舞台的时间并不长。20世纪二三十年代是国际上心理学的繁荣时期，欧美各派的心理学说如“构造派”“机能派”“行为派”等相继传入我国，当时曾出版了一批犯罪和司法方面的心理学著作，其中大部分是翻译和介绍国外研究的成果。流传最广的是日本人寺田精一著的《犯罪心理学》。它有两个译本：一是张廷健译，作为“百科小丛书”于1927年由上海商务印书馆出版；二是吴景鸿译，作为“法学丛书”，于1932年由上海法学编辑社出版发行。后一译本共468页、12章，内容更为充实，体系更为完整。当时作为大学用书，首推德国人柏替著、王书林译的《法律心理学》（Legal Psychology），于1939年在长沙商务印书馆发行。我国少数学者的著作没有更好地同国内的实际情况联系起来，至今仍保留有的是光晟的《犯罪心理学》，由当时的司法行政部法官训练所编印。此书是为当时的实际应用需要而写的，它表明那时已要求法官必须具备这方面的知识。此外，还有《审判心理学》《刑事心理学》之类的著作。

在我国早期创办的心理学杂志上，也有国内学者发表的相关文章，总体来看，可以分为以下几类：

（1）介绍国外的犯罪状况和犯罪心理方面研究的具体情况的。其代表作有曾作忠和张耀翔两位先生写的《青年犯罪之心理（一）》和《青年犯罪之心理（二）》两篇文章。文中阐述了青年犯罪的多种原因、罪种、不同年龄犯罪者的心理特征及补救方法等。内容多涉及英、美、法、德、意等国，反映了当时西方诸国的社会历史背景与犯罪的关系。

（2）理论性文章，也多属介绍与评价西方的理论。如《青年犯罪问题的心理学之基础》《优生学与犯罪预防》等文章均能代表当时犯罪心理学的一般理论观点。既有对遗传因素在犯罪行为中的作用的强调，又有对犯罪遗传论观点的批判，同时也探讨了预防和矫正犯罪行为的措施。

（3）介绍研究方法的文章。如德国人柏替著、王书林译的《联想反应与犯罪测验》一文，文章阐述了实施联想测验的原则、方法，整个施测的过程和程序，对辨别有罪与否的标准作了具体介绍；指出联想中的关键刺激词是最难控制的，对它选择不当则整个测验将无效；对联想反应法的理论依据作了必要的说明，并指出在此法的运用中应注意被测者之个别差异及其他可能干扰的因素。孙运仁撰写的《青年犯罪人：问题和方法》一文指出，对犯罪人的现状、历史和未来的研究，应运用不同的研究方法。如对犯罪人历史的研究，则应在广泛调查的基础上，强调心理分析法；对犯罪人未来的研究，不可单靠过去倾向和现在情况的推论，而必须以追踪法为主，同时结合其他方法予以检验和证实。所有这些研究方法的介绍，至今仍有现实意义。

（4）实验研究的文章。如肖孝嵘等人的《罪犯情绪态度和个性倾向的实验研究》，作者自行修订了“情绪品质评定量表”，并对江苏第一监狱的90多名罪犯进行了测验。将研究结果与守法公民作了对照比较，所得结论具有客观性和一定的科学性，部分结论与后人的研究结果基本一致。当时的研究亦多注重儿童和少年的违法行为与矫治问题，对现在仍有参考价值。

总之，此时的犯罪心理学的研究极其薄弱，观点沿袭西方国家。但其研究在我国并非空白，前人在研究中所提出的问题，是对我们目前的挑战，而前人已经作出的研究并取得了相当的成果，我们在此基础上应有所创新。我们必须尊重历史，绝不能割断历史，历史可昭示现实前进的方向，回顾历史能指导我们更有效地前进。

2. 当代犯罪心理学学科的确立阶段

中华人民共和国成立后，由于受到极“左”思想的影响，心理学曾被称为“资产阶级伪科学”，心理学和法学屡遭摧残，没有得到正确的扶持和重视。犯罪心理学直到20世纪70年代末期才有所发展，由于“文化大革命”的影响和其后出现的复杂因素，犯罪尤其是青少年违法犯罪问题突然成为严重的社会问题，以青少年违法犯罪为主体的犯罪现象，“迫使”社会“意识”到如果不以科学的态度去研究、分析其产生的原因、发展的规律和特点，就不可能找到真正治理犯罪的对策，对犯罪的对策研究就是在这种情况下发展起来的。同时，党的十一届三中全会打破了束缚科学发展的精神枷锁，作为犯罪心理学母体学科的心理学和法学也很快复苏和发展，这就为犯罪心理学的诞生提供了基础。1983年5月在无锡举行了中国心理学会法制心理专业委员会成立大会暨第一次学术会议，标志着法制心理学和犯罪心理学作为一门科学的学科在我国得到正式承认，标志着我国犯罪心理学的发展进入了一个新的历史时期。

自犯罪心理学在我国创立以来，其理论研究和实践都得到了发展，其基本的理论架构已经形成，取得了可喜可贺的成绩：形成了一支犯罪心理学研究和教学队伍，成立了各种研究犯罪心理学的学术团体，编写了具有我国特色的犯罪心理学著作，撰写了大量的学术论文和调查报告，创办了一些专业理论刊物，开展了各种形式的犯罪心理学科普工作，举办了各种学习班、培训班，犯罪心理学在社会实践中得到广泛的应用，并取得了良好的社会效果。在今后相当长的时间内，犯罪心理学还是需要进一步发展和完善的。

二、国外犯罪心理学的发展简史

（一）古代西方的犯罪心理学思想

“犯罪心理”最早见诸西方古老的文献中，古代西方的思想家对研究犯罪行为的性质和起因表现了浓厚的兴趣，如苏格拉底认为“凡面黑者，大都有为恶的倾向”，即根据人的面部颜色和头部形状来评判一个人的心理究竟是善还是恶，是否具有犯罪的心理。这就是曾经风靡一时的“骨相学”“面相学”。亚里士多德发展了骨相与犯罪关系的理论。到16世纪末，意大利的波尔达发表了《骨相学新说》，认为人的性格与身体有关联，犯罪则是犯罪人“变态的组织体”不可避免的趋势。

古希腊的哲学家德谟克利特认为，人们“由于贪得无厌，终于做出无可挽救的犯法行为”。柏拉图认为，人的灵魂里有一个比较好的成分和一个比较坏的成分，“人的灵魂犹如驾驭者驾驶着两匹马，一匹马的血统和天性是好的，另一匹马则是本性邪恶的”，当好的控制坏的时候，他就能控制自己的行为不去作恶，当坏的成分居主导地位时，人就会完全受自己的欲望支配做出很恶的行为，柏拉图强调的是人性的自我控制。同时，一些学者和医者对精神异常的患者进行专门的研究，认为大脑病变等生理疾病是造成精神异常的原因，代表人物有希波克拉底（公元前460年—公元前377年）、柏拉图、亚里士多德等。

随着资本主义制度的发展，法学和医学均有了不同程度的发展变化，犯罪现象受到法学家和医学家的关注，这使对犯罪人的研究深入精神领域和其他各个方面，出现了一个飞跃。法国唯物主义哲学家、法学家孟德斯鸠在《论法的精神》一书中首次提出了犯罪人精神有重大转变的观点，认为“悖德狂”“色情狂”都是个体精神重大质变的结果和表现。英国卜悦卞特的《狂者论》一书中对精神病与犯罪的关系作了很详细的阐述，他认为“习惯性犯罪者”是一种“定型”，精神上有先天的异常状态，不可避免地要犯罪，他称之为“悖德狂”。刑法学创始人之一贝卡利亚认为，人是有理性、有意志的，他能够辨别是非善恶，也能自律，之所以犯罪是自我选择的一种行为。刑法学另一创始人边沁则认为，人是为了追求快乐，也就是为了得到财物和肉体的享受才会犯罪。

（二）犯罪心理学的产生和发展

18世纪末至19世纪初是犯罪心理学研究的第一个活跃期。“犯罪心理学”一词最早出现于1790年德国人明希的《犯罪心理学在刑法制度中的影响》一书中，最早以“犯罪心理学”为书名的著作是1792年德国人绍曼的《犯罪心理学论》。

19世纪后期，自然科学和社会科学发展迅速，特别是心理科学的兴起和发展，为犯罪心理学产生奠定了理论基础。1876年，意大利犯罪学家龙勃罗梭出版《关于犯罪者之我见》（以后被人简称为《犯罪人论》）一书，龙勃罗梭在方法的科学性，范围的广泛性，条理的系统性等方面超越了前人，利用自己身为医生的条件，接触、观察了大量的囚犯，解剖了许多死囚，提出了“天生犯罪人”的观点，创建了“犯罪人类学”理论，后被称为“实证犯罪学”的鼻祖，是“古典犯罪心理学的奠基人”。当时社会的犯罪日益增多，迫切需要进一步探究犯罪原因，犯罪生理、心理机制，寻找预防和控制的新途径，于是一些精神病学家和法学家开始总结以往的犯罪心理学思想，借鉴现代科学知识，结合自己的研究把犯罪心理学思想系统化，著书立说，充实犯罪心理学的理论体系。以格罗斯1897年出版的《犯罪心理学》作为犯罪心理学科诞生的标志较为合适。主要基于下述理由：其一，格罗斯本人的职业经历以及所著《犯罪心理学》一书的内容丰富和巨大影响；其二，从《犯罪心理学》一书出版的时间来看更为合理。犯罪心理学是犯罪学与心理学的结合，犯罪心理学的独立肯定是在犯罪学和心理学两门学科发展以后，而不能在此之前。心理学从哲学中独立始于1879年冯特在德国莱比锡大学建立世界上第一个心理学实验室，因此德国精神病学家埃宾于1872年发表的《犯罪心理学纲要》显然不能作为犯罪心理学诞生的标志，尽管他被后人称为"犯罪心理学的鼻祖"，但是他的研究并不系统，对后世影响不大。

自20世纪初期以来，资本主义矛盾日益尖锐，犯罪现象迅速增加，心理学家、犯罪学家、法学家以及社会学家也投入了犯罪心理的研究，研究的内容除了传统的生理和精神变质之外，还涉及了社会、心理等方面，这大大加强了犯罪心理学的研究队伍，出现了一大批高质量的犯罪心理研究成果，有力地推动了犯罪心理学的发展。主要有以下四个发展方向：

第一，精神分析学理论。精神分析学派是由奥地利精神病学家S. 弗洛伊德在19世纪末20世纪初创立的影响非凡的心理学学派——精神分析学说，建立精神分析法。弗洛伊德本人也曾对犯罪心理的产生进行过分析，但更多的是一批犯罪学家、心理学家，如艾希霍恩、威廉·希利、约翰·鲍尔比、弗里茨·雷德尔以及戴维·亚伯拉罕森等人运用精神分析学的概念、理论和方法，研究犯罪心理问题，威廉·希利1909年在芝加哥创立了第一所少年心理病态研究所，并采用个案研究法和测量法对少年违法行为进行研究，并出版了《心理冲突和行为不端》一书。学者们提出了很多富有启发性的观点，形成了现代犯罪心理学的一个重要研究领域，并且曾在一个时期成为现代犯罪心理学的主流。

第二，精神病学理论。犯罪心理学最早、最直接渊源是来自精神病学的研究。进入20世纪后，这种传统仍在继续。精神病学家对犯罪人的精神病态、反社会人格的探讨似乎从来没有停止过。库尔特·施奈德、麦科德夫妇、欧文·弗雷以及图里奥等人在这个领域的研究中作出了重大贡献。

第三，正常个性心理学理论。绝大多数犯罪人是在心理正常的情况下实施犯罪行为的，因此有众多的犯罪心理学研究是以精神正常的犯罪人作为对象的，如对犯罪人思维模式的研究、对犯罪人道德认知发展水平的研究等。这一研究领域的主要代表人物有霍尔、约翰多拉德、科尔伯格以及霍根等人。

第四，社会心理学理论。这一领域包括了一组以强调犯罪人之间以及犯罪人与环境之间的相互作用为特色的犯罪心理学理论。主要代表人物有萨瑟兰（Edwin H. Sutherland）、伯吉斯（Robe L. Burgess）、赛克斯（Gresham Sykes）以及班杜拉（Albert Bandura）等人。

20 世纪 50 年代，随着科学技术的高速发展，大量新兴学科诸如控制论、系统论、信息论等开始兴起，并对各个领域的研究（其中包括犯罪心理学的研究）产生了重要的影响。20 世纪 60 年代，认知心理学出现，其强调以信息加工的观点来研究人的认知过程，把人的心理活动看作一个整体进行研究，认为心理活动都是结构的活动。这些基础理论学科的发展也促进了犯罪心理学的研究。在整个 20 世纪，国际心理科学进入了繁荣时代，研究者不仅对人格与犯罪、情绪与犯罪、出生顺序与犯罪、智力或学习能力与犯罪、道德发展与犯罪、家庭状况与犯罪、情境与犯罪以及犯罪行为的机制等方面进行了综合性理论研究，而且还扩展到犯罪对策心理的研究，如供述心理、审判心理、矫治心理等方面的研究成果十分丰富，对司法实践产生了巨大的影响。犯罪心理学学科体系逐渐形成，各种学说也相继产生，形成了许多分支学派，学科日益走向成熟。

第二节　犯罪心理学的现状与展望

一、我国犯罪心理学的研究现状

作为一门科学的学科，犯罪心理学在我国的历史不过 30 余年。犯罪心理学在我国虽然起步迟，但发展快，至今已是一门独立的、发展中的、具有相当水平和规模的、不断为实践作出贡献的新兴学科。在广大犯罪心理学专业人士和实务部门同志们的辛勤努力下，犯罪心理学的研究在继承前述研究的基础上，研究涉及的面更广，研究水平整体得到提高，不仅深化了学科的视野，还产生了一批专业性专著和文章，产生了极有价值的学术思想，涌现了一些有影响的学者，构成了一连串学术的史实。

（一）涌现了大量犯罪心理学的研究成果

我国的犯罪心理学研究是成功的，基本上形成了专业研究人员与实际部门的研究人员相结合的研究队伍，从事以犯罪心理学为先导的法制心理学研究，是心理学各分支学科中发展最快的学科之一。1983 年群众出版社出版了我国第一部《犯罪心理学》教材，之后全国犯罪心理学研究者写出了数以千计的论文和约 300 余种教材、专著、论文集和工作书。据不完全统计，从 1979 年至 2000 年，中国大陆出版各种法制心理学专著、教材、工具书 184 种，发表论文、实验及调查报告2835篇。21世纪以来，又出版发表了一批著作和论文并获得了国家或地方、本系统最高领导机关或本单位的不同等级的奖项，使犯罪心理学科在众多的司法人员、政府部门的工作人员、其他学科的研究人员乃至社会公众中产生了广泛的影响，也为本学科的进一步深入研究奠定了雄厚的基础。

（二）里程碑式的大事件

1. 1990年日本犯罪心理学家森武夫教授来访。中国心理学会法制心理专业委员会负责人罗大华、李世棣教授会见了森武夫教授。

2. 1991年日本犯罪心理学家松本恒之教授应邀为中国政法大学举办的犯罪心理学研讨班讲学。

3. 1992年罗大华先生应邀在日本犯罪心理学会第30届年会上作了题为《中国犯罪心理学研究的回顾与展望》的学术报告。这本身就意味着我国犯罪心理学学术力量以走出国门的形式与国际学术界进行直接的对话，亦表明当代中国化的犯罪心理学总体实力已引起发达国家学术社会的关注。

4. 1994年在圆满地完成从1980年至1990年我国犯罪心理学各方面的研究成果后，终于出版了《中国法制心理科学研究十年》学术年鉴。这部科学的史典几乎囊括了10年中所有犯罪心理学研究的成果，并按不同的序列、层次、作用给予了系统的展示，可让人一目了然地把握我国犯罪心理学学术研究的前进步履。

5. 1997年江泽民总书记在接见中国法学会第四次代表大会全体代表时说："法学界要重视研究犯罪心理学。为了预防犯罪，需要掌握犯罪心理学方面的知识。"国家领导人能对一个社会学科研究如此地提示，就说明犯罪心理学在强化社会治安过程中的重要作用，同时，证明犯罪心理学已深入人心，已开始成为社会决策人物的注意点。

6. 从1993年开始，武伯欣教授将"犯罪学"的研究成果与研究经验同"犯罪心理学"进行有重点的嫁接，并把这两者与对犯罪嫌疑人的心理测试结合起来，在特定的公安刑侦突审环境中按个案展开，及时地把握了侦讯对象的心理状态，协助侦查机关破获了一些很有影响力的案件，取得了良好司法实践效果，使犯罪心理学科应用价值得到了社会的认可。

7. 1996年犯罪心理学学术界出现了立足于当时对21世纪中叶前学科的思维方法动向、研究内容延变，前30年分为三个发展时期的前沿趋势等作出了系统与具体的预测，使跨世纪的学术意识得以传播，促成了学科宏观视野的扩大。

（三）形成了一些具有代表性的观点

通过30年来的研究，我国学者对犯罪心理的概念、成因、机制以及犯罪心理发展变化规律等理论问题，形成了一些较有代表性的观点，如"犯罪心理结构论”，“犯罪综合动因论”（罗大华，2003 年），“犯罪心理内外化机制”（罗大华，1997 年），“聚合效应论”（李世棣等，1986 年），“多元犯罪心理的观点”（高锋，1994 年）等。

（四）建立了一支犯罪心理学的教学和研究队伍

这支研究队伍主要是通过犯罪心理学的教学和学术交流活动建立起来的。目前，几乎在国内所有的高等政法院校、综合性大学的法学院、公安院校以及司法院校中，都开设了犯罪心理学课程。某些学校还培养了犯罪心理学专业的硕士研究生和博士研究生。通过专业课程的教学和科研，不仅提高了犯罪心理学教学人员的科研水平，而且还培养了一大批新生力量，使犯罪心理学的研究得以延续，充满活力。1984 年，中国心理学会法制心理专业委员会成立，各地也成立了相应的学术团体。该专业委员会从成立至今，已组织了多次学术交流会议，专业领域的学术交流不仅使本专业教学科研人员学术水平得以提高，而且还带动了一大批司法实践部门人员对犯罪心理的研究热情，激发了他们的研究兴趣，使犯罪心理学理论更快、更好地应用于司法实践，从而推动理论研究的深入发展。

（五）取得了犯罪心理学边缘性研究的新成果

20 世纪 90 年代初，我国已经出现了将犯罪心理学科中所涉及交叉的课题剥离出来作为专题研究的动向。这种将犯罪心理学作为母体学科而衍生出的子学科的研究成果主要有以下三类：

1. 犯罪心理美学

研究者从犯罪主体对社会、人际、自然、物质的审视中去挖掘他们的真实情感世界，更从犯罪心理的欢愉、隐忧、厌倦、痛苦等喜恶心态来发现其社会交际与犯罪活动的原始动力及情结认定，由犯罪心理的审美程式、美感性质、唯美分类、美觉意义等几个认识点上，勾勒出了犯罪心理美学的理性骨架。

2. 犯罪心理哲学

研究者以犯罪主体的社会意识方法论为据，全面展开他们在犯罪与社交两大生活中所表现出来的唯心和唯物夹杂的种种心理特征，并且组成“物质是精神的物质”、“意识就是存在”、“不为是要大为”、“反常之中求正常”和“冒险为成功之母”若干个逻辑块状，用“哲学论证”来研究犯罪心理的意向发展、动力形式、行为外化，从而探求犯罪个体内在哲学心理现象。

3. 犯罪心理文化

研究者在犯罪个体两次社会化交构的能力和心智统合的基础上，对犯罪心理文化现象进行了系列性的透视，并围绕继承、交换、展示、认同的多种观念，系统地探索了犯罪人的“江湖文化”“犯罪文化”“狱内文化”三大亚文化，以及由黑道语系心结、码头庸俗情趣、宗教社会意志、邪门浪漫习性构成的犯罪心理文化整体。仅就这些新颖而深刻的系统学术观点来看，它是对犯罪心理学科的一种极大补充和扩展，较多的重大理论和概念被赋予了崭新的含义，无形中使犯罪心理学主体范畴的广度与深度瞬间得以延伸。

（六）重视将犯罪心理学理论研究成果应用于实践

在20世纪八九十年代，我国对犯罪心理学的实际应用主要在犯罪心理测试技术和罪犯心理矫治两方面进行。犯罪心理测试技术在我国的发展极为短暂，但是它已然成为刑事案件侦查、审讯活动的一种辅助手段。国产FC－I、A心理测试系统的研发之后越来越多地被侦查部门所采用。据相关数据显示，这项技术排除无辜、知情相关、作案相关认定的准确率均在90%之上，测试后讯问取得突破的案件占已办理案件的80%左右。自1989年全国监管改造工作会议之后，我国各地监狱系统开展了多种形式的罪犯心理矫治工作，包括罪犯心理测试、罪犯心理卫生教育、罪犯心理咨询、罪犯心理危机干预等，并且取得了很大的成效。《中国罪犯心理测试（COPA）》系列各个分测验陆续推出，2006年，全国监狱系统推行了统一的心理测量量表——《中国罪犯心理测试——个性分测验》（COPA－PI）量表，其可以全面客观地评估罪犯心理特征和行为表现，有助于改造和预防犯罪。

（七）学科研究思维方式的扩展

1. 哲学思维的延伸

将唯物辩证认识贯穿于对犯罪心理交叉现象的观察和分析中，解决了“犯罪心理与正常心理”、“主观诱因和客观诱因”、“社会性和生理性”以及“犯罪心理与犯罪行为质量互变”等一系列的重大专业认识问题，使比较分散的学术目光达到了聚合的状态，从而引导出后继研究的高精尖走势。

2. 现代思维的推进

用新老“三论”（信息论、系统论、控制论，耗散结构论、协同论、突变论）来全方位改造已老化的认识方法，出现了以下的学术意识：一是犯罪心理结构的有序和无序反映出了个体受主观境遇意识、情绪的应激性调动，以及犯意无限扩张动势的影响而发生的犯罪精神守恒与可逆的必然性；二是犯罪潜意识的突现和渐现折射出了个体防御心理机制、正常意识，求异思维、本能反应、潜能本质的效度。

3. 经验思维的整合

着力概括以往研究过程中的经验型思维，对它进行去粗取精，重新修订，给予系统的整合，同样亦能放射出创造的光芒。如根据犯罪心理具备伪装、无法重复的特点，就运用“从后思索”的方法研究犯罪心理；借助“实证数据”的传统方法研究犯罪心理等，都取得了良好的研究效果。

4. 操作思维的塑造

为能使犯罪心理学真正拥有独属自己学科的概念和理论，最大限度地体现专业个性，从根本上克服“两张皮”现象，有的学者提出“犯罪心理学思维方法论”，这是中国本土化学科进步的一大标志。

我国犯罪心理学的研究经历了将近30年的发展和浸润后，虽然取得了一定的成绩，但也不可避免地存在一些问题，其宏观研究态势开始萎缩，表现为后劲不足，整体水平进入低谷，显现出学术意识困惑。主要表现在：

1. 学科上的困惑

20世纪90年代中后期，课题发生老化重复。以全国性的“法制心理研讨会”为例，如天津会议、武汉会议、成都会议的参会论文选题重叠、内容肤浅，没有大的见解，提不出新问题；学术交流，著书立说，撰文发表的质量大不如以往；另有的转向“犯罪学”等邻近学科研究；犯罪心理学的老教授们亦心有余而力不足，他们也发动和组织了如思维方法、心理量表、市场经济心理，同司法部实际部门挂钩一系列研究活动，但收效其微。

2. 研究方法上的困惑

由于犯罪心理学研究对象的特殊（犯罪人）和研究过程（由于犯罪行为的隐秘性，很难跟踪犯罪过程进行研究；而犯罪行为的社会危害性，又决定了研究者不能设置同样场景作重复研究）的特殊，研究者在犯罪心理学乃至法制心理学研究中采取了某些不同于传统的心理学研究方法，例如：（1）使用社会科学调查研究的方法，深入监狱、少年犯管教所进行数百名罪犯的调查研究，通过个别谈话和问卷调查，查明犯罪人走向犯罪的多种主客观因素和心理演变过程。（2）根据促使犯罪人产生犯罪行为的多种心理因素和心理学关于人格结构的理论以及系统科学原理，提出“犯罪心理结构”和“犯罪综合动因论”等科学假设，并通过大量心理测试资料和司法实践予以佐证，使之上升到理论。（3）开展对犯罪人的心理测试、问卷调查和谈话，从中收集资料，进行统计分析。（4）预设场景和条件，进行矫治方法的比较研究；进行测谎技术、证人证言、侦察审讯技术和犯罪人若干生化指标的实验研究；进行盗窃犯及其他犯罪类型的比较研究；设置实验组和对照组，进行犯罪人和常人的认知比较研究、影响被告人供述因素及其对策的研究等；进行公安、司法干警职业心理素质的研究；进行中国罪犯心理评估系统的实验研究。上述研究因其和心理学传统的实验室研究、同步观察研究、选取实验组和对照组进行的统计研究有所不同，因而受到质疑，例如，“注重经验研究、定性研究、个案研究、思辨研究”，“缺少实验和实证检验，其概念缺少科学性”等。

进入21世纪，又有一些研究者提出犯罪心理论证的“新思维”，认为以往的研究均已过时，需要另起炉灶，搞学科嫁接，在研究方法上只凭研究者的主观感受，不需要通过实证，便可以另辟蹊径。正如一位分析家所说，“在心理学领域里，任何人都可以在知其一点皮毛的理论上构建自己的领地”。

从 20 世纪 70 年代末开始的我国犯罪心理学研究，至今没有达到在研究方法上的共识，在基本理论方面仍然存在若干分歧。虽然学派林立象征着繁荣，但是，对学科研究对象、研究方法上的基本的共识仍然是需要的。鉴于犯罪心理学的母体——心理学本身在研究对象和研究方法上存在缺陷，如果我们不能从研究方法和方法论上给犯罪心理学找到一条出路，而完全沿袭心理学传统的研究方法，犯罪心理学同样面临着“被逐出科学圣殿”的厄运。

二、国外犯罪心理学的研究现状

当代西方犯罪心理学研究涉及的主要领域有犯罪原因、犯罪动机、犯罪决策、犯罪预测、少年犯罪心理学以及犯罪精神病理学，研究的内容更深入。100 多年来，国外犯罪心理学研究者在这个领域进行了大量的研究，出版了很多的论著，并表现出若干新的特点。了解外国犯罪心理学的这些情况，会有助于我国犯罪心理学的发展。

（一）研究趋向多学科化

随着研究的逐步深入，学者们意识到犯罪行为不单纯是由心理因素引起，而是与多种因素有关，因此只有进行多学科的、全面的整合性研究，才能真正揭示出犯罪行为的规律，查明犯罪的根源。犯罪心理学已经融入多学科的综合性研究中，成为科际整合研究的一个方面。例如，美国当代著名的犯罪学家、哈佛大学教授威尔逊与哈佛大学著名的心理学家赫恩斯坦合作，出版了一部犯罪学著作《犯罪与人性：对犯罪原因的决定性研究》（1985 年），这项研究部分地将犯罪学、经济学、心理学、精神病学、社会学、人类学、遗传学、政治学等学科结合在一起，是一项大规模、多学科、综合性的犯罪学研究。又如，美国当代犯罪学家杰弗利 1990 年出版了一本《犯罪学》，该书的副标题就是“科际整合的探讨”，书中将生物学、心理学、社会学、经济学、法学等学科加以整合，综合性地对犯罪现象加以分析。

（二）研究的实证化

目前，西方国家的犯罪心理研究运用调查、实验以及模拟实验、心理分析等多种方法，既有模拟研究，又注重纵向设计，并且运用高级统计进行分析，以求能更精确地对问题进行鉴别。许多研究人员进行研究时，往往采用模拟的情境，让人们在这种模拟情境或实验室中，对特定的犯罪问题做出反应，从而推测犯罪人真实的犯罪情况。例如，美国学者卡罗尔 1982 年所做的犯罪决策的模拟研究，休斯曼等人 1972 年对儿童早期对电视暴力的偏爱与其后来的攻击性之间的关系的研究，班杜拉等人所设计的一系列儿童攻击性实验研究，这些都是著名的实验设计，对研究结果用计算机进行统计，并用交叉时滞平面分析技术、路径分析等进行高级统计分析。用精神分析学的理论与方法对一些心理异常犯罪人进行深入分析，注重对奇特案件的犯罪心理深层分析，亚伯拉罕森所著的《犯罪心理学》（1960 年）是其典型的代表。

（三）重视生理因素与犯罪行为的研究

近年来，西方学者很重视对犯罪人生理因素在决定犯罪行为上的研究，并在这方面取得了重大进展。《科学》杂志 2000 年 7 月期选刊了 6 篇有关文章，介绍了生理、生化因素对暴力犯罪的影响。其中有遗传学方面对双生子的追踪研究，发现遗传基因中有一种叫 MAOA 的基因对犯罪行为有影响；生化方面对脑内血清素（5－羟色胺）的研究已经证实暴力犯罪人的血清素的含量值普遍增加；脑部受伤后，人的性格改变以致极端粗暴性格的形成；多动症（注意力不集中、敏感的多动症状）与犯罪行为的关系；铅中毒及其他化学成分对脑部的伤害及与犯罪的关系；利用先进仪器如正电子（PEr）扫描仪对脑部扫描以发现犯罪人脑部的特异状况；对最接近于人类的动物——恒河猴，发生暴力行为时自身内部生理变化的研究及其对人类的意义等。

（四）注重研究成果广泛应用于刑事司法实践

当代国外的犯罪心理学研究已开始注重理论与实践的结合，这突出表现在：

第一，帮助警方侦破疑难案件。比如近年来兴起的犯罪人心理学特征分析技术。犯罪心理学家参与到疑难的犯罪案件的侦破活动中。他们帮助警察分析疑难案件中犯罪人的犯罪动机、犯罪人的其他个人特征，帮助警察勾画犯罪人的轮廓，促进犯罪案件侦破活动的进行。从目前国外犯罪心理学应用的一些资料来看，犯罪动机不明的案件使用常规方法很难侦破，在疑难、复杂案件中，犯罪心理学发挥的积极作用尤为明显。

第二，在法庭上充当专家证人。犯罪心理学家通过评价犯罪人的精神状况、刑事责任能力、陈述的可靠性、证人作证的能力、证人证言的准确性等，从专业角度向法庭提供证词，帮助法官和陪审团就案件事实作出正确判断。

第三，在矫正机构参与对罪犯的矫治工作。一些犯罪心理学家在看守所、监狱等部门对犯罪嫌疑人或罪犯进行心理测验和心理咨询工作，研究罪犯自杀、逃跑、暴力行为的可能性等。

三、犯罪心理学的研究趋势展望

犯罪现象普遍存在于世界各国，已然成为最严重的国际性社会问题之一。犯罪心理学通过对犯罪心理的形成和发展变化的原因及其规律的研究，为社会提供相关的理论知识，有效地预防、控制、打击犯罪，同时，犯罪心理学通过对犯罪人在不同情境中的心理状态和不同类型犯罪人的心理的研究，为公安司法监狱等部门的工作人员提供揭露和惩治犯罪以及矫治罪犯等对策的心理学依据和方法，以增强其在犯罪对策方面的业务能力。社会需要本学科提供更全面、更权威、更有应用价值的防范和控制犯罪的对策，因此，我们要在充分肯定犯罪心理学近30年的研究成果的基础上，把握其研究趋势，使其能够更好地为预防、揭露、惩治犯罪以及矫治罪犯的实践服务，为维护社会秩序服务。

（一）对犯罪心理的生理基础研究

美国犯罪心理学家提特斯说："我们的犯罪心理学研究只有依靠生物学家、精神病学家、内分泌学家、脑电学家等的共同努力才能面目一新。"生理基础研究主要包括研究体型——性格与犯罪的关系，染色体变异——性格异常与犯罪的关系，内分泌失调——情绪障碍与犯罪的关系，脑电图紊乱——意识障碍与犯罪的关系，血型——人格类型与犯罪的关系等。如梅德尼克、尤得尔、莫菲特、雷恩等学者有关的犯罪精神病理学著作，它们重点探讨了遗传因素、精神病、神经化学因素、神经心理学因素、脑损伤、孕期和出生并发症、饮食、激素、认知缺陷等与犯罪行为的关系。这方面的研究大量采用自然科学的方法和技术进行，同时还有社会科学作为其依托，与当代的生理学医学科学、心理学的成就相结合，犯罪心理学就能以崭新的姿态出现在历史的舞台上。

（二）对青少年犯罪心理学的研究

青少年犯罪历来是每个国家犯罪研究的重难点，犯罪心理学把青少年犯罪作为一个重要的课题来研究。近代以来，青少年犯罪心理学研究继续发展，涌现了若干综合性的少年犯罪研究，为预防和控制青少年犯罪提供了强有力的理论依据。意大利的班丁和盖蒂分析了家庭成员对儿童的态度与青少年犯罪之间的关系，揭示了偏袒儿童在社会化中的失败而最终导致儿童越轨行为的过程；同时认为社会的消极标定迫使青少年把违法犯罪行为当成一种持久的生活方式而保持下去。另有学者研究了与青少年犯罪有关的个人因素和情境因素，以及道德发展水平与青少年犯罪倾向间接的关联性。总之，对青少年犯罪的研究仍要进一步深入，从而更有益于打击、预防青少年犯罪。

（三）加强对犯罪心理痕迹分析的研究

一定的行为能反映出人特定的心理状态、个性，犯罪行为是犯罪主体对客体的作用，故总会造成一定的物质痕迹，物质痕迹则是犯罪行为、犯罪心理及其他心理活动的外化表现。因此，刑事案件发生后，必然在现场留下心理痕迹。犯罪心理痕迹是指罪犯在实施犯罪活动中，通过犯罪行为表现出来的某种特定的心理特征，它是一种以物质痕迹为载体的抽象的观念现象，具有个性、无意识、定势、可知性的特征，在侦查工作中运用心理痕迹可以分析案件性质、作案动机、罪犯的行为习惯及职业特点等，为侦破案件提供科学依据。然而侦查人员在犯罪现场的勘查，侧重于对物证的提取，对心理痕迹重视不够。我们应加强对犯罪现场心理痕迹线索的分析与研究，以提高破案的效率。目前，研究人员对现场勘查心理、审讯心理以及犯罪心理测试技术（测谎技术）有了一定的理论支撑和实证性的探索，如武伯欣教授在犯罪心理测试技术领域卓有建树和造诣。他将心理学理论和方法应用于司法实践，并在大量的侦审实践中总结形成了一套独创的心理痕迹分析技术和综合测试方法，自主研创出心理学家视角的“四轮驱动侦查理论”，为全国各地实战部门的侦审工作提供了有效地指导和帮助，被侦查、审判一线的侦审人员所称道。特别是在犯罪心理测试技术领域，武伯欣教授在长期的理论研究和大量疑难案件心理测试实践研究中，总结出符合中国国情、具有国际先进水平的犯罪心理测试技术理论、方法和实测技巧等系统科学体系。这也是犯罪心理学的学科发展方向之一，以学者的研究成果为依托，培养出更多的懂得侦查心理、熟练运用审讯心理学方法、掌握犯罪心理测试技术（测谎技术）的公安民警，为侦查破案工作服务。

（四）犯罪心理画像——刑侦技术新手段

犯罪心理画像技术是依据犯罪心理学原理，以及其他相关科学知识，运用心理分析的方法，利用犯罪人在犯罪现场所遗留的物质痕迹，即使是被假装、被破坏、用现代刑侦手段毫无认定价值的，甚至是似乎毫不起眼的细节，去寻找犯罪人的个性心理特征，从而描绘犯罪人的性别、年龄、种族、职业、学历等方面的特征，描绘犯罪人的家庭环境状况、社会环境状况以及人际关系、个人生活习惯、生活方式等诸方面的特征的一种新的刑侦技术手段。现代犯罪心理学的心理画像技术，体现了对古代生物学派、现代精神病学派的精华内核的汲取，体现了犯罪心理学原理的螺旋式上升和波浪式前进的特征，心理画像技术是犯罪理论的历史升华。其专业前景是广阔的，它作为一种跨学科的技能，要求犯罪心理画像专家不仅要学习精湛的学术知识和提高科研能力，还要努力学习刑事侦查，理论与实践必须相互交融，取长补短。目前，全职的犯罪心理画像专家人数很少，在今后的一段时期内，我们希望出现更多的专业培训，文献著作得到扩充，从事犯罪心理画像工作的人士增进相互的交流。

（五）加强对犯罪人心理矫治的研究

罪犯心理矫治是监狱心理矫治工作人员和社会心理学工作者运用心理学的理论和方法，通过对罪犯开展心理健康教育、心理评估、心理咨询和心理治疗、心理预测与危机干预等一系列活动，准确掌握罪犯心理特征，帮助其正确认识心理问题，改变其不良的认知方式，消除其不良心理及心理障碍，促进其适应改造后的环境，实现改造目标的活动。但现在的研究仍停留在诊断和咨询阶段，对某些较顽固的犯罪心理的治疗，对不同犯罪类型罪犯的系统治疗方案的研究，还比较薄弱，需要进一步的加强，如90症状清单（SCL－90）、抑郁状态量表、康奈尔医学指数（CPI）、焦虑自评量表、简明精神病量表、社会功能缺陷评定量表、Achenbach儿童行为量表（CBCL）、RUTTER儿童行为问卷、问题行为早期发现测验、父母养育方式评价量表、EPQ人格测试（成人）、卡特尔16项个性因素测试（16PF）、明尼苏达（MMPI）多相人格测试等其中一些常用的心理测评量表。总的来讲，需要加大研究力度，研究出完全适合我国国情的系列犯罪心理测试量表并使之尽快投入使用。

（六）加强对犯罪心理预测的研究

犯罪心理预测，是指依据犯罪心理形成、发展变化的规律，参考以往的实践经验，采用观察访问、心理测验等多种方法，对一特定社会范围内犯罪心理的形成和未来犯罪心理现象的发展变化趋势、犯罪种类、犯罪数量，以及某些个体犯罪和重复犯罪的可能性等，所作的比较实际、科学的估计和推断。犯罪心理预防就是通过消除人的犯罪心理或阻抑其形成犯罪动机的方法，以达到预防犯罪人发生犯罪行为的目的。犯罪心理预测为犯罪心理预防提供信息，是犯罪心理预防的前提。从社会变迁、社会心理变化和社会控制的角度，今后加强对新的犯罪类型及其心理预防加强研究，以便从整体上为社会控制犯罪服务，如依据人心理的外部展现和犯罪行为先兆，开展“人身危险性评估与干预”和“被害风险性评估与干预”。常用的心理征兆预测法有观察法、测验法、调查访问法、活动产品分析法、谈心法等。

（七）建立起科学完善的、具有我国特色的学科理论体系

我们要深刻认识并准确把握国内外形势新变化新特点，这就要求我们探索并揭示出新时期人们的犯罪心态和某些特殊类型犯罪行为，以及经济社会发展取得巨大成就的条件下，公民的社会心理变化的新特点包含人格、价值观念、家庭婚姻恋爱观念等，立法执法心理特点，违法心理新动向和公民对待犯罪的消极心态——这一犯罪心理产生的强化因素，这样的研究使命和方向要符合当代犯罪发展、变化的特点，符合为社会治安的综合治理和社会主义法治建设服务的宗旨，更符合建设具有我国特色的犯罪心理学要求，也使学科的研究、发展根植于现实土壤。同时要充分发挥其多学科综合研究的优势，充分吸收相邻学科的新观点和理论以及国外先进理论，积极探索减少、预防和矫治犯罪的新途径。

我国犯罪心理学在学科理论研究和建设中，仍存在许多问题，影响犯罪心理学在我国的研究和发展。犯罪心理学是一门新兴的综合性边缘学科，在我国，犯

罪心理学的研究对象、学科体系和研究范畴，犯罪心理结构等基本科学概念和基本理论，以及犯罪心理学教材体系等问题还一时难以统一，这些基本理论问题一日不解决，犯罪心理学研究就会步履维艰。建立起科学完整的具有中国特色的学科理论体系是犯罪心理学总体研究和发展的奋斗方向。

（八）开展学术争鸣，加强区域性、国际间的犯罪心理学研究合作与交流

自 1985 年 8 月西安会议以来，“犯罪心理结构”是争论最多的一个基本理论问题。虽然至今仍无定论，但争论大大活跃了犯罪心理学的学术气氛，今后应尽可能多地开展健康活跃的学术争鸣。让学者和专家逐渐确立明确的学术规范，培养坚定的科学精神和良好的治学风范，这也是推动犯罪心理学发展的动力之一。同时，现代通讯和交通手段的发展，为犯罪心理学的研究提供了日益便利的条件，犯罪心理学研究者可以通过出版物、互联网等方式，了解到其他国家和地区犯罪心理学研究的新成果；同时，区域性、国际间的学术交流机会和合作渠道增多，学者之间可以进行科学理性的学术批判和成果借鉴，这有助于犯罪心理学研究全球化、一体化的形成，也有助于我国本学科的研究与国际接轨。

我们相信，犯罪心理学这门学科的研究领域、研究范围必将越来越广泛，越来越深入，其研究方法也会根据实际情况的需要不断得到发展。犯罪心理学这门学科的应用价值会越来越受到人们的重视。

延伸阅读

犯罪心理画像技术

犯罪心理画像技术最初起源于美国，现在已经被广泛应用在侦查过程中，利用关于一起犯罪、一个犯罪现场及其被害人的所有可以获得的信息勾勒出未知作案人的过程。描述犯罪人的特征，对犯罪人格和行为进行心理分析，如同指纹和调查访问一样是现代侦查工作的重要组成部分。

犯罪心理画像是四种技术的联合体，即刑事侦查、法医鉴定、心理评估和文化人类学的应用。其一般程序是把犯罪现场和法医鉴定的信息，以及关于犯罪行为和被害人的有限的细节信息送到心理画像专家那里，再由他们反馈出关于犯罪人的报告。犯罪心理画像主要适用于系列案件，如系列杀人、系列抢劫、系列盗窃、系列的伤害案件等，它也适用于具有典型特征的普通案件。犯罪心理画像其实是一个动态的侦查过程，应该贯穿于全部侦查过程中，不能与其他侦查措施相分离，并且随着案件的终结才能最后结束。

一、犯罪心理画像的历史

犯罪心理画像最初起源于美国联邦调查局，20 世纪 70 年代他们成立了行为科学部，最后终于创立了一种被称为犯罪现场分析（crime scene analysis）的犯罪心理画像技术。给犯罪人进行心理画像这一形式被国人熟知是因为 1990 年影片《沉默的羔羊》的放映，它不仅包括对未知对象的塑形，还包括逮捕他们的技巧、相关案件的评判以及辨认出罪犯后的审讯和检举策略。

在美国，早在 1978 年，为案件侦破提供心理画像咨询就已经获得了联邦调查局的正式批准，在 20 世纪 80 年代就已经普及起来。目前而言，犯罪心理画像有三种主要的方法：一是美国联邦调查局的犯罪现场分析的方法，他们注重的是现场的各种特征，他们将现场的特征和受害人的详细报告输入特征数据库中进行画像，这个数据库是 1979 年联邦调查局行为科学部在对 36 名系列杀人犯和强奸犯访谈的基础上建立并发展起来的；二是英国坎特教授建立的调查心理学的方法，他注重的是犯罪现场的行为特征所反映的心理学意义，他认为犯罪行为必然反映犯罪人的日常生活行为，因而他提出了犯罪的一贯性假设，并且把这个假设运用到犯罪心理画像的两个领域，即人际关系的一致性和空间的一致性；三是诊断评估的方法，它是基于临床的实践经验。

二、犯罪心理画像的理论

犯罪心理画像技术的理论来源是行为主义和法庭科学。行为主义心理学理论主要包括条件反射和学习理论。其中，对犯罪心理画像理论的形成起决定作用的是美国心理学家华生的学习理论。与行为主义原理实现相关联的是法庭科学理论。法庭科学是 20 世纪 60 年代后期出现的把物理学、化学、医学、生物学等自然科学原理和方法运用到刑事司法活动之中的交叉学科。法庭科学技术在物证的收集和检验方面具有通过常规调查无法取代的地位。法庭科学发展的过程昭示：只要罪犯在现场停留、活动、与被害人及现场物品之间发生联系，就必然能够通过技术识别和实验室检验的方式揭示这些现象。将行为主义与法庭科学联系起来并运用到犯罪分析之中，使二者之间形成侦查目的与侦查手段的内在关系：研究犯罪人的行为及其特征是犯罪分析的核心内容，而揭示犯罪人行为特征的基本途径则是法庭科学的方法手段。

犯罪心理画像技术产生于 20 世纪 60 年代末，以目前的观点看当时的画像技术属于归纳式犯罪心理画像。20 世纪 90 年代以来，经与法庭科学原理运用的密切配合，在犯罪重建理论的基础上最终形成演绎式犯罪心理画像。两种犯罪心理画像技术在逻辑过程上形成鲜明的对比，从而构成其各具特色的方法论内容。

（来源：田甜——《浅谈犯罪心理画像技术》）

第三章

犯罪原因的主要理论

第一节　犯罪生物学派理论

意大利著名的精神病学家、犯罪学家、犯罪心理学家龙勃罗梭是该学派的创始人。龙勃罗梭在当监狱医生期间，以犯罪人为研究对象，他曾对监狱收押的几千名犯罪人进行过人体测量和外貌考察，并运用生物学、遗传学、心理学等理论对犯罪人进行研究，发现许多犯罪人在生理特征和心理反应上都显著地与常人有别。例如，在生理特征方面，天生犯罪人具有异常大或异常小的头骨，狭窄的额头，大小不对称的耳、眼睛、颜面，突出的腭骨等；在心理反应上，天生犯罪人最基本的特征是心理上的冷漠和精神上的无知觉状态，并由此导致其同情和怜悯的道德意识衰退以及缺乏顾及和自我良心谴责等。这些外部生理特征是人类在进化过程前期野蛮人所具有的特征，这些特性通过隔世遗传表现在现代犯罪人身上。由此，龙勃罗梭认为犯罪是一种原始野蛮阶段的返祖现象，犯罪心理活动是由犯罪人的生理特征决定的。1876 年，龙勃罗梭的名著《犯罪人论》问世，其理论基础是犯罪的生理遗传决定论。

一、犯罪生物学派理论的成因

龙勃罗梭的犯罪原因思想，经历了一个由单一到复杂的发展过程。在早期的著述中，龙勃罗梭主要注意遗传等先天因素对犯罪的影响。作为一名监狱医生，他对几千名犯人作了人类学的调查，并进行了大量的尸体解剖。1870 年 12 月，在意大利帕维亚监狱，龙勃罗梭打开了意大利著名的土匪头子维莱拉尸体的头颅，发现其头颅枕骨部位有一个明显的凹陷处，它的位置如同低等动物一样。于是得出结论：这种情况属于真正的蚯突（vermis）肥大，可以说是真正的正中小脑。这一发现触发了他的灵感，由此他认为，犯罪者与犯罪真相的神秘帷幕终于被揭开了，原因就在于原始人和低等动物的特征必然要在我们当代重新繁衍，从而提出了他的天生犯罪人理论。

二、犯罪生物学派理论的内容

1876 年，龙勃罗梭发表了他的成名作《犯罪人论》第一版。由于当时可供他研究的材料较少，故该书仅是一本小册子，而当 1906 年到 1907 年《犯罪人论》第五版问世时，已经成为一部共有三卷和附图一卷的巨著。第一卷和第二卷专讲人类学、法律学和刑事学关系中的犯罪人；第三卷讲精神病学；附图中有 102 个图表，画有犯罪人的头颅、犯罪人的容貌和身体各部的尺寸、犯罪人的身体和精神的症候以及语言文字等。天生犯罪人成为龙勃罗梭早期著作中一个核心命题。

（一）理论的主要内容

1. 犯罪者通过许多体格和心理的异常现象区别于非犯罪人。
2. 犯罪人是人的变种，是一种人类学类型，一种退化现象。
3. 犯罪人是一种返祖现象，是蜕变到低级的原始人类型。
4. 犯罪行为有遗传性，它从犯罪天赋中产生。

（二）天生犯罪人的特征

1. 生理特征：扁平的额头，头脑突出，眉骨隆起，眼窝深陷，巨大的颌骨，颊骨同耸，齿列不齐，非常大或非常小的耳朵，头骨及脸左右不均，斜眼，指头多畸形，体毛不足等。

2. 精神特征：痛觉缺失，视觉敏锐；性别特征不明显；极度懒惰，没有羞耻感和怜悯心，病态的虚荣心和易被激怒；迷信，喜欢文身，惯于用手势表达意思等。

（三）对于犯罪原因先天因素，龙勃罗梭从种族和遗传这两方面展开

种族和犯罪之间的关系的论述，是建立在对一些犯罪现象直观的认识基础上，没有直接的科学依据。龙勃罗梭侧重研究了遗传因素对犯罪的影响，从调查个案入手肯定了隔世遗传规律，还提出了天然类聚说，认为两个犯罪家庭联姻后，遗传的影响更大。

三、犯罪生物学派理论的社会评价

龙勃罗梭的天生犯罪人理论一经传播，马上遭到来自各方面的抨击。当看到

龙勃罗梭搜集的那些相貌不对称和有特征的罪犯画像时，法国人类学家保罗·托皮纳德尖刻地挖苦说："这些肖像看起来与龙氏朋友们的肖像一模一样。"英国犯罪学家查尔斯·巴克曼·格林经过12年的工作，领导了一项研究计划，根据96种特征考察了3000名以上罪犯，他个人还进行了1500次观察，并作了300次其他补充观察。他指出："事实上，无论是在测量方面还是在犯罪人中是否存在身体异常方面，我们的统计都与那些对守法者的类似统计有惊人的一致。我们的必然结论是，不存在犯罪人身体类型这种事情。"在科学验证的事实之上，格林断言，不存在天生犯罪类型，犯罪不是由遗传而来的，他呼吁犯罪学家把心理特征，特别是以智力缺陷作为犯罪行为的原因来加以研究。

在这种情况下，龙勃罗梭在后期的著作中也修正了自己的观点，从只注重犯罪的遗传等先天因素，到把犯罪原因扩大到堕落等后天因素的影响，而这种堕落是与一定地理环境与社会环境分不开的，因此，龙勃罗梭分别研究了地理与社会因素对犯罪的影响，强调智力、情感、本能、习惯、下意识反应、语言、模仿力等心理因素与政治、经济、人口、文化、教育、宗教、环境等社会因素与自然因素的作用，天生犯罪人在罪犯总数中的比例也一再降低。在1893年出版的《犯罪：原因和救治》一书中，天生犯罪人占33%，由此形成综合的犯罪原因论。

龙勃罗梭在《犯罪：原因和救治》中指出："导致犯罪发生的原因是很多的……如果不逐一加以研究，就不能对犯罪原因遽下断语。犯罪原因的这种复杂状况，是人类社会所常有的，决不能认为原因与原因之间毫无关系，更不能以其中一个原因代替所有原因。"对于什么是真正的犯罪原因，他说："实言之，每一现象中的真正特殊原因何在，即使是善于观察的人，亦不能下一断语。"

四、犯罪生物学派理论的发展

龙勃罗梭的理论在19世纪末20世纪初有着重大的影响，至今仍有一些追随者。随着科学技术的进步，人们在他的研究基础上对罪犯的生理因素作了广泛的探讨，不断丰富、发展和修正了龙勃罗梭的理论，形成了一些分支学说。例如，体型说、血型说、内分泌说、染色体变异说以及脑电波说等。

（一）体型说

体型说认为，人的体格类型可以影响其心理状态，甚至会影响到犯罪心理的形成。德国的精神病学家克瑞奇梅尔和美国的谢尔顿是该学说的代表人物。克瑞奇梅尔在其所著的《体型与性格》一书中，将人体体型分为瘦长型、矮胖型、斗士型三种。他认为犯罪人中，一般是斗士型的多，矮胖型的少。矮胖型人犯罪缺乏规律性，初犯多，容易改过自新而重返社会；而瘦长型人犯罪的主要类型是盗窃和诈骗；斗士型人犯罪倾向较大，且物欲强，理性弱，自我控制能力差，容易产生暴力性的财产犯罪和性犯罪。

（二）内分泌说

内分泌说宣称，由于内分泌腺对人体的新陈代谢、生长发育等生理功能起调节作用，因此，内分泌的失调，就会引起人的情绪、意志以致理智的变化，进而产生犯罪心理。例如，甲状腺亢进，会引起人的情感波动，易暴躁，甚至发生粗暴攻击行为；性激素的过量分泌可使人性欲亢进，增强有力的攻击性，削弱意志控制和道德感，容易发生性犯罪；女性在行经期间由于性激素的变化，容易焦虑、烦躁、易怒、神经紧张，情绪的波动起伏很大，并使犯罪的可能性增加。

（三）染色体变异说

染色体变异说主张，人的染色体数量异常是导致犯罪行为发生的原因。通常人类的染色体正常的是46个，其中常染色体44个和性染色体2个。性染色体又分为X、Y两种，X是女性染色体，Y是男性染色体，若性染色体的配合是XX，即女性，性染色体的配合是XY，即男性。该学说的代表人物杰可布通过比较研究发现，有些男性的性染色体出现异常，即性染色体中多了一个X或Y而成为XYY或XXY时，就容易出现情绪躁动、理智难以控制、攻击性强等的心理特点，从而容易产生暴力犯罪和性犯罪行为，且初次犯罪的时间早。但有的研究者认为，虽然有些人的性染色体异常，但并没有犯罪；而有些性染色体异常的罪犯，暴力犯罪比染色体正常的犯罪人少得多。因此，在统计学上目前还没有足够的证据证明犯罪和染色体异常有密切的关系。

（四）脑电波说

脑电波说表明，犯罪行为的发生与脑电波的异常有关。人类的大脑皮层存在连续不断的电活动，如果将引导电极安放在头皮上，可以记录出大脑的电活动，所记录到的大脑电活动的电位变化，就叫脑电波。根据脑电图波形的频率和振幅的不同，可将正常的脑电图分为四种基本波形：α波（alpha）在清醒、安静状态下出现，β波（beta）在大脑皮层处于活动状态时出现，θ波（theta）在情绪紧张或困倦时出现，δ波（deita）在睡眠、极度疲劳或麻醉状态时出现。持脑电波学说的学者认为，犯罪行为的发生与脑电波的异常有关，特别是δ波与犯罪关系密切。当行为人处于情绪过度紧张或极度困乏时，δ波出现，这时人会出现情绪波动，而此时的意识控制力很弱，会听任冲动的发生，因而，在δ波状态下，容易导致冲动性、爆发性的犯罪行为发生。然而，有学者对此学说提出了异议，认为脑电波的异常不能作为判断犯罪者的标准。因为一般检查犯罪人的脑电波是在其犯罪以后进行的，用事后的检测来研究行为时的犯罪心理是不科学的。

此外，人们还广泛探讨了遗传、种族、生物化学，以及神经生理等因素与犯罪的关系。

综上所述，犯罪的生物学派理论将犯罪心理产生的原因归结为人的生理因素，认为人之所以犯罪，是由于其生理因素异于常人。显然，这种结论是极其片面的。因为人不仅具有生物属性，更具有社会属性。人的心理的产生，行为的实施，虽然离不开作为物质前提和基础的生理因素，但真正起决定作用的还是社会生活条件和人的主观能动性。犯罪的生物学派理论把一些局部的、间接的生理作用夸大为整体的、直接的作用，忽视和否认社会因素对犯罪心理、犯罪行为的影响，显然是不够科学的。不过，现代科学技术已经证明，人的生理因素与其犯罪行为的发生有一定的关系，但并不是犯罪的决定因素，更不是犯罪的“原动力”。

特别值得一提的是，该学派采用科学实证的方法研究犯罪现象和犯罪人，创立了刑事人类学派理论。该学派无论是在犯罪学、犯罪心理学上，还是在刑法学上，都是功不可没的。

第二节　犯罪社会学派理论

一、犯罪社会学派理论的产生

该学派认为，犯罪的主要原因是社会因素，犯罪心理的产生和发展无不受社会因素的制约。德国的犯罪学家、刑法学家李斯特是犯罪社会学派的代表人物之一。李斯特反对龙勃罗梭的“天生犯罪人”论，他承认生理因素对人的心理、行为有重要的影响，但犯罪的产生，是犯罪人受到外部社会环境影响的结果，大众的贫穷是培养犯罪的最大基础。因此，他认为犯罪行为的产生应包括个人因素和社会因素两大部分，其中，社会因素是产生犯罪的决定性因素。

龙勃罗梭的学生、意大利著名的犯罪学家和刑法学家菲利进一步指出，犯罪行为的产生是个人因素、社会因素和自然因素三方面共同作用的结果（“犯罪三原论”)。个人因素包括生理因素和心理因素；社会因素包括政治、经济状况、传统、宗教、风俗习惯、家庭结构、教育制度等因素；自然因素包括气候、季节、地形、物产、自然灾害等。菲利认为，犯罪的产生，除了行为人人格上的因素外，自然、社会因素对犯罪也有影响，有时社会因素对犯罪起主要作用，有时个人因素或自然因素起主导作用，不能过分强调某一方面因素的作用。他同时还提出了“犯罪饱和定律”，即影响犯罪形成的各个因素都有一定的限度，当这种影响因素达到一定量时，犯罪就会发生，且出现对等的关系，当上升到一定量后，犯罪也就饱和了。例如，当社会因素发生变化，犯罪也就随之产生，但一旦社会因素得到改善，犯罪也就达到饱和状态，犯罪率即停留在一定的量上，不再变化。

二、犯罪社会学派理论的发展

1930年以后，犯罪的社会学派理论得到了蓬勃发展，出现了一些分支学说，例如，社会环境论、模仿论、文化冲突论、社会异常论、标签理论、社会学习理论等。

（一）社会环境论

社会环境论认为，犯罪不是由犯罪人的生理因素决定的，而是由社会环境影响的。社会环境是犯罪的培养基，犯罪人则是细菌，当细菌进入培养基后就会产生犯罪。因此，社会环境在某种意义上是犯罪产生的主要因素。该理论完全否认生理因素，也忽视人的心理因素对行为的作用，把人的犯罪行为完全归结为社会环境的不良影响，显然是有局限性的。

（二）模仿论

模仿论是由法国著名的社会学家、犯罪学家塔尔德提出来的。塔尔德认为，犯罪行为的产生不是先天遗传的，而是在社会活动中受社会因素的影响而模仿出来的。人类的社会生活过程就是一个模仿的过程，由于人与人之间互相模仿，社会才得以发展并保持稳定，因而模仿是人类社会活动中不可缺少的行为源泉。他于1890年提出了模仿的规律是：人们之间接触越密切，越容易互相模仿；下层人物模仿上层人物；农民模仿贵族；小城镇和农村模仿城市。两种互相排斥的东西同时流行，其中一种将取代另一种。他认为，“模仿”反映了人与人之间心理上的联系，犯罪也遵从一般的行为模仿规律，犯罪是社会造成的，社会因素是犯罪产生的根源，模仿则是传播犯罪的基本途径，正是人们在社会活动的互相联系、互相接触中，通过模仿学会犯罪进而传播开来。后来的研究者认为，塔尔德用心理学的模仿规律来解释犯罪现象，是把复杂的犯罪现象过于简单化了。不过，塔尔德的理论批判了犯罪生物学派理论的缺陷，对后世的影响较大，同时，对犯罪社会学派理论的形成和发展起了重要作用。

（三）不同接触论

不同接触论也译为“差异结交论”“异化交往论”“不同联系论”等，是由美国著名的犯罪学家萨瑟兰在1939年出版的代表作《犯罪学原理》中提出来的。该理论认为，个体所实施的犯罪行为是在与他人的交往中，向与自己关系密切的人学来的。他认为，人们学习犯罪行为就如同学习其他正常行为一项，是在生活中学会的。因而，接触犯罪行为的机会越多，学习犯罪行为的机会也就越多。萨瑟兰将其理论归纳为九条主要内容：犯罪行为是学习来的；犯罪行为是在与人的交往过程中，通过人与人之间的互相影响而学到的；犯罪行为的学习，主要产生在与之关系密切的社会集团中；犯罪行为的学习，包括犯罪方法、犯罪动机、犯罪技巧、态度、理由等；对于特定动机和冲动的学习，主要通过法律规范赞同或不赞同的确定性而学得的；犯罪行为的确产生，是因为行为人违反法律的想法战胜了遵守法律的想法；人与人之间由于相互影响的频率、持续时间、顺序和强度的不同而影响到犯罪的学习；犯罪行为的学习过程与一般行为的学习过程是一样的；人类一般欲求和价值观念的理论不能用于解释犯罪，虽然犯罪行为也是一种欲求和价值观念的体现，但非犯罪行为也同样是一般欲求和价值的体现。该理论无疑可以用来解释一部分犯罪原因，但其缺陷也是明显的，因为它忽视了人的主观能动性，无法解释为什么在相同的环境下，有的人犯罪而有的人却并不犯罪。

（四）文化冲突理论

文化冲突理论指出，不同国家、不同民族、不同的社会团体由于生活方式、价值观念和风俗习惯等方面的差异，导致了文化规范的不同。犯罪即是不同社会集团的不同文化规范之间冲突的结果。该理论的代表人物是美国犯罪学家塞林，他在1938年发表的著作《文化冲突与犯罪》中指出，在社会群体用来维护其成员一致性的各种各样的手段中，刑法占据着重要地位，而刑法是主流文化行为规范的表现，犯罪则是与主流文化相冲突的下层阶级和少数民族群体文化的产物；由于下层阶级和少数民族群体的文化与主流文化相冲突，所以，遵从下层阶级和少数民族群体的文化，就必然会产生违反刑法的犯罪行为。塞林认为，除了不同民族之间存在文化冲突外，不同阶层、不同团体、不同时期、不同地区的文化都存在冲突，所有这些冲突都可能导致犯罪。美国的另一位犯罪学家米勒也认为，犯罪是低阶层文化的正常反应，低阶层文化的核心包括诸如斗殴、酗酒、盗窃、不当性行为、爱耍小聪明、追求生活中的刺激、欣赏勇猛和坚强等。

（五）社会异常论

社会异常论（又称压力论、紧张状态论、激发论等）认为，犯罪是行为人由于不能通过合法手段获得社会地位和社会财富而产生的沮丧和气愤的产物。美国社会学家默顿在《社会结构和反常状态》一书中指出，美国社会是过分重视实现目标结果的社会，成就和名利是这种目标结果的标准；美国的社会、学校、家庭和大众传播媒介都大肆宣扬竞争、个人奋斗和出人头地，把物质财富和社会地位作为实现文化目标的主要象征；但是，由于社会歧视性的阶级结构和种族等级的存在，所以不是所有人都有能平等地得到实现这些文化目标的机会和常规手段，那些处于下层社会的阶级由于无法取得同中上层阶级竞争的优势，便会产生一种紧张状态，并导致破坏法律的行为发生。

（六）标签理论

标签理论则主张，行为人变为罪犯的主要原因是社会给其贴上了越轨者的标签。所谓“贴标签”，就是立法者、司法者、社会舆论把某些个体定义为“越轨者”的过程。该理论的代表人物贝克和利莫特认为，社会对确有一定越轨行为的人贴标签，反而会刺激、加强或者促成被标签者的恶性转化，从而实施更多的犯罪活动。

此外，副文化群论、社会生态学理论等都重视和强调社会客观环境对犯罪心理和行为所产生的影响。

（七）社会学习理论

到了20世纪60年代，美国心理学家班度拉将犯罪的社会学派理论进一步发展。他认为，犯罪行为（特别是攻击行为）不是与生俱有的，而是后天习得的，犯罪心理的产生主要有以下三方面来源：（1）观察学习：包括家庭成员的影响和强化，人们所属亚文化的影响，广泛使用的宣传工具所提供的具有充分性的范例等；（2）凭直接经验学习：行为人通过自己犯罪或错误行为结果的直接经验而形成；（3）生物学因素：适当的环境刺激了犯罪的神经生理机制，神经生理机制要限定攻击性反应的类型、决定感知和受影响的速度，因而它要影响犯罪心理和行为的模式。班度拉认为，观察学习是最重要的，特别是家庭成员的示范和犯罪鼓励，父母的攻击和言语表情，亚文化的犯罪率，符号示范（如宣传暴力、色情的电影、电视、书刊等）对人们的犯罪心理和行为会产生直接影响。

犯罪的社会学派理论着眼于社会生活环境、强调犯罪行为的发生主要是受社会因素制约的，反对天生犯罪人论和遗传绝对论的观点，具有积极的意义，是有关犯罪研究的一大进步；有的理论在一定范围还具有一定的说明力，能解释部分犯罪原因。但这些理论由于过分强调社会因素的作用，忽视了主体生理和心理因素对犯罪行为的影响，这些理论都有不同程度的片面性和局限性。

第三节　犯罪精神分析学派理论

一、犯罪精神分析学派理论的产生

该学派产生于19世纪末20世纪初，创始人弗洛伊德在心理学领域开创的精神分析理论，在世界范围内影响极广。精神分析学派不仅扩大了心理学的研究领域，比如对无意识、梦、过失与错误等文化的研究，而且在研究人的深层次的心理上不满足于研究精神现象的“表面价值”，而是追本求源、寻根问底，对人的心理现象进行深刻的剖析；同时，在研究方法上所采用的“自由联想法”以及荣格的“词的联想法”等，都成为心理学广泛采用的方法。许多名词术语，如“无意识”、“文饰作用”、“自卑感”、“优越感”、“内倾”、“外倾”、“补偿作用”、“投射作用”和“压抑作用”等都经历了实践的检验，成为心理学的流行用语。由于精神分析学派的研究主题涉及了以往没有涉猎的关于人的心理深层结构、内在心理动力，以及对性问题的特殊注意，并把人的心理动力和能量都最后归结为性的问题，这就使精神分析理论本身被披上了一层浓厚的神秘面纱。

该学派认为，人的许多行为来源于无意识过程，是受性本能驱使的。人格的形成是生物欲望（里比多，Libdo）发展的结果。人格结构分为本我、自我、超我三个部分，这三部分互相渗透、互相作用，充满冲突，产生动力作用，支配人的行为。

1. 本我或伊德（id）：是一个人生来所具有的各种本能冲动的总和。它的特点是无方向性、无逻辑性、未分化性；它只根据“快乐原则”活动，是人的一切特性的基础。

2. 自我（ego）：是所谓“现实化了的本能”。当本我按照快乐原则进行活动时，由于本我只是混沌的欲望，无法与现实相接触，必然要通过与外部世界发生关系来实现自己的目的，在与外界相接触、相交往的过程中，追求快乐的目的行为必然受到现实社会的约束，在现实的反复教育下，认识到环境的危险，变得懂道理了，它控制本能和欲望，在现实允许的合理的生活中实现快乐的目的，即既要获得快乐，又要避免痛苦，因而从本我与现实矛盾冲突中就分化出了自我。自我按照“现实原则”进行活动，自我的作用就是要控制本我，与外界现实相接触，满足生理冲动，避免痛苦，同时又要在超我的监督和约束下，调解本我与现实的冲突。

3. 超我（superega）：是以良心和批判能力为主体组合而成的，是道德化了的自我，它是人格中最后形成的最文明的部分，可以说是人的一种理想。它是在自我与现实的冲突中分化出来的，并在自我不能满足现实环境的要求时，满足个体的要求。超我包括两个部分：一方面是所谓的“良心”，这是一种是非感，谴责和惩罚违反道德行为的标准；另一方面是自我理想，这是确定道德行为的标准。因而，超我按照“道德原则”或“理性原则”进行活动，它的职责是指导自我去限制本我的活动，同时，根据社会道德规范确定道德行为标准，以及对违反社会道德标准的行为进行惩罚。

精神分析学派认为，人格结构的三部分互相冲突、互相渗透、互相作用而构成一个整体。当这三部分彼此和谐时，即正常人；而当行为人的人格结构与需要层次不能达到彼此和谐，在“超我”又有缺陷时，其“本我”的盲目冲动就不会受到“超我”的约束、管制，而就会产生违反社会道德的行为，或犯罪行为。

二、犯罪精神分析学派理论的发展

最先用该理论来解释犯罪心理和行为的并不是弗洛伊德，而是德国犯罪学家艾其浩，他认为，本我的盲目冲动和性本能是促使一个人犯罪的原动力；犯罪人的自我不完善、不成熟，使自身对行为的控制出现弱点甚至裂痕，于是，犯罪人便可能以急躁的、紧迫状态的冲动和焦虑释放本我；犯罪人的超我不完善、有缺陷，不能控制冲动性的本我。此外，还有人用侵犯本能、利欲本能、性本能和权欲本能来解释犯罪心理和犯罪行为。

（一）侵犯本能说

侵犯本能说认为，人之所以产生犯罪心理和犯罪行为，是由于人的侵犯本能突出发展所致。侵犯本能是动物在弱肉强食、适者生存的进化过程中，赖以维持自己生存的一种本能。人是由动物演化而来的，虽然在长期的演化过程中，这种野蛮的侵犯本能已逐渐消失，但不可能完全消失。在社会的约束和监督之下，人的侵犯本能处于隐蔽状态，但在发怒和激烈争斗时它就会不自觉地流露出来。

（二）利欲本能说

利欲本能说宣称，人的生存欲望、需求是产生犯罪心理的原动力。生存欲求即是利欲心，这是人的一种内驱力。当一个人的利欲本能长期得不到满足时，便可能谋求不正当的补偿满足，从而诱发犯罪心理和犯罪行为的产生。

（三）性本能说

性本能说认为，性冲动是产生犯罪心理的唯一原因，是一切犯罪的原动力。此学说甚至认为“十个案子九个奸”，有些刑事案件，虽然表面上是诈骗、抢劫、盗窃等财产性质的犯罪，或者是杀人、伤害等侵犯人身权利的犯罪，但是，隐藏在犯罪现象背后的真实动机却是为了满足性的冲动。

（四）权欲说

权欲说指出，人具有保存自己、追求优越、崇尚权力的欲望；当这种欲望长期得不到满足时，就会形成自卑感；犯罪就是人为了克服自卑感而进行的过度补偿的结果。

（五）挫折攻击理论

与精神分析派有关的挫折攻击理论也有一定的影响。该理论代表人多拉德和米勒等认为，犯罪是个体受挫折后所产生的一种攻击反应行为。挫折是指个体在从事有目的活动过程中，遭到干扰或障碍，致使其动机不能实现，欲求不能获得满足时的情绪状态。该理论认为，当一个人的动机受到挫折时，为了减轻心理的紧张情绪，使内心保持平衡，必然要通过侵犯攻击行为来宣泄内心的不满，因而侵犯攻击行为就成为最原始而普遍的一种反应。侵犯攻击行为的形式，往往受到欲求的程度、个体的人格特征以及挫折的突然性等因素的影响。一般来说，发生攻击行为之前，必定先有挫折；受挫折的强度越大，其攻击行为的强度相应越大，反之，挫折强度越小，攻击行为的强度也就越微弱。一个人产生挫折，可以由多方面因素造成，而相应的攻击行为则可以从三个方面表现出来：一是内罚性反应，即把受到挫折的原因归咎于个体自身，对自己自责、损伤，甚至作出极端的自残行为；二是外罚性反应，即把受挫折的愤怒情绪和攻击行为指向社会、团体和他人；三是不罚性反应，即不把攻击行为指向任何一方，将其局限在最小的限度，或予以忽视。该理论认为，在这三种情况中，外罚性反应最容易导致暴力犯罪行为的产生。当一个人的欲求得不到满足时，个体即将集中激怒的情绪通过向社会或他人实施攻击行为或报复行为来得到补偿，从而求得心理的平衡。因该理论将挫折与产生攻击行为的关系绝对化了，且忽视法律、道德对人的影响，忽视个体自身的意志对欲求的控制和调节作用，因而受到了一些学者的批判。

综上所述，犯罪的精神分析学派理论将犯罪心理和犯罪行为的产生，归结为人的本能冲动，并认为人的先天本能是推动犯罪心理产生的原动力，这显然是不符合犯罪的实际情况的；该学派在研究方法上缺乏严格的科学性，并带有主观主义色彩；研究对象是精神病人而不是犯罪人，这就决定了其结论是荒谬的，它忽略了社会环境对犯罪心理和行为的决定作用，没有真正揭示出犯罪心理产生的实质。从客观效果上看，它实际上是在为犯罪人开脱罪责；因为按照该学派的观点，犯罪心理和行为的产生是无法抗拒的本能冲动，而不是犯罪人的有目的、有意识的心理活动和行为表现。显然，用精神分析的观点来解释犯罪心理和行为是极其牵强附会的。然而，该理论在治理和预防变态心理者犯罪方面还是有一定的实践价值的。

延伸阅读

国外关于犯罪原因研究的五个阶段

早期的犯罪原因研究更多的散见于其他学科当中，犯罪学作为专门学科的诞生，促使犯罪原因的研究系统化、理论化，并呈现出多元并存的局面。国外关于犯罪原因的研究大致可分为如下五个阶段：

第一个阶段是犯罪学诞生前关于犯罪原因的探索。有的学者将犯罪学诞生前这一时期称为“前犯罪学时代”或“前犯罪学阶段”。在这一时期，西方的犯罪学思想最初包含于宗教哲学之中，对于犯罪原因进行超自然主义的、泛灵论的解释，把犯罪原因归结为恶的意志，典型的观点即原罪说。随着时代的发展，逐步转向自然主义的解释，出现了诸如星相影响论，即认为犯罪的原因是由于星月的影响控制；“观相术”和“颅相学”的原因论，即认为人的相貌和颅骨决定着犯罪的行为，等等。

第二个阶段是古典犯罪学派的自由意志原因论阶段。进入18世纪以后，随着资产阶级启蒙运动的兴起，理性主义成为主要社会思潮。以贝卡利亚和边沁为代表的古典犯罪学派，认为人都是有理性的，犯罪是意志自由的人所具有的功利主义或享乐主义的倾向决定的。由于人人都想趋利避害，用最小的代价获取最大的利益、享受，而与守法行为相比，犯罪行为正好符合这样的要求，因此，人们就选择实施犯罪。这一时期及其以前，关于犯罪原因的研究都属于思辨式的。

第三个阶段是实证犯罪学派的犯罪原因探索。一般认为，实证犯罪学派是在19世纪后半期诞生的，以创始人切萨雷·龙勃罗梭的著作《犯罪人论》的出版为标志，开始了以实证方法研究犯罪原因的新时代。这一时期的主要观点包括龙勃罗梭的天生犯罪人论，即认为一些人之所以犯罪是由于先天性的生物性异常导致的；菲利的犯罪三原因论，即认为犯罪是由人类学因素、自然因素和社会因素这三类原因引起的，等等。

第四个阶段是实证犯罪学派以后的生物学取向、心理学取向和社会学取向的犯罪原因研究。犯罪生物学取向的原因研究着重从犯罪人的生物学特征的角度探寻犯罪原因，提出了诸如基因退化造成的低能、染色体的异常、激素分泌的失调、异常的体型、大脑的损伤等原因导致了犯罪。犯罪心理学取向的原因研究侧重从犯罪人的心理因素当中寻找犯罪原因，主要包括精神分析理论（主要应用潜意识的需要、自卑感的补偿、恋母情结、创伤性事件的影响等来解释犯罪原因）和精神病学理论（主要应用人格障碍、偏执、冲动等精神病现象来解释犯罪原因）以及正常个性心理学理论（主要应用道德发展水平低、人格成熟水平低、遭遇挫折后的攻击反应等来解释犯罪原因）。犯罪社会学取向的原因研究着重从社会的角度探寻犯罪的原因，提出了诸如差异交往理论（认为犯罪原因在于与具有犯罪倾向的人的交往）、社会学习理论（认为犯罪是通过观察等而学习获得的）、紧张理论（认为犯罪的原因在于社会控制的弱化）、标签理论（认为犯罪人之所以成为犯罪人是被贴上了犯罪人的标签的结果）等。

第五个阶段是以整合犯罪学理论、发展犯罪学理论和批判犯罪学理论为代表的当代犯罪原因研究。整合犯罪学理论强调对原有的犯罪原因理论进行系统化的整合，以增强理论的解释力和科学性。发展犯罪学强调对于个人犯罪的人生进行历时研究（犯罪生涯研究），以达到深入全面地寻找犯罪原因的目的。批判犯罪学的重点在于对传统犯罪原因理论进行反思和批判，从而揭示其背后的话语霸权和传统犯罪原理理论为统治阶级服务的虚伪性。

总之，西方犯罪学的犯罪原因研究越来越趋向于多元化。

第四章

犯罪心理的形成

第一节　犯罪心理的形成机制

犯罪心理是怎样形成的？是不是有什么样的犯罪原因就会形成什么样的犯罪心理？犯罪心理是犯罪行为发生的前提，也是行为人承担刑事责任的主观依据，而犯罪心理的形成又总有一定的规律和机制。本章的主题是犯罪心理的形成，本节将概括性地介绍犯罪心理的形成机制。

一、概念

（一）机制的概念

“机制”一词在语义学上有四层含义：一是指机器的构造和工作原理，如计算机的机制；二是指有机体的构造、功能和相互关系，如动脉硬化的机制；三是指某些自然现象的物理、化学规律，如优选法中优化对象的机制；四是泛指一个工作系统的组织或部分之间相互作用的过程和方式，如市场机制。总之，机制一般是指类似机器那样行使作用的系统。

最先将“机制”概念引入心理学研究的是美国心理学家武德沃斯，他将“机制”定义为一种或一组有目的的反应方式，并认为，人的活动包括驱力（如饥饿）和机制（如求食过程），驱力发动机制，机制可以转化驱力。精神分析学派则认为，机制代表由压抑而产生的意识的行为动因。其实，在心理学界所讲的“机制”，一般是指产生心理和行为的生理—化学过程及其运行规律。

（二）犯罪心理的形成机制概念

什么是犯罪心理的形成机制？国内学者的观点不尽相同。主要有以下几种：

1. 有的观点犯罪发生机制观点认为，犯罪生成（犯罪形成）是各种主要致罪因素互相作用与转化的必然结果。

2. 有的观点将犯罪心理的形成机制看作犯罪心理机制的一部分，犯罪心理的形成机制可以借助其对犯罪心理机制的定义理解。他将犯罪心理机制定义为犯罪心理形成和犯罪行为发生的过程和规律。它是以内外化机制为主，包括防卫机制在内的多种机制的综合运作系统。

3. 有的观点认为，犯罪心理的生成机制即犯罪心理的形成机制，是指在犯罪心理的形成和发展变化过程中，各种心理因素和特征相互作用的过程、方式和原理。

综合以上观点，犯罪心理的形成机制是指犯罪心理的形成，是犯罪人主体内在因素与外在因素相互作用与转化的结果，是内外因素综合影响的产物。其中主体外在因素包括时空因素、家庭因素、学校因素和社会文化因素等；主体内在因素包括犯罪人的需要、犯罪动机、犯罪人的智力特征、气质和性格特征、情绪和意志特征等。

二、犯罪心理形成的一般模式

犯罪心理的形成大体上可分为常见模式和特殊模式两种类型。

（一）常见模式

常见模式，是指其犯罪心理的形成和犯罪行为的发生，基本符合犯罪心理形成的一般过程，是实施犯罪行为比较自觉的一种模式。又可分为以下几种类型：

1. 渐变型

其特点是：由量的积累到质的飞跃，具有渐进性；由部分质变到整体质变，具有渗透性；由朦胧意向到犯罪心理，具有自觉性；从产生需要到犯罪决意，具有预谋性。它包含两种类型：

（1）原发型。指从少年期起，通过不良交往和违法尝试，逐渐发展成为犯罪心理的类型。

（2）继发型。指早期并无劣迹，但在其成年后生活经历的某一阶段，由于经不起不良环境的诱惑，或受到错误思想侵蚀而走上犯罪道路。继发型渐变模式，由于始犯年龄晚，恶习较浅，矫治的成功率相对偏高。

2. 突变型

行为人事先并无劣迹和预谋，因突然发生对个体至关重要的情况或受外在环境、气氛的刺激而扯入犯罪。突变型犯罪虽然具有一定的偶然性，但是仍然与行为人的心理缺陷有关系，其社会化水平不足以应付或适应某种突发情况，因此，内部心理原因仍然是突变型犯罪发生的根据。具体又可分为以下三种类型：

（1）由人际冲突引起的突变型。这是一种最为常见的突变模式，如亲人、同事、朋友之间的人际关系冲突所导致的突发事件。

（2）由回避危险引起的突变型。由于在突发性冲突中，受害一方防卫过当而造成人身伤害，或由于紧急避险超过必要限度，或由于应付假想的危险而造成人身伤害的犯罪行为。

（3）由特定氛围引起的突变型。在社会生活中，有时会出现某种特定的环境与氛围，使在场者情绪过度激动而引起群体性的骚动，一部分人因缺乏辨别是非和自我调控的能力而卷入犯罪。

3. 机遇型

行为人在接触有利于实施犯罪的机遇之前并没有犯罪意图，接触该机遇之后，产生犯罪心理而犯罪。可分为两种类型：

（1）机会型。犯罪机会对行为人具有强烈的诱惑与刺激性。

（2）境遇型。出现了诱发犯罪行为的环境和氛围，并具有行为人预料不到的偶然性、突发性与巧合性，而引起犯罪行为。

（二）特殊模式

特殊模式，是指犯罪心理的形成有别于上述的一般过程和模式，或者行为人在实施犯罪时意识状态比较模糊，这是一种在犯罪案件中所占比率较小的犯罪心理形成模式。具体可以分为以下三种类型：

1. 习惯型

习惯是一个人在一定的情况下，自动地去进行某种（类）动作的特殊倾向。犯罪习惯是犯罪人多次作案而形成的一种特殊形态的熟练，由于反复强化，便成为犯罪人的自动化行为，有时很可能无意识地去行为。

2. 朦胧型

事实上，并非所有犯罪行为的发生，都经过犯罪意向、犯罪动机和犯罪决意这样三个清晰的动机发展阶段，有些犯罪行为是犯罪意向直接引起的行为，其意识状态比较模糊。这种情况在青少年犯罪中时有出现，模糊的犯罪动机未能被主体清晰地意识到。

3. 变态型

有些犯罪行为是由变态心理引起的，如某些偏执型、冲动型变态人格，异装癖以及其他性心理障碍者，他们明知自己的行为有可能违法，仍受变态心理驱使，情不自禁地重复同类行为而引起犯罪行为。

三、犯罪心理形成的一般规律

犯罪心理的形成，一般遵循以下几个规律：

（一）互动律

犯罪心理的形成既有客观因素的影响，又有犯罪主体主观因素的作用。它首先以人的原有的心理品质为基础，通过社会实践活动中个体内外因素的互动，即相互作用、相互斗争、相互转化，而使个体原有的心理结构发生变化。这一演变过程可以简缩为内化、外化、强化三个过程。

犯罪心理形成过程中的内化，是指个体将客观现实中的消极因素转化为个体不良心理意识的过程。客观环境中的消极因素为个体的心理反应提供了源泉，个体正是接受了不良环境消极因素的熏陶和影响，把它转化为自己的主观意识，而形成了犯罪心理。这一转化过程不是消极被动地实现的，而是随着个体的积极和主观能动作用，与个体的兴趣、认知等原有的心理发展水平有关。内化的方式，可能是模仿、学习，也可能是耳濡目染，对群体亚文化的认同，抑或坏人的教唆。内化的结果是个体接受了客观现实中的消极因素，并使之成为个体心理意识的一部分。

犯罪心理形成过程中的外化，是指个体在客观消极因素的作用下，产生了不良心理意识或犯罪动机，并不仅仅把它停留在意识阶段，总是要通过自己的语言和行为表现出来，从而影响周围的客观环境的过程。外化的方式既可能是个体通过有意识的意志活动加以实现，也可能是无意地实现的。个体不良心理意识的外化会伴随着相应的行为后果的出现。相应的行为后果又会作为刺激信息，进一步加深内化。

犯罪心理形成过程中的强化，是指行为结果作为一种刺激信息反馈到大脑后，使个体产生满意的评价效应，从而使原有的不良心理意识得到加强的过程。强化的结果是使个体不良心理意识得到鼓励、巩固和加强，从而促其向犯罪心理转化。

以上犯罪心理形成的三个过程，在犯罪心理形成的渐变模式中，往往体现出犯罪个体三个演变过程的反复循环过程；在犯罪心理形成的突变模式中，个体将客观现实中的消极因素加以内化后，并不很快以外化的方式表现出来，而是当遇到足以引起外化、强化的诱因和条件时，其犯罪心理随着行为动机的出现而迅速成熟，随即导致犯罪行为的发生。

（二）心理选择律

心理选择性是人的心理活动的基本规律之一。其含义是指人在同一时间不可能感知所有的事物，只有符合个体需要的和当前活动相一致的各种影响才被列入反映对象，其他无关的信息则处于被排斥的地位，从而不被个体所感知。例如，在如今这个物欲横流的时代里，有些人喜欢追求品牌、奢侈品，开好车，住豪宅，甚至为得到这些物质享受不惜一切代价；而有些人却对此不屑一顾，更多地追求精神层面的享受。这种个体对外部事物有选择地加以感知的心理规律，体现了个体内在的心理倾向。这种心理倾向，既依赖于个体原有的知识经验，又依赖于个体对刺激信息的需要、兴趣、态度、情感、意向，而且依赖于当时的刺激情境、行为目标和活动任务。既然犯罪心理是一种特殊的心理活动，那么犯罪心理的形成过程也体现了心理选择性的规律。

人的心理选择包括积极的选择和消极的选择。积极的选择，是指对符合社会规范要求的刺激信息所进行的选择；消极的选择，是指对不符合社会规范要求的刺激信息所进行的选择。显然，一个人之所以形成犯罪心理，是其消极选择恶性循环的结果。

（三）"量变—质变"转化律

犯罪心理不是天生就有的，它是个体在心理发展过程中，由于接受了一些外界消极影响，而使其品德逐渐变坏。这个逐渐变坏的过程，也就是量变的过程。犯罪心理调查表明，大多数犯罪青少年在犯罪之前，就有许多不道德的、违纪违法的行为。那些在犯罪前表现得很"规矩"的犯罪人也有一个思想转变、犯罪心理逐步形成的过程。

犯罪心理的形成同时也表现为质变的过程。犯罪心理形成过程中，当量的积累达到一定程度时，就会发生质的变化。犯罪动机的形成，就是质变的标志，是在犯罪人各种不良心理品质形成基础上的一个根本的质变。

在犯罪心理形成的渐变模式中，量变的过程比较明显；而在犯罪心理形成的突变模式中，也需要经过量变的过程。例如，激情性犯罪的犯罪人，虽然看起来没有什么前兆，看不出量变的过程，但却与其法治观念淡漠、意志品质不良，以及消极的情绪反应性特质等性格缺陷有关系。所以在突变模式中，并不是没有量变过程，而是这种量变更为隐蔽，更不易为人所察觉。

（四）反馈—强化律

反馈是控制论中的概念，它是指从系统输出的信息，反过来对系统又发生影响的过程。根据这种影响的作用，可以将反馈分为正反馈和负反馈。正反馈起强化作用，负反馈起削弱作用。当一个人产生了不良的心理意识以后，往往会通过不良的言论和行为表现出来，如果这些不良言行没有得到及时的批评和纠正，或者处罚不当，那么这些信息反馈到大脑中，对其不良的心理意识会起到强化作用。犯罪心理的形成可以说是个体不良心理意识通过信息反馈得到强化的结果；犯罪心理的恶性发展，则是相对较弱和不稳定的犯罪心理通过信息反馈得到强化的结果。

当一个人在犯罪动机的驱使之下，去实施犯罪行为，其犯罪心理可能由于各种原因的影响而恶性发展，这些原因包括：不良诱因的刺激、非法欲望的满足、惩罚和改造措施不力等。对于那些多次进行违法犯罪活动的累犯和惯犯，从初次犯罪满足犯罪欲求，到再次实施犯罪和再次满足犯罪欲求，犯罪心理必然得到强化进而恶性发展。犯罪者由初犯向再犯、累犯、惯犯发展，犯罪心理的强化是其重要机制。

当然，不管是犯罪心理的形成或恶性发展，个体心理得到的强化都不是一次能完成的，常常需要经过多次的强化。

第二节　犯罪心理形成的外在因素

与个体犯罪心理形成有关的外在因素，包括时空因素、家庭因素、学校因素和社会文化因素等。个体在社会化过程中，不可避免地受到这些因素的影响，假如这些因素对个体的影响是积极的，个体能够适应社会规范，形成良好的人格；假如个体经历了不良的社会化过程，那么，这种不良社会化将影响个体，形成犯罪心理。本节将对影响犯罪心理形成的几种常见外在因素进行分析，通过分析各类因素与犯罪心理形成之间的关系，揭示出这些因素对犯罪心理形成和发展所产生的影响作用。

一、时空因素

时空因素，是指与犯罪活动密切相关的时间、地域等因素，对于犯罪心理的形成、发展和变化，对于犯罪心理的类型和表现，存在不同程度的影响。这些因素虽然不能直接导致犯罪心理的形成，但是可以作为犯罪心理形成及其向犯罪行为转化的背景在起作用。

（一）时间因素对犯罪心理形成的影响

时间因素对犯罪心理的影响主要表现在季节和时日两个方面：

1. 季节与犯罪的关系

一些调查统计表明，由于季节变化，犯罪活动呈现相应的规律。暴力犯罪多发生在夏季，而少发生在冬季。主要是因为暴力犯罪往往发生在人与人接触过程中，而在夏天，由于天热，人们户外活动较多，容易发生接触。在这样的情况下，犯罪人容易碰上犯罪机会，从而实施暴力犯罪；在财产犯罪中，盗窃罪多发生在冬季，主要是因为冬季夜间较长，为犯罪人实施盗窃行为创造了条件。诈骗罪多发生在春夏季，因为春夏季人们户外活动增加，诈骗犯罪人易于遇到被害人而实施诈骗犯罪；强奸等性犯罪往往在春季急剧上升，到夏季达到高峰，秋季时开始下降，有的学者认为，这是因为春季是万物复苏的季节，人作为大自然的一员，生理上的原始冲动和渴望较其他时期更为强烈，同时，气温上升，人们穿着单薄、暴露，使犯罪人易于实施犯罪。

另外，季节中天气的变化与犯罪同样也有一定的关系。一些犯罪人为了顺利实施其犯罪计划，需要选择有利作案的气候条件。有的犯罪人总结偷盗要“偷雨不偷雪，偷风不偷月”；一些文学作品中也有“风高放火时，月黑杀人夜”等语。

2. 时日与犯罪的关系

时日包括实施犯罪的时刻和日期：时刻是指一天 24 小时之中，什么时间段容易导致不同类型犯罪发生；日期是指一星期 7 日之中，哪些日子容易促使不同类型犯罪发生。

经有关研究显示，犯罪在一天的 24 小时以内，确实有相当的规律性。暴力犯罪主要发生在傍晚及夜晚，因为此时段人员出动频繁；在财产犯罪中，盗窃犯罪（扒窃除外）主要发生在夜晚及深夜，一方面是因为在该时段犯罪人可以借助夜幕掩护，另一方面在该时段被害人也疏于防范。扒窃罪主要发生在白天上下班时段，主要是因为此时为人流高峰期，犯罪人易于寻找犯罪目标。诈骗罪之所以主要发生在白天，主要是因为此时段是人们处理事物较为集中的时间，犯罪人易于寻找到作案目标。抢劫罪在夜晚和白天都有发生，因为犯罪人在晚上易于逃避，在白天易于寻找作案目标。性犯罪主要发生在下午及夜晚，因为此时段的被害人容易疏于防范，同时犯罪人易于寻找到作案目标。

犯罪在不同的日期上也会表现出一定的规律性。据调查，在周末、节假日，人们得以摆脱劳动，放松休息，外部的约束减弱，人际接触机会大为增加，饮酒、纵欲、狂欢等消遣享乐行为常常导致人际冲突，从而引发犯罪行为；上下班高峰期间和节假日扒窃行为多；春节期间盗窃案件多；交通肇事罪和因酗酒引起的犯罪往往是周六、周日和周一较多。

（二）地域因素对犯罪心理形成的影响

地域因素对犯罪心理形成的影响主要体现在犯罪人常利用不同的地理条件来进行犯罪活动，具体表现为两个方面：

从宏观方面来看，地理条件与犯罪心理的类型有着密切联系。因受各区域的气候、风土人情及社会政治、经济、文化条件等因素的影响，犯罪类型会表现出一定的差异：我国西南边境毗邻世界最大的毒品产地之一“金三角”，这里道路崎岖，山林茂密，不易控制管理，边民出入境往来也极为容易，因而毒品犯罪较其他地区更突出；而走私犯罪大多集中于东部和东南沿海地区；卖淫嫖娼大多集中于流动人口较多的城市。

从微观方面来看，一定特点的地理环境对犯罪心理有安慰和强化作用。犯罪人在进行有预谋的犯罪活动时，总是选择一些便于隐蔽、逃跑的地理环境，尤其是一些有作案经验的惯犯、累犯、流窜犯，在进行犯罪准备和实施犯罪时，往往要精心选择作案路线和地点，特别是抢劫犯罪、盗窃犯罪和强奸犯罪。一些地点常常是犯罪多发点，如城乡偏僻的街区小巷、车站、废弃的仓库、建筑工地等，因为这些地点往来人员稀少，不易被发觉也容易逃脱，又可以抑制受害人的反抗意识。因此，犯罪人可以凭借这些地理环境因素，为其犯罪心理壮胆，同时也提高了犯罪的成功率。

二、家庭因素

一个人的社会化过程始于家庭，其早期生活经验深刻地影响着其一生的发展。每个人社会规范的接受、价值观念的形成、生活目标的确立、行为方式的养成、生活技能的掌握和社会角色的培养等，最初都是在家庭完成的。正常、健康家庭的成员一般都能形成一种健康的人格和养成一种符合主流社会规范的行为方式。相反，不正常、不健康的家庭和犯罪人格的形成必然存在或多或少的联系。与个体犯罪心理形成关系最密切的不正常、不健康家庭因素主要包括家庭结构的缺陷和家庭教育的缺陷。

（一）家庭结构的缺陷

由于家庭结构的不完整导致家庭成员间的情感交流失衡，人际关系冷漠，个体很容易形成孤僻、冷漠、自卑等不良性格特点和反叛心理。他们在家里得不到爱和精神生活的满足，往往会向外寻求精神支持和寄托。这样，由于他们心理尚未成熟，社会经验不足，在不良环境的影响和坏人的教唆引诱下，很容易走上犯罪道路。家庭结构的缺陷对犯罪心理形成的影响主要表现在以下几个方面：

1. 缺损家庭

所谓缺损家庭，是指因死亡、离婚、遗弃或其他原因，缺损父母之一方或双方的家庭。父母的精神与物质的爱，是儿童身心正常发育所不可缺少的条件。如果儿童自幼生活在缺损家庭中，就会影响其性格的发育，使其缺乏爱心和责任心，不正当欲望强烈，多孤僻、忧郁、自卑，易形成犯罪心理。据一项关于青少年违法犯罪问题的调查结果显示，24.1%的违法犯罪青少年生活在缺损家庭中；而在我国，缺损家庭占全部家庭总数的比例不到10%（《关于八省市青少年违法犯罪问题的调查报告》，1992年）。由此推断，生活在缺损家庭中的子女的违法犯罪率明显高于一般正常家庭。在缺损家庭中，因缺损的原因不同，影响儿童不法行为的程度也有所不同。一般认为，不法少年出自因死亡而缺损的家庭的比率小，而出自遗弃或离婚等原因而缺损的家庭比率较大。这是因为，后一种缺损家庭，在缺损以前已有不睦、不道德、无规律等因素，在这样的环境中成长的儿童，容易形成犯罪心理，也就是这种缺损家庭儿童的问题行为应归因于其发展的冲突环境，由于他们承受被父母一方抛弃的痛苦，其心理创伤往往更为严重。

2. 父母不良行为

家庭中的社会化很多是在无形中进行的，父母是子女的第一任启蒙老师，是孩子最早学习的榜样。父母的言谈举止、道德水准、社会信仰、行为规范、价值观和社会态度等对未成年人有潜移默化的影响。另外，未成年人好奇心较强，可塑性大，善于模仿，但其分辨是非、控制自己意志的能力较弱。父母的一言一行都在潜移默化地影响孩子性格的发展，孩子也随时模仿和学习父母的行为。例如，父母性生活不检点，不避子女，会使孩子把性行为看成很随便的事，从而形成不健康的性观念；有的母亲道德观念较差，虐待、遗弃公婆，就很容易使子女的道德观念发生变异，使其形成缺少怜悯和同情心、欺老凌弱、残忍冷酷的性格；父母贪图小便宜，子女也会从中学到自私自利、贪利忘义的品行。总之，父母的不良行为都会给子女以暗示的影响，并使他们模仿大人的不良行为行事，在其心灵中孕育下违法犯罪的种子。

3. 家庭气氛不和睦

家庭气氛可以成为未成年人违法和犯罪的直接原因，不和睦的家庭气氛与未成年人违法和犯罪行为率关系甚大。不和睦的家庭与和睦的家庭相比，其子女违法行为者明显增多。这种不健康的家庭气氛对儿童来说是非常有害的，儿童得不到关注和照料，情感需要和欲望得不到满足，从而抑制了儿童的成熟。儿童情绪的不成熟和被忽视构成了反社会行为或犯罪行为的基础。家庭成员之间特别是夫妻之间经常充斥着吵骂、指责、揭短、厮打，弥漫着一种冲突或不和谐的气氛，会给子女带来极大的挫折感和不安全感，长此下去会造成性格内向、孤僻自卑等人格障碍。有些子女为逃避这种不和睦的家庭气氛，极易离家出走，流落街头，一旦受到不良因素的影响，就会走上犯罪的道路。家庭不和对成年人也是有影响的，现实生活中，常有因夫妻不和而导致一方到家庭之外寻求感情寄托，从而造成夫妻关系破裂，甚至酿成情杀悲剧的案例。

4. 家庭经济状况

家庭的经济状况对青少年犯罪有着一定的影响，一方面，过于贫困的家庭容易使儿童形成犯罪心理，主要表现在如下几个方面：首先，家庭经济收入低，不能给青少年提供物质上的满足，青少年更容易在家庭外部寻求物质上的支持和保障，从而走上犯罪的道路。其次，家庭经济收入低会通过直接或间接的方式，增加父母的痛苦和家庭冲突来破坏有效的教养实践，降低父母给孩子提供社会或情感支持的能力，而且低收入或者父母都是教育程度比较低的家庭将对暴力行为持更宽容的态度（如鼓励反击，特别是对男孩），这将会无形中纵容和培养孩子的暴力行为，进而增加孩子从事暴力行为的可能。最后，家庭经济状况不佳会减少给孩子提供社会控制的机会，青少年更有可能居住在处境不利的社区，在低教学质量的学校就学，接触不良同伴，观察社会和学校暴力，所以他们从事反社会行为的可能性会增大。另一方面，过于富裕的家庭也有可能使儿童形成犯罪心理，家庭条件优越，家长忙于工作和经商，无暇顾及对子女的正常教育，只顾满足其物质需求，对日益暴露出来的毛病和恶习不予重视，未及时予以制止和教育，甚至纵容庇护，过分溺爱，使其在生活上贪图享受，将物质利益追求当成生活中最主要的目标，随着物欲的不断膨胀，又不能从正当的渠道及时得到满足时，就会通过非正常渠道来实现，未成年犯中有不少被判抢劫罪的就是此类情况。

（二）家庭教育的缺陷

家庭是子女接受教育的第一堂课，家庭教育对儿童早期的社会化发展起着非常关键的作用。影响儿童社会化发展的家庭教育因素很多，如父母的教育动机和教育内容都会影响到家庭教育的效果，但是父母的教养方式是最重要的一个。父母的教养方式，指的是父母对待孩子的比较稳定的教养观念（如儿童观、教育观、亲子观、人生观）和已经习惯了的教育行为。一些家长没有遵循儿童生理、心理特征和成长规律，造成教养方式不当，是导致个体犯罪心理形成的一个很直接的、很重要的原因。据广东省少管所反映，在该所服刑的少年中有 80% 和家庭教养方式不当有关。不当家庭教育方式直接表现为家庭教育缺乏理论意义上的科学性，教育方式出现偏差。这种不当家庭教育方式主要表现为以下几种：

1. 溺爱型

溺爱型，即对子女过分娇宠、情感过剩、理智不足。包括两种情况：一种情况是想方设法满足子女的各种欲求，即使是不正当的欲求也无原则地满足，对其过错甚至是违法犯罪行为，不但不进行批评教育，反而迁就、放任甚至袒护、包庇、纵容。这样的情况下成长起来的个体从小养成了自私任性、好逸恶劳、骄横霸道、自我中心的不良性格和行为习惯。他们进入社会后，当个人利益和需要不能在正常的范围内得到满足时，很可能不顾社会道德、法律规范来满足自己，从而发生违法犯罪行为。另一种情况是过分保护，即父母代劳帮助孩子解决一切问题，其实质也是溺爱。在这种“溺爱”下长大的孩子，性格脆弱，缺乏独立自主能力，无法适应竞争化的社会，挫折耐受力明显低于其他人，在父母的万般保护下，孩子自我意识偏离、自我评价过高、为所欲为，欲望无休止的放纵而不断升级，一旦在家庭中得不到满足时，就会向家庭外扩张，极易走上犯罪道路。

2. 放任型

对子女放任自流，是家庭教育中的另一种不良现象。包括两种情况：一种是故意放任，认为对孩子有些毛病不必在意，“树大自然直”，因而放弃了对子女的教育引导。这种家庭的教育方式是对子女采取不问不管的态度，认为只要子女吃饱、穿暖就行，对孩子只养而不教，从不进行耐心细致的思想教育，放弃教育监护职责。对子女的情况疏于过问，听之任之，不管不问，不了解孩子的需求，不能及时发现和教育纠正子女的不良行为，对子女放任自流。其结果是子女出了问题，才恍然大悟，但此时后悔已晚。另一种是无意放任，有些父母双方均工作繁忙、家务繁重，或长期上夜班，或在外地工作，无暇照顾子女，只好把子女托付给老人、保姆或社会（如幼儿园、学校），使父母不能及时把握子女的思想和品行状况，这些孩子由于缺乏父母的指导和监督，并且自身认知水平不高，缺乏正确辨别是非、善恶的能力，在社会上各种不良因素的诱导和影响下，很容易形成犯罪心理，走上违法犯罪的道路。

3. 粗暴型

粗暴型，即对子女教育方法简单、粗暴，甚至采取打骂体罚的方式教育子女，发现孩子犯了错误后，无视子女正常的自尊和独立的人格，强求子女无条件地顺从家长的意志。在这样家庭生活的子女，失去了父母的爱抚，失去了家庭的温暖，对父母产生恐惧心理和对抗情绪，促使他们到社会上去寻找爱抚、温暖。这类家长认为，子女是自己生的，要打要骂，自己做主，久而久之，孩子缺少家庭的温暖，怨恨积于心坎。这种教育方式造成的后果如下：第一，伤害了子女幼小心灵中微弱的自尊心，造成子女与父母、家庭在思想上、感情上的对立，强化了其青春期前后摆脱家庭的倾向，有的因此而离家出走，有的在外交上了坏朋友，有的干脆加入了犯罪团伙。第二，粗暴的打骂给孩子提供了学习、模仿的榜样，易使孩子形成残忍好斗的性格。第三，子女在受到打骂时，往往内心并未屈从，但他们年幼体弱，无力反抗，于是表面顺从，内心反感，这种矛盾心理易使其形成表里不一、虚伪做作的双重个性。这些心理因素都可能激发个体犯罪心理的形成。

4. 矛盾型

矛盾型，即父亲与母亲之间，或父母与祖父母之间等对子女的教育、褒贬不一致，形成矛盾。例如，子女做错了某件事情，父亲对其进行严厉的批评，而母亲却在此时极力地袒护，这种情况下，而容易使子女无所适从，不知道谁对谁错，久而久之，会使孩子在认识、情绪、好恶、道德观、价值观等方面形成混乱的局面，是非颠倒，行为偏常，甚至可能形成“两面性”人格。这种教育容易造成青少年行为失范或走上犯罪道路。

5. 奢望型

现在很多家庭是独生子女，家长对孩子倾注了全部的爱，同时也对子女的学习成绩提出更高的要求，而子女尽最大的努力也难以达到。适当的期望能够给人带来动力，促进被期望者不断进步。但是，如果把期望变成奢望，效果会适得其反。许多父母望子成龙、望女成凤，要求子女把所有时间投入学习上，不让孩子出去玩，不准孩子与同学往来，父母的这种苛刻要求使孩子产生极大的心理压力，甚至焦虑不安，产生了逃避和逆反心理。当这些压力超过了他们的承受能力时，在逃避和逆反心理的支配下很可能会离家出走，以致误入歧途，有的甚至做出弑亲等过激行为。

三、学校教育因素

学校是青少年从家庭走向社会，顺利实现社会化过程的重要环节。通过学校教育，陶冶人的情操，传授文化知识，使青少年掌握必要的生活技能，获得改造自然、改造社会、改造人类自身的知识和能力。学校对个体长远的成长和发展的影响是全方位的。学校教育的这种作用是通过知识的传授、道德的说教、行为习惯的养成、教师的言传身教和学校环境的熏陶等各种因素综合影响而实现的。可以说，学校长期的系统教育对个体的行为模塑在现代社会中无以替代。良好的学校教育，可以对家庭教育的不良影响起到弥补和矫正的作用，帮助未成年人抵制和消除不良社会因素的影响。但是，学校教育中也存在一些消极因素，不利于未成年人的社会化，容易使青少年形成不健全的人格，使青少年在迷途上越走越远，直至走上犯罪道路。影响犯罪心理形成的学校教育的消极因素主要有：

（一）思想品德教育工作的薄弱

当前一些学校对学生的思想品德教育工作仅做一些表面文章，忽视了从学生心灵深处进行教育的作用，这些薄弱环节表现在以下几个方面：

1. 重智育，轻德育

阿沙芬堡强调德育在教育上的重要性时说：“教育者，德化之为也，倘忽视德育而进行智育等于不学驾驶技术而开车。教育应该以德育即人格与性格之陶冶为终级目的。”我国学校的根本任务是把广大学生培养成有理想、有文化、有纪律的人才。要实现这个任务，必须全面实施国家的教育方针，使学生在德、智、体美、劳几个方面都得到发展。但目前一些地区和学校在教育教学中往往单纯重视智力教育，忽视对学生的道德教育，表现为：思想教育工作缺乏长期规划和针对性，学校的思想教育工作跟不上社会形势的发展，不少的学校配备的思想品德教学力量十分薄弱，人员少、水平低；有的学校数理化抓得细致、具体，但是德育工作仅仅是装样子、摆门面、应付检查等，导致学生的思想品德水平低下、道德观念模糊、是非难辨、情趣低级；在相当数量的学校，忽视了校园文化建设，学生在学校里除了上课还是上课，校园原本应有的丰富多彩的各种娱乐活动，在升学竞争的重压之下销声匿迹了。学生厌学情绪骤增，生活单调枯燥，思想上的“盲点”得不到疏导，充沛的精力得不到合理的宣泄，只好另觅精神寄托。因此，以上种种思想教育的失误，最终将成为引发学生不良行为甚至走上违法犯罪道路的潜在因素。

2. 法治教育存在误区

学校现行普法教育极为薄弱，有的仅流于形式。对在校学生普遍进行法治教育，其目的是要使他们认识到社会主义法治在整个国家政治生活、经济生活、文化生活中的地位和作用，认识到人人遵纪守法的重要性和违法犯罪的危害性，进而培养他们的法律意识和守法行为习惯。然而一些学校认为法制课与重要考试没有任何关系，无开设的必要，也就不开设。在一些学校即使开设了，也是应付一下，走走形式，并不能让未成年人真正培养出良好的法治意识。有这样一个实例很能说明问题：13 岁的少年张某杀人之后非常坦然地对母亲说：“你不用担心，我不会死的。”当地派出所的民警讯问他时，他说：“一抓我时就想到我学过的法律常识，未满 14 岁不负刑事责任，因我未满 14 岁，可以不去坐牢。”由此看来，法治教育只停留在法律知识的传授上是远远不够的，如果只传授法律知识，没有形成与法律规范要求相适应的价值观，没有将法律规范的要求内化为自己的需要和行为动机，不能用法律规范约束自己的行为，形成守法的行为习惯，这样的法治教育不但不能对青少年犯罪起到预防作用，反而可能让一部分青少年由于了解法律的规定而钻法律的空子，萌发犯罪心理。

3. 心理卫生教育缺失

据北大精神卫生研究所提供的数据，我国未成年人行为有心理问题的百分率为 12.9%，表现为忧郁症、恐怖症、焦虑症等。中小学生心理障碍患病率为 21.6% 至 32.1%，大学生则有 16.1% 至 25.4% 的心理障碍患病者。中小学生心理障碍突出表现为人际关系不良、情绪稳定性差和学习适应不良、焦虑不安、神经衰弱、强迫症等方面，由此可见，未成年人现在的心理问题极为严重。而现在我们的许多学校却仍是没有重视未成年人的心理教育，很少有学校开设专门的心理教育课程。学生的心理问题得不到及时地、正确地引导和教育，往往因心理问题导致违法犯罪行为。他们轻者表现为厌学、早恋、旷课、夜逃外出上网、结伙打架；重者为偷盗、抢劫、杀人等。

性教育在我国中学教育中是一个极受忽视的领域，随着生理上的发育成熟，未成年人开始产生性的生理冲动，并萌发性意识，这时候他们渴望了解有关性的知识。由于获得正确性知识和性教育的渠道不畅通，得不到及时、正确的指导，使他们在性知识上表现为愚昧无知，于是他们把探索的目光投向了色情网站及淫秽录像制品等。在这些不良因素的影响下，他们可能很难控制增加的性冲动，从而走向违法犯罪。

（二）教育体制存在的缺陷

由于现行的教育体制存在缺陷，导致学校不能给学生一个全面发展的环境，从而客观上为缺点较多的未成年人走向犯罪创造了条件。

1. 教育体制的单轨制产生的消极影响

教育体制的单轨制指我国的教育结构单一，从小学到初中，从初中到高中，再从高中到大学。学生上学的最终目的是考大学，所学的知识是为了考大学而准备。但是，我国在目前条件下不可能满足所有青少年升学的愿望，这就决定了能够进入大学深造的学生仅为少数，初中升入高中、中专也只有一小部分，绝大部分学校的学生要步入社会。大部分学生毕业后都要经过相当长的一段待业时间才能走上劳动岗位，青少年在待业期间，无所事事，精神没有依托，再加上不得不依赖父母生活，给他们的心理上造成不良的影响，使得他们对社会病毒的免疫力低，容易沾染并养成坏作风、坏习气，容易被犯罪集团吸引过去，共同犯罪。长期的待业，也容易使一部分青少年产生变态心理，它的恶性发展会形成破坏社会正常秩序的犯罪动机。

2. 应试教育的弊端影响青少年身心发展

我国现行的应试教育体制存在划一、封闭和机械的弊端，表现为在课程和教学中过分强调学业知识的传授，升学率的高低成为衡量一个学校教学质量高低的唯一依据，相当数量的学校教学紧紧围绕着高考的指挥棒转，普遍存在重视办好重点学校、抓少数尖子学生的培养，忽视了办好一般学校、忽视了培养大多数学生五育全面发展，因而产生了明显的消极效果。同时，用行政手段将同一层次的小学和中学区分为重点学校和非重点学校，并在教育经费、师资配备、招生和录取等方面给予不同的待遇，也是目前普遍存在的一个问题。这实际上是公开地推行变相的歧视性教育。从后果来看，这样做虽然在一定程度上有利于因材施教和培养“尖子学生”，但却人为地在学校与学校之间、教师与教师之间、学生与学生之间造成许多矛盾和问题。非重点学校学生容易形成自卑、自弃心理。与办重点学校、重点班相并行的是中学普遍实行排名次的做法。排名次的原意在于促进竞争，虽然它在一部分学生中起到促进竞争作用，但在另一部分学生中起到促使堕落的作用。那些在排名次中处于后列的学生，心理上容易产生极大的不平衡感，因而往往会从学校之外和非学习上寻求另一种补偿。一些中学生就这样地滑到了犯罪边缘。

（三）教育监督管理简单化

学校教育管理封闭、守旧，对学生的不良行为不能进行及时的帮教处理，导致问题沉积，校风不正，甚至使学生产生违法犯罪行为。

首先，教育管理的不当表现为教育方法的简单化。有的学校教师对犯有错误的学生，不了解具体原因，以罚站、撵出教室、停课、停学甚至开除学生的简单惩罚方式代替说服教育，这严重挫伤了被罚学生的自尊心，强化了他们的逆反心理，其中有的因此逃学，游荡于社会，结交坏人，从而走上了违法犯罪道路。有的学校还盲目把经济手段引入学生的管理教育中，如学生迟到一次罚款多少，补习一次需交费多少等，促使部分学生形成了不健康的价值观。学校处分是学校对违反学校的规章制度和学生行为规范的学生所进行的处理，包括警告、记过、留校察看和开除等。它是教育学生、挽救学生的一种手段，运用得好可以对不良行为的学生起到威慑和教育作用，运用得不好容易使学生产生悲观和消极情绪，从而一蹶不振，在邪路上越走越远。据某市对210名受到司法机关处罚的青少年调查显示，有23人是因受到学校的开除或其他处分后走上犯罪道路的。现在很多流失生就是由于学校缺乏必要的管理、教育、引导，从而染上了不良恶习，最终成为违法犯罪的潜在和后备力量。

其次，教育管理的不当表现为教育态度的偏差。当前，“升学率”成了一些学校衡量教育质量的唯一标准，各种“排行榜”“快慢班”等名目众多的提高升学率的“教学措施”应运而生。这些教育思想造成一些“后进生”走上了违法犯罪的道路。社会学中的标签理论认为，当一个人被对其有影响的人，如教师、警察、邻居、父母或朋友等贴上犯罪人的标签，甚至以犯罪人相待时，他会真的以犯罪人的身份行动，进行犯罪活动，从而成为一个真正的犯罪人。在学校教育中存在的一些消极现象可以用标签理论来解释，有的教师随便将成绩较差的学生斥之为“差生”“包袱”等，这些话语符号可能成为一种标记被学生接受，这样，学生不仅没有改正，反而真的会变成教师所指责的那种人。在划分快慢班的学校，慢班的学生往往不自觉地形成“自己不行”的观念，从而自暴自弃，这种环境中形成犯罪的比例明显高于其他学习环境。

最后，学校中存在的管理不善、校风不良的现象也是影响学生行为的一个重要因素。有些学校除上级有关部门制定的几部规则外，没有结合自己学校的实际情况制定其他纪律制度。例如，学生在校考勤及请假制度、财产损坏赔偿制度、奖惩制度、考试制度等。学生犯了错无章可循，天长日久，学生因小错不断，养成不良习惯。有些学校制定了一系列的规章制度，但不能进行认真的宣传，执行过程中时紧时松，不能保持制度执行的经常性、连续性，不利于培养学生的良好习惯。许多学生在校学习期间就有打架斗殴、故意扰乱课堂秩序、谈情说爱、相互攀比生活学习用品、搞游戏性质的赌博活动等不良行为，但学校对此却放任自流，结果使不良习气在校园内盛行，不仅打乱了学校正常的教学秩序，影响教学活动的顺利进行，使学生无心学习，而且使有的学生的不良行为没有及时得到矫正，进而演变成恶习使其走向堕落。

四、不良文化因素

文化是指人类社会实践所创造的物质财富和精神财富的总和。文化是社会的黏合剂，是人的行为选择的价值体系。有了文化，我们就可以知道应该做什么，怎么做。从某种意义上说，文化是个体社会化的前提条件，人创造了文化，同时也被文化所塑造，这是人区别于其他动物的另一重要特征。人作为人降临到世界上就与文化结下了不解之缘，每个人都生活、成长于特定的文化环境之中，他的思想、思维、观念、行为无一不打上他所处的那个时代和环境的文化烙印。这种先于个体而存在的文化背景，对人的影响与作用不但潜移默化、无孔不入，而且内化为人本身的人格、素质、个性或命运等。良好的文化环境有利于培养健康、积极向上的人格，反之，不良的文化环境必定会对个体的成长和发展产生影响，进而促使他们走上犯罪的道路。影响犯罪心理形成的不良文化因素有以下几个方面：

（一）由多元文化的冲击形成的不良文化

多元文化的发展是当代世界文化发展的一个重要趋势，其内涵有广义和狭义之分：广义的多元文化是指世界上不同民族创造的文化，如中华民族的儒家文化、道家文化，古代印度文化，西方国家的基督教文化，阿拉伯民族的伊斯兰文化等；狭义的多元文化是指构成某一民族文化的不同文化来源。总体来看，多元文化是指在同一地域内存在多种文化现象，包括了经济、政治、道德、艺术、语言文化、宗教信仰等人们所遇见的一切物质的或精神领域的各个方面。多元文化的冲突是指在文化传播与传递过程中，由两种或两种以上不同规范文化的接触、碰撞而产生的文化对抗现象。其本质是价值观的冲突，它容易使人产生心理失衡、人格异常和行为越轨等不适应症，降低人的心理承受能力和自控力。

由于文化本身的异质性和个性的特征，决定了文化之间的冲突是不可避免的。在众多的文化冲突中，反差最明显的莫过于中西文化的冲突了。中国传统文化历史悠久，根深蒂固，强调集体本位、重义轻利、服从长辈等；而西方文化借助强大的经济实力通过电视、报纸与其他各种媒体迅速进入国门，普遍传播开来，倡导个人本位，追求现实利益、子女独立等。这种个性解放的西方观念对于青少年来说有着巨大的诱惑力。他们渴望展现自我，却囿于传统文化的束缚。在青少年的世界观、人生观、价值观尚未完全成型的这一特殊时期，他们既有希望又常怀失望；既急于选择又无从选择；既要为适应新环境进行冒险，又要为承受旧传统付出忍耐。社会文化受到来自西方“异质”文化的“冲击”，这些“异质”文化中既有“文明”的成分，也有“糟粕”的成分。经过中西文化的不断“碰撞”与“交融”，形成了多元文化的局面。多元文化不同程度地对人们的思想和行为产生一定的积极和消极的影响，尤其是易引起青少年思想上的骚动和出现价值观失范现象，对青少年的成长有着重大的影响，一旦行差踏错，就有可能坠入犯罪的深渊。

多元文化的冲击形成的不良文化是指对全社会成员具有消极影响的各种文化现象，具体表现为：形形色色的旧思想、旧观念又呈现出死灰复燃的倾向；一些西方国家本身都予以唾弃和限制的腐朽观念和颓废文化也在我国找到了市场；黄色文化、犯罪文化对犯罪的增长起了直接的催化作用。“黄、赌、毒”等社会丑恶现象的蔓延，污染了社会风气，拜金主义、利己主义、享乐主义在一部分人头脑中恶性膨胀，腐蚀着未成年人的健康心灵。社会中出现的某些贪污腐败、嫖娼宿妓、生活腐化现象，收入差距的拉大和财富的两极分化，不良文化刺激，驱动那些意志薄弱者的低级需求，使个体的不合理需要与社会需要之间形成了尖锐的对立，在一定的条件下，将会“冲破”社会道德和法律的约束而走向犯罪。

（二）大众传播媒介中不良因素的诱导

大众传播是以报纸、杂志、电影、电视、广播、光盘、国际互联网等为工具，面向大众的信息沟通方式。大众传播是现代社会个体社会化的重要途径，其对个体发展的积极作用体现在：大众传播延续社会传统、传播社会经验和知识的教育功能；大众传播还持续提供大量有关社会事件的报道；大众传播对社会有机体具有调节作用，能够帮助人们宣泄不满情绪，使他们一时的心理需求得到满足；大众传播对提高社会的娱乐水平起到重要作用。然而，大众传播媒介在给社会带来积极影响的同时，也带来了一些不良后果，其中最为典型的就是不良媒体的传播，给社会造成了大量的“精神污染”，这些污染成为犯罪心理形成的一个重要因素。

大众传媒对犯罪心理形成的影响有很多实验依据。“有报告指出，孩子从电视上看到暴力电影后，夜里睡觉时也会说胡话、做噩梦；另有报告指出，即使以猫为主人公的漫画电影也能诱发孩子的攻击行为，而且仅仅看了 10 分钟，过了 6 个月后仍与一般孩子有差异；有的将大学生作为实验对象，发现攻击性影片可以增加攻击性反应，这种攻击性不一定对眼前直接原因的人，而且对从前认为讨厌的人或者对有敌对情绪的人也会引起攻击性……即使对于普通成年人，也会由于宣传之类而受到粗暴和居心不良等影响……其他，有不少人由于看了电视和报纸报道的犯罪手法而导致模仿犯罪的情况。”

大众传播媒介中的“精神污染”对大众特别是涉世不深的青少年形成了强烈的冲击，产生了极大的消极影响。据我国有关部门抽样调查显示，65%以上的工读学生，50%以上犯罪的青少年，均直接接触过各种不良信息，主要媒介是网络、录像、书刊、电影等，他们受社会不良亚文化影响并导致犯罪的情况令人触目惊心。不少杀人犯纯粹是对一些影视镜头的刻意模仿，他们甚至否认用匕首刺入人的心脏会真的把人杀死。犯抢劫、偷盗罪的未成年人则多为影视里花天酒地的生活方式所诱惑；在性犯罪的未成年人中，有60%以上是不同程度地受到黄色传媒的毒害而走上犯罪道路的。这一时期的未成年人性器官开始发育、性机能逐步成熟，生理结构的明显变化引发了心理上的变化，好奇心增强，对自身的生理变化有着强烈的神秘感和好奇心，特别是对于与生理变化有关的信息有着更加浓厚的兴趣。媒体中的色情内容，毒害人的心灵，使人堕落，正切合了未成年人的这些特征，满足了他们的生理和心理需要。一些未成年人，由于自我控制能力差，抵挡不住诱惑，抑制不住生理和心理躁动，便产生尝试的念头，便更可能冲破现行法律规范与社会伦理道德走上犯罪道路；网络文化是随着计算机联网而产生的一种新的文化现象，它以计算机及其附属设备作为物质载体，以上网者为主体，以虚拟空间为主要传播领域，以数字化为基本技术手段，为人类创造出了一种新的生存方式、活动方式和思维方式。网络文化是信息时代的特殊文化，它不是一种地域文化，而是一种时域文化。更加值得注意的是，中国互联网络信息中心第十三次调查结果显示，35岁以下的网民占82.2%，18~25岁的年轻人所占比例最高，达到34.1%，其次是18岁以下的网民占18.8%。网络文化在拓宽人们视野的同时，也带来了一些消极影响。具体来讲，主要表现在以下方面：首先，网络给人提供了大量的信息，但在这些信息之中不乏宣扬暴力、色情、邪教观念、种族歧视等有害的信息。长期浏览这些毒害人类心智的内容，必定会对人的潜意识产生影响，这种暗示的影响对于尚未成熟的青少年来说尤为明显。一旦产生刺激源，便会引发青少年犯罪。其次，网络文化的最大特点是它的虚拟性。正是这一特点使青少年缺乏社会责任感，对周围的人漠不关心，视而不见，一心沉溺于网上的虚拟空间，难以自拔。更有甚者，受网络游戏的影响，对人的生命毫不尊重，认为人是杀不死的，只要“重新开始”就可以复原。因此，在现实生活中青少年的暴力事件呈上升趋势。最后，网络文化的隐蔽性在给人们提供展现自我空间的同时，也诱发了青少年的一些不良行为。网络是青少年宣泄情绪的最佳地点。在网上所暴露出来的种种言行，正是他们在现实生活中极力压抑的想法。其中很大一部分是带有恶意的，而网络的隐蔽性不仅提供了最佳的避难所，还进一步促使青少年产生犯罪行为。可以说不良的网络文化是青少年犯罪的加速器。

（三）犯罪亚文化

亚文化理论认为，社会文化除了主流文化外，还存有许多亚文化群，它们不同于主流文化，有的甚至与主流文化格格不入。亚文化的存在必然会与主流文化产生冲突，使受亚文化影响的人行为上出现偏差。根据亚文化理论，所谓亚文化，就是指一个社会不占统治地位的支流文化。“亚文化”一词通常指在社会的某些群体中存在的不同于主文化的价值观念和行为模式，这是导致个体犯罪的一个重要因素。因为犯罪不是无缘无故发生的，总有一定的导因，形成犯罪动机才能产生犯罪行为，而亚文化常常导致个体犯罪动机的形成和犯罪行为的产生。犯罪行为是个体在对立于社会价值观念、生活模式和行为准则支配下的一种严重危害社会的行为。而这种价值观念、生活模式和行为准则正是由亚文化所提供的。亚文化所特有的行为规范和价值观念往往与社会主流文化所提倡的相冲突，一旦演化和畸形发展就会形成犯罪亚文化。

所谓犯罪亚文化，是指犯罪亚群体在犯罪活动过程中逐渐形成并信奉和遵循的与主文化相对立的价值标准、行为方式及其现象的综合体。它对于个体的危害更为深远，主要体现在以下几个方面：第一，培植和强化个体的反社会意识。犯罪亚文化始终偏离并对立于社会主文化。长期接触这类亚文化的个体会容易变得思想扭曲、私欲膨胀、心理异常，并逐渐产生犯罪意识。第二，维系犯罪团伙。文化的整合功能可以使具有同类文化因素的个体凝聚成一个整体，并不断吸收新的成员。因此犯罪亚文化成为维系犯罪团伙，并团结一致对外的心理纽带和精神支柱。就是这种“自己人”的文化感觉不断吸收和同化社会上闲散人等，形成犯罪集团。第三，提供个体犯罪的心理支持。犯罪亚文化使其成员的犯罪行为和畸形需求在同伴中受到肯定，起着促进和加固犯罪动机，坚定犯罪成功信心的作用。第四，传授个体犯罪技能。可以说犯罪个体的犯罪行为很大程度上是习惯所致。犯罪亚文化给犯罪个体提供了预备的时间和练习的条件。不仅犯罪团伙成员之间可以交流犯罪经验，市场上五花八门的文化商品也给犯罪个体提供了丰富的“素材”。

第三节　犯罪心理形成的内在因素

犯罪心理的形成是主体内外各因素之间有机结合、相互联系、相互作用的结果。那种将影响犯罪心理形成的因素归结为单一因素或将这几个因素简单排列都是极其错误的，它不能说明犯罪心理的形成机制。在上一节介绍影响犯罪心理形成的主体外在因素的基础上，本节将介绍与个体犯罪心理形成有关的几种主体内在因素，包括犯罪人的需要、犯罪动机、犯罪人的智力特征、气质和性格特征、情绪和意志特征等。

一、犯罪人的需要

需要是犯罪心理形成的基础，犯罪人进行犯罪活动，作用于一定的客体，是为了满足其一定的需要，正是在这个需要的诱使下才产生一股内心冲动，进而发展成犯罪心理，最终实施犯罪行为。

（一）需要的概念及作用

需要是有机体内部的一种不平衡状态，它表现在有机体对内部环境或外部生活条件的一种稳定的要求，并成为有机体活动的源泉。需要的产生是由于个体内部生理或心理上存在某种缺乏或不平衡状态。例如，血液中血糖成分的下降会产生饥饿求食的需要；而水分的缺乏则会产生口渴想饮水的需要；生命财产得不到保障会产生安全的需要；孤独会产生交往的需要等。

需要在人的心理活动中有着极其重要的作用，当人们需要某种东西时，便会把缺少的东西视为必需的东西，为了求得心理平衡，人必须进行有关活动以获得所需之物来满足需要。可见，需要是个体活动的积极性源泉，是人进行活动的内在基础和基本动力。需要激发人去活动，驱使人朝着一定的方向、一定的目标追求，以求得需要的满足。而且，需要不会因其获得满足而终止。有一些需要在满足之后会重新出现和产生，并带有明显的周期性表现：如饮食、睡眠和性的需要等；有一些需要获得满足后，在其基础上会产生新的需要，新的需要推动人们从事新的活动以满足需要，新的需要满足后，又不断地产生新的、更高层次的需要，使人们的活动不断向前发展。

（二）需要的种类

对需要种类的划分有不同的角度，通常从需要的起源和需要的对象两个角度进行分类。

1. 生理需要和社会需要

从需要的起源划分，需要包括生理需要和社会需要。

生理需要是为保存和维持有机体生命和种族延续所必需的。生理需要包括：维持有机体内不平衡的需要，如对饮食、运动、睡眠、排泄等需要；回避伤害的需要，如对有害或危险的情景的回避等；性的需要，如配偶、嗣后的需要。生理需要是生而有之的，人与动物都存在，但人与动物表现在生理上的需要是有本质区别的。马克思曾说过，饥饿总是饥饿，但是用刀叉吃熟肉来解除饥饿不同于用手、指甲和牙齿啃生肉来解除饥饿。可见，人的生理需要已被深深地烙上社会的痕迹，已不是纯粹的本能驱动。

社会需要使人们为了提高自己的物质和文化生活水平而产生社会性需要，包括对知识、劳动、艺术创作的需要，对人际交往、尊重、道德、名誉地位、友谊和爱情的需要，对娱乐消遣、享受的需要等。它是人特有的在社会生活实践中产生和发展起来的高级需要。人的社会需要因受社会的背景和文化意识形态的影响而有显著的个别差异。

2. 物质需要和精神需要

按需要的对象划分，需要包括物质需要和精神需要。

物质需要是指人对物质对象的需求，包括对衣、食、住有关物品的需要，对工具和日常生活用品的需要。物质需要是一种反映人的活动对于物质文明产品的依赖性的心理状态，因此，物质需要既包括生理需要又包括社会需要。

精神需要是指人对社会精神生活及其产品的需求，包括对知识的需要、对文化艺术的需要、对审美与道德的需要等。这些需要既是精神需要又是社会需要。

除了以上两种对需要的分类以外，1943 年美国心理学家马斯洛在其著作《动机论》中提出，人的需要可以分为五个层次，它们依次是：生理的需要、安全的需要、归属和爱的需要、尊重的需要和自我实现的需要。

生理的需要：这是人类最原始的也是最基本的需要，包括饥、渴、性和其他生理机能的需要，它是推动人们行为的最强大的动力。只有在生理需要基本满足之后，高一层次需要才会相继产生。

安全的需要：当一个人生理需要得到满足后，满足安全的需要就会产生。寻求生命、财产等个人生活方面免于威胁、孤独、侵犯并得到保障的心理就是安全的需要。

归属和爱的需要（社交需要）：这是一种社会需要，包括同人往来，进行社会交际，获得伙伴之间、朋友之间的关系融洽或保持友谊和忠诚，获得别人的爱，给予别人爱；并希望为团体与社会所接纳，成为其中的一员，得到相互支持与关照。而不是简单的男女之爱。

尊重的需要：包括受人尊重与自我尊重两方面，前者是希求别人的重视，获得名誉、地位；后者希求个人有价值，希望个人的能力、成就得到社会的承认。

自我实现的需要：是指实现个人理想、抱负，最大限度地发挥个人的能力的需要，即获得精神层面的至高人生境界需要。马斯洛认为，为满足自我实现的需要所采取的途径是因人而异的。有人希望成为一位理想的母亲，有人表现在体育上，还有人表现在绘画或发明创造上……简言之，自我实现的需要是指最大限度地发挥一个人的潜能的需要。

（三）犯罪人的需要特征

犯罪人的需要有两个特征：

1. 个人需要与社会需要处于对立地位

行为人头脑里只有个人的欲求，不考虑他人的需要和国家、社会的需要；为了满足私欲，不惜采取非法手段损害他人的合法权益，扰乱社会的秩序，破坏国家的利益。

2. 畸形的、膨胀的需要

行为人的物质需要毫无节制，享受的欲望脱离个人的支付能力；性的欲求违反社会道德规范，侵犯他人的合法权利；在其需要结构中，缺乏高层次的学习、劳动、荣誉、事业成就的精神需要，而对吃喝玩乐等低层次需要却恶性膨胀，占据主导地位。

另外，犯罪人也有符合情理和社会生活准则的需要，但是他们选择满足需要的方法和手段上不合理，造成了社会危害，触犯了刑法，最终导致犯罪动机和犯罪行为的产生。例如，某人有着惊人的学习化学的天赋，可以说他有远大的理想、抱负，有最高层次的自我实现的需要，但是他把这种天赋用在制作毒品上，最终成为制毒贩毒的大毒枭，他这种满足需要的方法和手段使他最终走上了犯罪道路；某大学生在一次聚餐的过程中，与同学发生争执，受到了他人的嘲笑和侮辱，因为他有着受人尊重的需要，于是冲动之下将同学打成重伤，他满足合理需要的行为触犯了刑法，同样属于犯罪行为。由此可见，犯罪人的需要并不总是反社会的。满足需要的方式和对象不当，其行为也可能造成犯罪。

二、犯罪人的犯罪动机

心理学的大量研究表明，动机是人类实施特定行为的内在力量，是人类行为的直接动力。作为人类诸多行为类型之一的犯罪行为也是如此，犯罪行为产生的直接动力就是犯罪人的犯罪动机，犯罪动机是犯罪心理的核心，研究犯罪动机对于分析犯罪人犯罪心理的形成以及犯罪行为发生背后的内在动力有着重要的意义。

（一）动机的概念和功能

1. 动机的概念

动机是目标或对象引导的、激发和维持个体活动的一种内在心理过程或内部动力。也就是说，动机是一种内部心理过程，而不是一种心理活动的结果。对于这种内部过程，我们不能进行直接的观察，但是，可以通过任务选择、努力程度、对活动的坚持性和言语表达等外部行为间接地推断出来。通过任务选择，我们可以判断个体行为动机的方向、对象或目标；通过努力程度和坚持性，我们可以判断个体动机强度的大小。各种理论都认为，动机是构成人类大部分行为的基础。在所有的行为中，可以说，无论任何类型或者种类的行动，都是要受到行为背后的动机所支配。在动机的激发下，行为不断地产生。而且动机使这种行为保持着朝向一定的方向前进，使行为保持着清晰、明确的目标，具有强烈的目的性。因此，动机是人类实施特定的行为的内在力量，对于人类的行为具有非常重要的意义。

2. 动机的功能

从动机与行为的关系上分析，动机具有以下几种功能：

（1）激活功能：动机是个体能动性的一个主要方面，它具有发动行为的作用，能推动个体产生某种活动，使个体由静止状态转向活动状态。

（2）指向功能：动机不仅能激发行为，而且能将行为指向一定的对象或目标。

（3）维持和调整功能：当活动产生以后，动机维持着这种活动针对一定目标，并调节着活动的强度和持续的时间。

（二）犯罪动机概述

1. 犯罪动机的概念

犯罪动机是激起和推动犯罪主体实施犯罪行为的内在动力因素。不同的犯罪动机，不仅直接反映出犯罪主体的主观恶性程度的大小，而且也表明了犯罪行为的社会危害性的差异，因此，是量刑轻重的主要依据之一。苏联法学界一些知名学者认为："无论动机是否作为基本特征被列入犯罪构成，如果没有一定的动机，那么任何一种故意犯罪就不可能实施。即使不把动机列入犯罪构成，它仍然是法院在判刑时应当加以考虑的重要情节。"任何犯罪行为的发生都是在犯罪动机的直接推动下，通过激发、指向、维持和调节功能的发挥实现的，没有哪一种犯罪行为的发生是欠缺犯罪动机的。犯罪动机是能够引起或发动犯罪活动的犯罪主体的重要的内部心理因素，它给犯罪行为人提供一定的能量以供主体实施犯罪活动；同时它还能够指引着犯罪行为所采取的具体行为方式和针对具体的目标；同时，犯罪动机还能够不断激励、增强犯罪行为的力量。

2. 犯罪动机的特征

犯罪动机具有以下特征：

（1）主观性。犯罪动机是犯罪人的主观心理活动，它是犯罪人在实施犯罪行为的过程中特有的一种心理现象，它的形成和作用都反映着行为人主观恶性程度及行为的社会危害程度。

（2）相对性。犯罪动机是与犯罪行为相对的概念，犯罪动机之所以不同于一般的活动动机，就是因为它和犯罪人的犯罪行为相联系，没有犯罪行为便没有犯罪动机可言。犯罪动机与一般意义上的动机的区别在于，犯罪动机所引发的行为是具有社会危害性的犯罪行为。

（3）动态性。犯罪动机反映的是一种动态的心理过程。首先，表现在犯罪动机是在动机斗争的过程中形成的，在实施犯罪行为的过程中，个体的动机往往不止一个，在各种心理动机之间会产生一定的冲突和斗争；其次，犯罪动机在犯罪过程中是不断变化的。

（4）复杂性。在犯罪心理上，并非只存在一种动机，而往往是多种动机并存，这些动机的内容、强度各不相同，构成了一个复杂的犯罪动机体系，其中起主要作用的是被犯罪人意识到的、强度大的犯罪动机。

（5）低级性。犯罪动机的低级性是指犯罪人的动机在社会化水平方面的特征。犯罪人的大多数犯罪动机，都具有极其浓厚的物质性，是其生物本能需要的反映。因此，在犯罪动机中，相对低级的物质、生理方面的需要引起的低级犯罪动机往往占优势地位，而由较高级的社会、精神方面的需要引发的犯罪动机数量则较少。当然，犯罪行为人犯罪动机的极端低级性这一特点，也是受犯罪人所处的社会环境以及其生活水平和经济条件所制约的。

3. 犯罪动机的类型

有关犯罪动机的类型如何划分，不同学者观察角度不同，划分标准也不同，主要有以下几种：

（1）按照犯罪动机的来源可分为政治型、物欲型、性欲型、情欲型、戏谑型、过失型六种类型。

（2）按照犯罪动机的内容可分为目的型、理想型、幻想型、激情型、嫉妒型、攻击型、自尊型、义气型、脆弱型和报复型十种类型。

（3）按照犯罪动机的运作形式可分为有偶发型、激情型、趁机型、预谋型、职业型、惯常型六种类型。

（4）按照犯罪行为特点的不同可分为有暴力型、智能型、灵活型、激情型、不稳定型、转移型、残忍型七种类型。

（5）按照犯罪动机的性质划分可分为一般动机型与不良动机型两种类型。

（6）按照犯罪动机的意识状况划分可分为意识动机型与潜意识动机型两种类型。

（三）犯罪动机的形成

1. 犯罪动机的形成条件

犯罪动机的形成，依赖于两个条件：

（1）需要是犯罪动机形成的源泉。事实上，所有促使特定行为进行的动机几乎都是在主体自身内在的需要的基础上产生的。犯罪动机来源于强烈、畸变的需要，它是在外界环境诱因的刺激下和主体内部不能从社会规范调节超越现实的需要而产生的。动机在人的心理发展和行为进行中起着无比重要的作用，是人的一切心理和行为发生发展的内在动力体系。需要在动机产生中所起的作用类似于动机在人的心理与行为发生、发展过程中的作用。需要是在动机产生这一复杂体系中最重要的核心部分，是动机体系的源泉。

（2）诱因是犯罪动机形成的外部条件。外部刺激也是引起动机的一个原因。凡是能引起机体动机行为的外部刺激，均称为诱因，诱因具有诱发、起动、引导行为的作用。诱因按性质可以分为两类：个体因趋向或获得它而得到满足时，这种诱因称为正诱因。个体因逃离或回避它而得到满足时，这种诱因称为负诱因。在一些情况之下，外部诱因直接、迅速而有力地引起犯罪动机的产生和犯罪行为的实施。在另外一些情形下，外部诱因引起犯罪动机的过程并不明显，犯罪动机与外部诱因似乎没有直接的关系。

2. 犯罪动机的形成过程

犯罪动机从其产生、发展到结束、消失，一般经过四个阶段：

（1）意向阶段。又称为萌发阶段，在该阶段，犯罪人由于内部或外部因素的作用，内心躁动，初步萌发了犯罪动机。由于此时动机刚刚萌发、孕育，还不能被主体明确、清晰地意识到，因此这一阶段的动机具有内隐性和模糊性。

（2）明确阶段。这是犯罪动机的产生阶段。在这一阶段中，犯罪动机开始变得清晰、明确，由萌发阶段的前意识层面上升到意识层面，犯罪目的得以确立。

（3）决意阶段。该阶段犯罪动机斗争激烈，当犯罪动机完全明确之后，犯罪人还需通过选择犯罪时机、确定犯罪方式等动机斗争，最后才下定决心，对犯罪动机加以确认和巩固定型。

（4）消失阶段。该阶段指犯罪动机的终了阶段。第一种情况是通过犯罪行为实施，犯罪目的已经达到，犯罪动机抵达归宿点而消失；第二种情况是犯罪行为已经实施，但处在未遂状态，犯罪目的未能实现而放弃犯罪动机；第三种情况是原犯罪动机为新犯罪动机所取代，原犯罪动机消失。

3. 犯罪动机斗争

犯罪动机斗争，又称犯罪动机冲突，犯罪人在实施犯罪行为的过程中，犯罪动机常常不止一个，而是同时存在多种不同的犯罪动机，当犯罪人必须确定一种犯罪动机的时候，也就是决意实施某种犯罪行为的时候，在多种不同的犯罪动机之间会产生一种心理冲突，这就是犯罪动机斗争。

犯罪动机斗争的类型主要有以下三种：

（1）双趋式冲突，即在两种犯罪利益不能同时获取时产生的斗争，例如，既想从事盗窃活动，又想从事诈骗活动，但无法同时进行两种活动时，犯罪人就会产生动机斗争，只能选择其中之一加以实施。一般说来，这种动机斗争较少发生。

（2）双避式冲突，即在两种活动都很难避免时发生的动机斗争，例如，犯罪人既不想去杀害威胁他的人，又不堪忍受对方的欺负、折磨，在这种情况下，就会产生动机斗争。

（3）趋避式冲突，即在既想犯罪又怕犯罪不顺利或犯罪后受惩罚时产生的动机斗争，这是最为常见的犯罪人的动机斗争类型。

一般来说，在犯罪的不同阶段，犯罪动机斗争表现的类型不同。在犯罪准备阶段，一般表现为“双趋式冲突”或“双避式冲突”，因为此时多种犯罪目标并存，或多种非法需要并存，为了犯罪成功，犯罪人必须对同时存在的各种动机进行比较分析，经过动机斗争，最后作出最满意的选择；在犯罪决意阶段，“趋避式冲突”较为突出，因为此时动机斗争的焦点在作案与否，当犯罪人的不当需要占了上风时，犯罪动机会占据主导地位。当犯罪人的恐惧心理占了上风时，犯罪动机就会受到抑制或消退。

（四）犯罪动机的发展变化

犯罪人在实施犯罪行为的过程中，犯罪动机的发展变化有以下几种情况：

1. 动机实现

动机实现是犯罪行为实施过程中一种常见的类型。犯罪人按计划实施了犯罪行为，顺利完成犯罪过程，达到犯罪目标，实现了犯罪动机。犯罪动机的实现，会使犯罪人的需要、欲望得到满足，有了成功的犯罪经验，会刺激犯罪人产生新的犯罪需要，并形成新的犯罪动机，使犯罪心理进一步恶化。

2. 动机受阻

犯罪人在实施犯罪行为时，会遇到来自社会、他人、家庭以及自身能力等各方面的阻力与困难。如果犯罪人暂时无法摆脱、冲破这些阻力与困难，以达到其犯罪目的时，犯罪人不得不主动放弃原来的犯罪动机，中止犯罪活动。这种状况下，犯罪动机的放弃虽是主动的，但也是被迫的、暂时的，一旦条件许可，犯罪动机还会死灰复燃。

3. 动机中断

在实施犯罪的过程中，犯罪人中途突然被抓获，犯罪行为即被制止，致使犯罪动机未能实现，犯罪目的无法达到。这种情况完全是外力作用的结果，并非表明犯罪人有终止犯罪的意愿。

4. 动机派生

犯罪人在实施犯罪的过程中，由于新的环境刺激的出现和主体心理因素的变化，在原来犯罪动机的基础上，激发了新的、更大的犯罪欲望，而产生出新的犯罪动机，导致了更为严重的犯罪行为。

5. 动机消退

犯罪人在实施犯罪行为时，由于受到外界环境的影响，道德、法律观念的恢复以及个性中尚存良好心理因素的影响，犯罪动机消退，主动停止了犯罪行为。

三、犯罪人的智力

智力是影响个体社会化程度的一个重要因素。一般来说，智力高低并不必然导致犯罪。但是智力可以影响一个人的认知能力与意志控制能力，还会影响到个体的情绪体验，进而导致个体的认知偏差、需要偏差、情感偏差等，最终导致犯罪心理的形成。

（一）智力的含义

《现代汉语词典》中智力的概念是指“人认识、理解客观事物并运用知识、经验解决问题的能力，包括记忆、观察、想象、思考、判断等”。有关智力的含义，心理学家们众说纷纭，我们倾向于智力是以下三个方面能力的组合：

1. 智力是个体适应环境的能力。个体对其所生活的环境，尤其对变幻莫测的新环境越能适应，即表示其智力越高。

2. 智力是个体学习的能力。凡个体对新事物的学习较易、较快，又能利用经验解决新问题，即表示其智力较高。

3. 智力是个体抽象思维的能力。凡个体能由具体事物获得概念，能运用符号作合乎逻辑的评价、推理、判断，即表示其智力较高。

综上所述，智力具有认知反应的特性。它是个体有目的地行动、合理地思维，以及有效地适应环境的综合能力。

（二）犯罪人的智力特征

1. 智力过低和智力过高都会影响犯罪

有些犯罪个体智力过低，难以把握其行为的可能后果及理解道德规范的含义和意义。一种情况是，如果智力过低，就意味着个体难以适应学校生活，这就会使他沮丧、进而仇恨、愤怒并实施违法行为。另一种情况是，如果个体不能像别人一样进行熟练的语言表达，那么他们则会倾向于采取自认为更好的方法，诸如攻击、暴力等来表达自己；有些犯罪的个体智力很高，他们思维能力强、有预谋，犯罪容易得逞，犯罪之后常常毁灭罪证，并且具有很强的反侦查能力，犯罪不易被发现和侦破。并且犯罪的理性色彩较重，往往还披上一件“合法”的外衣。

2. 不同犯罪类型的智力水平存在较为明显的差异

几乎各类调查都证明，不同类型犯罪者的智力发展状况有着较为明显的差异。根据有关文献，智力低下者所从事的犯罪类型以性犯罪和盗窃居多。从罪行的分类上看，一般奸淫幼女犯、纵火犯、强奸犯等类型犯罪人的智力明显偏低，而犯有伪造、诈骗、谋杀等罪行的犯罪人，其智力水平一般较高。

四、犯罪人的气质和性格

气质和性格作为个体较为稳定的个性心理特征，对于个体犯罪类型和方式均会产生影响，是影响犯罪心理形成的重要心理动因。

（一）气质概述

1. 气质的概念

所谓气质是指个人所具有的典型的、稳定的心理活动的动力特征。主要表现在心理过程的强度、速度、稳定性、灵活性及指向性上，如情绪的强弱、思维的快慢等。气质的生理基础是高级神经活动类型，它一旦形成就比较稳固。与性格相比，气质本身没有好坏之分，它不能决定人的行为性质，只影响人的行为方式。

2. 气质类型的外在表现

“气质”这个概念最早为古希腊医生希波克拉底和罗马医生盖伦所提出。他们先后观察了人们行为的个别特点以后，提出解释认为，人体内有四种体液：血液、粘液、黄胆汁和黑胆汁。这四种体液在人体内的不同比例就形成了人的不同气质：胆汁质（黄胆汁占优势）、多血质（血液占优势）、粘液质（粘液占优势）、抑郁质（黑胆汁占优势）。他们认为，四种气质类型在行为方式上表现如下：

（1）胆汁质。表现为精力旺盛，反应迅速，情感体验强烈，情绪发生快而强，易冲动，但平息也快。直率爽快，开朗热情，外向，但急躁易怒。有顽强拼劲和果敢性，但往往缺乏自制力和耐心。思维具有灵活性，但经常粗枝大叶、不求甚解。意志坚强、勇敢果断，但注意力易于转移。

（2）多血质。活泼好动，反应迅速，思维敏捷、灵活而易动感情，富有朝气，情绪发生快而多变，表情丰富，但情感体验不深。外向，喜欢与人交往，容易适应新环境。兴趣广泛但易变化，注意力不易集中，意志力方面缺乏耐力 。

（3）粘液质。安静、沉着、稳重、反应较慢；思维、言语及行动迟缓、不灵活；注意力比较稳定且不易转移。内向，态度持重，自我控制能力和持久性较强，不易冲动。办事谨慎细致，但对新环境、新工作适应较慢；行为表现坚忍、执着，但感情比较淡漠。

（4）抑郁质。抑郁质气质类型的人感受性高，观察仔细，对刺激敏感，善于观察别人不易察觉的细微小事，反应缓慢，动作迟钝；多愁善感，体验深刻和持久，但外表很少流露。内向，谨慎，遇到困难或挫折时易畏缩，但对力所能及且枯燥乏味的工作能够忍耐，不善于交往，比较孤僻。

（二）气质与犯罪

当一个人在不良因素作用下走上犯罪道路时，气质对于主体的犯罪类型和方式均会产生影响，使其在各自的犯罪活动中反映出气质的特征。据河北省某监狱1991年的抽样调查表明：暴力犯罪中，胆汁质的人较多；诈骗犯罪中，多血质的人较多；贪污犯罪中，粘液质的人较多；危害国家安全犯罪中，胆汁质、粘液质混合型的人较多等。

气质与犯罪的关系还体现在，同样的犯罪，不同气质类型的犯罪人往往有不同的行为特点。如报复型犯罪，具有胆汁质类型的人，大多情绪反应快而且强度大，往往对方的某个眼神、某个举动，就能使其产生暴力冲动，而且难以自制，他人也难以制止，因此出现伤人毁物的后果，而一旦冷静下来，又常感到悔恨；具有粘液质类型的人，若故意报复，则大多进行预谋、策划、准备，事后也不后悔。因此，胆汁质者常与情境性的暴力犯罪相联系；粘液质者常与预谋性暴力犯罪相联系。

（三）性格的概念

性格是一个人在现实的稳定态度和习惯化了的行为方式中所表现出来的个性心理特征。性格在人格特征中具有核心的、主导的意义。性格不同于气质，具有明显的社会历史制约性，是现实社会关系在人脑中的反映，它在先天素质的基础上，在后天的环境影响和教育作用下，通过个体的实践活动形成，是个体社会化的结果。气质更多地体现了个体的生物属性，而性格更多地体现了人的社会属性，具有鲜明的社会评价意义，可以进行好与坏的区分。

（四）犯罪人的性格特征

犯罪心理学研究表明，犯罪人的性格特征是其个性社会化缺陷的表现，具有以下特点：

1. 对社会现实的态度特征方面：表现为极端的利己主义和好逸恶劳，缺乏对社会、集体、他人的责任感、义务感、同情感，自我中心意识突出。

2. 性格的情绪特征方面：一般表现为情绪冲动性强，理智性差，心境变化多端，喜怒无常，容易产生激情犯罪。

3. 性格的意志特征方面：行为目标常常与社会要求相悖，意志品质薄弱，自制力差，侥幸冒险心理突出，抗挫折能力差。

4. 性格的理智特征方面：不少犯罪人理智水平低，表现为对社会规范的无知和偏见，思维狭窄，不能正确认识和评价自己行为的社会意义及其后果。

五、犯罪人的情绪和意志

情绪和意志，作为个体心理过程，是影响犯罪心理形成的重要内在因素。

（一）情绪概述

1. 情绪的概念

情绪是人对反映内容（客观现实）的一种特殊的态度体验，具有独特的主观体验形式、外部表现，并且总是伴有植物性神经系统的生理反应。客观现实是产生情绪的源泉。凡是能满足人的需要或符合人的愿望、观点的客观事物，就能使人产生愉快、满意、喜爱等肯定的积极的情绪；凡是不符合人的需要或违背人的愿望、观点的客观事物，就会使人产生消极、否定的情绪。

2. 情绪状态分类

情绪状态是指在一定的生活事件影响下，一段时间内各种情绪体验的一般特征表现。根据情绪状态的强度和持续时间可分为心境、激情和应激。

（1）心境：是一种微弱、平静和持久的情绪状态。生活中我们常说"人逢喜事精神爽"，指发生在我们身上的一件喜事让我们很长时间保持着愉快的心情；但有时候一件不如意的事也会让我们很长一段时间忧心忡忡，情绪低落。这些都是心境的表现。心境对人们的生活、工作和健康都有很大的影响。心境可以说是一种生活的常态，人们每天总是在一定的心境中学习、工作和交往，积极良好的心境可以提高学习和工作绩效，帮助人们克服困难，保持身心健康；消极不良的心境则会使人意志消沉，悲观绝望，无法正常工作和交往，甚至导致一些身心疾病。所以，保持一种积极健康、乐观向上的心境对每个人都有重要意义。

（2）激情：是一种爆发强烈而持续时间短暂的情绪状态。人们在生活中的狂喜、狂怒、深重的悲痛和异常的恐惧等都是激情的表现。和心境相比，激情在强度上更大，但维持的时间一般较短暂。激情具有爆发性和冲动性，同时伴随有明显的生理变化和行为表现。当激情到来的时候，大量心理能量在短时间内积聚而出，如疾风骤雨，使当事人失去了对自己行为的控制力。激情对人的影响有积极和消极两个方面。一方面，激情可以激发内在的心理能量，成为行为的巨大动力，提高工作效率并有所创造。另一方面，激情也有很大的破坏性和危害性。激情中的人有时任性而为，不计后果，对人对己都造成损失。一些青少年犯罪，就是在激情的控制下，一时冲动，酿成大错。

（3）应激：是出乎意料的紧张和危急情况引起的情绪状态。如在日常生活中突然遇到火灾、地震，飞行员在执行任务中突然遇到恶劣天气，旅途中突然遭到歹徒的抢劫等，无论天灾还是人祸，这些突发事件常常使人们在心理上高度警醒和紧张，并产生相应的反应，这都是应激的表现。应激的外部表现有很大差异。积极的应激反应表现为沉着冷静、急中生智，全力以赴地去排除危险，克服困难；消极的应激反应表现为惊慌无措、一筹莫展，或者发动错误的行为，加剧了事态的严重性。

（二）犯罪人的情绪特征

犯罪人的情绪指因犯罪人的畸形需要得到满足或未得到满足时而产生的态度体验，它有如下特性：

1. 情绪的反社会性。犯罪人的情绪不符合社会的主流文化传统、行为规范及生活方式，缺乏对别人的尊重和理解，把自己的快乐建立在别人的痛苦之上。

2. 情绪的不良倾向性。他们爱憎好恶颠倒，对社会和他人经常产生否定性情绪体验。

3. 情绪的勃发性。经常爆发短暂而强烈的激情，导致激情犯罪。

4. 情绪体验的低级性和庸俗性，即与其低级、庸俗的吃、喝、性需要是否满足相联系。

5. 情绪的不稳定性。即喜怒无常、变化多端。

（三）意志与犯罪

1. 意志的概念

意志是自觉地确定目的，根据目的支配、调节行动，从而实现预定目的的心理过程。在意志活动过程中，人们表现出与其相应的四种意志品质，即意志的自觉性、果断性、自制性和坚忍性。意志的自觉性是一个人能否深刻认识行动的正确性和重要性，并主动地支配自己的行动使之符合正确目的的意志品质；意志的果断性是一个人善于迅速明辨是非、坚决合理地采取决定和执行决定的意志品质；意志的自制性是指善于控制和支配自己行动的意志品质；意志的坚忍性是指在行动中坚持决定，百折不挠地克服重重困难去达到行动目的的意志品质。

2. 犯罪人的意志特征

犯罪是意志行为，主体意志在犯罪行为的实施中起重大作用。犯罪人的意志具有如下主要特征：

（1）意志薄弱自制差：属于意志薄弱类型的人，大多缺乏自制力，即使有正确的道德认识，也会在一定程度上受到外界不良因素影响而实施悖德的犯罪行为。这种人实施犯罪行为时，往往也知道自己所作所为是法律禁止的，但却经受不住外界因素的诱惑，不自主的实施犯罪行为。意志薄弱引起犯罪，在青少年犯中占有相当大的比例，在成年人中也不乏其例。

（2）意志坚强反向性：意志有薄弱和坚强之分，意志薄弱是低品质的，然而意志坚强未必属高品质，按社会价值标准，意志坚强有正向和反向之别。

（3）冒险侥幸心理：犯罪人在犯罪前大都知道自己的行为要受到法律制裁，

因此在犯罪时存在恐惧心理。但这种心理不能打消其犯罪念头，因为与恐惧心理相对应，犯罪人在犯罪前还存在冒险心理。犯罪行为是否发生，往往取决于恐惧心理与冒险心理的对比，如果侥幸心理战胜恐惧心理，就会实施犯罪，就会对其心理产生反馈作用，强化冒险侥幸心理，从而实施犯罪行为。

延伸阅读

从弗氏人格结构理论的角度分析犯罪心理形成因素

犯罪人的人格倾向是弗氏犯罪心理理论赖以形成的心理基础和出发点。犯罪个案研究表明，任何犯罪行为的发生，不管其看起来有多么偶然，我们都可以从犯罪人格中存在的某些消极面和缺陷找到一致性和对应面。这正是我们犯罪心理结构立论的事实依据。因此，人格倾向，是一切犯罪心理结构存在的基础和演化的出发点。人格倾向也能对主体内在环境和刺激作出一定的选择。比如当犯罪者在面临不良的性刺激和性诱惑时，犯罪人的人格倾向就能自发地选择那些与这些不良刺激有关的深层心理（如性意识、性欲望、不良的行为和体验等），就使人格倾向具有了明确选择方向，这时候人格结构中的自我就会把本我和超我覆盖，犯罪人会不顾社会道德和法律等的约束进行犯罪。

一个真正健康的人格中，本我、自我、超我这三个组成部分必须均衡、协调。例如，一个人出于冲动将石块扔进窗户，或惹是生非，或强奸妇女，这时他就处于本我的奴役之中。本我是非道德的，是本能和欲望的体现者，为人的整个心理活动提供能量，强烈地要求得到发泄的机会。本我遵循着“唯乐原则”工作，即追求快乐，逃避痛苦。假如人格中仅有本我和自我这两个结构部分，那么人就将成为快乐主义和兽欲主义的有机体，当他处于一种需要状态时，他就会从合适的环境对象中寻求对需要的直接满足。然而人格中还存在着使情况变得更加复杂的第三个结构部分，即“超我”。超我是人格中专管道德的司法部门。

弗洛伊德这样论述自我难扮的角色：“有一句格言告诫我们，一仆不能同时服侍两个主人，然而可怜的自我却处境更坏，它服侍着三个严厉的主人，而且要使它们的要求和需要相互协调。这些要求总是背道而驰并似乎常常互不相容，难怪自我经常不能完成任务。它的三位专制的主人是外部世界、超我和本我。”弗洛伊德认为，在通常情况下，本我、自我和超我是处于协调和平衡状态的，从而保证了人格的正常发展，如果三者失调乃至遭到破坏，就会产生神经病症，危及人格的发展，出现人格障碍。当遇到一些不满意的事情时，本我就会极容易把整个人格结构都占据，本我是非道德的，从而作出犯罪行为。

弗洛伊德认为，我们每一个人的人格结构都是由本我、自我、超我三部分组成。但由于所受的教育、生活的环境不同，导致我们的自我和超我不一样。如果一个人的自我和超我不能均衡和协调地发展，就极容易造成人格障碍。当受到外界的某些不愉快条件刺激时，本我就会极容易地做出犯罪行为。

第五章

犯罪心理的年龄差异

第一节　少年犯罪心理

在人的成长过程中，少年时期是一个极其重要的特殊年龄阶段。探讨少年时期的年龄特点及其与违法犯罪的关系，研究违法犯罪少年的心理及行为特征，对于预防和惩治少年违法犯罪、教育改造违法犯罪少年，都有着十分重要的意义。

一、少年年龄特征与犯罪

按心理学划分的年龄阶段，青少年时期是指少年期（十一二周岁至十四五周岁）和青年初期（十四五周岁至十七八周岁）以及青年晚期（十七八周岁至二十五周岁）。但通常所说的“少年”，即未成年人，是指十一二周岁至十七八周岁这一年龄段，这一界定与我国刑法对刑事责任年龄的规定也大致相符合。我国刑法将刑事责任年龄划分为以下四个阶段：（1）行为人不满 14 周岁，是完全不负刑事责任年龄阶段；（2）行为人已满 14 周岁不满 16 周岁的，是相对负刑事责任年龄阶段，即这一年龄阶段的行为人只对故意杀人、故意伤害致人重伤或者死亡、强奸、抢劫、贩卖毒品、放火、爆炸等犯罪负刑事责任；（3）行为人已满 16 周岁不满 18 周岁的，是减轻刑事责任年龄阶段；（4）行为人已满 18 周岁的，进入完全负刑事责任年龄阶段。此外，不满 18 周岁不适用死刑。少年期，人在学习上正处于初中、高中阶段；在刑事责任年龄上，处于不负刑事责任或相对减轻刑事责任时期；在生理方面，正处于青春发育期，是生长发育的第二个高峰；在心理方面，处于儿童心理向青壮年心理过渡阶段。这些特点的综合，对犯罪心理学的研究具有重要意义。因此，将少年犯罪心理作为犯罪心理类型研究的组成部分。

少年时期是人的社会化过程的关键时期。人的社会化过程并不是一次能完成的，各个年龄阶段都有其特定的社会化问题，人的一生就是不断社会化的一生。但在少年期的社会化过程中，生理发育和心理发展，内部心理结构的动力，以及主观需要和客观现实性之间的矛盾更为错综复杂，形成了少年期的年龄特点，使社会化过程更为艰巨。如果这一阶段的错综复杂的矛盾解决得好，其社会化进程的方向正确，少年的身心就会得到健康成长；否则，其社会化过程就会偏离正确的方向，形成不完全社会化或错误的社会化，极易走上违法犯罪的道路。下面分别探讨由于少年的年龄特点而形成的各种特殊矛盾及违法犯罪的关系。

（一）生理发育与心理发展的矛盾

少年时期，是一个人生长发育的第二次高峰，生理上发生显著的变化：一是在身体发育方面，身高和体重迅速增长，第二性征出现，整个身体明显地表现出男女两性的差异。二是生理机能的增强。心肺急速增大，中枢神经系统迅速发展，特别是大脑皮层的发展变化。由于脑垂体等激素的分泌，致使神经系统的兴奋与抑制过程不稳定，因而对运动系统的协调作用有所降低，使少年在动作和活动上反而出现一定的不灵活或不协调的暂时的“笨拙”现象。运动能力明显增强，精力充沛，活泼好动，特别喜欢竞赛性的活动，以显示自己的力量。三是性发育成熟，意识到两性的差别，产生对异性的特殊的好感和好奇心。

上述生理的发育直接影响着心理的发展，特别是中枢神经系统的发展，为心理的发展提供了物质基础。但是，少年的心理发育水平往往与生理发育水平不同步，两者之间存在一定的矛盾，主要表现如下：

1. 精力过剩与缺乏支配能力的矛盾

由于少年心理水平的提高相对缓慢，因而缺乏足够的调节和支配过剩精力的能力。在外界不良因素的影响下，精神空虚的少年往往将过剩的精力用于进行暴力性的违法犯罪活动，如打架、斗殴、抢劫、强奸等。

2. 好动好奇与认识水平低的矛盾

少年除了精力充沛、能量消耗大、新陈代谢快之外，心理上探求能力和好奇心也加速发展，因此，他们好动、好问、好猎奇。但由于心理上认识能力的发展不成熟，思维易片面、偏激、分不清是非，往往难以找到正确的宣泄方式，容易上当受骗，走上邪路。

3. 兴奋性高与自控力差的矛盾

少年的腺体发育还未成熟，尤其是脑垂下腺还不成熟，因而兴奋性高，情绪波动大，心境不易持久，与此同时，少年的意志品质尚未发展成熟，自我控制力欠缺。因此，少年往往不能控制自己的激情与冲动，导致不良行为的发生。

4. 性机能发育成熟与性道德观念形成较晚的矛盾

少年性机能渐渐发育成熟，他们开始意识到自己向成熟过渡，并产生朦胧的性意识，如在异性面前怕羞而又被异性所吸引，有些少年因此而开始初恋；对性机能有好奇和新鲜感，但性道德观念的形成却落后于性机能的发育成熟。这时，如果缺乏正确的性道德教育和性知识教育，就容易接受外界不良的刺激，如网络上的色情网站、黄色书刊、不良伙伴之间的相互传习，有些法治观念薄弱的少年，就可能放肆地追求性刺激，从而走上违法犯罪的道路。

（二）个性心理结构内部的矛盾

个性心理结构是一种多层次多水平的有机统一体，其内部诸因素既相互依存，又相互矛盾、相互制约，少年由于心理诸因素发展尚未成熟，其矛盾更为突出，主要表现为：

1. 认识与情感的矛盾

少年的情绪、情感比较强烈，发生迅速，容易冲动，而认识能力的发展有限，这就使他们在待人处事时往往感情用事，从而导致两种结果：一是不良情绪情感妨碍他们接受正确的教育，使他们不能形成正确的观念；二是把封建行帮式的“哥们儿义气”当成友谊，与不良少年同流合污，甚至结成团伙，共同进行违法犯罪活动。

2. 认识与行为的矛盾

在少年中间，常有认识与行为不一，即言行脱节的情况。这是因为：（1）把认识付诸行动的过程，是不断克服来自主客观的阻力和困难的过程。少年的意志力比较薄弱，一遇阻力和困难，就容易放弃正确的行为。（2）个人的正确认识只有变为内部需要时，才可能成为他的行为动机，从而引起正确的行为。当少年的正确认识没有成为个人的内部需要时，则必然出现认识和行为不一的矛盾。

3. 情感与意志行为的矛盾

少年的情感表现为活泼、热情，强烈而不稳定，易急躁、激动，好感情用事，不善于用意志去控制自己的情感。少年的意志力在发展，但由于情感的波动，使这种意志力容易摇摆，虚荣心与自卑感并存。他们崇拜意志坚强的人，追求意志行为，但由于认识能力跟不上，容易把执拗、轻率、蛮干、鲁莽等当作好的意志品质而盲目模仿。

4. 独立性意向与认识能力的矛盾

少年的外形变化引起心理上的很大变化，他们感到自己不再是小孩，要求取得与成人大体相同的地位，产生强烈的独立性意向，希望摆脱对成人的依赖。但由于他们社会阅历少，认识狭窄、片面，往往分不清是非，不知道什么是真正的友谊观、英雄观；分不清荣辱、美丑等。因此，缺乏真正的独立活动和独立处理问题的能力，容易上当受骗。

5. 自我意识的矛盾

自我意识是指个体对自己已经形成的心理特点和正在发生和进行的心理活动的全面认识，以及对自己与外界事物相互关系的认识。少年由于独立性意向的发展，开始将“眼光”从朝向外界事物与自己的关系转为朝向对自己心理活动的自我观察分析。这样，自己既是观察者，同时又是被自己观察的被观察者。自我意识被分成两个处于不同地位的部分：前者为理想的自我；后者为现实的自我。一般来说，现实的自我总是落后于理想的自我。这样，两者的不一致便产生了自我意识矛盾，给少年带来很大的苦恼和不安。在处理这些矛盾时，有的少年将正确的理想自我与不断完善的现实自我统一起来，形成积极的自我意识；而有的少年则在外界不良因素影响下，形成错误甚至是反社会的理想自我，并采取非法手段改变现实自我以符合错误的自我，求得自我意识的统一。

（三）少年社会化过程中心理发展与客观现实之间的矛盾

1. 辨别是非能力差与不良外界影响的矛盾

少年在社会化的过程中，既可能受到来自外界的积极因素的影响，又可能受到不良的消极因素的影响。但是，由于少年的可塑性大，思维的批判性不强，辨别是非和抵制不良影响的能力差，因而容易受到外界不良因素的影响，形成少年社会化的缺陷，在此基础上形成犯罪心理结构。

2. 个人需求与客观现实可能性之间的矛盾

少年与儿童相比，社会活动的范围更为广泛，内容更加丰富多彩，担任的社会角色和承担的社会义务也越来越多，人际交往更加广泛和复杂。这些变化必然引起少年个人需要结构的变化，突出地表现为物质需要更多更迫切，社会性需要有了显著的增加，产生了追求异性的欲望。然而，人们的需求不能超越客观现实的可能性，不能违背社会道德和法律规范的要求。心理学研究表明，个人需要无论是合理的或不合理的，如果得不到满足，就会产生挫折感。这时，个体就可能为满足自己的需要而不择手段，甚至向有关的人或社会实施攻击行为，进行报复，导致违法犯罪行为。

二、少年犯罪心理结构分析

（一）个性心理结构

1. 个性倾向性特征

（1）动机特征。动机产生于需要，因此，分析其动机特征就可以看出其需要特征。推动少年产生违法犯罪的需要往往有：膨胀的物质需要，不当的性欲求，“哥们儿义气”，嫉妒、逞强好胜，自我显示，好奇心等。少年犯罪人的动机特征主要有以下几点：

一是犯罪动机的产生易为外界诱因引起。不少少年犯罪人过去没有不良习惯，但少年本身具有喜欢模仿、好奇心强、易受暗示等特点，在外界强烈刺激的作用下，加上自身的情感、情绪和意志方面的弱点，会迅速产生犯罪动机。其动机给人以偶发性强、动机简单模糊、很少预谋的感觉。

二是犯罪动机易变化、不稳定。一方面，在作案过程中，遇到情境的变化（如阻力、障碍），往往在情绪激动下，会实现犯罪动机的良性转化或恶性发展。另一方面，犯罪动机不稳定，随机性强，只要有犯罪机遇，能偷则偷，能抢则抢，见到异性就进行猥亵、侮辱。

三是犯罪动机有强烈的情感性和情绪性，表现在以下几个方面：一些少年犯罪，情感和情绪本身成了动机因素，如报复、好奇等；犯罪动机的产生和实施，带有浓厚的情感和情绪色彩；犯罪动机的变化和转移，容易在情感和情绪的影响下发生。

四是犯罪动机未被意识的特征比较显著。即少年犯罪人常常对动机本身很模糊或者不清楚，未能完全意识到。这是由于少年意识水平还不成熟的缘故。

（2）人生观特征。人生观是个性心理结构的高级层次，它对人的整个心理活动起调节、统率作用。低级的人生观决定着人的行为的极端利己主义性质和腐朽的享乐至上的内容。违法犯罪少年的人生观是腐朽的、颓废的。他们要么沉溺于对物欲、性欲无休止地追求中，要么悲观、消沉看不到前途和希望。

2. 个性心理结构

（1）智力特征。我国台湾地区学者张华葆认为，少年罪犯智商偏低。他于1981年在美国缅因州少年感化院和一所学校所做的对比测试表明，少年犯中22%智商低于80分；30%介于80～89分之间；48%在90分以上。而正常学生智商分布如下：6%在80～90分之间，其余的均为90分以上（90分以下为有智能障碍者，90分以上为正常水平）。张华葆还认为，社会制度是为智力正常的人设立的，智力较低的少年必然发生适应困难，因而形成严重挫折感。另外，智力过低的少年不能辨别是非善恶，不能认清情况之轻重，因而也易触犯法网。

（2）性格特征。关于少年犯罪人的性格特征，国外的研究颇多。随着我国青少年犯罪研究和犯罪心理学的发展，许多研究者对犯罪人的性格特征进行了调查和统计分析，同时，还运用心理测验的方法来研究犯罪人的性格。

我国对少年性格研究的某些成果表明，少年犯罪人的外倾型性格较为明显，其性格特征明显地反映出不成熟和严重缺陷，主要表现如下：缺乏对崇高理想、目标的追求，显得精神空虚；社会性低，社会责任感和规范约束力差；分辨力差，难以认清是非善恶；缺乏羞耻心、同情心、怜悯心等，对人冷淡，有敌意；暴躁，挫折耐受性低，好攻击；缺少独立性和自控力，易受外界情境和他人的影响。

（二）认识结构

德国心理学家勒温和托尔曼的认识结构理论认为，多数违法犯罪少年均有如下特征：

1. 认知不成熟

在时间因素和空间因素方面，认知显得不成熟。表现为不能很好地把事物或现象与它的过去、未来联系起来，只是孤立地对待认知对象，易为眼前状况所影响；同时，对认知对象在空间领域不能与其他事物或现象作很好比较，易产生认识的片面性、局限性。

2. 适应性差

表现在缺乏批判力、内省力、自觉性、预见性和适应性等，因此在处理复杂的事物方面有困难。

3. 情感、情绪不稳定

认知不能控制情感、情绪，往往会感情用事，一旦有了犯罪欲求的倾向，就变得难以抑制。

违法犯罪少年错误认识的核心是两大精神支柱：封建行帮式的哥们儿义气和醉生梦死的享乐主义；三种错误观念：亡命徒式的英雄观、为所欲为的自由观和低级下流的乐趣观。

（三）情感结构

1. 社会性情感缺乏

少年犯罪人在理智感、道德感和美感方面常常是歪曲的，社会性情感的不成熟程度比同龄未犯罪者要低。

2. 情绪体验低级、庸俗

少年犯罪人喜怒哀乐的变化，往往与他们的一些低级、庸俗的需要满足与否有联系。他们不择手段地追求物质享受，沉醉于不良的情绪体验中。

3. 不良倾向的消极情感情绪

少年犯罪人一方面对同伙讲义气，重感情；另一方面在正常的人际交往中，易发生嫉妒、愤怒等情绪。遇到挫折时难以抑制自己的情绪，易导致攻击行为。

4. 自尊与自卑的并存

少年犯罪人一方面渴望自尊，另一方面由于外界消极评价和自身智力状况、学习状况、不良人际关系等因素的存在，往往有较强的自卑感及缺陷感。自尊与自卑并存，会导致心态不平衡，从而选择暴力、吸毒、强奸、盗窃等发泄性的犯罪行为。

5. 情绪不稳定

少年的情绪不成熟程度较高，很容易因微不足道的刺激和生活琐事中的冲突爆发激情，导致冲动性行为的发生。

（四）意志结构

1. 意志的两极性明显

一方面是社会要求完成的意志活动，他们难以实现，显得意志力薄弱，在外界因素的诱惑下，很容易使意志活动偏离正确方向；另一方面为了满足自己的欲望需求，在实施具有反社会倾向的活动中，会千方百计去排除主客观障碍，显示出顽强的意志力。

2. 冒险侥幸性突出

少年犯罪人在进行违法犯罪活动中，尽管往往自恃高明，考虑周密，有时还迷信哥们儿义气、攻守同盟，但仍不免担惊受怕。这种矛盾心理的存在，使少年犯罪人既感到冒着风险，又希望能侥幸逃脱惩罚。一旦冒险侥幸得逞时，其犯罪心理结构进一步强化，从而更加疯狂地进行冒险活动，使错误方向上的意志力更为突出。

三、少年犯罪的行为特征

（一）模仿性和易受暗示性

少年人很容易模仿他人或受他人暗示而发生违法犯罪行为。一种是少年犯罪人喜欢模仿一些新奇的、富有刺激的现象，例如，电影、电视、小说和现实生活中的某些暴力、色情的情节，极易成为少年犯罪人模仿的对象，从而发生模仿性犯罪行为。少年犯罪人常常从作案目标、手段和方法等方面进行全面模仿。另一种是少年犯罪人在他人的暗示下发生犯罪行为，这种暗示既可以是言语暗示，也可以是面部表情暗示或手势动作暗示。青壮年教唆少年犯罪人犯罪较易得逞，正是基于少年犯罪人易受暗示的特点。在少年团体犯罪中，相互暗示现象经常存在。由于受群体犯罪的环境气氛的影响，少年犯罪人的行为会相互感染，相互影响，以致加重犯罪的严重性。

（二）情境性

少年犯罪人的犯罪行为往往是由具体的情境引起的。所谓情境，就是指有利于犯罪行为发生的环境和气氛。由于少年犯罪人的动机易为外界诱因引起，因此，当外界存在适宜的犯罪环境和机遇时，容易促使少年犯罪人产生犯罪动机。情境性特征表明少年犯罪人初次犯罪多是偶发的。犯罪机遇的出现，诱发了他们的犯罪动机，这一过程比较短促，使犯罪行为的发生缺乏详细、周密的预谋和计划。

（三）戏谑性

富有新奇性和刺激性的游戏，对少年犯罪人具有很强的吸引力，可以成为他们的行为动机。不少少年犯罪人由于道德水平低下，精神生活贫乏，对正当的学习、工作和娱乐活动缺少兴趣或不能持久参加，往往觉得精神空虚，生活无聊。在这种情况下，为了追求刺激，他们会置道德和法律于不顾，不计后果地去实施犯罪行为。少年犯罪人的戏谑性犯罪行为，较多地表现为强奸罪、寻衅滋事罪、盗窃罪、抢劫罪和杀人罪等。这些少年犯罪人对自己的戏谑心理缺乏调节和控制，以侵害他人为乐，旨在满足自己低下的精神欲求，因此危害性大。一些团伙性的戏谑性犯罪行为的后果更为严重。

（四）冲动性

少年犯罪常常可能由冲动所致，在冲动性犯罪行为产生的过程中少年对行为是否会触犯法律，会造成什么后果等缺乏考虑，犯罪行为多在意识水平低的状态下发生，只感觉到愤怒、恐怖、嫉妒和怨恨情绪达到了极点，唯有立即向引起其情绪的客体直接发泄或转向无关当事人进行发泄才能使心理紧张有所减轻。这种冲动性的犯罪行为往往会导致极为严重的社会危害性。

（五）反复性

少年犯罪人犯罪行为的反复性表现在两方面：一是他们往往会连续作案，特别是首次作案成功后，有了需要获得满足的体验，犯罪动机得到了强化，就会继续实施犯罪行为；二是少年犯罪人在刑满释放后，由于意志薄弱，经不起不良因素的刺激，如“哥们儿义气”、他人歧视、物质诱惑等，而重新走上犯罪道路。少年犯罪行为的反复性主要与下列因素有关：（1）自身的不良习癖，如吸烟、赌博、吸毒、看淫秽书刊影像、贪小便宜等恶习，往往是他们产生犯罪行为的动力和媒介因素；（2）抵制力差，明知不对，但自控力弱；（3）人格发展不成熟，判断力薄弱，因缺乏正确的人生观而常常显得无聊、孤独，极易在他人的唆使和暗示下反复发生犯罪行为。

第二节　青壮年男性犯罪心理

青壮年男性犯罪是指18～60周岁的男性实施的犯罪。从犯罪形态看，青壮年男性犯罪是整个犯罪现象中的典型形态。从犯罪数量来看，青壮年男性犯罪在全部刑事犯罪中占相当大的比例，因此，青壮年男性的犯罪心理研究构成了犯罪心理学的主干。由于青壮年男性犯罪涉及面广，本节只择其要者略作分析。

一、青壮年男性的年龄特征与犯罪

青壮年期是人生中最重要的时期之一，青壮年男性由于其年龄特征而形成的一系列问题，对其犯罪心理的产生具有重要影响。

（一）婚姻状况

进入婚龄期的许多男青年，为了体面地结婚，往往会千方百计地去赚钱，甚至不惜采取非法手段筹集资金，从而酿成了一幕幕“未进洞房，先进牢房”的悲剧。结婚后，由于共同生活而产生的性格不合、志趣差异太大或家庭经济困难等种种问题，困扰着很多中青年男性，如果不注意自我调节和夫妻之间的相互沟通，往往会导致一些青壮年男性情绪恶化、性格变异，最终选择犯罪的方式解决现实冲突。此外，一些大龄未婚青年，由于性欲不能从正常的渠道得到发泄和满足，也会实施性犯罪，如强奸、侮辱妇女等犯罪行为，破坏他人婚姻家庭，制作淫秽书刊等。

（二）社会适应

从少年期步入青年期，就意味着一个人正式步入社会，参与社会生活，由此会带来一系列的适应问题，如对婚姻家庭的适应、工作环境的适应、人际关系的适应等。如果各种适应困难不能得到解决，也有可能促使他们以越轨行为来摆脱所面临的各种困难，从而导致犯罪。

（三）工作成就

在传统文化的影响下，中青年男性都把事业看成生活的中心，事业是否顺利及取得成就的多少，在个人心理上占据着极为重要的位置。如果事业成功，则会情绪饱满，对人对事充满热情；如果工作不顺利，则不仅会对社会产生不满情绪，甚至会借助职权或其他非法手段，干扰其他人的正常工作，对有成就者处处掣肘，严重的则走上犯罪道路。

（四）社会参与程度

在女性地位仍然受到某种限制的社会，男性参与社会生活的程度远远高于女性，相当一部分男性往往具有较高的职位，手中掌握着一定的权力，这种状况往往为某些犯罪创造了条件和机会。由于从事各种职业，其犯罪的职业特色较明显，如贪污、受贿、交通肇事、各种事故犯罪、渎职犯罪等。

二、青壮年男性犯罪心理结构分析

（一）个性心理结构

1. 动机特征

与少年不同，青壮年男性在社会生活中已经有一定的地位，扮演着多种角色，思想也远比少年成熟。因此，他们出于不同的个人需要，基于不同角色的要求，往往会产生多种多样的动机。例如，作为一个企业的领导，为了获得正常生产的必需的资金，就有可能通过行贿的方式获得银行贷款；但作为一家之主，他害怕这种非法行为会给妻子儿女带来不幸；作为一个社会声望较好的企业家，他又害怕一旦因犯罪而被判刑，他的声誉也将毁于一旦。这些青壮年男性在犯罪时会产生多种动机冲突。

2. 能力特征

青壮年男性大多受过多年的学校教育或职业训练，大多具有一技之长或兼有多种技能。这种能力特征使其在从事多种活动时，均显得得心应手。如将其能力应用于犯罪活动，青壮年男性可以实施各种类型的犯罪行为，如经济犯罪、智能犯罪、预谋杀人、强奸犯罪等。

（二）认识结构

青壮年男性犯罪者在心理方面已经成熟，因此，他们在认识方面有不同于少年犯罪者的特征，主要表现为：

1. 认识范围广，理解能力强

除了受教育较少或没有受教育，生理和心理发展有缺陷以及经济贫困造成社会化缺陷等因素外，大多数青壮年男性犯罪者具有较为广泛的认知范围，除了具备所从事的专业技能外，上至国家大事，下至民情风俗，都有一定程度的了解。由于认识内容丰富，使他们能根据自己的人生观、价值观及所形成的思维模式，判断、识别所遇到的各种问题，得出自己的结论。同时，由于他们积累了较多的知识、经验，所以能很快地学会一些犯罪的手段和技术，实施新的犯罪行为。

2. 知行不一

青壮年男性犯罪者由于认识范围广，理解能力强，所以能按照社会的要求对大多数问题作出好恶、是非等方面的评价，而且也知道各种社会规范，但由于畸形发展的需要与外界诱因的相互作用，促使其产生犯罪动机，明知故犯地去实施违法犯罪行为。一般来说，在进行犯罪动机选择时，他们的内心往往是惶恐不安的，千方百计地给自己寻找各种解脱理由。

3. 错误观念牢固

一些青壮年男性犯罪者具有与社会传统观念相背离的人生观、价值观、是非观，但他们自己确信自己的观念是正确的。在这些思想观念支配下，就产生许多所谓的“确信犯”，即因为具有与社会观念不同的价值观念而犯罪的人，如因错误政治信仰或封建迷信而犯罪的人。

（三）情绪情感结构

青壮年男性的成熟也表现在他们的情绪方面，青壮年男性犯罪者情绪较为稳定，有较强的克制能力，较少出现冲动行为。但是，青壮年男性犯罪者情绪方面具有较大的个别差别。一些平时少言寡语，较为内向的男性，如果长期压抑自己的紧张、愤怒情绪，就有可能因某一诱因的出现而产生与其平常表现截然不同的暴怒性激情，导致极为残忍的暴力行为，造成严重的犯罪后果。同时，青壮年男性的情感深沉、强烈，他们对父母、子女、妻子往往充满了道德感、责任感，对自己向往的事物充满理智感，但是，如果情感对象违背了他们的意志，妨碍他们的正常生活时，他们的美好情感就会丧失殆尽，而代之以冷酷无情，成为穷凶极恶的犯罪者。

（四）意志结构

青壮年男性犯罪者由于经受了长期的生活锻炼以及挫折和困难的磨炼，因而犯罪意志坚定。当他们确定某种犯罪目的后，就会以不懈的努力去实现这种目的，不惜一切代价。由于他们意志的顽固性，使长期形成的错误的思维方式和坏习惯不容易得到改变，因而远远比青少年犯罪者难以改造、矫正，重新犯罪的可能性更大。

三、青壮年男性犯罪的行为特征

（一）预谋性

青壮年男性犯罪者在实施犯罪之前，大都经历了一个从产生犯罪动机，明确犯罪目的，到犯罪决意形成，着手实施犯罪预备的过程，这就使青壮年男性犯罪人的犯罪预谋性较为突出。其预谋性表现在以下两个方面：

1. 有明确的犯罪动机

青壮年男性犯罪人在思想、心理方面已经成熟，除非由于酗酒等原因造成暂时性神智丧失外，他们不太容易实施缺乏明确动机的犯罪，即犯罪时能明确意识到为什么犯罪，要达到什么目的。

2. 犯罪过程的周密性

由于犯罪动机、目的明确，因此，青壮年男性犯罪人在犯罪之前就有周密的计划和准备，例如，选择犯罪动机、准备犯罪工具、摸清犯罪现场的情况、物色犯罪同伙等。因此，青壮年男性犯罪的成功率较高，也不易侦破。

（二）独立性

青壮年男性犯罪人有主见，自我意识较强，凡事都有自己的想法。因此，他们较少因为模仿别人而犯罪，多是按照自己的意图去实施犯罪行为；由于自制力较强，在犯罪中较少互相感染。

（三）功利性

青壮年男性犯罪者的犯罪本身往往不是目的，而是一种达到其他目的的手段。因此，他们的犯罪具有较大的功利性，如果不能从犯罪中得到某种利益，他们很少会选择犯罪，这与少年犯罪者把犯罪本身当成刺激、戏谑活动的情况有很大的不同。

第三节　老年人犯罪心理

随着社会的进步，生活水平的提高，卫生保健事业的发展，人类寿命逐渐延长，老年人在社会总人口中的比例逐渐增加。如今，老年问题已成为世界各国普遍性的社会问题之一。进入老年期，人的身心要发生一系列质的变化。如果老年人不能有效地调节和适应这些变化，那么，就可能出现歪曲的解脱方式，甚至产生违法犯罪行为。老年人犯罪，不仅严重损害了我国老年人的良好形象，而且加深了社会遗毒的代际传播，给家庭及其子女带来心灵上的阴影。老年人犯罪不仅对青少年有直接或间接的“教唆”影响，而且“上梁不正下梁歪”，由于上辈人犯罪，整个家庭被污染，继而以这个家庭为媒介，影响相关人员。老年犯罪有很强的“再生”或“繁殖”能力，因此，尽管这类犯罪人数不多，但影响极其恶劣，尤其是对社会主义精神文明建设，有着特别的破坏作用。可见，研究老年人犯罪心理，对于预防和治理老年人犯罪问题，搞好社会主义精神文明建设，树立良好的社会风气，都具重要的理论和实践意义。

一、老年人犯罪的身心基础

老年人犯罪的方式、手段、类型等，是与老年期的生理、身体变化，以及心理发展规律相适应的。因此，研究老年人犯罪心理，必须先探讨与之相关的生理和心理变化规律。

（一）老年期的生理变化特点

老年期的心理和行为的变化，在很大程度上受制于生理的变化，主要表现在以下几方面：

1. 运动系统的变化

进入老年期，肌肉水分减少，收缩和舒张能力降低，关节不够灵活，肌肉容易疲劳。因此，老年人在外观上表现为动作迟缓、乏力、拙笨、动作幅度小等特征，这就决定了老年人的活动范围越来越窄，活动方式越来越单一。70 岁以上的老人还容易出现运动障碍，如老年性帕金森病、平衡障碍等。正是由于老年人的运动系统功能退化，体能下降，决定了他们不可能像青少年那样实施暴力性犯罪。即便使用暴力，他们侵害的对象也只有儿童或其他老人。

2. 感觉系统的变化

进入老年期，特别是65岁以后，各种感觉系统的结构和功能都会发生退行性变化，但每种感觉系统的退行速度并不均衡。在视觉方面，视觉适应性和视敏度等都显著降低；在色觉方面，对蓝、绿的感觉下降较大，而对红、黄色的感觉能力变化不大。在听觉方面，对高频率声波即音调高的声音的感知能力下降较多，对音调低的声音和感知能力下降较少，对声音的分辨和识别能力显著下降。在嗅觉和味觉方面也有明显变化，老年人通常对咸味比较敏感。此外，触觉、痛觉和温觉等皮肤感觉也有一定程度的减弱和迟钝。正是由于老年人的感觉系统的衰老，导致其感知觉和记忆能力的衰退或降低，这使老年人一般不能进行智能犯罪，也不能实施精心的作案准备和高度紧张的作案过程的犯罪，其犯罪过程一般比较简单；这种特点还使老年人容易产生各种被害猜疑，由于视听功能的衰退，经常将与自己无关的言谈错误地理解为对自己的责骂或侮辱，因而有可能在这种被害猜疑的驱使下实施报复性犯罪行为。

3. 神经系统的变化

进入老年期，神经系统也会发生相应的衰老变化。主要表现为，神经信息的传导时间延长，调节和支配内脏器官活动的植物性神经功能下降，脑的重量减轻，脑电图慢波化，大脑皮质的诱发电位的反应潜伏期延长，脑血管自我调节机能减弱等。这些变化说明，进入老年期后，大脑反应的速度和准确性都有一定程度的衰弱，甚至还可能由此而发生老年性智力障碍，如衰老性痴呆。正是由于老年人神经系统的功能降低，可能导致其认识发生错误。例如，一些老年人错误地认为，老年人违法犯罪不会受到追究或者会重罪轻判，因而目无法纪，倚老卖老。还有一些老年人认为自己来日不多，而子孙们来日方长，所以宁可牺牲自己的名声、自由，也要尽力满足子女的各种要求，在这种错误认识的支配下，实施各种以权谋私或者贪污、受贿等犯罪行为。

4. 性机能的变化

传统的观念认为，老年期由于性激素的枯竭，性器官的形态发生变化，因而，老年人没有性欲求，更无性行为。其实不然，新近的众多研究有力地批驳了以上论调，纠正了以上误解和迷信。生理学和医学的研究表明，进入老年期后，由于新陈代谢的减弱，性激素的减少枯竭，会导致女性闭经、男性精液分泌量和精子产生量的减少，并由此而导致性欲在某种程度上的减退，性生活频率的降低，性反应的迟缓，但这并不意味着老年人的性欲和性生活的丧失。事实上，在老年人犯罪类型中，性犯罪一直是比较突出的类型。

5. 其他方面的变化

老年期除了在神经系统、感觉系统、运动系统和性机能等方面的变化外，其他方面的生理机能也会呈衰退下降趋势。例如，内分泌系统的活动明显降低，激素的分泌量显著减少，有的内分泌腺甚至枯萎；循环系统的机能也会下降，心脏的活动能力逐渐减弱，肺活量减少等。总之，进入老年期后，整个新陈代谢的活动水平都会降低。

（二）老年期的心理变化特点

老年人由于生理上的衰老以及社会关系、社会地位、社会角色等的变化，必定会由此而引起一系列的心理变化。

1. 智力的变化

老年期智力变化的总趋势，是各种基本的认识能力逐渐下降衰退，但衰退的速度并不一致。例如，知觉能力的衰退最快，50～69岁下降为76%，70～79岁下降为46%；记忆能力衰退次之，50～69岁下降为83%，70～89岁下降为55%；思维能力（比较与判断）衰退较缓慢，50～69岁下降为92%，70～80岁尚能保持的为68%。老年人智力的衰退，并不意味着是他们学习能力的终结，“活到老，学到老”已成为人们的口头禅，学习对缓解智力衰退具有重要意义。但是，如果老年人对周围发生的事漠不关心，毫无兴趣，不多动脑，就可能发生老年性痴呆，或出现言语障碍，特别是70岁以上的老人，由于智能有障碍，就可能是非不分而出现违法犯罪行为。

2. 情绪情感的变化

据心理学的研究表明：进入老年期，人的情绪与情感要发生相应的变化，主要表现为：

（1）容易产生消极的情绪情感。老年人由于生理上的老化、心理机能的衰退，以及社会交往、社会地位的改变，容易产生消极的情绪和情感体验，例如，产生孤独感、凄凉感、嫉妒感、失落感、寂寞感、老而不中用感、忧郁感等不良情绪。通常，年龄越大，感到孤独、抑郁、多疑、焦虑等也越严重。老年人中存在的这些不良情绪，如果长期积压，不能有效地进行自我调节，就可能激发老年人为了宣泄这些不良情绪，以引起社会对他们的注意，唤起人们的尊老意识，从而发生违法犯罪行为。

（2）情绪体验强烈。由于老年期中枢神经系统有过度活动的倾向和较高的唤起水平，老年人的情绪体验较为强烈。尤其是随着老年人适应环境的能力和应变能力降低，其消极情绪体验的强度反而有所上升。这就使一些老年人犯罪，往往带有激情性和冲动性，特别是因家庭纠纷或邻里纠纷而犯罪的老年人，其情绪的冲动性表现得尤为明显。

（3）情感需要经常得不到满足。老年人由于身心衰退和生活环境的改变，在情感方面产生了许多新的需要。例如，对扩大交际范围、丰富晚年生活的需要；对子孙的感情依赖，要求老伴理解和安慰的需要；以及丧偶者对再婚的需要；等等。但由于老年人的适应能力差，以及社会对老年人关心不够，等等，他们的这些需要往往得不到满足，从而产生挫折感，并以紧张、焦虑、敌视的情绪表现出来；严重的则会在挫折感的驱使下，实施攻击性犯罪行为。

3. 意志特征的变化

与中壮年人相比，老年人的意志较薄弱。首先，表现为控制能力降低，尤其表现为对性冲动的控制力减弱。有些老年人明知奸淫幼女是犯罪，要受到法律的严惩，且对幼女的身心健康会产生极大的摧残，但就是控制不了自己的冲动而犯下大罪。其次，表现为不良行为习惯、行为方式难以改变，具有极强的守旧性、习惯性和固执性。正因如此，老年人犯罪难以矫正、复发率高。

4. 性心理的变化及再婚心理

老年人的性机能衰退可能导致性欲下降，或活动的方式发生变化，但并不意味着老年人就没有性欲求。性并不只意味着性交，观看异性的容姿、裸体，电影或电视里的色情镜头，接吻，手淫，阅读色情小说等，都可以称为性活动。由于自身生理的限制，老年人的性活动可能多数转向于非性交活动。正是由于老年人存在着性欲求，并且也是为了寻找精神寄托、寻求生活的互相照顾等原因，丧失配偶的老人对再婚问题表现出较迫切的要求和向往。如果老年人（特别是老年男性）的性欲始终得不到满足，长期受压抑，就可能以间接或直接的形式表现出来。间接表现的方式，如人格变异、丧失生活的兴趣、莫名其妙的忧愁、家庭矛盾加剧等；直接表现的方式，如观看色情电视录像、欣赏报刊中的色情描述和图片、手淫，甚至会发展到猥亵、奸淫幼女，公公对儿媳不轨而引起的家庭冲突等，由此而产生一系列与性有关的违法犯罪行为。

5. 人格的发展变化

据日本心理学家长岛研究，老年期的人格特征主要有以下五点：（1）自我中心性：顽固、任性；（2）猜疑性：胡乱猜测、嫉妒乖僻，原因是感知觉能力的衰减造成对外界认识的困难；（3）保守性：讨厌新奇的东西、偏好旧习惯，原因在于记忆能力和学习能力减退；（4）疑病：过分关注自己的身体变化，而对外界事物的兴趣减弱；（5）牢骚：由于把握不住现实，总爱发牢骚、喋喋不休，好回忆往事。此外，人格测验的结果还表明，老年人的疑病、歇斯底里、抑郁、妄想症、孤独感、焦虑感等倾向较明显。如果这些人格障碍没得到较好的调适，那么，就可能导致老年人的人格变态或精神异常，并可能由此而产生违法犯罪行为。例如，有些老年人，性格敏感多疑，常因被害妄想而发生防御性的犯罪行为，即在加害行为没有出现时，就先侵害别人。也有的老年人自我中心倾向十分严重，并以任性、固执的形式表现出来；他们特别关注自己的身体状况、情绪变化，十分固执地维护自己的日常起居习惯和交际方式，不允许子女加以干涉，或者经常为自己贮存一些衣物、食品，直至腐烂变质也不让人处理。老年人的这种自我中心和固执态度常常容易引起家庭矛盾，造成人际关系的紧张，进而有可能导致激情犯罪或预谋犯罪的发生。

此外，老年期还容易出现一些常见的精神障碍，例如，老年期脑器质性精神障碍、老年期功能性精神病、老年期神经症等。在以上各种精神障碍状态下，老年人都可能出现危害他人或自我毁灭（如自杀）行为。

二、老年人犯罪的行为特征

老年人犯罪，由于自身的体能下降，精力不足，心理功能衰退，智能衰弱，所以与青少年犯罪和中壮年人犯罪行为相比都有较大区别。老年人犯罪具有以下行为特征：

（一）犯罪手段的非暴力性

老年人犯罪，不像青少年犯罪那样残忍，不顾后果，充满暴力；而是在作案前有准备，作案中有节制，稳扎稳打，留有后路。从犯罪手段看，老年人由于年老体衰，所实施的犯罪多为非暴力性的。例如，伪造、诈骗、侮辱、诽谤、纵火、赌博、奸幼等，这些犯罪以不需要很大体力，身体危害性较小为特征。而那些需要爆发力的故意杀人罪、伤害罪、抢劫罪等，一般也是以不太需要体力和大幅度的活动方式进行的，如乘被害人毫无防备或熟睡时进行犯罪。老年人犯罪不仅手段多样、缺乏暴力，而且动机还比较隐蔽，给自己留有退路。例如，当前老年人犯罪中的一种主要类型就是性犯罪。老年性犯罪多数或基本上不使用暴力相威胁，而是诱骗或以自己的权势、地位或教养关系相胁迫。如果案情暴露，他只承认是通奸而不承认是强奸。

（二）犯罪形式的单独性

老年人犯罪的组织形式以单个犯罪为主，极少老年人结伙犯罪，这与青少年或中年人的团伙犯罪是有区别的。老年人犯罪的单独性是由于他们敏感多疑、不相信他人造成的。他们不仅不相信同事、子女、亲友、邻居，也不相信犯罪同伙。老年犯罪人有自己比较丰富的社会经验，通常，犯罪时不与人合作，这是为了犯罪行为的隐蔽性和逃避打击，而采取“天知、地知、我知”的单独作案方式。一个老年被告在审讯中吐露：“我如果多与一个人在一块作案，就多一个暴露目标，我一个人做坏事一个人清楚，你们掌握我多少罪行，我心里也明白。”

这说明老年人犯罪心理是很狡诈的。

（三）犯罪类型的相对集中性

由于受体力的限制，老年人通常无法实施暴力犯罪行为。从犯罪类型上看，老年犯罪主要是财产犯罪和性犯罪。财产犯罪主要包括盗窃、赌博、贿赂、窝赃、诈骗等。性犯罪的侵犯对象主要是幼女或有生理缺陷（如聋哑、痴呆）的妇女；有的老年人也可能因为容留妇女卖淫而构成性犯罪。

三、老年人犯罪的心理分析

（一）追求享乐，欲壑难填

有的老年人为了追求金钱物质享受，不惜以偷、骗、搞封建迷信活动，甚至行凶杀人来满足个人的需求。

（二）心胸狭窄，斤斤计较

有的老年人遇事易产生心理郁结，常为一件小事而计较，产生对立情绪，逐渐走上犯罪道路。在现实生活中，有些家庭不和睦，婆媳关系紧张，有的老年人在受到媳妇的热嘲冷讽、白眼之后，一气之下，投毒杀害家庭成员。

（三）精神空虚，无所事事

有的老年人离（退）休后，为了解脱精神空虚，采用各种方式予以消磨时光，借以打发余生。例如，聚众赌博，观看黄色录像或书刊后为了寻求不健康的精神刺激而奸淫幼女等。

（四）不堪虐待，以身试法

有的老年人由于在家庭中受虐待，生活无着而产生逆反心理，以犯罪方法残害家人，做出如杀人、投毒、伤害、纵火等报复行为。

（五）维护尊严，铤而走险

有的老年人由于长期以来处于发号施令、左右他人的地位，离（退）休后，不能有效地改变角色，当自以为“权威”受到影响时，便不惜铤而走险，报复他人。

（六）恶习较深，重操旧业

一些恶习较深的老年犯罪人顽固不化，犯罪意识已无法遏制，有机会便重操旧业。例如，组织反动会道门、引诱容留妇女卖淫、教唆他人犯罪等。

（七）倚老卖老，藐视法律

有的老年人依仗自己岁数大，以为别人奈我不得，遇事置法律于不顾，进行各种违法犯罪活动。

四、老年人犯罪的预防措施

老年期生理和心理衰退的特殊情况，决定了对老年人犯罪的预防不同于对青少年和中壮年人犯罪的预防。在后面的治理理论中将要探讨的犯罪预防，主要是针对青少年和中壮年犯罪而言的，因此，关于老年人犯罪的预防问题，我们在此进行探讨。老年人犯罪的原因是多种多样的：既有客观因素的不良影响，又有犯罪主体自身的缺陷。要预防老年人犯罪，就必须从老年人主体方面，以及家庭和社会等客观方面入手。

（一）老年人的自我预防

首先，发挥余热，积极为社会作出贡献。老年人由于体力和精力衰退，不得不离（退）休，但这并不意味着“老不中用了”。事实上，老年人的智慧、实践经验等是一笔宝贵的社会财富。老年人应积极发挥余热，为社会作出新贡献。一方面有益于社会发展；另一方面有利于老年人健康心境的保持，使之感到老有所为，老有所用，心情愉快，精神有寄托。在这种情况下，老年人很少会去从事违法犯罪活动。

其次，培养健康的兴趣、爱好，参加有益的活动。老年人从繁忙的工作岗位退居下来后，最容易感到空虚，无所事事。如果能培养起健康的兴趣、爱好，如养花、养鸟、钓鱼、打门球等，多参加有益的社会活动，参加关心下一代工作委员会所组织的活动，那么，老年人的精神生活就充实了，就不会因为空虚无聊、悲观失望而走上违法犯罪道路。

最后，活到老，学到老，提高认识能力。有的老年人不学习知识，不学习法律，随着年龄的增高，老年性痴呆发病率上升。老年性痴呆表现为记忆衰退，判断力失常，加上老年人离（退）休后与社会联系减少，使一些老年人对法律的认识模糊。例如，他们虽然知道强奸要判刑，但对强奸罪的犯罪构成并不了解，认为与幼女在“外面碰碰”是不道德行为，而不知道是犯罪行为；也有的老年人认为与精神病、低能、痴呆妇女发生性行为是出于女方同意，甚至是女方主动的，属通奸行为，而不是强奸。在老年人性犯罪中，属于认识错误的占有相当大的比例。

（二）家庭预防

在我国的家庭伦理道德中，历来都是提倡尊敬老人，赡养老人。然而，在现实生活中，确实存在有些老年人因家庭矛盾激化而走上违法犯罪道路的现象。家庭在预防老年人犯罪中应注意以下几方面：

首先，要大力弘扬尊老爱幼的传统美德，树立良好的家风。古人云：“家有严君焉，父母之谓也。父父子子，兄兄弟弟，夫夫妇妇而家道正，正家而天下定矣。”意思是说，家有严父慈母，父母像父母的样子，子女像子女的样子，兄弟、夫妻等各自身份明确，家庭和睦、安定，家庭兴旺发达则天下安定。在团结、和睦的家庭气氛下，老年人受到尊敬，感到精神充实，老有所依。为了给后代树立良好的榜样，老年人会严格约束自己的行为，不会轻易实施违法犯罪行为。

其次，要坚决贯彻执行《老年人权益保障法》。依法保障老年人的合法权利，严肃处理歧视、虐待老年人的事件。让老年人学法、懂法，知道如何用法律手段来维护自己的合法权利，而不是用非法手段来报复家人或维护尊严。

最后，子女对丧偶老年人再婚问题应予以理解和支持。老年丧偶或离异后，晚年生活孤独寂寞，单调乏味，精神空虚，很多丧偶或离异的老年人迫切希望能再婚，找一个伴。老年再婚，既是精神寄托的需要，也是性生理和性心理平衡发展的需要。因为老年性生活是晚年精神生活的重要组成部分，大多数的老年人对性生活感兴趣。老年人丧偶或离异后，就成为老年“性失业者”，与老年性犯罪有密切联系。子女应理解父母的苦衷，决不能将老年人再婚看成“老不正经”“老色鬼”等。在现实生活中，有的老年人就是因为再婚问题得不到子女的理解和支持，造成精神压抑、苦闷，最后走上违法犯罪的道路。

（三）社会预防

老年犯罪的社会预防，可从以下几个方面着手：

首先，要建立和完善养老保险制度和社会救济制度。使老年人老有所养，老有所依，生活有着落，不至于为了生计而走向犯罪。

其次，要加强对离（退）休人员的管理工作。各单位应设立专门的机构加强管理离（退）休人员，不致使他们处于放任自流、无组织约束的状态，同时，还应组织老年人参加各种有益的社会活动，丰富老年人的精神生活。

最后，要加强对老年人的法治宣传工作，提高老年人的认识水平，使老年人知法守法。

延伸阅读

新闻事实：关于少年犯罪

十七岁

2010 年 3 月 25 日，未满 18 周岁的黄某锋、黄某民和丁某壮 3 名少年一起来到金华一家小录像厅，他们来的目的很明确：杀掉独自一人守店的店主姜某梅，抢光店里的钱。晚上 8 点，他们佯装看通宵录像租了 10 张碟片，然后躲进店内一间房屋看录像。当晚 10 时许，姜某梅关掉店门进里屋打扫卫生，黄某锋 3 人突然站起来卡住其脖子，用拳头和板凳猛击她的头部和身体，致姜某梅死亡，3

名少年在一个多礼拜后就被抓捕归案。

2009年1月17日中午，17岁的徐某放学回家，母亲吴某仙开始不停唠叨他的学习成绩排名问题，总觉得母亲给自己压力太大的徐某于是操起一把铁榔头，将母亲杀害。“好学生徐某杀母”案一度震惊全国，最后他被以故意杀人罪判处有期徒刑15年。

十五六岁

2001年3月2日下午，某中学两名初三学生，在班级卫生扫除中追逐耍闹，其中一位不小心将另一位的毛衣撕开一个小口，两人遂互相推搡争执。老师将他们带回办公室进行劝导，两人均表示和解。不料，放学后，在3名同学的怂恿下，毛衣被撕破的同学再次追上对方要求赔件新毛衣，对方不答应，两人又扭打在一起。厮打中，毛衣被撕破者手握借来的小刀挥舞捅扎。据当时在场的同学讲，由于天色已晚，谁也没有看到刀子，也没看到被扎者受刀伤。被扎的同学后来经医生检查才发现，他的颈部和左前胸各中一刀，最后他因抢救无效而死亡。

3个月前，某中专学校一名16岁男生因为一个小小的误会，用刀捅死了自己15岁的同宿舍同学。

2001年1月24日晚11时30分，16岁的少年张某璐在回家时发现父亲又在毒打小妹。在张某璐的家里，父亲打孩子早已成为两代人主要的情感表达方式，但这次，少年再也忍不了了。于是他将42岁的父亲张某慧一刀捅死。在医院里，张某璐对民警说：“你们回去吧，我自己做的自己当。”随后，张某璐亲手为父亲穿上寿衣，去派出所投案自首。

十三四岁

2000年8月29日17时，某中学学生14岁的超然、大伟（均为化名）各带一把匕首，窜至昆明市某小区，以借伞为名进了杨家，趁主妇王某转身拿伞之机，超然冲上去勒住某的脖子，大伟用沙发垫捂嘴，把王某拖进卧室，用准备好的匕首疯狂地刺向王某的胸部、背部和大腿，共计50余刀。见王某还未死，又从王某家厨房内拿来菜刀，朝王某的颈部一阵乱砍，直至将王某杀死。他们还抢走王某身上仅有的7元钱。他们将尸体抬到了事前看好的楼顶藏匿。二人回到房中后，用水冲洗现场血痕后逃离。3天后，公安机关在学校内将犯罪嫌疑人超然、大伟抓获。这起杀人案的起因是，超然与同班女生15岁的杨某悄悄谈恋爱。杨某的母亲王某发现后及时劝阻了自己的女儿，王某还多次劝超然。于是超然认为是王某有意阻碍他与杨某相好，便产生了将王杀掉后继续与杨某恋爱的想法。

2000年3月，一起发生在校园内的暴力案件掀起轩然大波：一名不满14岁的初二学生，因与同班同学在上课期间发生口角，竟抡起锄头打在其同学头上，致该同学颅内血肿，经医院抢救无效，于34小时后死亡。

1999年10月，未满14岁的宝儿（化名）因父亲催促其上学，从父亲的身后用斧头对准其头部左侧连续砍了五斧，此时父亲正在为他做早饭。宝儿的父亲李某天今年53岁，是阳逻船厂退休职工，他和妻子育有五女一子，李和宝儿住镇上，老婆和女儿住乡下。李在生活上对儿子宠爱有加，宝儿十三四岁了，李某天还替其穿衣、洗澡甚至擦屁股，每天早晚接送其上学、回家。李某天被砍伤后由于失血过多在家中死亡，宝儿于当天晚上将其拖至宿舍楼西边自家菜地旁的厕所边的杂草里，将家里的血迹擦干净，直到几天后母亲前来探望并向单位报告丈夫失踪，宝儿一直对杀父一事不以为意。

十一岁

2010年农历正月初三（1月26日），11岁小儿因恼恨母亲拿走自己的压岁钱，先是拽住其母头发挥拳就打，后又一刀将其捅死。面对警察盘问，小儿煞有介事地编造了一个个谎言。当谎言被揭穿后，此子一拍胸脯，说道："进去就进去吧，能咋的？"

第六章

女性犯罪心理

第一节 女性的心理

一、女性生理特点

男女性别差异很重要的一方面就是生理差异。女性生理同男性的差异，是女性犯罪性别特点的物质基础。英国的达尔文在其名著《人类的由来》一文中专门论述了“性选择”，他指出性选择在人类身上，在男人和女人身上，明显地发生作用，从而使男女两性之间在体格上与心理上都发生区别。因此，了解女性不同生理阶段的特征及由此而产生的心理特点，对研究女性犯罪心理是十分重要的。生理科学表明，女性一生的发育，从幼年起至成年、衰老，具有明显的生理特点和变化，大致分为五个阶段：

（一）幼年期

指从出生到10岁左右。此期身体发育很快，但女性性腺卵巢尚无内分泌活动，生殖系统发育缓慢。生长到10岁左右时，卵巢中开始有少数卵泡发育，有雌激素分泌，女性特征开始出现，皮下脂肪在胸、髋、肩部及耻骨前积聚，骨盆渐渐变得宽大，原为腹腔器官的内生殖器，此时也逐渐向骨盆内下降。

（二）青春期

从月经出现至生殖器发育成熟之间的时间，称为青春期。一般在12～18岁。这个时期的生理特点是身体及生殖器官均迅速生长发育，第二性征逐渐明显，并有月经出现，但卵巢功能尚不稳定。

（三）性成熟期

此期是卵巢生殖机能及植物性机能最旺盛的时期，一般自 18 岁开始，可持续 30 年左右。性成熟年龄可因精神因素、居住地区气候或者社会生活条件的影响而提前或推迟。此阶段内卵巢具有周期性活动，排卵并分泌激素，女性身体和生殖器官各部分亦随此周期发生变化。通常，已婚女性将经历妊娠、分娩、产褥及哺乳等生理过程。

（四）更年期

此期是卵巢机能逐渐减退直至消失的一个过渡时期，持续数月或 2～3 年，常因人而异。更年期的开始大约在 45 岁，绝大部分在 45～50 岁。近年来，因生活水平普遍提高，我国城市女性有更年期推迟出现的趋向。此期大多数女性卵巢分泌机能减退较缓慢，机体的植物神经系统可以调节适应，过渡较顺利。但有些女性因卵巢分泌机能急速减退，以致植物神经系统来不及适应而出现各种临床症状，其典型症状有：阵发性面部潮红、心悸、头痛、失眠、出汗、皮肤麻木、恶心、关节痛、血压波动等，称更年期症候群。严重者可出现焦虑、忧郁、多疑等精神症状。

（五）老年期

此期卵巢内分泌机能显著衰退，月经停止。绝经后，生殖系统各器官逐渐出现退行性改变。由于物质代谢迟缓引起脂肪积聚，多数女性逐渐发胖。此期女性身体各器官功能亦逐渐衰退。

二、未成年女性心理特征

女性生理方面的成长和发育是个体心理形成和发展所必要的自然条件和物质前提，但女性心理的形成和变化却不仅是由于其具备了女性的生理特点，还受其出生之后的社会化过程影响，是女性个体所生活和成长的整个外部环境的反映。

在女性的一生中，未成年时期是最美好的。此期的女性大多尚未走上工作岗位，无论在生理发育还是心理发展上都有很多突出特征。她们在这个时期常常遇到各种特殊困难和不适应，也容易受不良因素的影响而出现消极心理和问题行为。

（一）智力特征

研究表明，女性与男性在智力水平上没有优劣之分，女性的智商平均数与男性没有差别，甚至女性未成年的语言表达能力和知觉记忆能力明显优于男性。尽管男女的智力水平没有优劣之分，但智力却在不同方面表现出差别：女性思维多具形象性，在学习期间，她们对各学科的兴趣不同于男性，女性对文科的兴趣大于男性，男性对理科兴趣大于女性。由于女性的思维方式更多地偏向形象思维，擅长对事物进行描绘模仿，她们富有现实性和创造性的想象，使她们在绘画和写作方面有着独立的想象意境。但是，由于知识经验的不足，思维的独立性和批判性还不成熟，女性未成年像男性未成年一样，容易出现固执、偏激、多疑的不良倾向，有时对问题的认识会出现片面性和绝对化的毛病。

（二）情感特征

未成年女性在情绪情感方面具有以下突出的特点：

1. 易感性强，情感丰富而深刻

女性情感发展早于男性，因此对事物的情感反应较为敏感，内心体验较为强烈，遇事易动感情，可因一些小事被感动得热泪盈眶，也可因一些小事而表现出极端的愤慨。女性富于内心体验及易感性的特点，使她们情感内容比较丰富，这表现在其认识过程和意志活动中，常伴有浓厚的情绪色彩，所以她们较易接受暗示和心理感染，使自己的认识和行为带有丰富的感情色彩并容易为之所左右。她们往往长久沉浸在深刻的内心体验当中，不易平息感情的波澜，特别对否定性的情绪体验更是如此，常表现得难以自拔。

2. 情绪与情感细腻、脆弱、波动

未成年女性的情感不仅丰富、强烈，而且她们对情感的体验深沉而持久，表现出多愁善感的特点。女性的情绪与情感的易感性和丰富性使其常同时接受多方面刺激而产生多种内心体验，复杂交错，常因此而引起内心矛盾和斗争，因而产生波动。有关研究表明，女性的情绪变化和其月经来潮亦有关系，在经期前后，容易产生消极情绪和攻击性行为，有人将这种现象称为经期综合征。

3. 萌生虚荣，渴望赞美

未成年女性意识到自己体形上的变化，很注意自己的容貌美和体形美。这个时期的女性开始注重自己的衣着打扮，并且非常留意由此引起的社会评价。她们渴望赞美，当受到别人的赞美时，会因感觉到自己在别人心目中的位置而产生自信。但是，如果这种爱美之心畸形发展，就会出现图慕虚荣、不求上进的心理现象，有的未成年女性会因此而走入歧途。

（三）意志特征

意志和认识过程有着密切的关系。在意志活动中，往往需要周密的思考和大量的智力活动参加才能不断克服来自外部和内部的阻力以实现其既定目标。意志和情感的关系也很密切。人在行动中总伴有各种体验，这些体验在意志活动中或起推动作用，或起阻碍和干扰作用。未成年女性认识和情绪方面的特点决定了她们的意志特点，表现为意志容易受情绪左右，带有明显的情绪性；行为易受直观环境因素影响，易受他人暗示，缺乏主见和独立性。这样的意志特征也是未成年女性误入歧途的一个重要因素。

（四）个性特征

人的个性特征除遗传素质方面所提供的比较稳定的生理因素外，大多是在后天的环境中通过社会化过程而形成的。未成年女性在社会化过程中不断按照社会的要求规范自己的思想及行为模式，塑造符合社会规范的个性性格。同时，由于女性生理方面特点的影响，她们在个性方面常表现出一些不同于男性的特征。

1. 强烈的自我评价意识

女性在未成年阶段已经形成了明显的自我意识，她们不仅能清晰地意识到自己内心的生活，而且绝大多数能主动根据社会要求不断认识和发展自己。她们产生了强烈的自我评价意识并伴随着强烈的自尊和自卑的情绪体验，这种情绪体验对自我评价的影响很大。她们很珍惜自己的名誉和注意周围人对她的评价，因评价引起的自尊感和自卑感比男性强烈得多，有的评价甚至可以影响她对人生道路的最后选择。

2. 兴趣不集中、富于幻想

未成年女性对很多事情感兴趣，她们看上去兴趣很广泛，但此期却是意志品质尚不稳定，缺乏中心兴趣的时期，表现出兴趣不稳定、不集中的特征。由于知识和生活阅历的限制，她们的理想往往脱离实际，带有明显的幻想性。

3. 朦胧的性意识

随着性机能的成熟，女性进入青春期，她们开始产生对异性的注意和倾慕，但由于女性自尊的作用，使这种感情的流露又非常隐秘，形成了一种朦胧的性意识。随着月经初潮和第二性征的出现，性别差异首先在外形上明显地反映出来，这个阶段的女性不能马上适应这种变化，常会产生一种惊惶不安的情绪，这对于一个缺乏起码的性科学教育和生理卫生知识的女孩子尤为明显。此期女性性意识的发展，明显地表现在与异性之间的关系及其体验方面，一般要经历异性疏远期、异性接近期和恋爱期三个阶段。未成年女性对异性的这些情绪、情感表现是其性意识发展的必然规律，但需加以引导，避免早恋的发生。现代少女在性成熟方面较20世纪80年代提前了1~2年，出现了早熟现象，有的女孩甚至出现早恋；而女性社会地位的改变，又决定了社会化过程的延长。这两者之间的矛盾如果引导和处理得不好，就会使其向不健康的方向发展。因此，对青春期少女，应当给予必要的性知识教育，增强对黄色文化的鉴别和抵抗能力。

三、青、中年女性心理特征

青、中年女性要经历生理上的性成熟期和更年期，走过结婚、妊娠、分娩、产褥、哺乳以及进入更年期的生理历程。她们的生理状态和所充当的角色，决定了她们在心理发展上具有明显的特征。

（一）青年女性心理特征

青年女性生理上进入性成熟期，现实上面临学业、择业、事业、择偶、成家、生育、操持家务等多种压力，与处于青春期的未成年女性相比，心理上发生很多变化。

1. 敏感、热情、兴趣集中

青年女性已有相当的生活阅历，进取目标明确，兴趣虽然广泛但已趋于集中，对未来的憧憬已比较具体，对自身条件有较清醒的认识。她们因接受教育的程度和所处地位的不同而具有不同的生活态度和独立性。在人际关系方面比男性更注重情感投入，热心助人，富有同情心。为人处世中表现出特有的细致。她们注重自己的事业，同时很关心自己的工作报酬，喜欢稳定的财务收入，但对挫折体验较为敏感。

2. 追求仪表美，情感依附明显

青年女性有极强的爱美心理，如果说她们对美的感受能力和追求是强烈的，那么她们对自身容貌、风度、仪表的关心则更为突出。青年女性能充分意识到她们自身的变化以及由此引起的社会评价，十分珍爱、欣赏和悦纳自己。追求仪表美是青年女性的审美心理的重要内容，但因个体的价值不同，它又具有不同的表现和含义。与男性相比，此时的青年女性所担当的社会角色使她们显得性情温和和懂得体贴别人；在重大事情上采取决定时，常表现出犹豫不决和缺乏独立性，易听从他人意见，尤其是听从她所倾心的人的意见，并常因此改变她的生活道路。在她们经历的先为人妻、再为人母的生活过程中，有许多复杂的情绪体验，羞涩、欣喜、焦虑、痛苦、兴奋等交替出现，使她们饱尝身为女性的艰辛，少了许多浪漫，多了许多踏实。

3. 稳定的性爱心理

性爱是异性之间相互吸引、相互倾慕及亲近的心理体验。性欲望是性爱产生的生理基础，同时也是性爱的一个组成部分，“柏拉图”式的爱情历来是不存在的。性欲是爱情产生的内在驱动力，但人类的性欲已经摆脱了动物式的纯本能的性质，它是受多种因素影响和制约的。青年女性在经历了择偶过程中的情感波动后，有了丰富的爱与被爱的心理体验，性爱心理逐渐成熟。她们婚后大多对配偶爱情专一，同时产生对小家庭强烈的责任感，性爱心理稳定，不会轻易转移，对来自外界的其他异性不易再产生性吸引和性亲近的心理；同样，她们也不愿配偶再对其他异性产生爱慕和亲近的心理和行为。这种性爱的排他性对保证爱情专一具有积极作用，但其极端发展则易导致性嫉妒，刑事犯罪中的情杀案件往往起源于这种心理。总之，青年女性成熟的性爱心理对维护婚姻、家庭和社会稳定具有积极意义。

（二）中年女性心理特征

中年女性一般生活稳定，感情充实，事业多有成就，但来自家庭的压力仍较明显。她们的个性特征鲜明而稳定，优点和弱点并存。

1. 温顺、宽容、善解人意

中年女性通常一身兼有多种社会角色，多年的工作经历和家庭生活使她们具有高度的责任感和实干精神。在工作岗位上她们大多已是业务骨干，在家庭生活中她们体贴丈夫、敬老爱小，操持家务，有条不紊。她们在人际交往中通达人情世故，善于理解别人的处境和心理感受，遇事多能克己待人。她们性情温顺、善良，不惹是生非，在群体中常起着协调、稳定的作用。

2. 独立、顽强、老练持重

中年女性在人生的道路上已饱经风霜，她们积累了丰富的社会经验，能以坚忍不拔的顽强意志和吃苦耐劳的精神去战胜各种艰难困苦。她们具有敏锐的洞察力，能准确地把握事物的本质，在作出重大决定时独立果断，已不易被他人左右。她们面对挫折已不再容易激动，能够冷静地想办法去克服。她们处理问题周到而可靠，表现出特有的工作能力和心理特征。

3. 爱美心理复苏

随着物质生活和精神生活的日益丰富，中年女性沉寂多年的爱美心理悄然复苏。她们根据自己的经济力量适当地调整自己的服饰，美观而实用；她们开始选用营养型的化妆品，使自己容光焕发。无论是职业女性还是乡村妇女，都开始美化自己的仪表，这种成熟美已被社会广泛接受，中年女性的仪表美使她们感到自信和情绪乐观。但存在婚姻缺陷的中年女性此时易受异性引诱发生婚外恋情，埋下隐患。

（三）更年期女性心理特征

女性的更年期是性机能的衰退过程，这意味着一个人将步入老年。有言道，“更年期是女人的多事之秋”，确有一定道理。此期女性身体多感不适应，心理变化很大，情绪不稳定，变得敏感、多疑、忧郁、焦虑、急躁等，并出现明显的“恐老”心理，甚至出现更年期精神症状。

四、老年女性心理特征

老年人随着年龄的增长和社会角色的转换，身体及精神逐渐出现老化，具有其特有的心理特征。

（一）脑功能趋向衰退表现

抑制过程减退，神经系统灵活性下降，惰性增大。智能逐步下降，近事记忆明显减退，远事记忆相对保持较好，思维缺乏创造性，但是对综合分析能力和判断影响较小。故心理灵活性差，偏向保守，迷恋往事，重视传统。不少人有丰富阅历和经验，仍能发挥余热。

（二）性格变化

人格弹性明显减退，变得固执己见，自信自己经验，不易接受新鲜事物。以自我为中心，难以正确认识生活现状。爱沉湎往事，常悔恨无法挽回的过去美好情景，对过去成就唠叨不休。少数有成就者变得傲慢自尊，难以倾听逆耳良言。

（三）情绪变化

一方面对外界事物，对他人情感日见淡漠，缺乏兴趣，不易被环境激发热情；另一方面情绪变得不稳定，易激怒，难自制，负性情绪占优势，经常产生抑郁、疑病、孤独感，空虚感和对死亡的恐惧心理，“人活半为鬼”“日薄黄昏”是他们心理写照。面临种种心理矛盾，精神刺激下有消极言行，故消极自杀率较高。

（四）其他心理变化

猜疑和偏执心理较常见，遇事归咎别人，对他人不信任，视听力老化，嫉妒，猜测，偏见和激情发作。行动不便，不爱活动，兴趣索然，孤独离群等。

（五）躯体衰老对心理影响

各器官功能逐渐开始全面性衰老，因人而异，衰老程度有所不同。首先是特殊感觉功能下降，视力减退，老化，眼疲劳；听力减退，重听耳鸣；感觉迟钝，味觉减退，这些变化加强情绪不稳定，心理烦恼，为忧郁、偏执心理提供物质基础。肌力减退，疲乏无耐力，体质下降使老人缺乏兴趣和活力，不爱活动，安于现状和过刻板生活。躯体功能下降，多种衰老病症丛生，容易产生继发性情绪障碍和心理疾病。

（六）多种身心疾病的高发率对心理的影响

随着衰老和身心功能减退，老年疾病发病率很高。高血压患病率占老年人的一半左右，其他尚有冠心病，脑动脉硬化、糖尿病、老年慢性支气管炎、前列腺病、骨关节退行性病变和癌症等。值得注意的是，近年来各种心理疾病发病率呈上升趋势：抑郁症、焦虑症、脑器质性精神病、偏执性精神障碍、情绪危机直至精神崩溃，消极自杀。这些疾病不仅需要医疗照顾，还带来一系列家庭和社会问题，由于照顾困难，生活不便，经济负担和身心痛苦，使原来孤独、压抑、忧郁的老年期心理变化变得更加明朗化和复杂化。

第二节　女性犯罪的心理

近年来，女性犯罪呈明显上升态势，犯罪群体逐年增多，有学者专家将其同经济犯罪、青少年犯罪并列为中国刑事犯罪的前三名。随着我国女性犯罪数量的不断上升，女性犯罪也已经成为中国社会不容忽视的问题。

一、我国女性犯罪概况

虽然，女性犯罪在我国犯罪总数中所占的比例较小，犯罪率大大低于男性犯罪率，但值得关注的是，女性犯罪的绝对数增幅很大。女性犯罪的总体趋势表现在以下几个方面：

（一）犯罪类型多样化

在我国，随着女性犯罪案件的增加，其犯罪的形式、种类等都发生了重大变化，从犯罪的类型来看，女性犯罪大多涉及杀人、抢劫、放火、盗窃、贩卖毒品、诈骗、贪污、卖淫等。

（二）犯罪动机单纯化

女性犯罪的动机大多源于对金钱的追逐以及对情感的困惑，大多集中在侵犯财产、妨害社会管理秩序、人身伤害，其中尤以财产犯罪和性犯罪最为突出，如盗窃、包庇、容留卖淫、故意杀人等。

（三）犯罪行为智能化

一般来说，女性由于生理、心理条件决定，她们在体力和体能上较男性差，加之由于心理因素形成的性格怯弱，柔韧持久，使女性犯罪尤其是惯犯多属于“智力型”犯罪。犯罪的准备时间较长，很少实施偶发性犯罪行为，在犯罪时大多不需要或很少需要体力和暴力去作案，并避免与受害对象发生体力对抗；行为对象大都具有特指性，往往是她们所熟悉的特定物，在犯罪过程中常采用挑唆、勾引、诱骗或假人之手等智能化手段使受害人上当，从而实现作案目的。

（四）犯罪人群白领化

随着我国社会的发展，越来越多的女性进入社会政治、经济等领域，女性在其中扮演的角色越来越重要，相对于女性犯罪而言，“白领犯罪”已十分突出。具体表现在具有较高知识的女性犯罪、贪污受贿、诈骗等经济性犯罪所占比重越来越大。

二、女性犯罪的心理特征

女性犯罪心理形成的过程，是不断地接受、储存、处理社会环境中不良信息的过程。女性处在不同年龄阶段，由于生理状态和心理状态的差异，犯罪心理和行为也存在差异。我国社会转型期女性犯罪的类型主要集中在六个方面：一是财物型犯罪，主要是贩毒、走私、盗窃、诈骗和贪污等；二是暴力型犯罪，以奸情杀人或伤害犯罪为主，近年来抢劫犯罪增加；三是婚姻家庭型犯罪，重婚、虐待犯罪占多数；四是性犯罪；五是拐卖妇女儿童犯罪；六是毁誉型犯罪。此外，女性参加团伙犯罪的人数明显增加，有些地方还出现了完全由女性组成的犯罪群体。另外，女性中因心理变态而犯罪的亦占相当比例。

（一）特有的非社会化认知系统

犯罪女性由于主观和客观方面的原因，其认知不能按正常顺序递进地、有层次地由低级向高级水平发展，形成了非正常的认知发展过程。她们在青少年时期受社会不良因素影响，对学习不感兴趣，甚至放弃学习，对社会缺乏全面了解，思想状态不稳定，道德和法制观念十分淡薄。社会化认知系统薄弱，使她们不能正确地评价事物，凡事都以自己的低级需要和直接经验为标准，很容易被小恩小惠所诱惑。她们在初次的失足后引起的心理是对薄弱的社会化认知系统的强大冲击，特别是性犯罪的青少年女性，初次失足使她们对自身的性别价值有新认知，原有的社会化认知系统被突破，非社会化认知系统逐步通过个体内化的方式建立和发展起来。

（二）本能的感情用事

犯罪女性受社会环境中不良因素的影响，没有形成如理智感、道德感、美感的高级情感。在她们的情感生活中占支配地位的不是社会需要是否得到满足而产生的体验，而是生理需要是否得到满足而产生的体验。她们的低级情感不能得到高级情感的调节与控制，往往在本能欲望的驱使下进行犯罪活动。她们在情感方面通常感情用事，当感情和理智发生矛盾时，理智不能控制感情，使行为完全受感情左右，导致犯罪。

（三）两极化的意志特征

犯罪女性的意志建立在低级的动机水平上，其意志的动力特点表现为冲动性、激情性、偏激性、无批判性等。犯罪女性的意志能量有极大的两极性。她们一方面表现出意志薄弱、抵挡不住强烈的物质引诱、性感刺激、异性情感攻势或挑逗，在与男性短时间的接触后便进入性情境，她们的性意向很容易向性愿望、性行为动机转化，并导致犯罪。另一方面，在实施犯罪过程中，由于她们认识上的狭隘性和行为上的情绪性特点，意志行为受情绪支配，表现出顽固而执拗的意志特征，不达目的绝不罢休。

（四）犯罪女性的个性特征

1. 强烈的生理性需要

犯罪女性的共同特征是对高级的社会需要十分微弱，对低级的生理需要相当强烈。社会性需要不能制约和调节生理性需要，追求生理性需要的满足是她们违法犯罪的内在动力。依据马斯洛的需要理论，低级的需要得到部分满足，高一级的需要就会产生。但是，女性犯罪则是低级需要恶性膨胀，代替了高一级的社会需要。例如，在青少年犯罪女性的个性结构中，反社会需要占优势，特别是性生活放荡、嗜酒、贩毒、吸毒、走私等，是她们道德水平低下的基本标志。

2. 消极的性格特征

性格是人对客观现实的稳固的态度以及与之相适应的惯常的行为方式的心理特征。性格是一个人的个性中最重要、最显著的心理特征。犯罪女性的性格具有明显的个体差异，但一般都具有消极的、不良的性格特征。她们通常对工作、学习不感兴趣，对集体的荣誉和利益漠不关心，懒惰、不诚实、贪图虚荣享受，缺少同情心，自由散漫，情绪极不稳定，反映出明显的消极性格品质。

3. 犯罪动机的被动性

尽管女性犯罪具有追求生理性需要满足的内在动力和消极的性格特征，但从女性犯罪心理发生、发展的过程可以看出，她们大多表现出犯罪动机形成的被动性特征。她们中的大多数在犯罪以前往往首先是受害者，有的女性被流氓夺去贞操；有的女性在感情上被异性玩弄和欺骗；有的女性人身受到侮辱和损害；有的女性长期忍受丈夫的摧残；有的女性为了追求理想付出了名誉和青春，得到的却是难以忍受的不公平与不幸。在挫折面前，她们完全可以凭借道德与法律的力量来保护自己，制止不法侵害；但是，由于种种主观和客观方面的原因，她们自暴自弃、自甘堕落，或者消极地忍受着，使犯罪心理长时间地保持在积累过程中，一触即发，最终外化为犯罪行为。

三、不同类型女性犯罪的心理特征

（一）暴力型女性犯罪的心理特征

1. 女性杀人、伤害犯罪的心理特征

司法实践中，引起女性杀人、伤害犯罪的原因很复杂，但多数与奸情、虐待、失恋或性嫉妒有关。

奸情是引起女性杀人或伤害的重要原因之一，这里主要指通奸，如夫妇一方有婚外情或家庭纠纷中有第三者乘机介入，通常因奸情败露或为达到长期结合的目的而导致杀人或伤害犯罪。这类犯罪女性不仅具有感情深刻细腻，性欲要求强烈的心理特征，还具有嫉妒、猜疑、无同情心和情绪易冲动的心理特征。她们在实施犯罪行为时，表现出明显的依附性和冷酷性，多同奸夫一起作案，手段通常极其残忍。

因失恋或不堪忍受丈夫虐待而实施杀人或伤害犯罪的女性，则一般情感丰富，细腻专一，她们对于恋人的挑剔和丈夫的虐待逆来顺受，希望能用自己的忍让换来恋人的回心转意或丈夫的怜爱。她们的情感由爱转向恨有一个较长的忍耐、期待的过程，在忍耐达到极限时，可因细小诱因导致杀人或伤害激情的爆发，作案时常就地取材、行动果断，作案后常表现出感情麻木，无悔恨之意。

性嫉妒是一种在爱情生活中遇到挫折而产生的变态心理。这类青年女性极易因自身容貌欠佳而对别人产生嫉妒心理；进入中年或老年后，还会因不能正视自身的生理变化而无端嫉恨别人。性嫉妒不同于一般的嫉妒心理，被攻击对象通常是与其较接近的同伴。如果一个人被她们嫉妒而本人又未察觉，则容易受到性嫉妒者的伤害。这类女性犯罪具有性爱态度主动，生物性情绪冲动、敏感、追求情绪补偿等心理特征，且通常单独作案。

2. 女性抢劫犯罪的心理特征

近年来，女性单独抢劫和共同抢劫的案件相继发生。女性在单独实施抢劫时，因体力和个性原因，多采用色情勾引的手段与被害人接近，伺机采用麻醉方法，待被害人昏睡后抢去财物，反映出这类犯罪女性狡诈、执拗的心理特征。但是，实施共同抢劫犯罪的女性却具有不同的心理特征，一些犯罪女性通常在男性的安排下，先出面将被害人诱引至僻静处，再由男性出面实施抢劫，反映出这类犯罪女性的依附、被动心理特征；而另一些犯罪女性则表现出“男性化”的心理特征，例如发生于1997年4月2日下午的渑池特大抢劫运钞车案，持枪歹徒顶风作案，杀死杀伤多人，抢劫巨额现金，3名作案者中有一名是女性，她在整个作案过程中表现猖狂，反映出这种犯罪女性主动、顽固、冷酷、冲动、刚愎自用的心理特征。

（二）财物型女性犯罪的心理特征

女性财物型犯罪多以盗窃、诈骗和贪污为主。这类犯罪女性的情感依附特征表现明显，一方面表现为容易受人教唆、引诱、胁从参与犯罪活动；另一方面表现为容易偏重感情而不顾后果，为了表明自己对所爱的人的钟情而实施犯罪。一般来说，这类女性犯罪意志力较薄弱，易受暗示，也易在感情支配下丧失理智和明辨是非的能力；但在诈骗、贪污犯罪中，有的女性却表现出自我显示和敢于冒险的心理特征，与情感依附性强的犯罪女性在心理表现上完全相反。凡是严重财物型犯罪的女性，对金钱的崇拜和追求都远远超过金钱本身的价值，在她们看来金钱的作用已不仅仅是单纯的货币价值规律所决定的，在特定环境条件下，它甚至可以凌驾于某种权力之上。

财物型犯罪女性多有贪图安逸、追求享受的心理特征，尤其是青少年女性，在外界的诱惑和刺激下参与盗窃和诈骗犯罪，当知道自己的行为触犯法律时，又感到非常懊悔。在女性盗窃犯罪中，有人专门从事踩点，这类女性大白天在居民住宅区内游动，探得目标后径直闯入室内作案，抓紧时间就地取“财”，迅速席卷室内贵重物品或钱财后立即逃离现场。她们以女性不易被人怀疑的社会认知心理为掩护，利用人们不相信女性有胆量白天盗窃作案的心理，屡闯屡胜，反映出她们具有冒险、侥幸、主动、善变的心理特征，并具有极大的社会危害性。

（三）婚姻家庭型女性犯罪的心理特征

女性婚姻家庭型犯罪以重婚和虐待犯罪为多。在我国，随着市场经济的发展和对外开放，人们的思想观念发生很大变化，同时也有一些不良思想对人们产生着影响。我国经济发达地区和大中城市出现了一些已婚女性与“情人”发展婚外感情的现象，但城市女性一般具有基本的法律常识，在未办理离婚手续之前，一般不会出现重婚犯罪。但是，在我国农村和一些经济发展落后的地区，女性发生重婚犯罪的案件则时有出现。这类女性以中年居多，文化程度较低，原婚姻大多有缺陷，加之近几年城乡经济开放搞活，商品经济向农村伸延，给农村妇女心理上带来巨大冲击，有的已婚女性外出经商、打工，有外遇后离婚不成，干脆在外又结婚成家，以致触犯法律。重婚犯罪女性的心理活动很复杂，但是她们一般具有明显的逆反心理，并具有家庭责任感缺乏、感情冲动、情感依附、渴望被爱的心理特征。

在虐待犯罪中，犯罪女性与被害人之间具有一定的抚养、扶养或赡养关系，而且共同生活在一起。这类犯罪女性通常具有粗暴、刁钻、冷漠、缺乏同情心、自制力较差的心理特征，对被害人的身心进行经常性地折磨和摧残，她们的行为往往造成严重后果。有的女性将亲生子女虐待致死，犯罪后有时会对被害人产生怜悯之情，出现明显的悔罪之意。

（四）女性拐卖妇女儿童犯罪的心理特征

近几年来，司法机关严厉惩处了一批拐卖妇女儿童的罪犯，但此类犯罪还时有发生。近来，参与拐卖妇女儿童犯罪的女性有所增加，而且有的犯罪女性本身曾是被拐卖的受害者。这些女性犯罪多为农村妇女或进城打工人员，她们利用易与被害人接触的性别优势及被害人缺少社会经验、盲从轻信的弱点，与犯罪男性相互勾结，实施拐卖妇女儿童的犯罪。她们甚至丧失身为女性的起码良知，偷盗婴幼儿进行贩卖。这类女性作案时多采用非暴力手段，如欺骗、利诱、偷盗等，很少单独采用绑架获取被害人。在犯罪男性采用暴力手段绑架妇女儿童时，她们通常只起次要或辅助作用；有的女性是被胁迫参加犯罪的。从这类犯罪女性的行为特征可以看出，她们实施犯罪时具有狡诈、贪婪、冷酷、侥幸的心理特征，同时缺少独立性，对犯罪男性具有显著的依附性；有的犯罪女性则具有胆怯、盲从的心理特征；而那些在犯罪以前曾是受害者的女性和被胁迫参加犯罪的女性，则表现出犯罪动机形成的被动性特点。

（五）毁誉型女性犯罪的心理特征

毁誉型犯罪以侮辱、诽谤犯罪为主。我国法律不仅保护公民的生命、健康、人身自由等权利，而且维护公民的人格、名誉权。司法实践中，时有女性实施侮辱、诽谤犯罪的案件发生，她们采用极其下流的手段当众侮辱被害人，或者捏造事实进行散布，公然损害被害人的人格权和名誉权，通常造成严重的危害结果，社会影响极为恶劣。这类犯罪女性具有突出的嫉妒、仇恨、报复的心理特征。所谓嫉妒，就是自己以外的人占了比自己优越的地位，或者是自己认为宝贵的东西被人夺去时所产生的感情。嫉妒本是一种男女共有的不良心理现象，但表现在女性身上则更为执拗、细腻、外倾、强烈。女性的嫉妒大多表现在容貌嫉妒、爱的嫉妒、幸运嫉妒、财富嫉妒、能力嫉妒和联想嫉妒等方面。女性从萌发犯罪心理到产生犯罪行为，是一个犯罪心理不断深化的过程，当她们把这种嫉妒心理的反感情绪集中在某个人身上时，就会由嫉妒发展成仇恨，从心理变化上意味着逐渐地转化为恨意，当有诱因出现时，很容易导致毁誉激情的暴发，产生必致对方身败名裂的决心，实施侮辱或诽谤犯罪。她们在作案后嫉妒情绪得到缓解，多会产生懊悔之意，感到得不偿失。

（六）女性性犯罪的心理特征

女性性犯罪是指以淫乱和性侵犯为主要特征和手段的犯罪，包括聚众淫乱、严重性病患者卖淫、强制猥亵、帮助强奸等，是依照刑法规定应受刑罚处罚的行为。

女性进行性犯罪的原因很多，由于年龄、经历、文化、社会角色的不同，其产生性犯罪的原因也各不相同。价值观念的改变，性观念的嬗变，异常的性爱心理，性报复心理，青少年女性对性认识的负效应，以及法律惩罚效应偏低，都会促使女性实施性犯罪。性犯罪的社会危害是多方面的，不仅本身造成严重的社会恶果，而且经常引起一些并发性犯罪，如杀人、抢劫、伤害、盗窃等；它还会引起家庭矛盾激化和加速家庭解体、传染和蔓延性病等一系列社会问题。所以，性犯罪已经引起当今社会的极大关注。这类犯罪女性道德水平极为低下，法治观念很淡薄，具有性爱心理异常、对同性缺乏同情心、情绪冲动、自制力差、易受暗示和教唆的心理特征。女性犯罪不仅是自我摧残的性犯罪，而且严重损害被害人的身心健康，由于性犯罪行为还可能造成性病的广泛传播，因而具有极大的社会危害性。

四、女性性犯罪的行为特征

与女性犯罪者的个性特征和认识、情感、意志特征相联系，女性犯罪者的行为特征主要是：

（一）冲动性

由于犯罪女性具有情感波动性大、认识范围狭窄等特征，当一些犯罪情景出现时，犯罪女性往往缺乏自制力，在强烈欲望驱使下选择犯罪，事后则极为后悔。

（二）从属性

女性的社会经验不够丰富，体力上也不如男子，以及女性固有的依附心理，使她们在团伙犯罪或共同犯罪中，一般只充当次要角色。

（三）欺骗性

一般而言，女性犯罪具有不诚实性。女性天生柔弱，是受社会保护的对象，因此，一般对女性的戒备心理低于男性，这就使犯罪女性的一些犯罪行为具有极大的欺骗性，也较易取得成功。

（四）性色彩浓厚

女性犯罪在多数场合与性有密切关系，如以出卖肉体为手段获取他人钱财或其他利益；或因放纵自己的性欲而陷入情感纠纷中，导致奸情杀人的产生。

延伸阅读

法院调研显示女性犯罪案件攀升
恶性暴力刑事案件频现

根据北京市第一中级人民法院出炉的一份调研，在社会角色分配中一直处于弱者地位的女性，目前正在刑事案件中占有越来越大的比重。根据统计，该院2010年3月至2011年3月审理的一审刑事案件中，女性被告人共有28人，而从2009年3月至2010年3月的一年中，女性被告人的人数只有14人。与此同时，涉及女性的普通刑事犯罪一审案件占普通刑事犯罪一审案件的比例也从原来的9.4%飙升到了17.22%，而且这些案件中还有很大一部分为恶性暴力案件。

据一中院法官介绍，在对2008年至2011年三年一审刑事案件的调查中，法院发现在全部69名女性被告人中，六成以上涉及侵犯人身权利的暴力犯罪，其中不乏故意杀人、故意伤害、绑架罪等严重暴力性犯罪。而从案件的起因上分析，有近四成女性被告人都是因为感情纠纷、家庭纠纷而引发报复性犯罪。

法官分析说，中国传统女性多以家庭主妇为主，对女性而言家庭生活琐事往往占据其大部分时间，如果家庭生活不和谐，得不到家庭成员的尊重与理解，日积月累会引发家庭纠纷，有的甚至是家庭暴力，进而引发报复型犯罪。与此同时，随着我国市场经济的发展，社会生产力和人民物质生活水平得到很大提高，但是相对应的精神文化发展滞后，年轻人沉溺于恋爱、不能正确处理恋爱同居关系，婚外情等现象明显增多，恋爱观、婚姻观、家庭观的扭曲，也极易导致妇女犯罪案件发生。特别是对于那些无固定职业，或是从事非法职业的流动人员妇女，由于生活没有固定的收入，不满意自己的生活状态，对比有固定职业高收入者，往往会产生心理落差，再加上大多数女性犯罪者文化水平较低，法律意识淡薄，容易受情感、钱财等因素影响，因此极易走上违法犯罪的道路。

据了解，1992 年 4 月 3 日《妇女权益保障法》颁布实施，并于 2005 年 8 月进行了修改。但是，随着社会的进步，女性犯罪问题却日益突出，且引起女性犯罪的原因复杂多样，预防女性犯罪，已经成了一个现实的社会问题。

一中院认为，女性犯罪问题日益突出，要解决这个问题，应当采取社会综合治理的方针，一方面需要通过开展法治宣传教育活动，不断提高女性的法律意识，另一方面也要充分发挥家庭、社区主阵地作用。当前从事家庭工作的组织和社会团体有很多，应当持续支持、引导、监督这些组织和社会团体为社会家庭提供更好、更有针对性、更专业的服务，有效化解社会矛盾，预防女性犯罪。必要时，还可由有关职能部门牵头，采取街头法律咨询、召开专题报告会等活动进行有益的女性犯罪预防工作，甚至进入具体家庭关心指导。

（来源：法制网—北京频道）

第七章

犯罪心理的经历差异

第一节　不同犯罪经历的犯罪人概述

一、不同犯罪经历犯罪人的分类

（一）刑法学上对犯罪的分类

在司法实践中，根据各种犯罪所具有的不同特点，按照不同的标准，可把犯罪分成许多种类。

西方犯罪学家对犯罪的分类可追溯到罗马法。罗马法以受侵犯的权益为标准将犯罪分为公罪和私罪。1810 年的《法国刑法典》中将犯罪分为重罪、轻罪和违警罪，许多国家刑法对犯罪的分类由于受到法国刑法典的影响而效仿了这种分类方法。此外，学理上的分类大多带有很大的主观性和人为的任意性，如将犯罪分为普通犯、特别犯等。贝卡利亚在其刑法理论中将犯罪分为三等。

在我国刑法理论和司法实践中，根据不同的标准，对犯罪进行了各种不同的分类，例如，有危害国家安全的犯罪和普通刑事犯罪，经济犯罪与职务犯罪，自然人犯罪与单位犯罪之分；根据主观上的罪过形式不同将犯罪分为故意犯罪与过失犯罪；根据故意犯罪实施阶段中犯罪形态不同，分为预备犯、中止犯、未遂犯、既遂犯；根据在共同犯罪中的作用和分工的不同，分为主犯、从犯、胁从犯、教唆犯；以自然人犯罪主体的年龄为标准可分为成年人犯罪和未成年人犯罪，等等。上述这些分类是从不同角度，根据犯罪的不同特点而对犯罪（侧重行为）的分类，目的是有利于研究犯罪和对犯罪适用刑罚。

（二）犯罪心理学上对犯罪的分类

犯罪生物学派的代表人物龙勃罗梭从犯罪人特点的角度出发，将犯罪分为六类：（1）生来犯罪者；（2）悖德狂犯罪者；（3）癫痫病犯罪者；（4）精神病犯罪者；（5）偶发性犯罪者；（6）感情性犯罪者。这些分类的理论和方法，虽有失之偏颇之处，但为犯罪学、犯罪心理学研究开辟了新视野，具有一些科学价值。由此可见，犯罪心理学在犯罪分类问题上的研究与刑法学的研究虽有精神上的一致，但各有各的侧重面。犯罪心理学更侧重研究犯罪心理的产生、形成、发展规律以及对犯罪原因和犯罪对策的探索。刑法学上对犯罪的分类侧重对犯罪行为的分析，犯罪心理学上对犯罪的分类，更侧重于从犯罪人（生理、心理特点等）角度进行。

实施犯罪的个体由于各自的生理特点和心理特征的不同，在司法实践中表现出各自特有的心理特征。这是由于不同的个体在能力、气质、性格以及兴趣、爱好等方面都存在差异，加之个人的社会文化背景、社会地位、职业、性别等不同，因而使人与人之间有不同的心理表现。在犯罪心理学的研究中，有的根据犯罪人在年龄、智能、性格、气质等方面的特点对犯罪人进行分类，有的根据犯罪人受不良社会环境的影响，沾染恶习的深浅对犯罪人分类，有的根据犯罪目的和动机、犯罪手段和方式以及犯罪后态度等方面的差异对犯罪人分类的，等等。

犯罪人由于其犯罪的经历不同，或偶为犯罪（初犯、偶犯），或累教不改多次犯罪（累犯、惯犯）。从初犯、偶犯到累犯、惯犯，是个体犯罪心理结构恶性发展的过程。犯罪经历不同的犯罪人，心理特点和行为特征有很大的差异。认识这些差异，对于提高侦查、讯问以及矫治的效率，治理犯罪现象，实现社会安定，都具有重要意义。可见，犯罪心理学依据犯罪人犯罪经历的不同，将犯罪分为初犯、累犯和惯犯具有较大价值。

二、不同犯罪经历犯罪人的一般特征

（一）初犯、累犯、惯犯的年龄特征

初犯在不同犯罪经历的犯罪人中，与年龄因素的相关最为紧密，一般而言，初犯大多发生在青少年时期，据统计，18～25岁是青少年初犯集中的一个阶段；中年、老年相对而言，在初犯中所占的比例较少。特别是近几年来，随着我国青少年犯罪的增加，青少年犯罪问题已成为我国的一大社会问题。刑事犯罪年轻化、低龄化趋势明显，青少年犯罪在整个刑事犯罪中所占的比例呈持续上升的态势，出现了一个前所未有的犯罪高峰。随着高峰期的出现，青少年初犯的犯罪率也随之增加，每年都有相当数量的青少年初犯加入犯罪行列。近几年来，十五六岁这一年龄段的初犯人数不断增加，青少年初犯的低龄化趋势也越来越明显，违法犯罪的最小年龄向前移了 1 ~ 2 岁，由 15 岁、16 岁、17 岁这三个年龄期向 14 岁、13 岁、12 岁触法年龄前移，有的省、市的调查材料表明，违法最小年龄的仅为 10 岁、9 岁。因而，犯罪成员中初犯年龄偏小成为刑事犯罪的一大特点。而中老年人由于其生理、心理发展成熟、稳定，虽然也有初次犯罪者，但其初犯比例大大低于青少年。

据调查，从年龄结构看，中青年累犯比例高达 80% 以上。

（二）初犯、累犯、惯犯在犯罪手段方面的特点

对于初犯来说，由于受社会不良风气和自小形成的自私自利、好吃懒做、小偷小摸等不良行为习惯的影响，犯罪前往往缺乏心理准备，缺乏预谋，犯罪手段一般较为简单，大多借助于犯罪工具，犯罪时心慌意乱，动机斗争激烈，缺乏犯罪经验、犯罪技术，作案过程中留下许多痕迹物证。由于青少年初犯势单力薄，初次犯罪不具备犯罪技术，其犯罪后果的社会危害性也相对较小。但有的青少年初犯往往借助于犯罪团伙或有不良行为习惯的松散组织来达到犯罪目的。一般初次犯罪后，通常可以找到比较具体的刺激犯罪的诱因。

对于累犯和惯犯来说，由于有犯罪的历史，经历了初犯、再犯的阶段，犯罪意识强烈，反社会心理严重，形成了根深蒂固的反动信念，由于多次作案，从失败与成功的体验中，在与同伙的交流中，逐渐积累了犯罪经验，已具备一定的犯罪技术，因而犯罪时有计划、有预谋、心狠手辣，冷酷无情，甚至有的犯罪人在犯罪过程中残忍至极，犯罪手法干净利落，现场留下的痕迹物证很少，并具备反侦查经验，犯罪后为转移侦查视线，转移赃物，破坏现场，以图逃避惩罚。

（三）初犯、累犯、惯犯在情绪方面的特点

初次犯罪时，犯罪人情绪紧张，动机斗争激烈，随着不良欲望的增长，既想克制但由于认识能力低下，意志控制能力差，克制不住不良需要的畸形发展；既想通过犯罪达到目的，但恐惧心理突出，惧怕法律的惩罚；同时是非观念、道德、情感尚未完全消失，因而初犯的情绪的波动、起伏大，如果对其正确的引导，其犯罪行为完全有可能防止。初犯情绪的另一个特点表现在初犯的激情犯罪较为多见。特别是青少年初犯，血气方刚，情绪、情感极易被外界诱因所激发，稍有不如意之事，比如一句话、一件小事，就可能产生强烈的激情，而激情一旦产生，自身很难控制住情绪的猛烈爆发，在激情的支配下，干出自己事后也后悔不已的傻事来。

累犯、惯犯的情绪特征表现为缺乏人与人之间正常的感情交流，缺乏同情心，表现在犯罪过程中，他们不会像初犯那样轻易被情感所左右，而是犯罪意志坚定，犯罪时残忍、野蛮，冷酷无情，对别人的生命毫不珍惜，没有人性，表现出凶残、粗暴的特点。

第二节 初犯心理

一、初犯的概念

初犯是相对累犯和惯犯而言的犯罪人类型，是指具有犯罪心理发生、发展的复杂过程和激烈的犯罪动机斗争过程的第一次违法犯罪者。犯罪心理学研究的初犯和刑法学中的初犯不完全相同。在刑法学中，初犯是第一次犯罪并符合犯罪构成要件而受刑罚处罚的人。犯罪心理学研究的初犯，可能是第一次受到刑罚处罚的人，也可能是虽有违法犯罪行为，但犯罪构成要件不具备或具有法定从轻处罚情节而免于刑罚处罚的人，如刑法规定，对于中止犯，没有造成损害的，应当免除处罚；又如未达到刑事责任年龄的人一律免予刑事处罚。

传统上，初犯与偶犯是相提并论的。偶犯的概念，形成于理论上的假定，即假定犯罪人的第一次犯罪是其一生中仅有的犯罪行为，然而，对于第一次违法犯罪的人是否有可能再次犯罪，是需要进行预测的，并且预测结果只是一种概率，因此，在实践中，并没有初犯与偶犯的区别。一般认为，偶犯是指那些存在不良心理因素，在某种情境出现时发生犯罪行为的个体，如“见财起意”“顿起杀人之心”等故意犯罪人。偶犯违法犯罪与其一贯的行为表现不相符合，带有很大程度的偶然性、情境性。初犯和偶犯，从其实施犯罪行为来说，都是第一次，都没有犯罪经历或受刑罚处罚的经历，因此在犯罪时的心理状态以及行为特征等方面，有很大的相似性。初犯与偶犯的差异主要表现在心理结构有所不同。初犯的初次违法犯罪行为潜伏着第二次、第三次犯罪的可能。这是因为，初犯大多已形成犯罪心理结构，其犯罪行为的发生，是在犯罪心理的支配下有预谋地进行的。偶犯则不同，他虽然也同样受犯罪心理的支配，但其犯罪心理的产生，是受一定情境的刺激，具有瞬时性，如果不存在犯罪情境，其犯罪心理结构也不会形成。因此，在犯罪行为发生后，如果所追求的犯罪结果已经实现，初犯的犯罪心理结构会得到强化，而偶犯的犯罪心理结构则相反。这种差异的存在，也导致了初犯的改造难度要大于偶犯。

初犯是第一次违法犯罪的人，因而从其犯罪经历上与累犯、惯犯和职业犯区别开来；同时，初犯的犯罪经历，也是累犯等必须经历的，是个体犯罪深度发展的起始点。国外学者是从发展的观点来看待这一现象，将初次违法犯罪、重新犯罪或持续犯罪纳入犯罪生涯（criminal career）的框架之内进行研究。

二、初犯犯罪的原因

初次违法犯罪的时间相对集中在一个时期，即青少年时期（14～25 岁）。青少年时期，是心理活动最活跃，心理发展最不平衡的时期，表现为各种物质的、精神的、生理的欲求十分强烈，自我意识强且易受挫，喜欢结伙交友，但意志活动、人生观、世界观、道德观的正向发展相对滞后，这使青少年的理智往往不能很好地调节、控制其旺盛的精力、亢奋的生理欲望和情绪冲动，行为受环境、情绪的影响较大。因此，这一时期的青少年一旦遇到适宜的条件和诱发因素，极易走上犯罪道路，从而形成初犯的高峰期。

三、初犯的心理特点

（一）动机特点

对初犯来说，犯罪前大多数要经历激烈的动机冲突。一方面，他们有某些强烈的需要，如对金钱的贪欲，对性体验的渴求（有的青少年在黄色、淫秽的书刊或电影、录像的刺激下，对异性产生强烈的好奇心，实施犯罪行为），满足某种虚荣心（有的青少年自尊心强，总想有所作为，因而逞强好胜，好表现自己。但由于客观条件的诸多限制，行为人的愿望很难满足，一旦他们通过合法的行为无法表现自己时，为了满足自我表现的需要，就可能采用犯罪的方式，以实施犯罪行为来达到自我显示的目的）等。这些需要往往不能通过合法的途径获得满足，而只有靠非法手段去获取，从而推动个体产生了采取非法手段的动机。另一方面，个体受到的或多或少的法治教育、道德教育等，往往也使个体意识到自己的行为后果和可能负的法律和道德责任，从而可能产生抑制自己不良需要的动机。犯罪人的动机冲突就表现为犯罪冲动和抑制因素之间的相互较量。如果不良需要占上风，就会形成犯罪动机；如果对刑罚的恐惧和正义感占上风，则会形成守法动机。犯罪动机冲突一般出现在犯罪行为发生之前以及犯罪行为发生的过程中，如犯罪中止即是犯罪人动机冲突的结果。犯罪人目睹被害人因自己的犯罪行为所造成的痛苦，良心受到谴责，或产生紧张恐惧情绪，都会使犯罪人产生是继续犯罪还是中止犯罪的动机冲突。此外，在作案结束后，面对自己的危害行为的后果和公安机关的侦查攻势，犯罪人还会产生是逃避侦查，还是投案自首的动机冲突，这是犯罪动机冲突的继续和发展。

（二）认知特点

初犯的认知特点首先表现为认知水平较低，对法律及事物的认识肤浅，认知范围狭窄。这种认知特点导致初犯对犯罪行为的后果及严重性缺乏足够的认识，对一些不良诱惑缺乏正确的认识和对待（青少年初犯表现得尤为突出）。初犯的认识特点还表现在认知内容的错误，如具有错误的人生观、道德观、世界观。

案例： 21岁的田某湖与20岁的同乡张某赫为寻求精神刺激，2007年11月13日20时许，二人携带事前准备的水果刀在北京市顺义区一小路上看到正与同事聊天的杜某，即将杜某确定为作案对象。田某湖以吸烟借火、问路为由与杜某搭讪，在杜某为二人带路行至一石子路上时，田某湖趁杜不备，用左臂勒杜某颈部，田某湖、张某赫分别持刀猛刺杜某左颈、右胸、左髋等部，造成杜某死亡。2008年10月13日，北京市第二中级人民法院一审以故意杀人罪，分别判处田某湖死刑，剥夺政治权利终身；判处张某赫死刑，缓期二年执行，剥夺政治权利终身；二人连带赔偿被害人亲属经济损失32万余元。

（三）能力特点

初犯没有犯罪经历，因而犯罪技能不熟练。其犯罪技能的获得，可能来自对他人犯罪的模仿（如电影、电视、小说等宣传媒体中描述的犯罪情节），也可能来自他人的教唆，还有可能来自自己的精心“创造”。无论来自哪一种途径，由于是第一次操作，犯罪技能往往显得生疏，在犯罪现场上往往会遗留与个人身份相关的物品。

（四）初犯在不同阶段的心理状态

初犯在犯罪前、犯罪行为发生时以及犯罪结束后，心理状态各有特点：

1. 犯罪前，侥幸心理突出

犯罪人经过激烈的动机斗争，最后选择了犯罪动机，其重要原因是产生了侥幸心理。所谓侥幸心理，就是一种投机心理，认为悄悄作案不一定会被他人发现。虽然犯罪人对犯罪后的惩罚感到恐惧，但却希望自己能侥幸躲过法律的追究。其侥幸心理的产生，根源于犯罪人对犯罪所得利益的强烈渴求和对公安机关侦查能力的轻视。因为在他们的周围，确实存在个别有过犯罪经历但却没有受到应有惩罚的个案，这种示范效应强化了他们的侥幸心理。初犯一旦第一次作案成功，侥幸心理会更加严重，就会增强再次作案的信心。

2. 犯罪过程中，恐惧心理占优势

犯罪行为发生的过程，往往充满被害人的反抗或被他人发现等各种危险，因而充满着紧张气氛，需要犯罪人注意力高度集中、胆大心细、意志坚定。但作为初犯，由于缺少作案经验，面临着各种技术困难和作案一旦失败即要受到惩处的危险，所以在作案过程中，会产生较强烈的恐惧心理。恐惧是一种担心遇到危险和企图摆脱危险处境的情绪。当人体验到恐惧情绪时，随意运动的全部器官呈现紧张状态，内脏、血液、面部表情均有特别的反应，表现为行为紧张，手、足等不灵活，且有多余动作，声音变粗，语言不流畅，心跳加快，唾液分泌减少，出冷汗，脸色发白。犯罪人在强烈的恐惧心理的驱使下，可能在犯罪过程中抑制犯罪动机，中止犯罪；也可能由于过度紧张而暂时性地丧失自我控制能力，使犯罪的社会危害性更为严重。

3. 初犯犯罪后的心理状态

（1）惊恐。这是初犯作案后较为普遍的心理状态。他们终日惶恐不安，总觉得自己的破绽已被人发现，处处有人注意或监视自己，或者在脑海里不断浮现出激烈搏斗的情景以及被害人的惨状。当其看到与被害人长相相似的人，也会心惊胆战，大有“风声鹤唳”“草木皆兵”之感。这种惊恐心理，必然引起一系列的身心反应，如坐卧不宁、食不甘味、神思恍惚、行为反常等。

（2）心虚。初犯在作案后，往往心神不宁，对外界舆论、周围群众的反应特别关心，对有关事物神经过敏，反应异常。例如，有的听到旁人谈及与犯罪有关的人和事，就以为是对他暗示；看见有不认识的人找领导谈话，以为是对他进行调查。为了摆脱紧张情绪，常常做出一些夸张的举动，来表示自己心中坦然，如参与对案情的议论、痛骂犯罪人。

案例：因为3名同学平时不喜欢和他在一起玩，1名大学生竟然在这3名同学的饭里投毒。以前他和中毒的3名同学都是在一起玩的，后来由于一点小事情，他和这3名同学有了点矛盾，同学就不和他玩了。每次3人看到他，都躲得远远的。对他也爱理不理的。后来，这名学生通过非法渠道得到了铊，在查阅相关铊的资料后，他决定让这3名同学尝尝铊中毒的滋味。2007年5月31日晚上，这名学生带上铊水，极力邀请3同学到食堂吃饭。在吃饭时，他趁同学不注意，把铊水倒进了同学的碗里。同学怎么也没有想到他竟然暗中向他们下毒手。投毒的学生在知道3名同学中毒后引来了警察，他整天是提心吊胆，就害怕被警察发现是他投的毒。在警察找到他后，他就知道事情隐瞒不住了，面对警察审讯，他最终承认自己投毒的事情。

（3）悔罪心理。悔罪心理是行为人在反省了自己的错误行为后，道德感复苏的一种表现。悔罪心理是人的不良心理、行为得以改善的基础。初犯大多尚有一定的社会道德和法律意识，没有形成犯罪定型，犯罪恶习不深。当他们出于情绪激奋或外部诱因的强大诱惑而犯罪后，看到自己犯罪行为造成的危害后果，会产生悔罪感，如自责、内疚。在这种悔罪心理支配下，有的会对自己的犯罪行为后果加以补救，以减轻犯罪给被害人造成的痛苦；有的则投案自首，争取改过自新。但初犯的这种悔罪感往往是不稳定和不彻底的，有时是一时的情感表现，很可能一闪即逝，很快为其作案带来的刺激和成功体验所淹没，导致其犯罪心理恶性发展。

（4）自暴自弃。青少年初犯受到刑罚处罚后，容易产生消极悲观的情绪，失去悔改的勇气，萌生自暴自弃、破罐子破摔的心理。这一心理状态，是青少年自尊心受挫后的自卑和因刑期渺茫而产生的绝望心理交织在一起而产生的。

（五）犯罪心理结构的发展变化

初犯作案后，其犯罪心理结构一般沿着两个方向发展，即良性转化和恶性发展。前者是指初犯在犯罪后悔过自新，不再犯罪；后者则是向再犯、惯犯甚至职业犯的方向发展。

1. 犯罪心理结构的良性转化

初犯由于还没有形成犯罪动力定型，具备良性转化的主观条件，只要监管部门教育改造工作得力，家庭、学校、社会及时伸出援助之手，帮助其度过心理上的困惑期和物质上的难关，良性转化的可能性就比较大。

2. 犯罪心理结构的恶性发展

初犯在第一次违法犯罪后，如果没有及时被公安机关抓获，瞬时的悔罪心理就会被犯罪带来的实际利益和犯罪成功后的满足感所淹没，犯罪心理结构得到进一步强化，向恶性方向发展；也有的犯罪人在监管期间不服管教，反社会意识逐步增强，也会导致犯罪心理结构的恶性发展。前者在时机成熟时容易成为再犯，后者在刑满释放后则易成为累犯、惯犯。

四、初犯的行为特征

（一）犯罪行为的预谋性

初犯的犯罪行为大多具有预谋性的特点。初犯在实施犯罪行为前，在犯罪动机形成后，作出犯罪决意的过程中，一般要考虑作案的手段、方式，选择作案对象、时间、地点以及作案工具，进行必要的犯罪准备。此外，也有少部分初犯是临时起意，在某种情境的刺激下实施无预谋的犯罪。

（二）犯罪行为的幼稚性

初犯虽然大多实施预谋性犯罪行为，但由于没有犯罪经验，对作案过程中的各个环节很难设想周全，对不同犯罪方案中的哪一种更具有安全性和实际效果也不能作出最好的假设，因而其犯罪行为往往表现出幼稚性的特点，容易被公安机关破获。如入室作案的初犯在室内易留下指纹、人体分泌物、随身小物品等。

（三）共同犯罪较多

初犯犯罪心理形成有一个演变过程，在这一过程中，往往会留意寻找支持者，以增强作案的勇气。此外，初犯中青少年较多，青少年的合群性特点也使他们愿意在伙伴中寻找犯罪的“知音”。在共同犯罪中，由于从众心理和罪责扩散心理的影响，一些初犯的犯罪行为有时候超出最初的犯罪意图，犯罪后果更为严重。

需要注意的是，随着犯罪人智能化程度的增高，以及受电影电视等各种媒体对犯罪手段的宣传等因素的影响，越来越多的初犯呈现出作案手段复杂以及反侦查性强的特点。

第三节 累犯心理

一、累犯的概念

根据我国刑法规定，累犯，是指被判处有期徒刑以上刑罚的犯罪分子，在刑罚执行完毕或者赦免以后，5 年内再犯应当判处有期徒刑以上刑罚的故意犯罪。我国刑法还规定，在刑罚执行完毕或赦免以后的危害国家安全的犯罪，任何时候再犯危害国家安全罪的，都以累犯论处。

由上可见，普通刑事犯罪构成累犯，必须具有以下条件：（1）前后两次犯罪行为都是故意犯罪；（2）前后两罪，均应被判处有期徒刑以上的刑罚；（3）两次犯罪的时间间隔，后罪是在前罪的刑罚执行完毕以后 5 年内实施的。

从累犯中还可以分出常习累犯。他们既具有累犯的住监服刑经历及犯罪个性，又具有以犯罪为常业的惯犯习性。累犯、惯犯的特点，常习累犯兼而有之。

累犯不仅不同于初犯，也不同于惯犯，其区别主要在于累犯具有初犯所没有的，比惯犯更为全面的犯罪经验，一些学者将这些经验归纳为四个方面：

（一）作案的经验

初犯一般没有作案的直接经验，惯犯有了直接作案的经验，但没有作案失败的体会。只有累犯才有成功和失败正反两方面的经验，这些经验包括犯罪动机的伪装，犯罪准备，作案手段和工具的运用，反侦查手法等方面。

（二）参加诉讼的经验

累犯受过刑事处罚，经历过刑事诉讼的全过程，对公安机关的侦查、讯问，检察机关的提起公诉，审判机关的庭审活动等过程，都有亲身经历，具有较强的反侦查、反审讯意识。

（三）被监禁的经验

累犯对监狱中的监规监纪，对监狱与外界隔绝的环境，对罪犯的强制劳动改造以及日常生活都有较深刻的了解和体验。

（四）重返社会的经验

累犯重返社会后，对自己所受到的社会压力，自身的心理变化，都有所了解，所以他们能很快适应获释后的生活；而初犯出于对自己名声、前途的顾虑，重返社会后往往感到忐忑不安、困难重重，不能很快适应社会生活。

二、累犯的心理特点

（一）需要特点

表现为生理性、低级性需要占主导地位，如贪婪的物欲、畸变的性欲、低级的交往需要等。

1. 贪婪的物欲

累犯曾有过的监禁之苦以及管教人员对他们实施的各种矫治措施，并没有使他们消除对物质财富无休止的占有欲望，反而产生了“牢内损失牢外补”的畸形心理，一旦出狱之后，当正当合法的收入不能满足其贪婪的物欲时，便将法律的威慑抛于脑后。为满足生活上的奢侈而无视个人财产与他人财产、国家财产、集体财产的界线，肆无忌惮地将自己不应得的财产通过各种非法手段据为己有。

2. 畸变的性欲

一些累犯在出狱之后，一方面受到家庭、社会的冷落；另一方面仍然具有不良的心理结构，表现出颓废的精神状态，没有正当的生活情趣。于是混迹于低级消费场所，或与不良个体继续保持交往，极力寻求感官刺激，追逐妇女，玩弄女性。有的在遇到反抗时，则可能不惜使用暴力手段进行强奸。一旦有过再犯罪，便“破罐子破摔”，频繁实施各类犯罪行为，其畸形的性需要常以畸变的行为方式表现出来。

3. 低级的交往需要

累犯由于有被处罚的经历，罪犯的标签使一般人对他们畏而远之。这种特殊的人际环境以及累犯原有的不良交往需要，使累犯更热衷于在有劣迹的人中寻求“知音”。那些都曾有过被监禁经历的人之间更具有凝聚力。他们共同的经历和低级的享乐观，造成了他们之间的“不求同生，但求同死”的庸俗的友谊观。在团伙犯罪中，其成员之一若被捕受审时，一般也是“全扛不抬人”，宁可自己受重罚，也要维护“哥们儿”的利益和自己在同伙中的“信誉”。

（二）强烈的反社会意识

累犯具有较强的反社会意识和因此而产生的对抗心理。因为累犯受到过司法机关的打击，对政府及公安、司法机关的执法行为十分反感，认为司法机关不应对其采取处罚措施，或认为刑罚过重，罪刑不相当，由此而产生了敌视、对抗的心理。这种敌视、对抗心理在累犯作案前后常有较强的表现，如他们对犯罪较少有恐惧和悔罪感，对再次被捕常常满不在乎，在羁押审讯期间，想方设法对付审讯人员，精心编造虚假口供，对自己的罪行轻描淡写，把犯罪原因归于他人、社会甚至受害人，毫无自责意识。在改造期间，消极对抗，有的甚至向初犯传授犯罪和反侦查、反审讯的经验，向其他罪犯学习多种犯罪经验。在被释放后，不能正确对待自己在生活、就业等方面的暂时困难，将这些困难归咎于社会对自己的不公正。于是这些累犯在出狱后继续疯狂地实施犯罪，一方面满足自己畸变的需要，另一方面以此疯狂地报复社会。

（三）动机特点

累犯与惯犯一样，作案时一般没有明显的动机斗争，但由于累犯所具有的监禁经验，使其动机有别于惯犯：

1. 有的累犯在刑满释放后再次从事犯罪活动时，往往产生较为激烈的动机斗争

这是因为，部分累犯经过监管机关的改造，犯罪心理结构呈不稳定状态，存在着两种发展的可能性：一种是出狱后重新做人，不再犯罪；另一种是向恶性方向发展。当适合犯罪的机遇出现时，这些累犯一般都会产生动机斗争，对于是选择犯罪行为，还是放弃犯罪念头免遭再次监禁之苦，往往动摇不定，难以抉择。在这种情况下，累犯有时根据趋利避害的原则，选择不犯罪；有时难以权衡利弊时，则“破罐子破摔”，重蹈犯罪覆辙；有时则在严重的侥幸心理的驱使下，放弃不犯罪的念头而选择重新犯罪。一旦有了再次犯罪的经历后，累犯的动机斗争就逐渐弱化，随着犯罪次数的增多，犯罪动机的产生渐呈自动化趋势。

2. 有的累犯具有较惯犯更为强烈的“犯罪合理化”观念

这些累犯将自己的监禁经历视为自己已经为犯罪行为付出代价，认为自己不再亏欠国家、社会或被害人；有些甚至认为自己失去的远远大于曾经得到的。因此，他们认为自己再犯罪是对曾受监禁之苦的补偿。有这种观念的累犯，将犯罪视为一种“合理化”行为，作案时心安理得，很少有明显的动机斗争。

（四）情绪情感特点

与动机特点相适应，累犯在出狱后再犯罪时情绪活动既不同于初犯，也不同于惯犯，具有自己的特点：

1. 与初犯相比，累犯由于具有直接犯罪经验以及狱内习得的各种间接犯罪经验，犯罪技能较高而且全面，因此，对于作案得心应手，不像初犯那样兴奋、紧张，而显得更为平静、冷静。

2. 与惯犯相比，累犯由于曾受监禁之苦，更为畏惧刑罚。所以在再次作案前显得有些紧张，烦躁不安，担心接踵而至的将是又一次长期监禁。作案时更为谨慎，遇到障碍，可能会放弃此次犯罪，以求全身而退。

一旦累犯有了再次犯罪的体验，当其继续实施其他犯罪时，情绪活动特点和惯犯比较类似，只是表现得更为谨慎。总体来说，累犯消极性情绪占主导地位。这主要是其犯罪经历和监禁体验所致。

在情感特点方面，有些累犯在出狱后曾期望获得正常人的各种情感，恢复正

常的生活状态。当其希望被现实的遭遇打破时，又反其道而行，否定自尊以及尊重他人、同情心、爱心等的存在，继续追求各种低级的道德情感。大多数累犯始终表现出不良的道德情感：（1）自私的情感，表现为视他人痛苦为享乐，把自己的快乐建立在他人的痛苦之上，是一种反社会的消极情感；（2）缺乏同情心，作案时冷酷无情，对被害人的惨状无动于衷。

（五）意志特点

累犯在意志特点方面也表现出两极性。一方面，累犯具有较强的犯罪冲动，实施犯罪的意志力较强；另一方面，长期的监狱矫治工作，仍不足以使累犯建立起抑制犯罪的自控力，抑制能力较弱。这种两极性的意志品质，使得累犯在出狱后不久，即不能克制犯罪冲动，从而再次违法犯罪。例如，一个“三进宫”的盗窃犯罪人祁某，在第二次改造期间，曾经认罪服法，遵守监规纪律，劳动不怕苦累，多次获得表扬，并获得减刑一年的奖励。但出狱后不久，祁某故技重演，再次实施了犯罪行为。祁某称，他在被释放后，不敢进商店和别人家的门，怕控制不住自己再犯罪的冲动。即使他意识到自己控制力差，也仍然没有控制住自己的犯罪冲动，还是实施了再次犯罪。与惯犯相比，累犯实施犯罪的意志力要稍弱一些，表现在累犯遇到障碍（如被害人的反抗、工具的欠缺、严密的防范制度等）时，有可能会暂时放弃犯罪，待时机成熟时再实施犯罪行为。其原因在于有些累犯对刚结束不久的监狱生活心有余悸。随着成功的犯罪体验的增多，累犯抑制犯罪的意志力越来越弱，实施犯罪的意志力越来越强。

（六）能力特点

累犯的能力特点往往显现出多向性的特点。一些累犯不仅具有高超的犯罪技能，还具备一些专业技能，可以从事某项生产劳动。在犯罪技能方面，与惯犯不同之处的表现是累犯在熟练掌握某一种犯罪技能的同时，往往还兼有其他多种犯罪技巧。因为累犯不限于实施一种犯罪行为，而是有过实施多种犯罪的经验；另外，监狱生活也使累犯有交叉感染和深度感染的机会，从而可以习得多种犯罪技能。

（七）法治观念

累犯的法治观念是畸形的，表现在他们虽然了解一些法律知识，但却不具备法律意识，蔑视法律的权威性。累犯在初次犯罪时往往是法盲，有的是因为不懂法而犯罪的。在服刑期间，监狱机关所进行的系统的法治教育，开始使累犯了解到一些法律知识，但他们不能将这些法律知识上升为正确的法律意识，不能自觉地认识到犯罪行为的社会危害性和遵纪守法的重要性。相反，对法律的了解往往成为累犯钻法律空子的一个有利条件。知法而犯法比不懂法而犯法的主观恶性更大，知法犯法者常倚仗一些法律知识，有意规避法律，逃避司法机关的打击。

（八）性格特点

累犯典型的性格特点是顽固、偏执。这表现在他们虽然有了被处罚的经历，但却不吸取教训，仍然顽固地选择犯罪、他们固执地遵循犯罪信条，不顾一切地攫取他人的财产或以暴力方式发泄自己对社会的不满，不愿从事正当的职业。

三、累犯的行为特征

（一）流窜作案

一些累犯为逃避打击，常常流窜各地，他们往往在甲地作案，然后到乙地销赃，四处奔走，藏身于各大城市之中。在流窜的过程中，往往与其他犯罪人结成犯罪团伙，共同实施一些严重的犯罪。

（二）犯罪行为的谨慎性

由于累犯屡次犯罪，积累了较丰富的作案经验和体会，具备熟练的作案技能。但他们也畏惧刑罚打击，不愿身陷囹圄。因此，作案手段狡猾多变，行为谨慎。例如，盗窃累犯有“三不偷”：看不准不偷，不方便不偷，不安全不偷。有的提出“四快”：作案动作快，脱离现场快，处理赃物快，流窜速度快。累犯作案后往往认真回顾作案的每一个细节，对于其中可能暴露自己的细节，在下一次作案时就会加倍注意。

（三）犯罪行为的残忍性

累犯由于受过司法机关的打击，对社会、国家极端仇视，因而实施犯罪时往往具有疯狂报复的特点，手段极端残忍，人性逐渐丧失，甚至嗜赌如命、嗜杀成性。他们不仅频繁作案，而且敢于作大案和恶性案件。

（四）善结团伙，犯罪向多方向性发展

累犯在监狱中，终日与其他犯人为伍，加上一些监狱教育改造工作上的缺陷，使他们不仅没有消除原有的犯罪心理结构，反而可能又学会其他作案手段和方式，并认识一些臭味相投的犯罪人。出狱后，他们相互勾结，狼狈为奸，犯罪向多方向性发展。

第四节　惯 犯 心 理

一、惯犯的概念

惯犯，是指反复实施同类犯罪并且已形成犯罪恶习的犯罪人。在我国，惯犯多见于财产犯罪，如走私惯犯、盗窃惯犯、抢劫惯犯、诈骗惯犯、赌博惯犯等。

我国1979年《刑法》第152条规定了惯窃罪、惯骗罪，第168条规定了赌博惯犯罪。1997年修订后的《刑法》仅保留了赌博惯犯的规定。《刑法》第303条规定："以营利为目的，聚众赌博、开设赌场或者以赌博为业的，处三年以下有期徒刑、拘役或者管制，并处罚金。"其中以"赌博为业"，即针对赌博惯犯而言，是指嗜赌成性，一贯赌博，以赌博所得为主要生活来源或挥霍来源；另外，"虽有正当职业，如果不务正业，把主要精力放在赌博上，长期在工余时间从事赌博活动，输赢数额巨大的，也算以赌博为业"。修订后的《刑法》之所以删去了惯窃罪、惯骗罪等，是考虑到惯窃罪、惯骗罪在本质上与盗窃罪、诈骗罪完全相同，而且司法实践中具体认定惯窃罪、惯骗罪也存在一定的困难，因而将这两种罪分别由盗窃罪、诈骗罪所吸收。但是，犯罪心理学研究的惯犯，不受刑法规定的限制，仍然包括盗窃、诈骗等惯犯。

惯犯和累犯是两种不同的概念。累犯受到过法律的惩罚，具有监禁体验；而惯犯则不论其是否被判处过刑罚，均不一定具有监禁体验。累犯不限于实施一定种类的犯罪，而惯犯在原则上系实施一定种类的犯罪；惯犯犯罪生活占据全部生活的大部分或依靠犯罪所得作为生活来源，累犯则不然。

二、惯犯的心理特点

（一）畸变的需要结构

惯犯是由初犯发展而来的。在初次犯罪时，其需要结构中的某种需要得到部分满足，这种成功的体验强化了原有的非分需要，使其成为再次实施同类犯罪的原动力。经过多次反复尝试、成功，惯犯的某种非分需要不断被强化，以至于不仅这种需要成为其生活中不可分割的一部分，而且满足这种需要的方式——犯罪行为，也成为惯犯的一种特殊需要。

惯犯的犯罪类型以财产性犯罪居多，犯罪多以侵犯财产为目的。这是由于惯犯业已成为以犯罪为业的一种畸形人，要维持生活所需，又没有正当职业，只有通过犯罪的方式去攫取他人的钱财。因此，在惯犯的需要结构中，贪婪的物质占有欲占据中心地位，满足这种物欲的盗窃、诈骗、抢劫等犯罪行为与其相交织。

（二）强烈的反社会意识

惯犯缺乏正确的人生观，对于犯罪毫无羞耻之心，反而认为犯罪有理。一些惯犯虽然多次受到处罚，但毫无悔改之心，出狱后以更为疯狂的方式进行犯罪活动。犯罪行为对于惯犯而言，已不是一时冲动的结果，也不只是为满足一时的需要，而是一种顽固的行为习惯，成为其生活方式之一。

（三）作案动机特点

惯犯由于多次反复实施同类犯罪行为，初次犯罪时的动机斗争已渐趋弱化。随着惯犯犯罪次数的增多，犯罪行为的定型化，在其实施犯罪行为时，已经察觉不到动机斗争的痕迹，表现为莽撞、毫不犹豫。但是犯罪毕竟是一种反社会行为，一旦被公安机关侦破，必将在一定时期内失去生活的自由和选择犯罪行为的自由，因此，惯犯在作案时并不能完全做到毫无顾忌，只是动机斗争不明显。当准备实施一种难度较大的犯罪行为时，惯犯仍然有些紧张、慌乱，趋利避害的本能使其同样要权衡利弊，只是这种动机斗争已不是犯罪与不犯罪的斗争，而是是否选择这种或那种犯罪行为方式的斗争。

（四）情绪情感特点

惯犯由于作案前后犯罪动机斗争不明显，因而情绪活动较为稳定。在作案前，没有初次作案时的紧张感，表现得平静、泰然，并伴随有欲望即将得到满足的兴奋；在作案时，由于作案技能熟练、作案前计划周密，因而表现沉着、老练，当出现意外情况时，能控制自己的紧张情绪，在短时间内想出应变策略；在作案结束后，没有初次作案后的心神不宁感，表现得若无其事。

惯犯缺乏高级的社会性情感，情感单调、低级。对他人及社会极为冷漠，缺乏同情心，只关心一己之得失，毫无道德伦理观念。

（五）典型的犯罪性格

惯犯性格的内倾性较为明显。有的学者认为，只有性格比较内倾的初犯才容易沦为惯犯。其理由是：孤僻、忧郁，与社会接触面的狭窄等这些性格特点，最有利于长期作案而不被外界注意。惯犯的这种内倾型性格一方面是遗传因素和环境因素相互作用的结果，另一方面与其气质相联系。犯罪正是充分适宜和体现内倾型性格的职业。并且这种“职业”又使个体的性格不断趋于内倾并逐渐完善，形成一种犯罪内倾型的性格。这种内倾性的犯罪性格主要表现在以下几个方面：(1) 劳动观念淡薄，缺乏工作热情，贪图享受；(2) 自负、固执，自暴自弃；(3) 孤僻、依赖性小，对他人的关心持怀疑态度；(4) 与犯罪同伙交往时，老谋深算，不轻易交底，相互隐瞒、猜疑，但表面上称兄道弟毫无芥蒂；(5) 对社会敌视、怨恨，有被压抑感和反抗的要求，把罪过归因于社会。

（六）意志特点

惯犯由于以犯罪为常业，犯罪需要已成定型，犯罪行动趋向“自动化”，在意志活动方面，表现为两极性特点，即抑制犯罪动机的意志力薄弱，而实施犯罪的意志力极为坚定。其表现是善于捕捉作案时机并对作案计划有周密的考虑；在犯罪意向形成过程中，犯罪的冲动极为强烈，如果不实施犯罪行为，就会感到十分焦躁，坐卧不宁；相反，由良心、道德、羞耻感、同情心、荣誉感等组成的抑制犯罪的心理防线却极为薄弱，根本不足以阻止犯罪动机的形成；在作案过程中，犯罪目的明确，即使遇到障碍，也会想方设法予以排除，极少出现犯罪中止。对于惯犯而言，犯罪心理结构恶性发展程度越来越深，良性转化的可能性越来越小。

（七）能力特点

惯犯一般缺乏健全的家庭教育、学校教育和社会教育，对客观事物的善恶是非分辨能力差，不具备必要的生产、生活技能。另外，惯犯长期从事同一种类的犯罪活动，因而形成了一定的犯罪技能，并且日趋专业化，达到熟练的程度，这成为其完成犯罪活动的必要条件。

（八）犯罪心理形成的自觉性和主动性较强，并形成了顽固的犯罪定型

所有的故意犯罪都是自觉主动的行为，但就犯罪心理的形成而言，不同经历的犯罪人其犯罪心理形成的自觉性和主动性是不同的。初犯犯罪心理的形成大多具有一定的被动性，被教唆、引诱、暗示、胁迫、诱惑的成分较多；累犯犯罪心理的形成则具有较强的自觉性和主动性。因为他们既了解犯罪的社会危害性，也承担过因犯罪所引起的法律责任，但却主动地再次犯罪。而且累犯在作案之前，往往动机更加明确，准备周密，作案过程有条不紊。与累犯相比，惯犯犯罪心理形成的自觉性和主动性更强，甚至带有“自动化”的性质，只要一遇到适宜的作案时机，就能激活其犯罪的冲动。

惯犯通过多次犯罪，犯罪心理结构日趋强化，其个性与犯罪活动之间的联系日益巩固，犯罪的行为习惯逐渐形成，矫正难度较大。

三、惯犯的行为特征

（一）犯罪行为的习惯性

这是由惯犯心理形成的自觉性和主动性特点决定的。表现为只要出现合适的诱因，就会立即实施犯罪行为，如惯窃犯只要发现他人显露在外的财物，就会立即采取行窃行为，而不经过动机斗争。犯罪行为的习惯性，反过来又进一步强化着犯罪心理结构，不断地把他们的犯罪行为推向更严重、更危险的阶段。

（二）行为计划的周密性

经济犯罪的惯犯在作案前，都有一个比较详细的作案计划。表现为精心选择犯罪对象和目标，仔细考虑通过什么样的方式实现犯罪目的更为合适。诈骗惯犯还注意研究市场信息和人们的喜好。一旦条件具备，立即着手实施犯罪。

（三）犯罪行为的类似性

惯犯的犯罪经验中包含模式化和习惯化的特点。无论是盗窃惯犯、诈骗惯犯，还是贪污惯犯、强奸惯犯以及其他类型的惯犯，在犯罪行为方式、方法以及

犯罪的手段上，都有着类似性的特点。例如，某犯罪人在萌生骗取他人钱财的动机之后，精心设计了自己的身份，把自己打扮成中央派到基层搞调查的专员，在第一次获得他人信任并骗取到钱财后，屡次以同样的方式在不同的地方招摇撞骗。

（四）犯罪行为的狡诈性

惯犯犯罪行为的类似性并不能掩盖其犯罪行为的狡诈性。惯犯由于多次反复实施同类犯罪，掌握了丰富的作案经验和反侦查手段。他们作案计划周密，作案的对象、时间、地点都经过精心安排，对作案过程中的意外情况也作了周密考虑。由于惯犯具备这种狡诈性特点，虽然其犯罪行为有一定的规律性，侦破工作仍有很大的难度。虽然侦查人员的破案工作和惯犯的反侦查活动进行着激烈的较量，但多次成功的体验往往使惯犯在作案中仍有得意忘形之处，导致百密一疏。因此，双方斗智斗勇，一般仍以侦查人员的成功破案而告终。

（五）犯罪行为的连续性

由于惯犯的犯罪行为已成为一种习惯性的经常行为，因此，惯犯往往在短时间内连续作案。一般来说，他们只要发现犯罪机会，就会立即自动产生犯罪动机，进而着手实施犯罪。有时，集团性犯罪惯犯由于犯罪现场气氛的渲染，某些单独性犯罪惯犯在某种兴奋情绪的影响下，可以在一次作案活动中作案多起，如抢劫惯犯同时抢劫数人，并对女性被害人实施强奸犯罪甚至杀人灭口。

（六）犯罪行为的残忍性

惯犯由于多次犯罪，已经形成冷酷无情的反社会性格。实施犯罪的过程中，表现得极为凶残、贪婪。

（七）犯罪行为的坚决性

惯犯的犯罪行为，在实施过程中具有坚决性。一旦着手实施犯罪行为，不达目的，不肯罢休。为了实现犯罪目的，既可以变换犯罪手段，也可以忍受挫折，并且想方设法排除障碍。虽然他们自知一旦被抓获，必将受到刑罚严惩，但仍毫不犹豫地实施犯罪行为，希望能侥幸逃过侦查视线。

上述分析表明，累犯、惯犯是我们同刑事犯罪作斗争的重点对象，如对他们不予严惩，不采取积极的措施进行有效的预防工作，要取得社会治安的根本好转是不可能的。鉴于累犯、惯犯的心理、行为特征，我们应当采取打防并举的原则，一方面，对那些罪大恶极的犯罪人，要坚决贯彻严厉打击的方针，决不能姑息手软；另一方面，要重视对他们的教育改造工作，提高改造工作的质量，提高犯罪心理的良性转化率。

延伸阅读

一个老实而内向的农家孩子，何以变为一个杀人恶魔？

2004年2月23日，云南大学发现4名大学生被杀死在宿舍内，经公安机关侦查，认定作案人系该校生化学院生物技术专业2000级学生马某某，但马某某已潜逃。公安部于2月24日发出A级通缉令，3月1日又向社会公开发布了悬赏20万元的通缉令。3月15日晚，海南省三亚市公安机关将马某某抓获。据供述，2004年2月上旬，马某某在昆明市云南大学学生公寓与其同学在打牌过程中发生冲突。2004年2月13日至15日，马某某采取“用铁锤打击头部致颅脑损伤死亡”的同一犯罪手段，将4位同学逐一杀害，并把4具尸体藏匿于宿舍衣柜内。马某某作案后潜逃到海南三亚。据悉，马某某杀人的直接原因是打牌时那几个同学诬蔑他作弊，而平时他也常受到同学们的嘲笑。仅仅因遭到“诬蔑”和“嘲笑”而实施杀人，实属罕见。

马某某的忏悔：

夜已经很深了，面对着这高墙铁网，我无法入眠，思绪像灰。几年的大学生活仿佛就在眼前，但我此刻却是在这样一个地方。表面上看我很平静，但到了这种境地，试问谁又能做到心如止水呢？

两个月前我的身份是一名重点大学的大学生。一名即将进入社会展示自己才能的毕业生，家人和国家都对我寄予厚望，而我本人又何尝不是满腔热血地想为祖国的现代化建设作出一份贡献，实现自己的人生价值。我的母校在整个云南省当中是名气最高、实力最强的高校，就业前景是很看好的，这些我都从师兄师妹（老乡）和老师那里打听得很清楚了，所以很多报纸上所渲染的大学生就业压力我是从来没有感受到的。

写到这里我真的很痛苦。可以说这“天之骄子”的身份是国家给予的，也可以说是我个人经过12年努力奋斗而得来的，但我当初怎么就轻易地毁了这一切呢？那4名被害者也和我一样，家里都有父亲母亲、兄弟姐妹，也和我一样经历了多少年的寒窗苦读，也和我一样对未来充满期待。但我当初怎么就那么轻易地毁了他们呢？人云：凡事都是有原因的，又说：事物的发展总有内因和外因，而内因是占主导地位的，所以现在每天我都努力思索，试图从自己身上寻求原因，一个合理的解释，但此刻我亦很糊涂，只能说当初很偶然！

就因为一次打牌吵架，我走上这条路。现在我以一个旁观者的身份看，这是多么荒谬，多么无知啊！这是多么悲哀，多么残酷啊！难道生命就这么脆弱？难道这世界上就没有什么值得留恋的吗？不是的！现在我是这么想的，以前也是！

但是那几天我的心里只有苦恼，只有恨，诸多后果都未曾设想。很多事情来不及思考，就这样发生了。事后才知道造成的影响是多么大，才知道给亲人造成了多么大的伤害，也才明白伤心难过的远远不止我的亲人朋友。后悔啊，但木已成舟，我是无力挽回的了。我是想对整个社会说声对不起，想对那4名同学的亲人朋友说对不起，但你们会接受吗？对于这么一个恶魔，你们会接受吗？

我是在农村上的6年小学，有一位老师特别严厉，自备了一小木条来惩罚学生。在众多学生当中我是最顽皮的了，但大概是四年级吧，这位老师开始对我疼爱有加了，尽管我仍然是那么顽皮，因为他发现我有小聪明。所以说，我对学习感兴趣是从那时候开始的，是拜这位严厉而又负责任的老师所赐。老师，真的很感谢您，您是我的启蒙老师啊。

唉，往事回忆起来总是那么地甜蜜。

我高中时的那位班主任是一位仁慈有爱心而又负责任的人。我再也找不到什么华丽的词语来形容他了——要想把自己内心的感受清晰全面地表述完全是很难的，相信每个人都有过这种体会。我们班主任几乎每天早晨6点整都来到我们宿舍来催我们起床做早操，因为好几个人很不自觉，常赖床不起。有一个学期我对班主任说我不想做早操，想多睡点儿好养足精力学习，老师也马上答应了。那么多的学生当中就仅我有这个特权。这位老师讲课详细，我私底下总觉得太过花费时间，觉得很多细节是没必要一一细点。但我终于明白，老师面对的不只是我，而是全班同学。俗话说：十个手指都有长短，各人有各人的资质，水平参差不齐。他是对全班同学负责啊！有人说小事情才是最感人的。这样的小事真是太多了，但我却描述不出来，只知道它们感动了我很多，很多。

还有很多人让我感到了温暖，感到了内疚，但我不想一一写出来，以免像流水账，所以这样做就是很不负责任了。

这篇短文取名“忏悔”，除了想写出自己的所感所想以对所有受到伤害的人有个交代之外，还想以此警醒世人，千万不要犯罪，凡事要三思。当你想犯罪的时候你要明白——最大的受害者其实是你最亲最爱的人！

其实，我最想对亲人们说声对不起。父亲母亲对我从小就疼爱有加，从小就对我寄予厚望，希望我出人头地，希望我为家乡争光。他们为我含辛茹苦了几十年，而我在即将成功的时候，却犯下了不可饶恕的罪行，这对他们的打击是多么沉重啊，可怜天下父母心，对不起……

阅读之后，请思考如下问题：

1. 试从马某某的成长历程分析马某某是如何走上这条犯罪之路的。

2. 从马某某的自述中，分析导致马某某从一名大学生蜕变为一名杀人犯的社会、环境、家庭的原因。

第八章

群体犯罪心理

第一节　群体犯罪心理概述

群体犯罪心理是犯罪心理学特有的概念，源于心理学理论和刑事司法实践两个方面，是犯罪类型理论的一个重要组成部分。

一、群体犯罪心理的概念和类型

（一）群体

在社会心理学研究中，“群体”是一个专门的学术性名词，是介乎于个体与组织之间的集合体，是指那些成员间相互依赖、彼此间存在互动的集合体。在大部分群体中，成员间存在面对面的接触，彼此相互影响。社会心理学中的群体，从构成要件看，“要构成一个群体必须具备：有频繁的互动，即成员间有生活、学习和工作上的交往，有信息、思想感情上的交流，有共同的目标与利益，群体内有相互协作与配合的组织保证，有群体意识”。从目标上看，是“一群人在同一目标的指引和同一规范的约束之下，彼此影响、相互作用、协同活动的一个组合”。在心理学研究意义上，简单的统计集合体、在路边围观交通事故的人群、在电影院里看电影的观众等不能归纳为群体之列，因为其成员间不存在依附关系，不发生互动，彼此间无丝毫影响。但是，大学的足球队、企业中的班组、一条街上相熟的街坊邻居等，则可称为群体，因为其成员是为了一个共同的目标组合在一起，彼此间有面对面的接触、频繁的互动以及多方面影响。

一切密切结合在一起的家庭都是一个群体，有时由于特殊原因短暂结合在一起的几个陌生人也可以形成一个群体，比如，客车上的乘客不是群体，但是当乘坐的客车发生交通事故后，在突发的情况下，本来素不相识的人组成暂时的群体，相互帮助、相互关心，共同渡过危难关头。危机过去后，互动宣告解散，临时形成的群体也即解散。临时群体的持续时间可以十分短暂，如共同乘车突然遭遇事故的乘客；也可以十年、数十年地延续下去，如切尔诺贝利核电站泄漏事故的受害者。

个体在群体中的活动巩固了群体的关系，增强了群体的凝聚力。奥尔波特认为，“群体心理学，在本质上都完全是个体的心理学”，“群体在组成它的个体意识之上还具有某些精神的特性”。

（二）群体类型

从社会心理学角度分析，群体的分类有很多种方法，最常见的是将群体划分为正式群体和非正式群体。

正式群体主要是指那些有明确章程，成员地位和角色、权利和义务都很清楚，并具有稳定性的群体，如政府机关的部门、学校的班级、军队。正式群体按其存在时间的长短又可分为永久性正式群体和暂时性正式群体，永久性正式群体即刚才提到的政府机关、学校班级等。暂时性正式群体主要是指为某一目标而临时组成的群体，如课题攻关小组、竞赛团队等。

非正式群体是指那些自发产生的，无明确规章的，成员地位与角色、权利与义务都不确定的群体。比如人们在工作生活中为了满足自身的交往、娱乐等需要而组成的校友会、各类俱乐部、沙龙以及各类协会等都属于非正式群体范畴。非正式群体往往以共同的利益、观点为基础，以感情为纽带，有较强的内聚力和较高的行为一致性。

（三）群体犯罪

在群体和群体类型的基础上，我们来把握群体犯罪的概念，群体犯罪并非严格的法律概念，而是犯罪学和犯罪心理学理论研究的课题。比照我国刑法有关共同犯罪的规定，结合司法实践中数量不等的人参加同一违法案件的实际情况，可将这一概念定义为：“多个犯罪个体，通过相互交往，在行为态度一致或暂时达成一致的基础上，联合实施的犯罪行为，共同导致了同一犯罪结果的过程。”这里要注意：首先，必须是两个以上的犯罪主体；其次，单独的犯罪主体之间存在相互作用或影响；再次，参加者在从事可能导致犯罪结果的某一行为的态度或意识方面存在一致或暂时一致；最后，群体犯罪中的犯罪结果，是由两人以上的合力导致的。这其中包括事前或事中有通谋的实质意义上的合力，也包括只存在互动关系，不具有通谋的形式意义上的合力。总之，参加者各自的行为所产生的合力最终导致了一个犯罪结果，在行为与结果之间存在因果关系。

（四）群体犯罪心理

群体犯罪心理是群体心理的一种形式，而群体心理更是一种十分复杂的现象。所谓群体心理，是指群体成员在群体活动中共有的，有别于其他群体的价值、态度和行为方式的总和。因此，群体犯罪心理是指群体中的成员与成员的意向、动机和目的相互影响而形成的适合于犯罪的价值、态度和行为方式的总和。

犯罪群体共有的反社会的价值、态度，如自私的价值观、腐朽的人生观、低级的趣味观、没落的道德观、野蛮的“英雄观”、绝对的自由观、反动的政治观，是犯罪群体活动的心理基础；而犯罪群体成员结伙形成的过程，犯罪群体共同的犯罪行为，则是犯罪群体心理的外在表现；群体犯罪心理因群体的不良需求而产生，因其结构的特殊，故与其他正常群体心理决然不同。由于群体犯罪心理的共有性，使群体犯罪心理有别于个体犯罪心理，即群体犯罪心理总是以群体面貌出现的心理状态。

（五）群体犯罪类型

群体犯罪按照不同标准，可作以下分类：（1）从群体的组织形态看，可分为一般共同犯罪、有组织犯罪和集群犯罪；（2）从以群体成员间心理接触看，可分为事先有通谋、事先无通谋和无通谋，但有共同越轨行为的群体犯罪；（3）从犯罪恶性程度看，可分为危害国家安全、重大恶性案件和一般刑事案件。

二、群体犯罪的行为特征

作为犯罪个体，犯罪心理恶性发展而产生犯罪动机，然而根据犯罪对象的不同，一般都有犯罪预谋的过程，由于犯罪个体受到职业、体质、生活经验、文化水平、取得工具条件以及犯罪对象的情况、犯罪障碍物和社会制约力量等影响，犯罪个体的预谋程度有所不同，其犯罪的作案方式方法也会有所选择。由于犯罪个体的犯意恶性程度不同，其犯罪过程中的行为恶劣程度及其后果也有所不同。一般说来，群体的力量要大于其成员单个力量的机械总和。故犯罪群体一旦形成，它的破坏性也就成倍于他们分散单独活动能量的总和，并且犯罪群体的成员在群体犯罪过程中，行为更加肆无忌惮、胆大妄为。其有以下几方面原因：首先，群体的团聚性造成的一个重要结果就是群体成员的非个性化，即失去他的个性感而把个人融汇于群体之中，降低了原有的理智，排斥或反抗与群体意识相矛盾的观念和力量，以致不顾正常的约束而从事冒险行为；其次，由于群体中的行为，是大家决定，大家共同干的事，群体成员可以少负责任或不负责任，特别是处于从属地位的成员，不仅会产生“自己不负主要责任”的心理，而且会受到群体力量的支撑而获得安全感，以致完全丧失社会责任感，积极参与犯罪活动，而为群体头目所利用和控制；最后，犯罪群体的头目，具有权威性，有很大的号召力，而群体成员去执行头目交给自己的“任务”时，其危险性、破坏性越大，就认为头目对自己越“信任”，于是越卖力去干。

三、群体犯罪的心理特征

要了解一个事物，就要了解这一事物区别于他物的特别显著的标志，所以说仅仅了解群体犯罪心理的概念是不够的，要看到其与其他犯罪心理的区别所在。我们对群体犯罪的心理特征可从三个方面来理解：

（一）群体犯罪心理是一种共同心理倾向

群体犯罪心理能够实现最终的统一，有两个方面的原因：首先，参加者在相同刺激的作用下，认知、需要、目的、反应方式等方面存在一定的相同或相似；其次，群体距离和群体成员之间的互助关系，使群体中弥散着一种为个体所喜好的情感氛围，这种氛围的存在，可以使群体成员出现心理反应的类化，导致犯罪目的的趋同。这些都构成了群体犯罪心理的基础。

（二）群体犯罪心理的核心是同一的犯罪目的

群体犯罪中尽管各个犯罪人在犯罪动机的内容上不尽相同，但在犯罪目的上却具有同一性。为了实现同一个犯罪目的，不同的个体组织起来形成犯罪群体，并驱使群体成员共同实施犯罪行为。当然，如此也不能排除群体中各个成员犯罪时分工的不同。

（三）群体犯罪心理是个体犯罪心理的集中反映

从群体犯罪心理的概念中我们可以看出，群体犯罪心理不是每个具体群体犯罪成员心理过程本身，但它又脱离不开具体群体犯罪成员的犯罪心理。它不是群体犯罪成员心理的机械相加或简单重叠，而是群体犯罪成员之间，个体成员与群体之间，相互影响、相互作用的产物。

第二节　一般共同犯罪心理

一、共同犯罪概述

（一）共同犯罪的概念

共同犯罪是指两人以上共同实施的故意犯罪行为，简称共犯，是群体犯罪的基本形式。它是相对于个人犯罪而言的，是犯罪的一种特殊形式。一般来说，共同犯罪要比个人犯罪具有更大的社会危害性，其作案规模大，手段狡猾，行动周密，反侦查能力强，造成的危害结果也大。我国刑法规定，二人以上共同过失犯罪不以共同犯罪论处。这一规定是对前述共同犯罪概念的重要补充。

（二）共同犯罪的类型

根据不同的标准，可以将共同犯罪划分为不同的类型：按共同故意犯罪形成的时间为标准，可分为事前通谋的共同犯罪、事前无通谋的共同犯罪和集团犯罪等；以共同犯罪是否能够任意形成为标准，可分为简单的共同犯罪和复杂的共同犯罪；以共同犯罪行为人之间有无分工为标准，可分为一般共同犯罪和特殊共同犯罪，等等。不同的犯罪形式具有不同的心理特点和社会危害程度。

二、一般共同犯罪的心理特征

（一）共同意向性

共同意向性是共同犯罪心理的前提和基础。从共同意向形成时间来看，共同犯罪可以分为事前有通谋的共同犯罪、事先无通谋的共同犯罪和集团犯罪三种。事先有通谋是指共同犯罪行为人的犯罪意向是事先经过商量的，并确定了犯罪的目的、时间、地点、方法和分工等；事先无通谋是指共同犯罪行为人的犯罪意向事先没有经过商量，而是在着手实行犯罪刚开始或者正在进行的过程中形成的；犯罪集团是指从事犯罪的犯罪团体。无论哪种类型，共同意向性都是他们共同犯罪的本质特征，其差别仅仅在于共同犯罪意向产生的时间不同。在犯罪集团中，早就存在共同意向，因为每一个成员都是以参与共同犯罪为目的而集结为非法组织的。所以，无论某一成员对某一案件是否知情，只要参与了犯罪活动，都视为共同犯罪。

（二）目的的统一性

目的的统一性是在共同犯罪中存在共同犯罪目的。这是维系共同犯罪的内在动力。犯罪人的行为是为了促使犯罪目的的实现，在共同犯罪中，犯罪人由于实施的行为和所扮演的角色不同，其所起的作用也各不相同。其中，起组织领导策划指挥作用的是主犯，起次要作用的是从犯，引导、唆使他人实施犯罪的是教唆犯。无论哪种情况，他们的目的都是为实现共同希望达到的犯罪结果，具有目的统一性。

（三）心理趋同性

在共同犯罪中，共同的犯罪意向、共同的犯罪目的和共同的犯罪动机的产生是心理趋同的结果。如果没有心理趋同性，就不可能有统一的犯罪行动。无论是事先通谋的共同犯罪，还是事先无通谋的共同犯罪，犯罪人相互之间的动机和目的往往都是有差异的，有时甚至是相互矛盾的。只有通过合谋即共同犯罪行为人相互之间进行犯罪意向的沟通、犯罪动机的调整、取舍和犯罪目的的统一，才有共同犯罪的实施。而在整个过程中，心理趋同是必不可少的环节。

（四）心理相容性

在共同犯罪中，犯罪人之间在犯罪意向、犯罪动机和犯罪目的以及与此相连的兴趣、爱好、能力、情感等方面相互吸引、相互信任、彼此相悦或能够接受，通过相互影响、渗透、感染、传递和统一，呈现出一种相容的心理气氛，能够形成共同的犯罪心理从而实施共同犯罪。

第三节　有组织犯罪心理

有组织犯罪是现今社会日趋严重的一种犯罪现象，其突出特征在于犯罪活动的有组织性。有组织犯罪的产生和发展，有其特定的心理因素，犯罪组织中不同角色各有其心理特征。研究有组织犯罪的心理基础和不同角色的心理特征，对探索有组织犯罪的心理对策，打击和防范有组织犯罪会起到事半功倍的效果。

一、有组织犯罪

“有组织犯罪”是对当前国际社会安全的严峻挑战，也是正日益危害着我国社会长治久安的毒瘤。

（一）有组织犯罪的定义

关于有组织犯罪，在世界范围内仍没有一个精确的、统一的、得到普遍接受和公认的定义。各国专家学者各持己见，对“有组织犯罪”下了不同定义，这也就说明了有组织犯罪这种严重的犯罪现象、社会现象、国际现象的复杂性和多变性。

美国犯罪学家D. 斯坦利·艾滋恩及杜格·蒂默是这样认为的，在最一般意义上讲，我们将有组织犯罪规定为“旨在通过非法活动获得经济利益而组织起来的商业企业”。这种企业要生存下去，至少要依靠三种相互关联的现象：（1）消费者对非法商品、服务和活动的需求；（2）一个组织不断生产或提供这些商品和服务；（3）政府官员和司法官员的腐化，他们为了自己的利益或获得好处而对这类非法组织的活动提供保护。而美国司法部对有组织犯罪是这样描述的，有组织犯罪是指由划分为两级以上的犯罪组织或由若干不同犯罪组织，采用阴谋手段，以分工合作的方式所从事的刑事犯罪活动。

德国的犯罪学家认为有组织犯罪的目的与获取暴利紧密相连，这一点与美国学者认识一致。如德国犯罪学家汉斯·施奈德认为，所谓有组织犯罪，是指具有合法目的的组织（经济企业）为了经济和破坏环境，为了更好地逃避打击，狼狈为奸，拼凑成具有犯罪目的的组织所进行的犯罪活动。

日本学者对有组织犯罪定义基本上是如此归纳的，指多数犯罪人在其首领的操纵下，按照事先制订的计划在一定的地区根据每个组织成员的权限、在一定期间或长时间内所从事的犯罪活动。

我国学者对有组织犯罪的定义，也存在多种意见，尚未达成共识。主要有以下几种观点：认为有组织的犯罪是指两个以上的人为了某种具体的犯罪目的，组织起来，共同实施的犯罪活动；与法律意义上的共同犯罪基本等同；认为有组织犯罪是泛指在稳定的基础上组织起来的任何集团或某些人，为了获取利益而使用非法手段进行的犯罪活动；认为有组织犯罪是指多人参与且有组织分工的复杂的共同犯罪；认为有组织犯罪实际上就是指黑社会犯罪组织所实施的犯罪活动；等等。综观国内外对有组织犯罪所下的各种定义，结合我国司法实践中各种有组织犯罪活动的实际情况及我国刑事立法的有关规定，有组织犯罪具有以下三个方面的含义：

（1）广义的有组织犯罪，是指3人以上故意实施的一切有组织的共同犯罪或集团犯罪活动。不仅包括有一定组织形式和组织关系的黑社会组织所实施的犯罪活动，也包括有一定组织机构和组织形态的犯罪集团所实施的犯罪活动，还包括有一定组织行为的某些松散性团伙所实施的犯罪活动。

（2）狭义的有组织犯罪，是指3人以上、有一定组织形式、主要犯罪成员基本固定、社会危害性大、反侦查能力强的集团性犯罪组织所实施的犯罪活动。它只包括黑社会性质的组织实施的犯罪和某些犯罪集团所实施的犯罪两种情况，而将一般性犯罪团伙排斥在外。

（3）最狭义的有组织犯罪，是指3人以上、有一定组织机构和组织关系、内部结构紧密、等级森严、犯罪能量大、自我保护能力强的超集团性犯罪组织所实施的犯罪活动。通常是指那些最具典型意义的黑社会组织所实施的犯罪活动，它不仅把一般性犯罪团伙排斥在外，同时也将某些集团性犯罪排斥在外，因而是一种最富有典型意义的地地道道的有组织犯罪。

（二）有组织犯罪的特征

1. 是人数众多的犯罪分子的结合或几个犯罪集团的联合体，具有严密而稳定的组织结构

首先，有组织犯罪具有成员的众多性。例如，20世纪二三十年代横行于上海的有组织犯罪集团青洪帮，它的人数就达数万人；意大利西西里黑手党，其党徒达5000人以上，而全意大利黑手党分子则达17，000余人，外围帮凶更达十几万人；日本的山口组，人数则有3万多；美国的三K党，在其全盛时期，拥

有党徒50万人；我国台湾地区的竹联帮总计也有三四万人。同时，有组织犯罪集团不仅人数众多，而且还往往是许多同类或不同犯罪集团的结盟。如意大利黑手党是500多个派系的组合；美国纽约的黑手党由五大家庭联合组成；美国的三K党又分六大派系；我国台湾地区的竹联帮统辖28个堂口，即28个犯罪组织，每个堂口一般有两三百人，最多的达800人；日本的山口组由648个团体组成。

其次，有组织犯罪具有严密而稳定的组织结构。这是有组织犯罪实施大规模犯罪并形成庞大集团势力的基础，也是它与一般犯罪团伙的根本区别所在。其具体表现有：（1）有组织犯罪是一种稳定的、持久的犯罪集团，其组织结构和活动计划都是出于长远的考虑，集团成员不是为了实施一次犯罪而临时结伙，一次犯罪后该组织继续存在，核心人员基本固定且长期稳定，他们以发展、壮大犯罪组织的力量，组织、策划、操纵集团犯罪活动为职业，即使有某一公开职业也只是犯罪的掩护。如日本的山口组，在东京就拥有55个事务所，这些事务所一般都挂着不动产或金融业的招牌，伪装成合法企业，其实却干着有组织犯罪勾当，而且为了扩充实力，不断“招兵买马”。（2）有组织犯罪集团的组织机构是一个多层次的体系，具有严格的等级性，形成垂直的权力机制。下级必须服从上级，而上级一般不直接参与犯罪，以免受到犯罪指控。如美国纽约的黑手党，以家族为单位，首领称“教父”，家族之上是“区委员会”，各区委员会听命于“大委员会”，从教父到一般党徒等级森严。（3）具有专业与分工。有组织犯罪集团成员之间存在明确的分工，特别是现代高科技逐渐运用于犯罪活动，有些犯罪只有具有专门技术和专业知识的人才能完成。此外，犯罪活动的直接参与者也有各自的行动侧重点，如我国香港地区的三合会、我国台湾地区的竹联帮等，都设有专职的军师、杀手、爆炸者、贿赂者等，在完成某一具体犯罪时，其任务和作用各不相同。

再次，有组织犯罪集团对成员的选择有着严格的标准。这是典型的有组织犯罪为保证集团的安全、稳定和犯罪效率而设定的主要条件。并不是任何想加入的人都能加入，新入伙的分子必须有犯罪的体能和智力，有清晰的个人犯罪纪录。某些犯罪组织只吸收同一种族、民族、地域或相同血缘的人员参加，如意大利西西里岛的黑手党家族，主要以血缘为纽带结合而成；美国的三合会、华青帮都是以华裔青年为主的帮派组织。有的组织发展成员时特别看重个人的犯罪能力，一方面要求发展对象身家清白，另一方面要接受严格的能力考核，各方面都合格才会被吸收为会员。

最后，典型的有组织犯罪集团的内部控制有一套完整的规章制度，对违反者严惩不贷。这些帮规都是内部执行，故被称为“家法”。

2. 以谋取经济利益为主要犯罪目标，并对政治和社会问题施加影响

典型的有组织犯罪的基本目标是追逐经济利益。有组织犯罪追逐经济利益的活动大致可分为三类：一是提供非法的商品和服务，如贩毒、赌博、控制卖淫等；二是利用赃钱向合法行业渗透，并以非法手段进行经营；三是实施抢劫及敲诈勒索等。

（1）贩毒。毒品贩运与买卖是当今世界有组织犯罪经济来源的一个支柱。如意大利黑手党尽管已有几百年的历史，但真正成为令人胆战心惊的犯罪组织是从它开始贩毒之后。毒品贩运和买卖有着极高的利润，从亚洲“金三角”花2000美元买到的海洛因运到美国纽约即可卖到3万美元，如此高的利润，极大地刺激了有组织犯罪，也极大地壮大了犯罪组织的实力。

（2）走私。这是有组织犯罪最古老的行当之一。走私从出现到现在已有几百年的历史，由于它高额利润的诱惑，得到了长足的发展。到现在，走私更是猖獗到了一般人难以想象的地步，出现了由走私“专家”组成的有严密组织和垄断的经济实力的国际化走私托拉斯。现代走私的发展大趋势为：集团化、专业化。如福建赖昌星案，该犯罪集团就从走私业中获取了巨额利润。

（3）赌博。在许多国家，赌博是合法的，但控制赌博是非法的，而控制赌博是典型的有组织犯罪的传统“项目”。如美国黑手党从控制赌博中每年可获得200多亿美元的收入。有组织犯罪参与赌博的方式是控制和垄断赌博业。犯罪集团或以咖啡馆、酒吧、歌舞厅等合法经营场所为掩护设置地下赌场，或者为其他赌场提供保护，收取佣金。在我国，一些有组织犯罪集团同样通过赌博来获取经济利润，如广东中山市以黄耀南为首的犯罪集团开办了“利群典当行”，实际上这是一个赌窝，在赌场上输钱的人可以将贵重物品典给“利群典当行”，“利群典当行”设定专职人员负责“讲数”和“收钱”，以确保赢家能拿到钱，输家不敢赖账。

（4）控制卖淫。这也是有组织犯罪的传统项目，因为在这个行业中，也有暴利可图。欧洲有组织犯罪者每年从卖淫活动中赚来的钱比许多第三世界国家的全部收入还要多。如在法国，单是卖淫一项的收入就超过了该国50家最大公司的总的利润。犯罪集团把持着色情场所，负责对付外来干扰力量和控制卖淫女的行动。同时，有组织犯罪控制卖淫与卖淫业依附有组织犯罪是互为表里的，黑道帮派或充当皮条客，征收保护费，或自营淫业。

此外，有组织犯罪追逐经济利益的活动领域，还有放高利贷、废物处理、电脑犯罪、信用卡诈骗、伪造钞票等。

3. 追求垄断，帮派与帮派之间，由火并而联合，由联合而火并，循环不已

典型的有组织犯罪，其犯罪集团庞大，潜伏着巨大的犯罪能量。因此，在一

定条件下，犯罪集团可以对某一地域、某一行业的犯罪实现垄断。它能有效地以组织的力量消除个体犯罪间的纷乱、争斗等，但并不是说它就不存在竞争和冲突了，相反，典型的有组织犯罪消除的只是个人犯罪的争斗，集团间的竞争是随时随地都存在的。犯罪垄断正是火并与流血竞争的结果，由火并而联合，由联合而火并，循环不已。

4. 有组织犯罪活动的基本手段是暴力、恐怖和贿赂腐蚀

典型的有组织犯罪的形成与扩充，都是依靠暴力的整合而壮大。一些传统的有组织犯罪，如抢劫、敲诈勒索、收取保护费等，离开了暴力行为的实施将“一事无成”。至于贩毒、赌博、卖淫等能给有组织犯罪带来巨额利润的非法行业，黑社会组织之间因争夺其垄断权而进行竞争，从而引发“黑吃黑”的火并。我国有组织犯罪集团也是暴力先行，通过暴力不断壮大。沈阳刘涌犯罪集团，从1995 年初步形成至 2000 年 7 月被消灭，共作案 47 起，打伤打残达 42 人，可见其暴力的凶残。

从一般意义上讲，恐怖组织属于有组织犯罪的范畴。而在当今世界，大大小小的恐怖组织多如牛毛，估计有 1000 多个。恐怖活动的通行方式是爆炸、劫机、暗杀、绑架人质等，并且一般都带有政治色彩，在大多数情况下与国际犯罪集团有关。

典型的有组织犯罪对外使用暴力，特别是对司法人员、政府官员实施暴力，首先是进行恐吓，最后不得已才真正使用暴力。一旦确定要使用暴力，其暗杀的行动会在光天化日之下进行，制造出尽可能大的影响，让最多人知道，目的在于制造恐怖感。在黑社会看来，对于一个人的处罚和报复本身就是自己能力强大的显示，如果暴力恐怖活动不为人知，那这次行动尽管杀了人也不是一次暴力活动，因为它没有达到恐怖的目的。

同时，有组织犯罪的普遍存在和兴盛，最终还是要取决于它为使其活动得到保护而能够与警察部门、司法机关以及地方和国家政府建立关系。这是无数事实早已证明了的。因此，有组织犯罪的贿赂腐蚀行为，早已在相当广度和深度里展开。在美国，甚至有人认为有组织犯罪“有更大的权势，它对地方政府的控制比地方政府对它的控制更多”。有组织犯罪通过贿赂、佣金、竞选捐款等来收买警察、行政官员、检察官、法官、议员、新闻记者等，条件是他们“装聋作哑”。这种贿赂成为对关系双方都有好处的事。有组织犯罪通过贿赂合法企业主管人员以便在价格、原料、质量等方面进行不正当竞争，取得更大的利润。总之，当今有组织犯罪通过人力、恐怖和贿赂腐蚀等手段，聚积着巨大财富，并向高层次的国家权力部门渗透，从而使有组织犯罪在许多国家已成为该国政治、经济及社会的一个重要部分。

(三) 有组织犯罪的类型

有组织犯罪是一种极其复杂的社会现象，要想掌握有组织犯罪的本质及其产生原因，有必要对有组织犯罪进行科学分类，因为对有组织犯罪类型的研究是深入研究有组织犯罪的必要步骤。目前，世界各国的有组织犯罪呈现出类型的多样性、复杂性、常变性等特点，除了传统型的有组织犯罪外，不断出现新的有组织犯罪类型。由于研究角度和研究方法不同，对有组织犯罪类型的划分也是各不相同。

在美国，有的犯罪学家把有组织犯罪分为四类：其一，指通常多以青年为代表的所谓匪帮，这种匪帮由某个首领人物控制，经常乐于从事惊险性的犯罪活动。其二，组成犯罪的联合组织，即通常的非法企业组织。其三，通常被称为歹徒的流氓集团，该集团经常有计划地从事各种秘密交易和黑市买卖以及威胁、诈骗等活动，并以此为职业。其四，收买政治家或警察而使其领取不义之财的集团。有的犯罪学家从具体行为的角度，将有组织犯罪的类型分为赌博、贩卖毒品、高利贷、合法的买卖、工会、卖淫和违禁酿造贩卖酒等类型。在我国，有的犯罪学家将有组织犯罪划分为三种主要类型，即传统型（或黑手党家族型）、职业型和种族型。我们认为，对有组织犯罪进行分类，可以根据其基本特征和不同的标准，作出多种类型的划分，而不必将其限制在某一角度或者某一标准上，只有这样，才能对有组织犯罪的类型产生较为全面具体的认识。邓又天教授、李永升副教授在其《试论有组织犯罪的概念及其类型》一文中，根据有组织犯罪的基本特征等将有组织犯罪划分为六类，具体为：

1. 自然人构成的有组织犯罪和法人构成的有组织犯罪

这是从有组织犯罪的主体成分上来划分的，所谓自然人构成的有组织犯罪是指 3 个以上达到法定年龄、具有刑事责任能力的人勾结在一起所从事的有组织犯罪。这类犯罪的特点是作为有组织犯罪的主体必须是自然人，并且根据各种具体犯罪对主体年龄的要求不同，能否构成有组织犯罪的情形也不一样。例如，构成有组织的抢劫犯罪集团，只要是年满 14 周岁的自然人即可构成；而对于有组织的盗窃集团而言，则必须是年满 16 周岁的自然人才能构成。所谓法人构成的有组织犯罪是指包括法人在内的三个以上的犯罪主体，为了共同实施某一种或多种犯罪而相互结合在一起所从事的有组织犯罪。

2. 单一型有组织犯罪和混合型有组织犯罪

这是根据有组织犯罪的活动性质来划分的。前者又可称为专门性有组织犯罪，是指犯罪组织的成员结合在一起长期从事某一方面的犯罪活动。特点在于犯罪组织实施犯罪性质的单一性，由于它们长期从事专门的犯罪活动，因而作案经验丰富，成功率较高，逃避侦查的能力也较强。后者又可称为综合性的有组织犯罪，是指某一犯罪组织在实施具体的犯罪活动中，同时或先后触犯了刑法所规定的多种罪行。特点是犯罪组织实施的活动具有多样性、复杂性，手法灵活，胆大妄为，比单一型有组织犯罪社会危害性更大。

3. 区域性有组织犯罪、跨地区有组织犯罪、跨国性有组织犯罪

这是根据有组织犯罪的活动范围来划分的。区域性有组织犯罪是指某一犯罪组织长期盘踞在某一地区从事某种或多种犯罪活动。特点是犯罪分子利用家庭、社会恶势力等为依托，长期在某一地区进行各种违法犯罪活动。跨地区有组织犯罪是指某一犯罪组织的活动范围不仅局限于其发源地，而且不断向周边地区拓展、扩散，兼跨数个不同地区。这类犯罪因活动范围广，流动性强，因而社会危害性也更大。跨国性有组织犯罪是指某一犯罪组织已经超越了国界，在国家与国家之间、国家与地区之间从事大规模有计划的犯罪活动。由于这类有组织犯罪跨越了国界，活动区域更为广泛，加之组织严密，心狠手辣，所以说这种类型的有组织犯罪是最危险的一类犯罪。

4. 松散型有组织犯罪、紧密型有组织犯罪和网络型有组织犯罪

这是从有组织犯罪的结构形式的结合程度来划分的。

松散型有组织犯罪，是指那些组织较为松散，但有某种程度的固定性的犯罪团伙所实施的犯罪。特点是：（1）有一定的组织形式存在，但基本成员不稳定，时分时合，组织结构松散；（2）没有明确固定的从属关系，没有较为细致的组织分工；（3）目标不明确，目的性较差，作案带有很大的随意和偶发性；（4）没有明确的纲领、计划和共同遵守的组织纪律，主要依靠成员之间的相互需要来维持；（5）从事犯罪活动一般都带有多样性，活动范围广；（6）有惯犯或累犯参加，容易向犯罪集团发展。

紧密型有组织犯罪，是指那些组织形式完备、内部结构严密、反侦查能力很强的集团犯罪组织所实施的犯罪。特点是：（1）人数较多，重要成员固定或基本固定；（2）有严密的组织形式，内部结构紧凑，有严格的组织纪律，有明确的组织分工；（3）实施犯罪活动有预谋、有计划、有分工，目标明确，目的性强；（4）有明显的首要分子，整个犯罪团体的活动基本上都是在其操纵下实施的；（5）对社会构成的危险性和对社会造成的危害性都极大。

网络型有组织犯罪是指由多个犯罪集团或犯罪团伙相互交织在一起所从事的各种有组织的犯罪活动。特点是：（1）参与某一犯罪活动的主体不仅仅是多个人的纠合，而是多个犯罪组织的结合；（2）这些犯罪组织沆瀣一气，相互勾结，有广泛的组织联系，活动能量大，具有特别强的自我保护能力；（3）这类犯罪人数多、分布广、组织内部结构紧密、等级森严，因而对社会构成的威胁和造成的危害，非单个犯罪组织能比，具有特别严重的危险性。

5. 营利型有组织犯罪、破坏型有组织犯罪、腐蚀型有组织犯罪、恐怖型有组织犯罪和滋扰型有组织犯罪

这是根据有组织犯罪追求的目标和行为表现方式来划分的。营利型有组织犯罪是指三人以上以获取非法经济利益为目的而建立起来的犯罪组织所实施的犯罪行为。破坏型有组织犯罪，是指三人以上专门以实施某一方面的破坏活动而建立起来的犯罪组织所实施的犯罪行为。腐蚀型有组织犯罪，是指三人以上为实施某种犯罪以拉拢、腐蚀为目的建立起来的犯罪组织所实施的犯罪行为。恐怖型有组织犯罪，是指三人以上以专门从事恐怖活动为目标建立起来的犯罪组织。滋扰型有组织犯罪，是指三人以上以从事扰乱正常的社会管理秩序为目标而建立起来的犯罪组织所实施的犯罪行为。

6. 危害国家安全的有组织犯罪、危害公共安全的有组织犯罪、破坏经济秩序的有组织犯罪、侵犯公民权的有组织犯罪、侵犯财产权的有组织犯罪、妨害社会管理秩序的有组织犯罪、危害国防利益的有组织犯罪、妨害国家机关正常管理活动的有组织犯罪

这是根据有组织犯罪侵犯的社会关系不同来划分的。

危害国家安全型有组织犯罪是指以危害国家的生存和发展为目标而建立起来的犯罪组织所实施的犯罪行为。如有组织地分裂国家、颠覆国家政权、武装叛乱、暴乱和间谍等。

危害公共安全型有组织犯罪是指以故意危害不特定的多数人的生命健康以及重大公私财产安全为目标而建立起来的犯罪组织所实施的犯罪行为。如有组织地破坏交通工具、交通设备、组织领导和积极参加恐怖活动组织的犯罪等。

破坏经济秩序型有组织犯罪是指以故意破坏国家经济管理活动，以扰乱市场经济秩序为目标而建立起来的犯罪组织所实施的犯罪行为，如各种类型的造假、售假、走私、金融诈骗集团等。

侵犯公民权型有组织犯罪是指以侵害人权为目标而建立起来的犯罪组织所实施的犯罪行为。如有组织地杀人、伤害犯罪、拐卖妇女、儿童的犯罪、绑架集团等。

侵犯财产权的有组织犯罪是指以非法攫取社会财富为目标而建立起来的犯罪组织所实施的犯罪行为。如抢劫集团、盗窃集团、诈骗集团等。

妨害社会管理秩序的有组织犯罪是指以侵犯国家对社会的正常管理活动为目标而建立起来的犯罪组织所实施的犯罪行为。如流氓集团、贩毒集团所实施的犯罪行为及非法偷渡活动等。

危害国防利益的有组织犯罪是指以危害国防利益为目标而建立起来的犯罪组织所实施的犯罪行为。如有组织地破坏武器装备、军事设施、军事通信、冲击军

事禁区、扰乱军事禁区秩序等。

妨害国家机关正常管理活动的有组织犯罪是指以破坏国家机关正常管理秩序和廉政制度为目标而建立起来的犯罪组织所实施的犯罪行为。如内外勾结、沆瀣一气的集团贪污、有组织的集体私分国有资产等。

二、有组织犯罪的心理基础

（一）非法心理需求是有组织犯罪心理形成的基础

非法心理需求是人们在实际生活中追求法律所禁止的事物在主观上的反映，是与社会需求、国家需求相对抗的一种个体需求。大部分犯罪分子走上犯罪道路都是非法心理需求不断膨胀，打破了个体心理需求与社会、国家需求的平衡所致。有组织犯罪心理是众多个体非法心理需求的有机组合，是经过犯罪嫌疑人之间非法心理需求的相悦、相交、稳定之后形成的，是一个较为复杂的过程。非法心理需求的社会属性接近且相悦是有组织犯罪心理形成的前提。其主要指个体非法心理需求的社会生活中的表现和特点。社会地位、背景、经济基础相同的有犯罪倾向的人，一般非法心理需求的社会属性比较接近，他们在社会生活中多被人看不起，内心较孤独，都有自暴自弃的念头，对社会的认知容易产生相同的看法，并因此一拍即合。

非法心理需求的个人属性相似是有组织犯罪心理形成的关键，是指个体非法心理需求所特有的、区别于他人的独立社会属性之外的一种心理需求。一般来说，有组织犯罪成员的世界观、人生观、价值观都非常相似，兴趣爱好都较一致，他们争强好胜、心胸狭窄、不良嗜好较多，因而臭味相投，结交在一起，逐步形成犯罪组织。

（二）异常的摄取欲和发泄欲是有组织犯罪心理形成的动力

一般来说，有组织犯罪的目的和动机无外乎摄取和发泄。摄取主要是不择手段地摄取财物和地位；发泄主要是发泄情欲和对人或社会的不满。几乎所有的有组织犯罪都兼备摄取和发泄的心理，且表现为极端的强烈和不正常。

摄取欲和发泄欲共同发作或加剧时，便形成共同犯罪动机。而摄取欲和发泄欲的互感则加速共同犯罪动机的结合。有犯罪倾向的个体，一旦相互交流、感染摄取欲和发泄欲，便会立即产生共同的犯罪动机，去实践和亲身体验感受。同时，摄取欲和发泄欲的膨胀则加速了共同犯罪动机的发展。有组织犯罪的发展都是摄取欲和发泄欲无休止膨胀的过程，有组织犯罪因这两种欲望而产生、发展。有组织犯罪的疯狂性，很大程度上是由摄取欲和发泄欲的膨胀造成的。这两种欲望的膨胀，使犯罪成员的犯罪热情越来越高涨，组织性越来越强，结合得越来越紧。

（三）强烈的反社会意识是有组织犯罪心理形成的归宿

反社会意识是有组织犯罪心理的一个重要组成部分。它的形成是有组织犯罪从自然到自觉的过程，它不是“与生俱来”的，是犯罪组织在反复的犯罪活动中，屡遭打击处理而逐渐形成的。松散的犯罪组织反社会意识并不十分明显和自觉，随着犯罪组织的不断严密，犯罪活动的不断加剧，为了提高成功率，逃避打击，犯罪组织反社会意识逐步明显和自觉。

反社会意识的形成是有组织犯罪主观恶性程度不断加深的结果。有组织犯罪是一种积极犯罪，主观恶性心理非常明显。反社会意识的形成使有组织犯罪成员心理相对平衡和稳定。可以说，有组织犯罪成员最初并不是因为反社会而走到一起的，起初这种意识并不十分明显，因此，在实施犯罪的过程中心理也都出现过慌乱和反复，一旦成员之间都形成了反社会意识，那么成员的犯罪心理便开始相对平衡和稳定，同时使他们觉得无路可退，只能越陷越深，反社会意识不断增强。

（四）社会变迁过程中的社会弊端是有组织犯罪心理形成的“土壤”和“温床”

社会变迁是社会自我完善的过程，这种过程不是尽善尽美的，总会出现一些漏洞和弊端，特别是恃权而富的腐败现象，给有组织犯罪的生成与存在带来了缝隙。

有组织犯罪是社会消极因素的最集中反映。社会上的高消费，使犯罪分子也产生高消费的欲望和想法，没有合法渠道，就靠盗、抢满足这种心理需求。社会不正之风如黄、赌、毒等，都是诱发犯罪心理的因素。社会弊端使有组织犯罪心理得以萌芽。社会控制能力减弱，很容易使非法心理需求没有遮拦地产生和膨胀，人口大流动使一些有犯罪心理动机的人不经过任何障碍就得以纠合。

社会不正之风和腐败现象使有组织犯罪心理得以强化。一些领导干部和一些先富起来的人用不正当手段攫取钱财，过着穷奢极欲的生活，刺激了犯罪分子，导致其心理不平衡，强化犯罪分子的心理和胆量。有些有组织犯罪成员交代，我们抢的没有腐败分子贪的零头多，我们奸淫妇女没有腐败分子的“二奶”多，他们有权，我们有胆。还有的领导干部腐败，被一些犯罪分子利用，充当了有组织犯罪的保护伞，这就更使有组织犯罪猖狂犯罪，有恃无恐。

三、有组织犯罪的心理特征

有组织犯罪人生价值观的转变与其心理原因密不可分。所谓有组织犯罪的心理，是指犯罪组织成员之间，成员与组织之间的意向、动机、目的相互影响，而成立的适合于犯罪的价值、态度、行为方式总和，有组织犯罪心理具有以下特征：

（一）有组织犯罪心理是犯罪组织成员的共同价值、态度和行为方式的总和

其中共同的价值和态度反映了犯罪组织的心理基础；共同的行为方式是其共同的犯罪心理的外在表现。共同的心理特点表现为心理相容，关系融洽，配合默契。在有组织犯罪活动受挫或败露后，成员之间往往相互袒护、攻守同盟。所以，有组织犯罪心理是以犯罪组织面貌出现的心理状态。

（二）有组织犯罪心理具有组织界限性

有组织犯罪有自己固有的组织界限，内外分明。每一个成员均是向内，自觉维护本犯罪组织的共同利益。这种犯罪组织的心理的组织界限往往导致不同的犯罪组织之间的心理冲突。此外，有组织犯罪实行严格的独裁统治，有严格的规范和等级观念。每名成员都有各自的角色地位，组成了金字塔式的层级管理模式，一旦违反都将遭到严酷的制裁。严格的等级、规范观念和纪律约束是有组织犯罪得以延续和生存的重要心理因素。

（三）有组织犯罪心理是适合于有组织犯罪的心理倾向

有组织犯罪心理，不论其组织规模大小，都不是一个独立的心理实体，而是表现为犯罪组织的价值、态度以及适合于组织犯罪的气氛，倾向集团的行为定势。这种有组织犯罪心理的产生，取决于有组织犯罪成员之间的相互交往、共同的价值观念和以集团凝聚的行为准则为核心的依附关系，组织成员在同一刺激作用下，产生感情、态度、动机、意向的共鸣，由此出现以个体心理反应为基础的集团心理，形成一种适合于有组织犯罪的氛围。有组织犯罪心理是成员犯罪心理的集中反映。有组织犯罪成员之间相互模仿、攀比感染会生成一定的社会心理现象，并在此基础上出现一种融合组织成员共同心理特征的集团心理。犯罪组织心理的出现，正是这一过程的集中反映。

第四节　集群犯罪心理

一、集群犯罪的概念

集群犯罪是一种人们在激烈互动中自发产生的，无指导、无明确目的、不受正常社会规范约束的、由众多人的狂热行为导致的犯罪。集群犯罪是群体犯罪的一种特殊形式。目前，我国刑法中尚未将集群犯罪列为一种独立的犯罪形式，而把它与集团犯罪，一般共同犯罪归并到一起，统称为共同犯罪。近些年来，有些

研究者为了将这类有许多人参与的事件与个人或少数人挑起的暴力事件区别开来，而称为“群体性事件”。

事实上，集群犯罪与有组织犯罪，如团伙犯罪、集团犯罪有很大不同，可以归纳为以下三个方面：第一，集群犯罪发生时往往人数较多，他们互不相识，偶然聚集在一起，缺少事前的沟通、交往与联系；第二，集群犯罪除极少数别有用心的首犯、实施犯之间有一定联系和组织外，从整体上说，绝大多数参与者之间无组织联系，属于乌合之众，一旦犯罪事件结束，便自动解散；第三，集群犯罪往往由偶然事件诱发，绝大多数参与者之间无预谋和通谋，具有很强的情景性和情绪色彩。

二、集群犯罪的类型

关于集群犯罪的类型，可以因研究的需要，根据不同的标准进行分类。比如，根据有无预谋，可将其划分为情境性集群犯罪和预谋性集群犯罪。情境性集群犯罪，是由于受到偶然事件和特定情境的诱发而发生的，事先无明显征兆，具有较强的突发性和偶然性，如足球场暴力事件。预谋性集群犯罪，一般事先有预谋，并且有一定的组织和相对明确的目的，往往是在一群为首者阴谋策划和煽动下发生的。

此外，以有无政治目的为标准，还可以将其划分为政治性集群犯罪和非政治性集群犯罪。前者带有一定的政治目的，或虽由一般社会问题引起，但受到政治阴谋分子的利用和操纵，显示出浓厚的政治色彩。后者则不带有政治动机，没有政治企图，如街头暴力事件、哄抢及经济原因引起的闹事事件等。

目前，在我国发生的集群犯罪大体上有以下五种类型：

（一）足球场暴力事件

近年来，我国足球场暴力事件虽然还不像西方国家那样普遍和突出，但也是经常发生，且日趋严重。

（二）街头暴力事件

多为聚众滋扰、斗殴和侮辱妇女等事件，扰乱公共秩序。

（三）聚众械斗事件

在农村因为争山林、水面、滩涂、草场、水利等的所有权和使用权，引起某些农民之间进行械斗。有些厂矿企业低价征用农民经营的土地，使农民感到吃了亏，或者工厂“三废”污染影响人畜健康和农作物生长，也会引起农民与工人之间发生械斗。此外，某些城镇和农村之间，城市居民和外来民工之间以及不同宗教信仰、不同民族生活习惯的居民之间发生械斗的情况也时有发生。聚众械斗事件往往规模大、人员多、影响面广、危害后果严重。其目标取向可能会转向群体性维权，将直接与政府相关。例如，2009 年海南省东方市感城镇发生的“东方事件”等。

（四）哄抢及经济原因引起的闹事事件

当前比较突出的是因集资款、非法传销、农民负担、职工下岗等经济和社会因素，导致多人集聚在街头、道路等公共场所，甚至发生打、砸、抢、烧等暴力事件。例如，2008 年贵州的瓮安事件、2009 年湖北的石首事件。

（五）政治动乱或骚乱事件

此种类型的集群犯罪大多带有一定的政治目的，或虽由一般社会问题引起，但受到政治阴谋分子的利用和操纵，而显示出浓厚的政治色彩。尽管这些事件具有严重的政治动乱性质，但多数参加者仍然是无组织的自发行为。

三、集群犯罪的心理特点

（一）去个性化

所谓去个性化，是指个人在群体中丧失自我控制，失去个体感，其心理和行为完全与人群统一起来。在集群犯罪中，以共同兴趣、目标、利益为中心构成的人群随着情绪感染与行为互动的增强，个人完全失去了独立人格，而以集群行为为中心，融合到人群的狂热情绪之中。

（二）非理性

处于集群犯罪行为中的人，在激烈气氛的作用下，情绪高度激动，目光局限在狭窄的范围内，缺乏理智的思考，丧失判断能力和推理能力，失去自制力，从而会采取本能性的行为，以爆发性的行为方式发泄自己的情绪和欲望。

（三）暗示和模仿

暗示是人与人之间的心理互动。它是在非强迫的情况下，暗示者以有意或无意的语言、动作、表情或符号，对他人心理和行为产生影响；受暗示者则无批判地接受暗示者发出的信息并按照所暗示的方式从事一定的活动。模仿即再现他人的行为。在集群犯罪中由于暗示和模仿的作用，共同行为得以发生。在这种情形下，人们的判断能力有所削弱，使个体具有高度的受暗示性，而且产生了将被暗示的感情和思维直接转化为行为的倾向。

（四）匿名性

个体在参与集群犯罪行为时，之所以敢于肆意破坏社会准则，往往是因为个体觉得自己是一个匿名者，做出违反社会规范的行为不会被人发现，或者不会追查到自己而受到惩罚。这样，匿名性就助长了个人的冒险心理，使参加集群犯罪者敢于做出平时不敢做出的行为来。

（五）无责任性

集群犯罪行为中，参加者感到反社会行为是以整体出现的，责任落在众人身上，或分散在每个人身上，个人不会承担因集群犯罪行为造成的不良后果而招致的惩罚，即使惩罚也不会对参加的每个人都加以处理，因而解除了个人对行为的责任感，随意放纵言行，胆大妄为，无所顾忌。

四、集群犯罪行为的发生过程

（一）人群聚集

集群性事件的第一阶段，是许多人为某一感兴趣的问题而聚集到一起，并且发生直接的、面对面的接触和互动。由于共同关心某一热点问题，容易造成思想和情感的一致。而此时人们的目光限制在小的范围内，不易接受其他信息，不去考虑相关的事情。这样就为集群犯罪行为的发生奠定了心理基础。

（二）刺激和暗示

一群人聚集在一起，在探求事实真相和谋求解决方式的动机驱使下，注意力集中在共同关心的问题上，人们互相刺激和暗示，寻求对事件的了解和应付事件的对策。与此同时，个体易于接受他人的影响，流言开始占主导地位，个体因缺乏足够的信息和恰当的引导，不知不觉地就会在知觉、判断上表现出与多数人相一致的从众现象。人们变得特别敏感起来，极易接受别人的暗示，产生感情冲动和狂热。

（三）情绪感染

在人群密集的场合下，处于高度暗示状态的人们情绪极易感染，使人群达到狂热的状态。情绪感染是通过语言、表情、动作等方式引起他人相同的情绪的一种情绪模仿现象。情绪感染以两种方式进行：

1. 循环式感染

循环式感染是指一个人的行为激发了他人的情绪，使他人激动起来，他人的情绪反过来又感染自己，激起更加强烈的情绪。

2. 连锁式感染

连锁式感染是指一个人的情绪感染了另一个人，另一个人的情绪又感染了第三个人，如此接二连三，使整个在场的人都受到感染而激动起来。

情绪感染能够吸引和影响许多人，也许有些人原本是无动于衷的旁观者，由于情绪感染的结果，使他们也由最初的好奇或兴趣，而深深卷入情绪激动和狂热行为之中。

（四）情绪爆发

情绪感染引起人们之间相互刺激，相互模仿，使情绪的激烈气氛迅速传遍整个人群，情绪的激烈程度急剧增强。由于群情激奋，愈演愈烈，逐渐使无组织的人群形成一个有共同意向、共同追求和共同态度的既松散而又紧密的集合体，热烈的气氛笼罩着整个人群，最后便导致情绪的爆发，引起狂热的冲动行为。这时，人们会狂呼乱叫，手舞足蹈，充分发泄潜在的各种情绪，使许多人丧失了自我控制能力，出现了“去个性化”现象。在这个时刻，如果有人率先冲破道德和法律规范的约束，作出越轨或破坏性行为，其他人就会跟着干。由于从众效应的作用，越轨行为不断升级，犯罪行为的发生自然在所难免。当整个人群的情绪发泄完毕，或因军警强行制止，事件才会趋于平缓和结束。

延伸阅读

网络群体性事件

网上“一呼百万应”现象

“在网络上，一个普通人就可能做到‘一呼百万应’。”“百万级点击率”的“网上群体性事件”屡见不鲜。一类如“南京天价烟房产局局长事件”、“张家港官太太团出国事件”、“贫困县县委书记戴52万元名表事件”和“云南躲猫猫事件”等。以2008年11月的“干部出国旅游清单”事件为例，2009年2月在网上搜索，仅“温州赴美考察团”一项，相关网页就高达八万多个。仅一条相关新闻的网页，网民评论就高达8098条。在相关部门对事件涉及干部作出免职等处分后，这一网上群体性事件才告一段落。另一类，比如汶川特大地震中，网民对参与救援干部的好评铺天盖地；中国向索马里派出护航舰队等事件，在网上均引起了“百万级的点击”。

公权力大、公益性强、公众关注度高的“三公部门”和其中的公职人员，极容易成为网络热点新闻炒作的焦点。“史上最牛”的“三公部门”型的网络事件，溯其本源其实就是公共部门和公职人员“涉腐”“涉富”“涉权”等三类事件。在当前社会处于转型期背景下，人们对于公权力如何参与社会利益的调整非常敏感，因此才会对这些网络事件如此关注。

“网上群体性事件”有新趋势

有关专家对近几年发生的十多起互联网内外的“群体性事件”分析后发现，这些事件有三种类型，并呈现出网上、网下群体性事件联动的特点。

一是“现实与虚拟并存型网上群体性事件”。如重庆、三亚等地发生的出租车司机罢运，先是出租车司机小规模群体性抗议，同时一些人把相关情况散布到互联网上引起更多人关注，随后形成了两个更大规模的群体性事件，即现实社会的全城出租车司机罢运，与网上以出租车司机为主要话题的群体性讨论。这两个事件互相“感染”，增加了事件对抗性。

二是“现实诱发型网上群体性事件”。如“周久耕事件”，直接诱因是南京江宁区房产局原局长周久耕在会上发言，反对房地产商降价以及抽名贵烟。他的言行引发了网上持续热议，主要矛头集中到官员的职务消费上。现实社会并没有发生群体性对抗，而网民在网上则形成了强大的“表达对抗”。

三是“现实诱发网内网外变异型群体性事件”。如奥运火炬海外传递中，某留学生高举“藏独旗帜”遭到网民强烈谴责，引起了网上大规模的群体性抗议，然后逐步升级到“人肉搜索”，当得知其父母的住处后，一些网民聚集到那里抗议，在各方劝阻下事件才得以逐步平息。

第九章

不同犯罪类型的犯罪心理

第一节　财产型犯罪心理

一、财产型犯罪心理概述

（一）财产型犯罪的概念和种类

财产型犯罪也称物欲犯罪、利欲犯罪，是指犯罪人出于贪利动机，采取抢劫、盗窃、诈骗、敲诈勒索、走私贩毒、贪污受贿等非法手段，攫取公私钱财、物质，满足自己欲望的犯罪行为。财产型犯罪无论是在经济发达的国家，还是在经济落后的发展中国家，始终是刑事案件中主要的犯罪形式，在我国历年的刑事案件统计中始终居于首位。

财产型犯罪的种类主要有：盗窃犯罪、抢劫犯罪、诈骗犯罪、走私犯罪、经济犯罪等。

（二）财产型犯罪的动机

财产型犯罪动机，是指指引、维持主体采取非法手段获取公私财物以满足自己钱、财物欲望的行为动力。它是由主体畸形需要激起的内在动力与适宜犯罪的情景产生的诱惑力互相作用的结果。它是内驱力推和外力拉两种作用相结合的产物。

1. 动机产生的心理背景

在我国改革开放过程中，法律的不健全刺激了一部分人为了满足私利欲望而冒险犯罪。同时，新旧文化冲突，价值观念更替，外来观念文化渗入，使社会各个方面都在激烈地动荡之中，特别是社会控制管理方面的不完善，也刺激一些犯罪人的贪婪之心。这些现象给贪污、贿赂、走私等犯罪提供了机会。因此，以权谋私、贪污受贿、出卖肉体、盗窃公私财物等，成为“致富”手段。

2. 财产型犯罪动机的心理机制

（1）内在犯罪动机的形成。不切实际的对钱、财、物质的畸形需要是犯罪动机形成的内在动机。不切实际的金钱物质的需要，经过刺激、引诱，便形成了犯罪的内在驱动力——动机。犯罪分子受他们的人生观、价值观及其生活目标制约。他们错误的人生观、价值观、生活目标集中表现在贪图享受，追求实惠，他们的犯罪行为都是在物欲动机、金钱动机驱使下产生的。这种极端错误的价值观与生活态度构成他们个性心理的一部分，影响了他们对客观事物的正确选择和积极生活的态度，使他们对发展、变迁中的社会现象不能作出正确理解，因而又巩固了犯罪动机。

（2）外在的犯罪诱因。在利欲动机形成的过程中，起关键作用的是诱因，欲望是内心的一种主观意念，有了外在的诱因条件时，人才能为满足欲望采取行为，愿望才表现为活动动机去推动行为达到目标，否则就不能成为活动因素，不能导致满足需要的行为。心理学家认为，“凡是能引起个体动机的刺激或情境，都称之为诱因”。它可以是具体事物，也可以是事物的表象或概念。随着改革开放和社会的发展，经济收入增多，居民家庭人口向小型化方向发展，住房条件改善，向小区化、高楼化、单元化方向发展，与传统的居住方式，家庭结构模式相比，人际关系不断削弱，邻里之间交往减少，同住一单元，来往不相识，互不关心，居民的防范意识淡薄，心理松弛，对犯罪的控制能力逐渐下降。所有这些为犯罪分子作案在客观上提供了时间、空间所具备的条件，成为他们满足利欲的动机诱因源。

（三）财产型犯罪心理的一般特征

1. 财产型犯罪的动机特点

财产型犯罪动机追求的是金钱、财物、享乐腐化，既满足本能需要，又能高档次享受，过上“幸福”生活。他们满足私欲的动机，本身就与社会要求，大众生活水平相冲突，是脱离现实的奢望，靠自己的劳动和其他合法收入是不能满足的。对那些认识偏颇、思想不端正的人来说，只有违法犯罪才能获得“外财”，实现“马无夜草不肥，人无外财不发”的梦想。因此，财产型犯罪的动机特点集中表现为满足本能需要、追求高档享受。

2. 财产型犯罪心理的认知特点

极端财产型犯罪人容易感知那些阔绰的生活方式。他们由羡慕到追求的认知过程，往往不考虑个人的经济能力和奢华生活是否符合社会主义初级阶段的要求，不考虑国家现阶段的政策是否允许，更不想通过合法手段提高收入，相反，把自己的经济收入不及他人归罪于社会，归罪于改革开放，以至于形成反社会心理。

从认知能力水平来说，这类犯罪人不一定都低于常人，主要是他们的观点、人生观是腐朽的，对问题的认识是偏激、片面的。单从他们作案的技能来说，盗窃犯、抢劫犯往往在作案前都要进行调查研究，如多次踩点、选择时间、地点、路线、对策和转移方式等。有的要考虑改造、伪装现场，撬门毁锁等技巧；有的犯罪分子也要研究心理学，观察、掌握各类人的心理动态。所以这类犯罪分子的根本问题是思想意识的反社会性。

3. 财产型犯罪心理的情绪和意志特点

财产型犯罪人情感淡漠，情绪不稳定，意志方向不确定，行为目的是贪利欲望的满足。他们重利轻义，对看准的金钱、财物倾心向往，垂涎三尺，以致失去人性，对被害者缺乏同情和怜悯之心。

比如盗窃犯罪人多数是从小偷小摸开始，成功了沾沾自喜，成功多次之后，满足了虚荣心，巩固了信心，这样的人很少主动洗手不干，改造也较难，形成恶习，易成累犯、惯犯。他们在改恶从善的道路上，意志表现薄弱，不坚定，不能自控，而且有坚定的犯罪意志。

4. 财产型犯罪人个性特点

财产型犯罪人个性特点表现为不良的个性倾向和消极的性格特征。财产型犯罪的个性倾向性表现为错误的人生观、价值观、个人主义、享乐主义或拜金主义，性格倾向于消极方面。从气质特点看，盗窃犯倾向于粘液质、多血质方面的特性，抢劫犯倾向于胆汁质方面的特性，而诈骗犯倾向于多血质方面的特性。

（四）财产型犯罪的行为方式

财产型犯罪的行为方式因人而异，与犯罪人的生理、心理条件和客观环境相关。一般地说少年犯多是通过偷扒的方式满足自己的欲望，如“收晒”“钓鱼”“顺手牵羊”等方式；青年犯罪人多是通过盗窃、抢劫、诈骗、贪污、走私等方式满足贪利欲望。男性犯罪人多采用直接的、主动的、暴力的方式满足欲望。女性多数依附男性，采用诈骗或色相引诱、出卖肉体等方式满足欲望。一般工人、农民、学生、闲散人员、待业人员多采用偷盗、欺骗、抢劫等方式满足欲望。有社会地位的人多采取权力、职务贪污、受贿等方式满足欲望。从事各种不同的职业、技术工作的犯罪人多采用智能化方式满足欲望。总之，都有各自的特长。

故意犯罪都有一个心理准备的过程，围绕“既达到目的，又逃避打击”这一中心。财产型犯罪人趋利避害的过程是：心理准备，找好目标，看准机会，了解分析作案对象的特点，探听内部管理漏洞，确定时间、地点，制订计划，不留作案痕迹，防止意外，准备作案工具等，犯罪人各自根据具体情况，按计划实施犯罪行为，以满足钱、财、物的欲望。

二、盗窃犯罪心理

（一）盗窃犯心理活动的一般分析

盗窃犯罪是指以非法占有为目的，秘密窃取公私财物的行为。这是一种隐蔽方式的财产型犯罪。

近年来，盗窃犯罪的形式、时间都发生了很大变化。以扒窃为例，选择作案的时间：一是上下班高峰期。此时公交车辆上，人多拥挤，个体对外界触碰、挤靠的感受力下降，扒手容易作案。二是节假日期间。商店、车站、公园等地人多拥挤，而且都带有一定的钱物，扒手易作案。三是春秋季节。夏季衣着单薄，易触及皮肉，冬季衣着太厚不易下手；春秋季节人们穿着不厚不薄，户外活动又多，是扒手作案的好机会。

从作案过程与形式上，表现为：（1）作案谨慎小心，先细心观察，看准目标，再迅速下手，盗得钱物，迅速转移，团伙扒窃是将赃物迅速转移给远离被盗者的“无关人”。（2）团伙扒窃形式更多，计划周密，分工明确，相互配合，相互掩护，成功率高，气焰嚣张，危害性特别大。（3）易被扒窃侵害的人群是身上带有钱物，防范意识差和防范能力弱的人。例如，女性常携带皮包装些钱物，钱物与人身分离；老年人对外界事物感知迟钝；外地出差人或农民进城购物，他们都带有现金，人地两生，且注意力多集中于街道景色和琳琅满目的商品上。因而，这些人易被扒手选中，作为侵害对象。

（二）盗窃犯的心理特点

1. 盗窃犯罪心理形成过程是由量变到质变

盗窃犯从贪小便宜或捞外快，小偷小摸开始，逐步发展到偷窃，越偷越想偷，偷的技术越高欲望越大。初次作案得到实惠的心理感到满足、侥幸愉快。他们共同的心理过程是，开始也认为盗窃是犯罪行为，害怕被抓住。心理上有矛盾冲突，行为上也有不协调的地方。经过斗争，心理上消除了顾虑，消除了不协调的因素，例如，“我干得巧妙，不会被抓住”、“我只干一次”或“我是没办法才干这个的”以此自我安慰、自我鼓励。第一次作案后得到满足，犯罪心理得到强化，有可能再犯。盗窃犯极少有因惧怕法律的威慑，或者因来自各方的压力，产生悔过心理，从此洗手不干。

2. 再次作案的盗窃犯心理特征

再次作案的盗窃犯，心理特征突出表现为欲望越来越大，紧张性降低，惧怕心理小于获得的满足感。

盗窃犯容易发展为再犯的原因：（1）犯罪欲望不会一次性满足，人的需要是不断产生、发展的，上次的盗窃只是暂时满足了欲望，随着钱、财的消耗，随之产生新的需要，还会出现新的犯罪动机，内驱力促使再次作案。（2）由于侥幸心理得逞，犯罪人会产生错觉，认为偷窃简单易行，得利快，不易被发现，这就巩固了侥幸取胜心理。

3. 盗窃犯的情绪特点

由于恐惧表现出紧张、动作不协调、神情紧张；偷盗获得成功后禁不住流露出喜悦之情。初犯、偶犯表现明显，惯犯情绪变化不明显，不易觉察。

三、诈骗及贪污犯罪心理

诈骗犯罪与盗窃犯罪、抢劫犯罪是利欲犯罪最典型的三种形式，其他还有贪污贿赂犯罪和赌博、封建迷信等财产型违法犯罪活动。

（一）诈骗犯罪心理

1. 诈骗犯罪的一般分析

诈骗犯罪是指采用虚构事实真相的欺诈方法，骗取被害人钱财的不法行为。诈骗与抢劫、偷盗都不同，诈骗的特点是采用欺诈、诱骗的手段，使被害人产生错误的知觉，好像是"心甘情愿"地把钱财主动交给犯罪人，其实犯罪动机、目的同盗窃、抢劫的性质一样，都是故意犯罪。

诈骗犯罪的社会心理基础有两点：一是诈骗犯罪分子公开打着改革开放搞活经济的旗帜，利用一般人都想增加收入的心理。有的钻空子、拉关系、买空卖空、招摇撞骗；有的利用介绍工作、帮助升学的幌子骗吃骗喝、骗钱骗色。二是诈骗案中大案要案不断出现，诈骗财物数额越来越大。诈骗犯通过诈骗获取巨款后逃到国外，逍遥法外，有的不久重操旧业，这种消极现象滋生了一些人的利欲思想。

2. 诈骗犯罪的认识特征

诈骗犯有腐朽的世界观，自私自利的人生观。诈骗犯根据自己的需要和眼光观察社会、评价社会，有意识、有目的地捕捉可利用的社会信息和政策法规、各种管理中的失误和疏漏，分析人们对国家形势发展的认识、情绪状态，利用人们心理上的弱点寻找不同人的心理规律，研究"投其所好，对症下药"的方法，利用社会上一般人最需求的带趋向性的诱惑力，制造假象，编造谎言，使受骗人中其圈套。例如，有些人想致富，没门路，或文化水平低，或信息不灵通，或本身就是个好逸恶劳的人，诈骗分子利用人们的弱点给以"方便""指路""代办"等骗取钱、财、物。而诈骗分子对自己的犯罪行为缺乏正确认识，认为自己一不偷、二不抢，别人自觉自愿送的办公费、劳务费、介绍费，是从正当途径得来的，不是违法行为。

3. 诈骗犯罪的人格特点

第一，善于伪装，巧妙地掩藏真实动机。骗子善于察言观色，能说会道。善于揣摩人的心理活动，解除受害人的警惕性，投其所好，使受害人受骗。

第二，诈骗犯对人冷酷无情，笑里藏刀。诈骗犯虽然装得笑容可掬，似乎非常关心人、体贴人、乐于助人，实际上骨子里看准的是金钱、财物。诈骗犯口蜜腹剑，缺乏起码的人道主义精神。

第三，诈骗犯对社会现实的态度是消极的。不愿意本分做人，只想投机取巧，过上不劳而获的生活。

4. 诈骗犯罪的能力特征

第一，应变能力强，依靠自己的特长和优势，自我设计，冒充身份，根据情况扮演所需要的角色，自信装什么像什么。

第二，善于应付变化的情境，改变不同的话题，采取不同的诈骗手段。善于见景生情，逢场作戏，胆大细心。行骗时见风使舵，随时修补自己的谎言，具有较强的应急能力，使人不易看出破绽。

第三，善于根据人的心理状态，摸底试探，根据诈骗对象上当后信而有疑、疑而又信的心理特点，或抛诱饵或说服教育，真真假假，山南海北，能言善辩，思维敏捷；还常用情感的强化，消除受骗者心里的疑虑。

5. 诈骗犯罪的行为特征

第一，伪装、虚伪、捏造事实，自我吹嘘，造成被害人的错误认识。

第二，矫揉造作，过分渲染，不着边际，故弄玄虚，使利令智昏者易上当受骗。

第三，骗术只能骗人一时，不能长久，时间上是短暂的。

（二）贪污犯罪心理

贪污犯罪专指国家工作人员、集体经济组织工作人员或其他经手、管理公共财物的人员，利用职务上的便利，侵吞、盗窃、骗取或者以其他手段非法占有公共财物的行为。

1. 犯罪前贪污犯的心理特征

犯罪前心理是犯罪人实施犯罪前的心理活动状况。贪污犯罪主体在实施犯罪前和实施犯罪中，由于需要结构和动机的差异，以及价值取向的不同，他们的心理活动特征，也具有自身的特点。

（1）贪图享受型。这种心理特征的贪污犯罪主体是最常见最普遍的。一些国家工作人员，由于受资产阶级思想的腐蚀和社会上不正之风的影响，一味追求享受，戴洋表、穿洋服、住洋房、泡洋妞成了这些腐败分子的时尚追求。为达到“享受”的目的，就在“权”字上做文章，进行权钱交易。

（2）贪婪成性型。廉者常乐无求，贪者常忧不足，贪污受贿已成为一些掌握实权的党政干部的一种恶习。他们利用党和人民给予的权力，疯狂敛财。原湖南省吉首市市委书记石某某，在 5 个月内贪污受贿金额达 20 多万元。而其同案犯张某某有过之而无不及，作案 43 次，犯罪金额达 110 万元。此案涉及处级干部 5 人，科级干部 8 人，一般党员干部 23 人。在诸如此类的贪污犯罪中，其贪婪性表现得淋漓尽致。

（3）侥幸过关型。贪污犯罪主体在实施犯罪时，也都或多或少地出现过担惊受怕，害怕事情败露而受到惩罚的心理，即使是位高权重的人，或者是老奸巨猾的惯犯，在作案时也都心惊胆战。但是，犯罪人由于贪欲的驱使，在侥幸心理支配下，或认为自己权大，可以遮盖；或认为做得高明，不会被发觉等，踏上犯罪不归路。例如，原湖南省岳阳市商检局原局长苏某某、副局长刘某某等 4 名局领导将 10 余万元商检款转到账外，共同贪污各自分得 3 万余元，就是如此。

（4）投机钻营型。我国目前正处在计划经济向社会主义市场经济的转型期，市场经济体系还没有完全发育成熟。尤其是对市场经济体制起约束作用的法律法规严重滞后，这就使一些国家工作人员钻国家政策和法律的空子，投机取巧，大肆贪污。

（5）铤而走险型。贪污犯罪的人并非都是法盲，大部分人对法律、法规和政策还是有充分认识的，他们也知道，一旦贪污行为败露，轻则受党纪政纪处分，重则受到法律制裁。那么，他们之所以知法犯法，敢于以身试法，关键是狂妄的冒险心理在起作用。例如，原沈阳市常委、副市长马某某多次携公款乘飞机到澳门豪赌，挥霍几百万元，就是在冒险心理支配下所实施的犯罪行为。

（6）贪图私利型。在贪污犯罪中，有相当一部分人，或贪图小利，或追求暴利，或被他人所利用，或被他人拖下水等，逐步走上犯罪道路。以挪用公款方式贪污的案件大都如此。例如，公款使用者许诺在较短的时间内，不但还清公款，而且给予挪用者较高的回报。挪用者以为有利可图，不顾国家法律和财务制度，擅自挪用较大或巨额资金，给国家和单位造成重大损失。

（7）盲目攀比型。有的人是在攀比的心理支配下而逐步走上贪污犯罪道路的。他们看到社会上一些人用不正当手段暴富，一夜之间成了大款，而自己的能力不仅不比他们差，而且要比他们高得多，为什么自己要捧着“金饭碗”受穷？为什么不趁机捞一把？在这种思想驱使下走上了犯罪道路。例如，原湖南电视机厂厂长张某某，他在湖南电视机厂工作的前十年，踏踏实实，兢兢业业，事业上取得了巨大成就。他之所以走上犯罪道路，就是因为攀比导致心理失衡。他在业务往来中，通过和那些个体老板、大款攀比，深感自己太寒碜、太窝囊，想想自己奋斗了几十年，还是一贫如洗，太吃亏了。因此，从世界观和人生观上开始发生了变化，认为自己过去太“谨慎”“保守”，开始解放自己，在短时间内贪污受贿20多万元。

（8）相互仿效型。许多窝案、串案的发生，都是仿效心理支配下去实施的犯罪行为。俗话说：“上梁不正下梁歪，中梁不正塌下来。”上行下效是目前贪污犯罪的特征之一。在司法实践中，常常遇到的现象是，单位一把手贪污腐败，班子其他成员及下属也跟着贪污腐化，这就是心理学上所讲的责任扩散性的群体犯罪。犯罪群体中的成员，往往认为，反正贪污者也不是我一人，大家都在贪污，即使被抓，也不一定就是我，如果我不贪污就吃亏了等。贪污者心照不宣，互相效仿，互相感染。如湖南省衡阳市交警支队副队长廖某某，同车管科和车辆检测中心有关人员利用审批走私车上牌之机，贪污受贿十多万元，就是在交互感染和仿效心理支配下作案。

（9）自我补偿型。一些领导干部，认为自己为革命工作了一辈子，马上就要退休了，再不捞一把就没有机会了。因此，就产生了“有权不用，过期作废”的自我补偿心理。在这种心理支配下，利用手中的权力，伸出贪婪之手，寻求所谓的补偿。例如，某省交通厅原厅长张某，因贪污、受贿等罪被判刑。当电视台记者采访他，问他为什么犯罪时，他直言不讳地说：“我年纪这么大了，临近退休，已经没有什么政治前途了，就想在经济上捞一把。”自我补偿型贪污犯罪，在临近退休的老干部犯罪中带有普遍性。这就是人们所说的“五十九岁效应”。

2. 贪污犯的犯罪特点

河南省监狱管理局对在押的200多名职务犯罪罪犯（主要是贪污、受贿）调查后认为，贪污犯罪的特点包括以下几个方面：

（1）从犯罪的主体情况看，整体文化素质较高，且绝大多数是党员干部，是贪污犯罪的一个重要特点。在被调查的188名贪污犯罪罪犯中，大专以上文化程度的有123人，占被调查对象的65%，中专（高中）文化程度的有46人，占被调查对象的25%。此次调查的贪污犯罪罪犯中，原是党员干部的约占82%，达到154人。

（2）从犯罪的动机看，谋取经济上的利益是贪污犯罪的一个重要特点。据统计，贪污公款（含挪用单位资金）犯罪约占本次调查人数的79%，而且这些犯罪多发生在权力部门或国有企事业单位，这种犯罪特点说明了作为权力（财产）所有者的虚无主体国家与作为经营管理者的个人利益正发生着越来越严重的冲突，加强监督势在必行。

（3）犯罪手段形式多样，牵涉罪名广。贪污犯罪罪犯从作案形式上看已不仅仅局限于贪污挪用公款，目前已逐渐扩展到市场经济环节的各个领域，并且犯罪者往往集贪污、受贿、巨额财产来源不明等多种犯罪于一身。

（4）一人多罪，交错而生，罪重刑长。据统计，在188名被调查罪犯中，身负两罪以上的有56人，三罪的有20人，分别占被调查人数的30%、11%。这一现象尤以贪污、受贿、挪用公款、财产来源不明为甚。从判决的情况看，被判5~9年的罪犯有55人，占被调查人数的29%；10~20年的有102人，占55%；无期死缓31人，占16%；后两者相加比例达到了71%。这为今后的改造增加了难度。

第二节　暴力型犯罪心理

一、暴力型犯罪心理概述

（一）暴力型犯罪的概念

暴力型犯罪有广义和狭义之分。广义的暴力型犯罪，是指以使用暴力或以暴力相威胁的方法为特征的一切犯罪活动。根据犯罪侵害的对象、目的、动机、情节的不同，暴力型犯罪可分为以下几种：（1）以暴力危害国家安全的犯罪，如叛乱、暴动等犯罪；（2）以暴力侵害公共安全的犯罪，如放火、爆炸；（3）以暴力侵害公民人身权利、民主权利的犯罪，如杀人、伤害、强奸等；（4）以暴力侵害财产的犯罪，如抢劫、绑架勒索等；（5）以暴力妨碍社会管理秩序的犯罪，如暴力扰乱社会秩序、聚众斗殴等；（6）以暴力妨碍婚姻、家庭的犯罪，如暴力干涉婚姻自由、暴力虐待家庭成员等。狭义的暴力型犯罪，通常是指以暴力或暴力相威胁直接侵犯或危害到公民人身权利、民主权利的犯罪，一般包括杀人、伤害、强奸、抢劫等。在此，适用狭义的暴力型犯罪概念。

（二）我国暴力型犯罪的特点

1. 具有较强的攻击性

从暴力型犯罪主体的年龄特征来看，大多数是14~25岁的青少年，主要是20岁左右的青年，高峰年龄为23岁。这些人生理发育基本成熟，精力旺盛、自尊心强，具有较强的攻击性。

2. 暴力型犯罪的突发性

由于暴力型犯罪的主体大多数是青少年，而青少年的情绪控制力较差，故其暴力行为通常是对突然发生的冲突的不对称反应。一遇刺激，行为不能自制，立刻出现冲动行为。例如，某些青少年在受到教唆、他人的挑逗及醉酒的情况下表现出的暴力行为，常具有这样的特点。

3. 暴力型犯罪动机的复杂性

暴力型犯罪的动机，往往表现形式最复杂、种类最多，其他类型犯罪中出现的动机在暴力型犯罪中都可能出现。暴力型犯罪者有出于政治动机而犯罪的，但更多的是基于利欲、性欲和报复动机而犯罪，也有的是基于嫉妒、逞强的动机而犯罪。

4. 暴力型犯罪的恶劣性

暴力型犯罪是最严重的刑事犯罪，常表现为对他人生命的非法剥夺及对他人身体的伤害，所以，与其他类型的犯罪相比，暴力型犯罪更具有恶劣性的特点。另外，暴力型犯罪常常是在激情状态下发生的，由于犯罪人对被害人的仇恨、报复欲望强烈，或者为了保护自己而逃避刑罚，犯罪人对被害人往往表现出残忍性和疯狂性。犯罪手段极其残酷，如刀杀、斧砍、枪打、爆炸、毁尸等。

（三）暴力型犯罪人的一般心理特征

1. 暴力型犯罪人的情绪特征

暴力型犯罪是一种直接的进攻性行为。行为的实施常为激烈情绪所支配，表现出激烈冲动的情绪特征。愤怒、怨恨、嫉妒、恐惧等消极情绪，支配、贯穿着整个暴力型犯罪过程，成为暴力型犯罪人主要的情绪特征。

（1）愤怒。犯罪人的愤怒往往是由于目标的达到受到干扰和阻碍而产生的。愤怒情绪从程度上可分为轻微不满、生气、愠怒、激愤、大怒、暴怒等不同状态。当愤怒情绪产生并达到不可抑制的程度时，犯罪人就会在强烈情绪支配下，对引起挫折的人或第三者乃至社会发泄自己的愤怒，产生直接的攻击性行为，产生暴力型犯罪。由于愤怒情绪产生的暴力行为多表现为进攻、亢进的形式，并且在整个犯罪过程中，愤怒的兴奋和亢进始终贯彻始终，表现出情绪的不可抑制和突发的特点。正因如此，暴力型犯罪心理具有不计后果、危害性大的特征。

（2）怨恨。怨恨与愤怒的情绪相近，它是因为遭受挫折，长期积压在心中的紧张和不满情绪。恨情绪多产生于一些内向性格的人，他们不易流露自己的不满，但不满情绪却长期积压在心里，由于未得到释放，积累到一定程度或遇某一事件的刺激，也容易产生攻击性行为。由于怨恨也是一种长期积压在心里的一种不满情绪，所以，在这种不良情绪的支配下，犯罪人在犯罪过程中会表现出冷漠、沉静、残忍等行为特征；在犯罪后，有的甚至还流露出报仇雪恨后的满足感。

（3）嫉妒。嫉妒往往是因别人的幸福或成功伤害了自己的自尊心而产生的一种消极情绪。嫉妒心理在一定条件下会转化成愤怒、怨恨，甚至强烈的仇恨。嫉妒与一个人的人格特征有关，那种性格冷漠自私、虚荣心强、以自我为中心、不虚心承认自己的错误、缺乏自信和自卑感强的人，容易产生嫉妒情绪。在嫉妒心理支配下，也容易产生攻击行为。例如，因别人的富裕而抢劫，因别人的成就而伤害对方。

（4）恐惧。恐惧是企图摆脱、逃避某种情景而又无能力时所产生的情绪。当恐惧情绪高涨时，为了想从不利的情境中脱离出来，有时也会不假思索地施行暴力。例如，因盗窃活动被人发现，由于恐惧便慌乱地杀害事主或证人，就是属于这一种情况。

2. 暴力型犯罪人的意志特征

从总的特点上看，暴力型犯罪人的意志品质薄弱。这种意志薄弱通常表现为以下两种情况：

（1）自制力失调。心理学家、精神医学家对大量暴力型犯罪人进行的研究表明，暴力型犯罪的主要原因之一就是对攻击行为内部自制力的失调。更确切地说，就是犯罪人缺乏正常人所具有的内部自制力，这种自制力的失调在很大程度上会造成暴力行为的发生。暴力型犯罪人在遭受挫折和攻击，产生不满情绪时，有两种不良的反应：一是不能有效地控制不满情绪，任其发展，产生强烈的愤怒情绪，表现出不可抑制的状态，在这种不可抑制的愤怒情绪的支配下，直接产生出侵犯他人的暴力行为；二是在不满情绪产生后，过分抑制自己，把这种强烈的不满情绪压抑到内心深处，不让它表现和流露出来，然而，当遇到更强烈的刺激时，这种长期受压抑的不良情绪就会像火山一样全部迸发出来，支配行为人做出更严重的侵犯他人的犯罪行为。可见，抑制不足和抑制过度是自制力失调的两种主要表现。

（2）易受暗示、顺从和盲目模仿。暗示是用含蓄、间接的方法对人的心理状态产生迅速影响的过程。暗示可以由人实施，也可以由情境产生。接受暗示往往是无意识的，即不知不觉、潜移默化的。某些生活在不良环境（如打架斗殴、充满暴力气氛）中的犯罪人最容易受暗示产生暴力行为。顺从是依照别人的意思思考和行为的过程。暴力犯罪团伙中的从犯、胁从犯往往就是由于难以避免对不良环境的顺从而实施暴力行为的。在暴力环境中生活的犯罪人，有时也会由于盲目模仿而产生暴力行为。

3. 暴力型犯罪人的人格缺陷

有些实施暴力已成习性的犯罪人，或暴力型犯罪人中的惯犯，往往存在某种人格缺陷，他们经常放纵自己，不能有效地控制自己的言行，常把暴力行为作为其解决人际关系矛盾冲突的主要手段。其人格缺陷可以分为以下四种类型：

（1）自我意识补偿型。在青年暴力型犯罪人中，这是最常见的一种。他们之所以采取暴力行为，显然是出于不安全感和自卑感。这种人根本看不起自己，便经常使用暴力来作为保护和增强自我意识的手段。

（2）自我纵容型。这种人之所以采取暴力行为，原因在于其本身幼稚的、以自我为中心的世界观。他们一切从自我出发，要求别人服从他们的意见，满足他们的需要。一旦别人不听他们的使唤，或不以他们的意志为转移时，他们便认为别人是有意与自己作对，是有意冒犯自己的“神圣”或“权威”，于是，便感到非常气愤，并报以强烈的暴力，希望以暴力的方式来迫使别人就范，以满足其狭隘的自私自利、以自我为中心的世界观。

（3）虐待狂型。这种人对别人的痛苦和不幸感到很大的乐趣，他们在选择进攻目标时，总是挑选那些对他们的攻击非常敏感的人。当别人越是示弱，他就越感到快乐和满足，就越残暴地虐待他人。不过，要是找不到这类受害人，他就会千方百计制造各种条件，使自己占上风。受害人一旦屈服，他就变本加厉地折磨对方。这种虐待狂的满足感对罪犯的暴力行为的恶性发展，起到了很大的促进作用。

（4）自我保护型。还有大量的暴力型犯罪人，他们之所以采取暴力行为是因为对别人的极度恐惧所致。他们担心自己的把柄被别人掌握，整天提心吊胆地过日子，因此选择用暴力行为摆脱所面临的危险。

（四）暴力型犯罪的原因

在每一个国家，暴力型犯罪都是社会危害最为严重的犯罪类型，因而也是犯罪学界最为关注的一类犯罪。不同的学者，由于其理论基础不同，研究的视野、角度不同，研究对象的表现形式不同，再加上对暴力在外延上所包含的具体犯罪有不同的理解，因此，对暴力原因的解释各异，形成了不同的理论。

对暴力型犯罪原因的早期研究中，以生物学派、行为学派、心理分析学派为代表。生物学派把暴力型犯罪归为异常体形、生理结构、基因遗传及外在环境作用的结果。行为学派则认为，行为人因发现他人的暴力行为获得奖赏、利益后，就会产生或强化其内在攻击驱力而出现暴力行为。而精神分析学派却认为，早期婴幼儿的不良体验导致人格冲突、人格异常或暴力行为，人格中自我控制力弱是暴力行为的原因之一。后来，又出现了认知学派、社会结构学派、社会化过程学派及社会冲突学派，认知学派强调的是认知因素在暴力型犯罪中的作用，认为有些人的道德观念未达到应有的程度，认识不到自己的暴力行为的破坏性，因而，容易导致暴力行为的经常发生。社会结构学派从社会原因着手，认为居住在城市贫民区的青少年不断受到挫折和压力，因而，容易产生暴力行为。社会化过程学派的学者则看到的是社会化过程的重要性，认为暴力行为是那些与学校、家庭等社会化机构联系不密切的犯罪人，通过与不良倾向的人交往而学到的。而社会冲突学派则认为暴力犯罪和其他一切犯罪一样，都是资本主义社会固有阶级冲突的结果。

上述各种理论，各有特色，尤以本能理论、挫折攻击理论和社会学习理论的影响最为突出，同时也有较强的说服力，但在对具体的暴力犯罪原因进行解释时，每种理论都有其局限性。其实，暴力型犯罪的原因是多方面的，它应当是一个因素群。暴力型犯罪的产生是犯罪人的生理和心理因素、社会环境因素以及受害人的因素综合作用的结果。

二、杀人犯罪心理

（一）杀人犯罪的动机分析

日本的犯罪心理学家在考察了原始形态的杀人与现代型的杀人犯罪后，得出一个结论：认为杀人作为一种自然犯罪是贯穿于各个时代的，具有令人惊异的共同性。同时，杀人犯罪的动机又随着文化内容变化的影响而变迁。杀人的最初动机是处于饥饿状态下的人，为了获取较多的食物进行犯罪；然后，它向着以通过征服来获取财物为动机的方向发展，如因盗窃、抢劫财物而杀人；后来，又出现了把性欲冲动和伤害冲动直接结合起来以获得性快感的杀人动机，如以满足变态心理的强奸杀人或快乐杀人；到了现代，则开始出现追求无代价的生活和自我实现的杀人动机，如把杀人等犯罪作为一种生活目标，为了犯罪而犯罪的杀人。他们认为，这种新的杀人犯罪动机已不能用表面利益和普通传统动机理论来说明。

1. 杀人犯罪的动机类型

就我国当前的杀人犯罪来看，主要有以下几种动机：

（1）利欲动机。强烈地追求物质满足，过奢侈的生活，挥霍无度。这种欲望在客观上不能得到满足时，必然与这种欲望产生尖锐的矛盾。当个人占有欲居主导地位时，便采取暴力手段来达到自己的目的。例如，抢劫杀人、盗窃杀人，以及赌博纠纷杀人、财产纠纷杀人等。其特征是满足利欲和排除利欲障碍。

（2）性欲动机。有的杀人犯罪人是由于对异性的神秘感和好奇心的驱使，有的是性欲亢进，当这种强烈的性欲要求与社会道德规范和法律相矛盾时，经过矛盾斗争，性欲占了上风，就可能形成暴力强奸杀人的动机。另外，就是性虐待狂的变态犯罪动机，犯罪人不仅实施强奸、轮奸行为，而且采用折磨、摧残、伤害直至杀人的方式，以目睹被害人的惨状来满足自己的变态性欲。

（3）报复动机。这是常见的杀人犯罪动机，犯罪人以报复宣泄愤恨，取得自己的心理平衡为动机。有的是受他人的侵害，或者遭受挫折等，包括报仇雪恨、团体械斗、嫉妒、被害妄想等。

（4）逃避或恐惧动机。恐惧通常会引起本能的自卫反应。例如，罪犯被捕时杀害执法人员，在恋爱婚姻关系中为摆脱纠缠虐待恋爱婚姻对象，罪行的可能败露、隐私的公开、名誉和社会地位的丧失，由于对方的继续生存对犯罪人的安全感构成威胁，犯罪人出现恐惧，为灭口而杀人。

（5）政治动机。有的犯罪人由于具有反社会的“自我实现”的需要，而这种需要与现行社会制度相矛盾，必然受到挫折，或受到打击，因此，逐渐形成了与政府或社会制度的严重对立，并且，将这种对立情绪转化为以反抗和仇视现行社会制度为动机的杀人犯罪行为，如政治暗杀、以杀人制造恐惧气氛或造成恶劣的政治影响等。

2. 杀人犯罪的动机特征

综合上述的动机类型，并结合一些具体案件和具体的犯罪人进行分析，可以发现，杀人犯罪动机具有以下特征：

（1）多样性和复杂性。即犯罪人在杀人犯罪动机形成的过程中可能有多种动机存在，其侵害的对象也可能是多样的，既有预谋的动机，也有激情动机。

（2）强烈的内在冲动性。“杀人偿命”的传统伦理观念，以及刑法对杀人犯罪的严厉处罚，对犯罪人是有很大威慑作用的。但是，现实生活中却仍然有杀人犯罪行为的存在，这说明杀人犯罪的动机具有强烈的内在冲动性，它一旦产生，就难以抑制。特别是激情杀人和义愤杀人，其动机的冲动性表现得更加明显。

（3）恶性转化性。犯罪动机恶性转化也是杀人动机形成的重要特征。所谓杀人犯罪动机的恶性转化，是指当犯罪人实施第一犯罪动机时，因为遭到阻止，受到意外挫折和困难，便急剧转化、升级为第二犯罪动机的实施，甚至还有第三动机的实施。例如，盗窃犯在进行盗窃犯罪活动时，因被事主发现，或同事主相遇搏斗，便产生杀人灭口的第二犯罪动机；杀人后还可能产生放火灭迹的第三犯罪动机。这在盗窃杀人、抢劫杀人、强奸杀人等犯罪案件中是比较常见的。当然，犯罪动机的恶性转化并不是必然的，它在某种条件下也可能向良性的方向转化。

（二）杀人犯罪的其他心理特征

1. 情绪的激烈性

杀人犯罪与情绪的关系极为密切。情绪激烈、不可抑制在杀人犯罪的整个过程中表现得特别明显。杀人犯罪往往与长期积累的不良情绪突然爆发有关，例如，长期的愤怒、憎恨、嫉妒爆发的杀人。此外，杀人犯罪也容易在激情、应急状态下出现。

2. 攻击性

强烈的攻击心理是促成杀人犯罪的主要心理因素。攻击性、利欲和性欲在国外被视为杀人犯罪的三大原动力。攻击性由挫折引起，欲求不满和欲求被抑制都可称为挫折，自尊心受损害、前途受阻，感情被玩弄、精神被压抑都可形成挫折。杀人犯罪的主体多是在受到挫折的情况下去实施犯罪行为的，其攻击性强度与其欲求不满、欲求受到压抑而形成的挫折强度成正比。

3. 推诿心理

杀人犯罪人常常把自己的错误、失误、犯罪的冲动与态度归咎于他人。一些杀人犯常把引起杀人的原因推诿给被害人，以自己受到侵害、攻击、名利损害等为由而杀害对方，即所谓“杀人有理”，是“迫不得已而杀人”。例如，恋爱中一方断交，配偶与他人私通，口角中对方动手都可能成为杀人的理由。犯罪人之所以产生推诿心理，是想以此减轻自己的罪责感。

4. 意志薄弱

杀人犯罪人的意志薄弱主要表现为抑制力的薄弱，自控能力差，遇有外界不良刺激，会贸然行动，缺乏意志指导，不能用理智处理事情和预料严重后果，表现出冲动性。

三、抢劫犯罪心理

（一）抢劫犯罪的一般特点

抢劫犯罪是指以暴力、胁迫或者其他使人不能抗拒或不知抗拒的方法，将公私财物据为己有的行为。抢劫犯罪具有暴力犯罪和财产犯罪的双重性。考虑到人的生命和健康的价值应高于财物价值，我们将抢劫犯罪列入暴力型犯罪中，从我国当前的抢劫犯罪来看，它具有以下特点：

1. 抢劫犯罪的主体以青少年居多

在抢劫案件中，青少年占的比例很大，25 岁以下的青少年大约占 80%，其中 18 岁至 25 岁这个年龄阶段占绝对优势。因为这个年龄阶段的人，骨骼肌肉已发育成熟，正处于身强力壮的时候，具有抢劫犯罪的体力条件。此外，青少年时期，情绪波动较大，冲动性强，这也是引发部分青少年抢劫犯罪的一个因素。从当前的抢劫来看，罪犯年龄有偏小的趋势。

2. 抢劫的手段和方法多样化

除传统的持刀、斧、棍棒、枪支抢劫外；还有电击抢劫，以麻醉、催眠药物使被害人处于昏迷状态，再抢走其钱财；以石灰粉、盐酸、白酒喷洒受害人眼睛抢劫。除直接实施抢劫外，还有冒充公安、联防人员或其他执法人员进行抢劫；或犯罪分子男女勾结，先由女性以色相勾引被害人上钩，继之男性犯罪分子闯入，软硬兼施，劫走被害人财物。另外，驾驶汽车、摩托车“飞行”抢劫，抢劫公共汽车、出租车、旅客列车等案件也时有发生。

3. 抢劫犯罪的时间和地域特征

抢劫犯罪案件与季节有一定的相关，春秋两季偏少，冬夏两季皆是出现抢劫案件的高峰期。从时间看，夜间抢劫的多，白天抢劫的少。从地域看，城市的抢劫案比农村的多，荒僻的街道、城乡结合区、公共场所、银行、商店等是抢劫案的易发点。

4. 抢劫目标的精心选择

犯罪人在抢劫犯罪前，一般要事先周密策划，精心选择抢劫目标。例如，专门选择正在谈情说爱的男女青年，特别是抢劫有越轨行为的男女青年；抢赌金，黑吃黑，认为对方不敢报案；潜伏路边，抢劫单位的公款；乘被害人无反抗能力，或乘商店、银行的工作人员吃饭、休息、关门之机，突然入室抢劫，得手后迅速潜逃。此外，在预谋入室抢劫案中，犯罪人事先也要精心调查受害人的财产状况、生活规律以及受害人的家庭人员状况等。

此外，抢劫犯罪常常连带其他犯罪的发生。例如，为了达到抢劫财物的目的，犯罪分子对被害人往往要进行伤害，甚至杀害，近年来，杀人灭口的抢劫案件明显增多；在抢劫过程中，犯罪分子如发现被害人是青年女性，往往会突发歹意，进行猥亵或强奸，这在团伙抢劫案中屡有发生。

（二）抢劫犯罪人的类型

抢劫犯罪虽然大多数是以获取财物为目的，但也有基于其他原因实施抢劫的。依其抢劫的原因，可将抢劫犯罪人分为以下四类：

1. 职业抢劫犯罪

他们以抢劫作为生活或者挥霍的主要来源，往往没有正当职业，或以某种职业为掩护，并同时可能兼有其他犯罪。

2. 偶然抢劫犯罪

他们不以抢劫为职业，而是发现有利于抢劫的时机时临时起意去进行抢劫。例如，抢劫老人和儿童，或其他见财起意的抢劫，这类抢劫犯罪人单独作案的多。

3. 吸毒性抢劫犯罪

他们抢劫财物的主要目的是购买毒品。由于吸毒消费巨大，犯罪人又无高收入职业，就只能靠偷和抢来延续其吸毒习性。这是近十年来出现的一种新情况。

4. 取乐或逞能抢劫犯罪

这些抢劫犯多为少年，特别是少年的结伙抢劫，有时并非出于对金钱财物占有的动机，而是为了寻找乐趣、追求刺激或逞强显能而实施抢劫行为。这类抢劫通常无预谋，且抢劫的财物往往并不是他们实际所需要的。

（三）抢劫犯罪人的心理特征

1. 抢劫犯罪人的认识特征

抢劫犯罪人在认识上，往往具有反社会的野蛮英雄观，以为“不怕死”“心狠手辣、大胆亡命”就是“勇敢”，鼓吹“只要钱到手，休管人死活”。他们崇拜暴力，认为只要刀子威逼，受害人就会乖乖地交出财物。从抢劫犯罪的发展趋势来看，有些抢劫犯罪人的犯罪意识非常严重，专门实施以巨额财物为目标的重大抢劫和特大抢劫。

2. 抢劫犯罪人的情绪特征

由于抢劫犯罪是一种公开的、面对被害人和第三者的犯罪，而且在具体实施时，犯罪人还要使用暴力相威胁。所以，在抢劫犯罪中，犯罪人的情绪总是处于高度紧张状态，怕遭遇激烈反抗，有时，甚至出现强烈的恐惧心理。在作案后，犯罪分子也会因害怕被被害人或第三者认出，而产生随时被捕危险感，并由此而产生持续的紧张和焦虑心理。

3. 抢劫犯罪人的需要特征

畸形膨胀的物质需要是财产犯罪人的需要特征，而希望获得需要的立刻满足则往往是抢劫犯罪人的主要特点。一些青少年抢劫犯罪人，特别是初犯，一旦产生强烈的物质欲求，便想立刻获得满足，完全凭冲动的感情办事，自我控制力差。有时为了满足很小的欲求，便不惜铤而走险，采取抢劫的犯罪行为。

4. 抢劫犯罪人的性格特征

从性格类型看，抢劫犯罪人多为兴奋型、外倾型。抢劫犯多数性情暴躁，情绪不稳定，行为莽撞，喜欢攻击。

5. 侥幸心理突出

由于抢劫犯一般都有强烈的物质欲望，所以，总对自己作案的成功抱有侥幸心理。在这种侥幸心理的支配下，一次成功会使抢劫动机受到强化，犯罪人往往很难自行中止犯罪行为，直至被抓获才被迫停手。

6. 恶作剧心理

有的青少年抢劫犯，平时闲逛街头，无所事事，有时为了寻求刺激拦路抢劫，抢得钱财后一哄而散，或向同伴夸耀，或即刻消费，其抢劫行为往往属于缺乏生活目标的恶作剧行为。

第三节 毒品犯罪心理

“毒品犯罪”作为犯罪学上的一个概念，与刑法学上的毒品犯罪概念相似相近但不完全相同。一般地说，它是指与毒品有关的一系列犯罪的总称。毒品犯罪既是国际公约规定的一种国际犯罪，也是各国国内法规定的犯罪。但是当我们考察世界上大多数国家的刑法和有关禁毒立法时，均未有毒品犯罪概念的界定，而只是对毒品犯罪的种类作了具体规定。同样，我国1997年《刑法》分则第六章第七节虽然规定了走私、贩卖、运输、制造毒品罪，但也没有对毒品犯罪下定义。

毒品犯罪主要包括走私、贩卖、制造毒品罪，非法持有毒品罪，包庇毒品犯罪分子罪，窝藏、转移、隐瞒毒品、毒赃罪，走私制毒物品罪，非法买卖制毒物品罪，非法种植毒品原植物罪，非法买卖、携带、持有毒品原植物种子、幼苗罪，引诱、教唆、欺骗他人吸毒罪，强迫他人吸毒罪，容留他人吸毒罪，非法提供麻醉药品、精神药品罪。

一、我国毒品犯罪的现状

当前，由于受国际毒潮泛滥和国内涉毒因素的影响，我国毒品问题发展蔓延的总体趋势尚未得到根本扭转，既面临境外毒品渗透加剧与国内毒品来源增多的双重压力，又面临阿片类传统毒品继续发展与冰毒、摇头丸等新型毒品迅速蔓延的双重压力，禁毒工作形势仍非常严峻，任务依然繁重，具体表现在以下几方面：

（一）境外毒品多头入境的局面仍然没有改变

西南境外，“金三角”特别是缅北仍是对我国危害最大的毒源地，在我国消费的海洛因大部分来自该地区。据联合国报告，2006年，缅甸罂粟种植面积为49.2万亩，同比下降26%；鸦片产量为312吨，同比下降16%。看似海洛因渗透有所减少，似乎情况有所改观，但事实上，毒品犯罪朝着多元化的方向发展着，制贩冰毒等化学合成毒品比重明显加大。

（二）国内滥用海洛因问题尚未得到有效解决，滥用新型毒品问题来势迅猛

据国家禁毒办公布的数字，截至2006年年底，全国现有吸毒人员78.5万名。目前，海洛因仍是我国消费的主流毒品，全国现有海洛因吸食人员70万名，占吸毒人员总数的78.3%。其中，35岁以下青少年、农民和无业闲散人员分别占69.3%、30%和51.7%。新型毒品问题正呈不断扩大蔓延之势，冰毒、摇头丸、氯胺酮等新型毒品违法犯罪活动发展迅猛，新型毒品正超过海洛因等传统毒品严重威胁着公众的生命安全。

（三）易制毒化学品走私出境和流入国内非法渠道的问题依然突出

受境外易制毒化学品需求和毒品暴利刺激，易制毒化学品走私出境情况仍屡禁不止。我国生产的醋酸酐、乙醚、苯基丙酮、胡椒基甲基酮、高锰酸钾等化学品被走私至“金三角”、欧洲和北美洲等地。

（四）境内制贩毒品犯罪活动屡禁不止

受毒品暴利的刺激，一些地方出现了以家族、民族、地缘为纽带的职业贩毒

团伙，并与境外贩毒势力相勾结，将境外毒品大量走私入境。贩毒手段更加多样，武装对抗性增强，人体藏毒、武装贩毒活动突出，零星贩毒活动有增无减。

二、毒品犯罪的特点

近年来，毒品问题已成为全球性的社会问题。不同国家、不同地域、不同民族、不同群体都普遍地受到毒品的危害。自20世纪80年代中期以来，新一轮毒潮冲击我国并迅速扩展蔓延。具体表现为：毒品犯罪屡见不鲜，吸毒人员急剧增加，由吸毒引发的各种刑事犯罪不断上升。可以说，毒品犯罪和吸毒问题已成为严重危害民族素质，败坏社会风气，恶化社会治安形势，阻碍经济发展的恶魔和绊脚石。当前，我国毒品违法犯罪的特点主要有：

（一）毒品违法犯罪数量急剧上升

毒品违法犯罪数量逐年上升，来势迅猛。据统计，1985～1990年5年间，全国公安机关共查获贩毒案件近3万件，缴获鸦片近3万公斤，海洛因4000公斤。海关查缉走私案件700多起，缴获毒品2000多公斤。1991～1997年，全国共破获毒品案件40多万起，查获毒品违法犯罪人员30多万名，缴获海洛因和其他毒品57.7吨多，严惩了一大批毒品犯罪分子。

（二）毒品犯罪的集团化、职业化

世界上凡大批量的贩毒活动，几乎均系职业性的犯罪集团所为。从我国已破获的毒品犯罪案件来看，集团化、职业化趋势非常明显。犯罪分子结成集团、团伙，或境内外勾结，或跨省区勾结，他们长期经营，形成“产、供、销”一条龙的职业性犯罪体系。他们有秘密联络点存储毒品，用现代通信手段相互联系，有专车运输毒品，形成毒品交易网络。

（三）毒品犯罪的全球化态势突出

当今世界，毒品犯罪全球化问题已对人类的生存和发展构成重大威胁。由于以天然植物为原料的毒品除了古柯类毒品和大麻类毒品受一定地理气候因素制约外，罂粟几乎适合世界各地种植。而以海洛因为主的鸦片类毒品仍是世界毒品消费的主体，因此毒品种植、生产不断扩大。此外，人工合成类新型毒品由于原料易得，工艺相对简单，规模可大可小，可以在家庭、小作坊甚至任何地方制造。因此，毒品从种植、制造、加工、运输、贩卖，经历了一系列的环节，形成了跨国的国际化犯罪循环体系。从20世纪80年代初，国际贩毒分子竭力开辟“中国通道”，借道我国从“金三角”转运到港澳地区投入国际市场。中国毗邻毒品生产基地“金三角”和“金新月”，受国际贩毒渗透影响，已逐渐成为毒品贩运的重要过境国和消费国，国际贩毒情形极为严重。全国近年来破获了多起港、澳、台地区毒犯与内地毒犯勾结的贩毒大案。我国已面临毒品“多头入境，全线渗透，内外夹击”的态势。境内外犯罪分子勾结作案，“制、运、销”一条龙，国内与国际贩毒路线已四通八达，构成一张张“毒网”，使中国的毒品犯罪打上了明显的国际化烙印。

（四）制贩毒手段狡诈多样化

首先，犯罪分子使用的贩毒手段极为隐蔽狡猾，人体内藏毒、物体夹层藏毒等手段均已出现。其次，武装贩毒案件增多，有的贩毒集团既贩毒又贩枪。伪装、隐蔽与暴力武装相交织，毒犯使用伪装隐蔽手法走私毒品是贩毒的主要特点。如利用人体特殊部位藏匿和贩运毒品；利用随身衣物携带毒品，一外国妇女的手提箱外壳是用毒品可卡因和树脂的混合物制成的，毒犯可用化学方法将毒品与树脂分离；利用老人、小孩、残疾人、孕妇和少数民族女性携带毒品。近几年发现，在各种机器设备、汽车钢梁、木材、佛像、画报、水果罐头、不透明酒瓶、电子琴、电子锅、精密电筒等的中间，凡是可以挖空的东西，都被毒犯做了“文章”，而且一般用X光机无法识别。

（五）毒品犯罪具有流程性和周期性特点

毒品犯罪的流程性特点使毒品犯罪构成了类似生物学上的生物链，每一环节都对上下环节具有影响和制约作用，这导致了毒品犯罪的有组织化程度日益增强。毒品犯罪的周期性是指毒品的非法滥用和毒品犯罪互相依存、互为发展。由于毒品滥用和毒品犯罪具有互动性，有毒品滥用必然会有毒品犯罪，有毒品犯罪必然会刺激毒品滥用，毒品滥用和毒品犯罪互相促进，呈现周期性螺旋上升的趋势。

（六）吸毒人数逐渐增多，青少年比例较大，女性犯罪呈增加趋势

当前，我国吸毒现象有以下主要特点：（1）已蔓延到社会各个阶层。从前几年的个体户发展到工人、农民、职工、干部、知识分子、青年学生等各类人员。（2）年龄结构低龄化，青少年吸毒者占大多数。全国吸毒人员中7～35岁的占85%，吸毒人员最小的仅7岁。（3）女性吸毒有增加的迹象。有的地方女性吸毒占到吸毒总数的20%～30%。（4）吸食毒品以海洛因为主，静脉注射已成为普遍采用的方式，吸食“冰毒”“摇头丸”也日趋严重。据统计，甘肃省女子监狱所关押的罪犯中，80%以上是涉毒犯罪；而云南省三个女子监狱所关押的近万名罪犯中，涉毒犯罪者占85%以上。

（七）吸毒者为了获取毒资，往往以贩养吸

广州市公安机关1996年抓获的贩毒分子中，有80%的人吸毒，有的地方毒犯以贩养吸的占95%。许多吸毒人员由吸到贩，以贩养吸，形成恶性循环。为了筹集毒资，不择手段地进行侵财型犯罪活动，如盗窃、抢劫、绑架，甚至谋财害命。

三、毒品犯罪的心理特征

与其他刑事犯罪相比，毒品犯罪者在心理上更贪婪、更狡诈、更胆大妄为，具体表现在以下几方面：

（一）强烈的、贪婪的贩毒欲望

牟取暴利的贪婪欲望，是毒品犯罪的共同心理动力。毒品犯罪尽管风险很大，却是一本万利的勾当。悬殊的价格，高额的收益，极具诱惑力，在强烈的、贪婪的欲望驱使下，犯罪分子冒着生命危险实施犯罪，表现出了强烈的冒险意识和亡命徒式的意志特征。据统计，目前，每年国际毒品年交易额在8000亿美元以上，丰厚的利润不断刺激着毒品的生产、贩运，而且毒品价格的地区差异悬殊，贩毒成功一次，犯罪分子一夜之间就可暴富起来。因此，贩毒分子冒着坐牢、杀头的危险，想尽一切办法，通过各种渠道，制造、贩运毒品。

（二）侥幸心理

侥幸心理，是指从事毒品交易的罪犯心存可以侥幸逃避法律制裁的心理。导致毒品犯罪分子形成这种心理的原因很多，由于毒品犯罪是近年来才出现的一种新的犯罪类型，我国政府在毒品的管理、检查、缉私方面工作经验不足，同时，我国边境线漫长，紧邻毒品种植大区“金三角”和“金新月”。此外，技术装备相对落后，缉查人员严重不足，控制防范不严，导致一些犯罪分子主观上认为有可乘之机，心存强烈的侥幸心理，跨越国境，冒充边民、旅游者，制造、贩运、走私毒品，甚至有些拥有外交豁免权的驻我国使领馆的外国工作人员也利用公务之便携带、贩卖毒品。另外，有些不法分子在某些人迹罕至的山区、边区种植罂粟、大麻，秘密生产、加工毒品，销售到世界各地。如果这些犯罪行为获得成功，毒品犯罪者的侥幸心理就会得到强化，胆子越来越大，犯罪程度越来越严重，即使被查获甚至被抓获，其侥幸心理也不一定完全消失，只要他（她）认为自己的行为所获得的利益远远大于损失，一旦机会来临，他们往往又会重操旧业。由于毒品犯罪是“一本万利”的“行业”，在巨额利润的驱使下，即使只有千分之一甚至万分之一的成功概率，他们也会心甘情愿地去冒险、去犯罪。因此，侥幸心理是重大的犯罪分子或犯罪集团屡屡作案的重要心理基础。

（三）冒险心理

冒险心理是指毒品犯罪者受到巨额利润的驱使，甘愿冒着被法律制裁的风险的心理。这种心理在制毒、贩毒分子中普遍存在。由于不同地区毒品价格悬殊，从事毒品交易便可获得丰厚的利润。例如，4号海洛因在“金三角”地区的售价每公斤800～1000美元，几经周折、转手，在美国市场上卖给吸毒者，竟达到200万～230万美元，利润高达几千倍。正是这巨额利润，引诱着毒品犯罪者宁可冒生命的风险，不惜以青春和生命做赌注。有的毒贩宣称“成功一次，富裕一世”，“搞一次，富百年”。因此，有的犯罪分子嫌小打小闹、小偷小摸见效慢，便肆无忌惮地暗中从事大宗制毒、贩毒活动，同时还购买装备先进的枪支、弹药，掩护毒品交易活动。一旦遇到公安人员的查获、缉私，毒品犯罪者便使用暴力拒捕，负隅顽抗。因此，那些从事跨国贩毒的犯罪集团经常千方百计地开辟新的贩毒渠道，规划着新的贩毒路线。为了达到目的，他们不惜用金钱贿赂、拉拢政府官员、海关人员、公安执法人员等。国内的一些人也在这种暴利的诱惑下，或者在穷乡僻壤的山区种植毒品原植物，或者参与境外贩毒集团的走私贩毒活动，以牟取暴利。可见，牟取暴利的贪婪欲望正是驱动毒品犯罪者冒险犯罪的心理动力基础。

（四）迷信“江湖义气”

一般说，参与贩毒的各方都是有长期合作关系的，他们除了有共同的经济利益之外，还共同承担风险，都得考虑安全。因此，贩毒分子较一般刑事犯罪分子更为谨慎，往往选择自认为可靠的、有交情的合伙人。这样一来，一些难兄难弟、“好朋友”就会纠合在一起从事贩毒犯罪。一旦被拘捕，也总是幻想同案人讲“义气”，不会出卖自己而抵赖拒供，企图蒙混过关，而且关系越密切的贩毒犯罪分子，越是迷信“江湖义气”。同时，贩毒犯罪分子知道，供出同伙意味着暴露自己更多的罪行，因此，在审讯中，他们总是千方百计地去保全对方，以图保全自己。有的犯罪分子为了“江湖义气”，为了攻守同盟，为了保护同伙，便主动承担责任，甚至为了同伙去死。特别是近年来，来自甘肃、宁夏一带的贩毒犯罪分子，与同伙彼此约定，“谁出了事，别的成员就负责照顾他的家人”，因而被拘捕后，这些贩毒犯罪分子的舍命一死的心理十分严重，为了照顾家庭，或怕同伙报复家人，出事的贩毒犯罪分子就宁愿死也不“出卖同伙”，他们将一切责任都揽到自己身上。

（五）逆反心理

逆反心理是指毒品犯罪者受情绪影响而做出的与社会道德规范相反的心理表现。这种心理在青少年身上最为普遍。有的青少年对毒品危害的严重性认识不够，法治观念淡薄，认知能力低下，明辨是非能力差。同时，学校、家长也未能很好地针对青少年成长、发育的规律去因势利导、因材施教，教导其成长，从而造成了他们人格、心理的缺陷，与社会伦理道德、法律规范不相符合，由情绪上的敌对性导致心理上的逆反性。主要表现有：法律不允许的事，学校、家长不允许的事，他偏要去做，专门对着干。有的人，包括一些成年人，明知沾染毒品是危害国家、社会以及本人的，却依然参与制毒、吸毒的犯罪活动，陷入罪恶的深渊。

（六）恐惧心理

恐惧心理是毒品犯罪者对本身行为产生恐惧的心理状态。这种心理常常伴随毒品犯罪意识开始到犯罪行为实施后的整个过程。对毒品犯罪者而言，从犯罪意识的形成、犯罪行为的完成直到犯罪证据的被查实，恐惧心理都不同程度地存在着，尤其是在公安人员的盘问、查缉时，这种心态特别明显。这种心理的外在表现常见为手足无措、贼眉鼠眼、目光游离不定、举止生硬僵直、手足不时颤抖、屏息静气、脸色发白、浑身直冒冷汗等。在日常生活中，比如逛街、买东西时，总怀疑别人在监视、跟踪，担心犯罪行径被人发现，总是小心谨慎地处世。而且对人、对事敏感多疑，有时外部出现与自己毫无关系的刺激也会令他紧张不已，特别是在海关、边防检查口岸进行例行检查时，他们的表情会异常地严肃、紧张；当检查人员的注意力转移时，其脸上的神情才会放松，出了关口，才会如释重负地大出一口气。毒品犯罪者特别是吸毒者也能意识到其行为的严重后果，有时主观上也想尽快终止这些不良行为，远离毒品，从而产生了难以摆脱的恐惧感。

四、吸毒的危害性

吸食毒品，不仅是一种损害健康的不良行为，也是一种精神颓废的表现，而且更是一种腐蚀性强、危害性极大的社会丑恶现象。吸毒行为对国家、民族、社会、家庭，以及吸毒人员自己都会产生严重的危害后果，具体表现在以下几方面：

（一）吸毒对国家的危害

毒品关系国家兴亡、民族兴衰。吸毒消耗巨额财富，浪费大量资财，严重影响着一个国家的经济建设，危及国计民生。据调查，目前世界上至少有5000万以上人吸毒，全球毒品年交易额达8000亿美元至10，000亿美元。据有关部门统计，1997年年底，我国登记在册的吸毒人员多达54万人，每年的毒品消费约需人民币1000亿元。国家用于缉毒、禁毒、戒毒的巨额开销，以及由毒品引发和衍生犯罪所造成的损失，更是无法估量。

毒品泛滥，吸毒普遍，不仅直接关系到国家的政治、经济、文化、伦理和社会各项事业的发展，而且还殃及子孙，导致民族衰败。因为吸毒会导致体质急剧下降，四肢无力，精神萎靡，不思进取，未老先衰。旧中国，我们中华民族饱受毒品侵害，因为吸毒现象极为普遍，许多青壮年的体质十分虚弱，被当时的帝国主义称为“东亚病夫”，我们的民族也因此而饱受帝国主义列强的侵略、欺凌和蹂躏。从鸦片战争到中华人民共和国成立100多年的屈辱史，不正是毒品带给我们民族的灾难吗？我们切不可好了伤疤忘了痛，一定要牢记血的教训。在当前的吸毒人员中，青少年占了绝大多数，而青少年又是国家的希望、民族的未来，所以，为了国家的兴盛，民族的富强，我们一定要坚决把贩毒、吸毒问题解决掉。

（二）吸毒对社会的危害

吸毒以及由它所引发的各种刑事犯罪已成为世界许多城市的严重忧患。例如，在纽约，与毒品有关的犯罪占各种犯罪总和的1/4；在暴力犯罪中，有将近30%的案件与毒品有关。在我国，由吸毒衍生的各种刑事犯罪也非常普遍。据调查，一名吸毒者一年的吸毒费用最少需要5万元人民币，有的甚至高达几十万元甚至上百万元。如此高昂的经济支出，使吸毒者的家产很快就化为乌有，变得一贫如洗，甚至债台高筑。当吸毒成瘾后，由于忍受不了毒瘾的折磨，为了筹集毒资，不惜铤而走险：男性吸毒人员常常不择手段地实施抢劫、绑架、盗窃、杀人等刑事犯罪；而女性青少年吸毒人员则往往沦为妓女，靠出卖自己的灵魂和肉体来维持吸毒。可见，吸毒会严重恶化社会治安，败坏社会风气。不仅如此，国际贩毒集团还常常与国际恐怖组织和各国黑社会组织狼狈为奸，严重影响国际社会的和平与稳定，诱发国际性的有组织犯罪和跨国犯罪。

此外，吸毒现象的蔓延，还将直接败坏社会风气，导致家破人亡。因为吸毒会驱使人道德沦丧、伦理颠倒。为了吸毒，常常是不顾一切，不惜一切，什么道德、良心、责任感等通通抛到脑后。“烟枪一支，不见枪声震动，打得妻离子散；锡纸半片，不见火光冲天，烧尽财产家园。”这是中华人民共和国成立前对吸毒人员危害家庭的真实写照。在现实生活中，因吸毒而导致家庭解体，或者家破人亡的事例数不胜数。真可谓“一人吸毒，全家遭殃”。此外，吸毒还会传播各种疾病，导致国民素质的下降。因为吸毒者常采用静脉注射、肌肉或皮下注射的方式，在吸毒过程中经常是多人共用未经消毒的注射器或针头，这样，便通过注射器或针头传播各种皮肤病、性病，甚至艾滋病等。

（三）吸毒对个人的危害

1. 吸毒对个人生理上的危害

（1）吸毒对身体的毒性作用：毒性作用是指用药剂量过大或用药时间过长引起的对身体的一种有害作用，通常伴有机体的功能失调和组织病理变化。中毒的主要特征有：嗜睡、感觉迟钝、运动失调、幻觉、妄想、定向障碍等。

（2）戒断反应：是长期吸毒造成的一种严重和具有潜在致命危险的身心损害，通常在突然终止用药或减少用药剂量后发生。许多吸毒者在没有经济来源购毒、吸毒的情况下，或死于严重的身体戒断反应引起的各种并发症，或由于痛苦难忍而自杀身亡。戒断反应也是吸毒者戒断难的重要原因。

（3）精神障碍与变态：吸毒所致最突出的精神障碍是幻觉和思维障碍。吸毒者的行为特点是围绕毒品转，甚至为吸毒而丧失人性。

（4）感染性疾病：静脉注射毒品给滥用者带来感染性合并症，最常见的有化脓性感染和乙型肝炎，还有令人担忧的艾滋病问题。此外，还损害神经系统、免疫系统，易感染各种疾病。

2. 吸毒对个人心理上的危害

（1）削弱人的意志，使人意志消沉，久而久之，感觉干任何事情都没有意思和兴趣，做什么事都提不起精神，过着一种行尸走肉般的生活。青少年本来应该是充满生机、朝气蓬勃的，可染上毒瘾后却变得老气横秋、未老先衰。

（2）人格扭曲，性格怪僻，谎话连篇，自私自利。缺乏人与人之间的真诚感情和信任，变得麻木不仁。青少年时期是人格发展和逐渐定型的时期，如果这一时期受到毒品的侵害，人格发生变异，那么，对人的整个一生发展都是极其有害的，甚至就此毁了一个人。

（3）丧失事业心和责任感，使人目光短浅，无所事事。既无追求，也无寄托，得过且过，活一天算一天。至于责任感也逐渐丧失殆尽，且不说对国家、民族、社会承担责任，就连普遍的家庭责任都逐渐丧失。不仅如此，吸毒者常常还要连累家庭，耗尽家庭财产，搞得全家甚至三亲六戚都不得安宁。

（4）沦丧道德伦理。可以说，人类天性中一切美好的品德在瘾君子头脑里往往都荡然无存，而人性中丑恶的一面却在毒烟缭绕中急剧膨胀。为筹毒资，什么事都干得出来，至于法律和道德、廉耻等统统抛在脑后；女瘾君子常出卖人格和身体，男瘾君子则结伙打家劫舍、敲诈勒索，甚至持械杀人，或者以贩养吸。可见，毒品万恶，泯灭廉耻。

五、青少年吸毒的心理

毒品犯罪总是与毒品消费密切相关的，要打击和预防毒品犯罪，必须要控制和治理吸毒问题。

一般认为，青少年吸毒的心理演变过程，可分为三个阶段：吸毒初期、中期和晚期。在不同的阶段，吸毒者的心理活动和行为表现是有差别的。

（一）吸毒初期的心理表现

心理学的研究表明，人的行为总是由一定的动机驱使的，吸毒这种不良的社会行为也不例外。据调查，初次吸毒的动机，主要有以下几种：

第一，盲目好奇，追求刺激。许多研究表明，大多数人初次吸毒是受好奇心驱使的。青少年时期，人的好奇心特别强烈，富于冒险。有些好奇心强且胆大的青少年，在一些书里或者别的描述中知道了吸毒会产生一种欣快感和梦幻状态，便不顾一切地去尝试，当他们体验到了吸毒的乐趣时，也就成瘾了，想停止尝试往往身不由己，想摆脱毒品也不大可能了。也有的人因缺乏正确的世界观、人生观和价值观，精神空虚、寻求刺激，喜欢追求新鲜事物和体验新生活，追求醉生梦死的生活方式而走上吸毒道路。

第二，贪图享乐，寻求解脱。在日常生活中，有的人由于家庭破裂，事业失败，情场失意，或者学习成绩不好，升学无望而受人歧视等，在无聊和无奈的消极状态下，为了排解心中郁积的苦闷，寻求解脱而染上毒瘾。有的青少年涉世不深，在不如意或者受到挫折时，容易把吸毒当作一种解脱，以此来麻痹自己，暂时忘却痛苦，享受癫狂的和极度快乐的感觉。在当前的吸毒人员中，个体户、无业人员、外来流动人员、“三陪小姐”居多，究其原因主要是因为这些人大多文化程度低，缺乏自我调节能力，无更高的精神追求，只想借毒消愁、借毒解忧。

第三，上当受骗，偏执逆反。毒贩们为了推销毒品，挖空心思，诱人上当。有的说，毒品是“药中王”，能治疗各种疾病；有的说，毒品是“减肥药”，能使人身材苗条；有的说，毒品是“春药”，能增强人的性功能；等等。一些愚昧无知或者辨别能力低的人，由于无法识破毒品的危害性，是非不分，轻信传言，糊涂尝试，结果是旧病未除，又添恶症，不幸染上毒瘾。也有的人是在偏执逆反心理支配下吸毒的。例如，有些年幼无知的青少年，他们对一切事物都持怀疑态度，认为那是危言耸听的，“恐怕没有那么严重吧？到底怎么样，吸吸就知道了”，结果一吸就上瘾，等知道毒品的真正危害时，已悔之晚矣。还有的人是因为交友不慎，被朋友拉拢和引诱而失足毒海的；有的人是因为亲友吸毒劝告无效而赌气吸毒的。

第四，炫耀富有，追求时髦。在现实生活中，有的人先富起来了，为了炫耀自己有钱而吸毒。这种人将吸毒作为一种炫耀的资本，作为提升自己社会地位的标志。也有的人错误地认为“吸毒时髦，吸毒光彩”，“有钱、有本事的人才吸毒”，于是他们为了追赶时髦，不惜冒险吸毒。

由于毒品一般都是中枢神经系统的兴奋剂，在药物发生效力的短暂时间里，吸毒人员的中枢神经系统极度兴奋，使人感到从未有过的愉快、振作、精力充沛，不易疲劳，忘却痛苦，出现一种超脱尘世的幻觉世界，产生飘然若仙的感觉体验；所以，在吸毒初期，往往能减轻或驱除心理的紧张、抑郁和焦虑等，使人获得应付各种社会压力的信心和勇气，或者借此麻痹自己，逃避现实。正是由于毒品有这样的功效，吸毒人员一般又忍不住第二次吸食。有了第一次、第二次经历后，他们又盼望第三次吸食，数次吸食体验后，便渐渐地对毒品产生强烈的依赖，逐渐发展到离不开毒品的刺激。一般而言，处于吸毒初期的人，如果及时加以强制戒毒，并彻底远离毒品，那么，戒掉毒品的成功率就比较高；若戒毒不及时，就可能进一步演变成生理上对毒品的依赖。

（二）吸毒中期的心理表现

吸毒中期为吸毒症状反应期，其心理表现为，中毒不深，想摆脱毒品，但又心存侥幸，经不起诱惑。逐渐由爱好毒品到依赖毒品，再到沉溺于毒品不能自拔。此时，在生理上对毒品有强烈依赖，若长时间没有吸食毒品，便会产生生理性反应。例如，打呵欠、流眼泪、流鼻涕、出汗、打喷嚏、起鸡皮疙瘩、打寒颤，甚至出现了瞳孔放大、恶心呕吐、腹绞痛、腹泻、全身骨骼和肌肉疼痛等症状。为了减轻痛苦，吸毒人员总要想方设法地寻求、获得毒品。如果此时没有及时戒掉毒品，就可能进一步发展成为毒品的心理依赖，形成心瘾。一旦形成了心瘾，戒毒就比较困难了，且戒毒时必须要辅之以心理矫治，消除心瘾，否则，戒毒后又容易出现复吸现象。

（三）吸毒晚期的心理表现

吸毒晚期，在心理上已形成了对毒品的强烈依赖。此时，吸毒已成为强迫性行为，如果长时间没有吸食毒品，不仅会产生生理性反应，而且也会出现心理性反应。例如，焦虑不安、易激惹、好冲动、攻击性强，有难以忍受的渴求用药感，甚至出现自伤、自残的变态心理。在这个阶段，不仅吸食无度，正常的生活规律被破坏，而且对其他正常社会生活也逐渐失去了兴趣，不愿也无力从事社会活动，自控力和工作效能丧失，缺毒就成病态。发展到吸毒晚期的人，由于吸毒时间长，在生理和心理上都形成了对毒品的强烈依赖，久而久之，人格就会发生变异，变得意志薄弱、自制力极差、自暴自弃、心灰意冷、脾气暴躁、破罐破摔，他们易受诱惑和暗示，回避矛盾，逃避现实，性格脆弱，经不起失败的打击和别人的批评，不能真实地面对自我。正是由于有了这些人格上的变异，许多吸毒人员即使经过强制戒毒，一旦回归社会后又很快旧病复发、重新染上毒品。因此，对吸毒晚期的人员进行药物生理脱瘾治疗的同时，必须施行心理干预和心理康复，以矫治其变异的人格。

第四节　性欲型犯罪心理

一、性欲型犯罪概述

性欲型动机犯罪，又称性动机犯罪或淫乱型犯罪，是一种具有严重危害性的犯罪，也是侵犯公民人身权利和妨害社会管理秩序犯罪的一个重要类型。

（一）性欲型犯罪的概念

性欲型犯罪是指以淫乐性动机作为犯罪动机，以满足性欲为目的或以性行为为手段达到其目的的犯罪行为。这是一种违背社会道德规范和法律规范、侵害性权利、妨害家庭和社会秩序的犯罪。性欲型动机犯罪具有严重的社会危害性，它不仅侵犯了他人的性权利，而且对被害人直接造成身心创伤。削弱人们的安全感，严重地侵蚀人们的身心健康，污染社会环境，破坏社会的人际关系、道德观念、文化传统。

国外关于性欲型动机犯罪的概念有广义和狭义之分。广义的性犯罪是指一切受法律、道德、风尚习惯等社会规范所禁止、谴责和惩罚的性行为；狭义的性犯罪指刑律所禁止并予以惩罚的性行为。犯罪心理学的研究应以狭义的概念为范围。

（二）性欲型犯罪的主要类型

根据我国刑法规定，属于性欲型动机犯罪的主要有：

1. 强奸妇女犯罪：是指违背妇女意志，使用暴力、胁迫或者其他手段，强行与妇女发生性交的犯罪行为。

2. 奸淫幼女犯罪：是指同不满 14 周岁的幼女发生性交的行为，是强奸罪的一种特殊形式。

3. 强迫妇女卖淫犯罪：是指违背妇女意志，以营利为目的，使用暴力、胁迫、虐待、诱骗等手段，强制妇女出卖肉体，与男子发生性关系的犯罪行为。

4. 其他侵犯公民人身权利犯罪和扰乱公共秩序犯罪：如侮辱、猥亵妇女犯罪、聚众进行淫乱活动犯罪等。

二、性欲型犯罪心理的成因分析

性欲型犯罪行为的实施，从某种意义上讲，主要是行为人生理、心理方面的欲望与自身控制、调节这种欲望的能力方面失去了平衡。因此，在研究性犯罪心理时应着重研究造成这种不平衡的各种因素。

人性是自然性与社会性的统一。性欲是人带有自然性的一种欲望，在人的社会化过程中，它也被打上了社会的烙印。因为人是生活在社会中的，是超越动物类的具有理智的主体，应该遵守社会规范，具有自我克制的能力。如果放纵性欲，不仅伤害别人，触犯社会道德法律规范，而且也把自己降低到动物的水平。近年来，在新的社会背景下，协调人们性行为的传统观念逐渐被淡化。与此同时，低级庸俗的性信息到处泛滥，由于种种历史的和现实的原因，性教育又相对薄弱。因而在具体的诱发性犯罪的情绪作用下，少数人生理、心理上的欲望便像脱缰的野马，失去调节控制能力，不择手段地追求自身欲望的满足。当然，少数性犯罪与人的精神、生理上的障碍也有着一定的联系。

（一）性信息泛滥是诱发性犯罪动机的主因之一

长期以来，我国的性知识教育非常缺乏，基本处于封锁状态之下，特别是受传统的性观念束缚的人，甚至会出现谈性色变，使性科学知识成为一块禁区，更谈不上作为科学知识的一部分进行传播。在缺乏性科学知识的情况下，低级庸俗的性信息泛滥，便很容易诱发一些人不良的性需要，司法实践中获得的大量案例表明，当一些人对性知识全然无知之际，一旦接触色情淫秽文化的启蒙，便会猛然吸收并内化为不良的性需要，很难保证他们不会走上犯罪的道路。近几年来，我国在没有开展性科学知识教育的情况下，又出现了直接或间接的描写性行为的小说，直观形象地表露性行为的录像、电视、电影，富有性刺激的挂历、广告、娱乐形式到处泛滥；一个没有科学的性知识的青年，在这些低级庸俗的性文化影响下，性意识很难有一个健康的、正确的、合乎人性的发展。许多人正是在这种不良性教育情形下，由于不恰当地关注性问题，最终必然陷入性犯罪的泥潭。

（二）性道德规范教育的薄弱

两性关系是一种社会关系，这种关系更多地受人们的社会法律规范、道德规范和社会心理规律的制约。因此，开展性道德与法律知识的教育，对于提高调节、控制、协调人们的性行为能力，有着十分重要的作用。

随着社会文化的发展，我国传统的性伦理、性道德观念，已经不能适应社会实际生活需要，逐渐失去了对人们性行为的调节作用，新的能够普遍为人们接受的现代社会性行为的道德观念还没有完全形成，从而造成性道德规范教育的薄弱。因而当青少年的性生理要求与社会行为规范、道德规范发生矛盾的时候，少部分人就容易为外界不良刺激引起的性欲望所驱动，发生违法的性行为。

（三）恋爱、婚姻、性生活方面的障碍

当恋爱、婚姻不能通过正当途径达到目的时，就潜伏着引发性犯罪的因素。在我国，婚姻是人的性需要得到满足的唯一合法的社会形式，但结婚后，往往由于夫妇双方或一方的生理缺陷、心理障碍等，未必有和谐的性生活，使性需要得到满足，这些都可能影响性心理的健康发展，导致其中一部分人对异性、对与异性的关系、对婚姻抱有各种违背常规或令人费解的想法。他们歧视异性，或把异性之间的正常交往、正常的性生活，视为丑恶卑贱的事，或将异性视为发泄性欲的工具，等等。后者常以强奸、乱伦、鸡奸、猥亵异性等异常的行为，作为发泄性欲的方式，并在各种报复性的异常行为中获得性生理的满足，以满足自身异常性心理的需要。

三、性欲型犯罪的心理结构

（一）认识特征——歪曲的性意识

青壮年性犯罪者往往存在错误的性意识，他们受西方“性解放”和“杯水主义”等思潮的影响，把性淫乐加以概念化、理论化，仿佛性放荡最符合时代潮流，而恪守性道德是“保守”，以此作“合理化”的自我辩解。在此基础上，形成了以下具体的性观念：第一，过分夸大性的意义，把性视为人生中最重要的事。第二，无视性爱的社会意义和美学价值，把性爱降低到生理欲求的水平，等同于性欲的满足。第三，认为“一夫一妻制”已经过时，“性自由”最新潮，以追求淫乐为目的。第四，热衷于用暴力、胁迫或其他手段来满足或发泄自己的性需要，把自己的欲求与社会对立起来。

（二）犯罪动机特征

性欲型犯罪主体的性别不同，体现在犯罪动机方面也不同。男性性犯罪动机主要是：第一，满足性欲。这是主要动机，即在性欲的支配下奸淫或侮辱妇女。第二，侵犯的欲望。不是出于性需要，而是以摧残妇女为乐，为了满足自己的暴虐心理。第三，报复。为了发泄仇恨、报复他人而强奸妇女。第四，出于好奇、追求刺激的需要。这在青少年犯罪中较为突出。女性性犯罪主要是为了追求金钱和财物，满足性欲，出于好奇及受人唆使和胁迫等。

（三）个性的典型特征

1. 极端利己主义

个人欲望十分强烈，把满足性欲看得至高无上，以此来确定目的和选择行为。

2. 自我辩解的态度

把责任推诿于被害人，如强奸犯反诬被害女性行为不轨，性欲放荡，是对方主动勾引的。

3. 情感方面缺乏修养

为了发泄性欲，性犯罪者往往不顾他人的感情和痛苦，为了寻欢作乐，不惜给他人带来严重后果。特别是强奸犯，在作案中，在性兴奋的作用下，情绪、情感迅速激惹，变得粗暴、疯狂，一旦受挫，就会转化成攻击和摧残。

4. 消极的意志品质

表现为无法抑制自己的性欲，经不住外界性刺激的引诱，同时为了达到满足淫欲的目的，行为具有挑衅性、侵犯性。

5. 腐朽的生活情趣

许多性犯罪者主要受黄色书刊和影像制品的毒害，他们精神空虚，百无聊赖，追求感官刺激，沉醉于淫秽腐朽的文化之中，恣意模仿淫乱的生活方式。有的群奸群宿、参与流氓团伙活动，奸淫或侮辱妇女；有的以摧残、凌辱妇女为乐事，以满足其性暴虐或性报复心理；还有的伴随着金钱欲和赌博、吸毒等动机，实施性犯罪活动。

（四）利用被害人的心理

1. 利用女性的恐惧和软弱

强奸犯在对女性实施奸淫、侮辱时，使用暴力胁迫手段来恐吓被害人，迫使她们忍辱屈服。有些被害妇女甚至事后还忍气吞声，不敢揭发。

2. 利用女性追求享乐的心理

一些性犯罪分子以吃喝玩乐来引诱女性，满足她们的虚荣心和物质需要，在女性丧失警惕的状态下，实施性犯罪行为。

3. 利用女性有求于人的心理

有的女性为了私利想攀龙附凤，找个靠山，或有调动工作、分房的需要，犯罪分子乘机投其所好，以满足要求为诱饵，进而实施性犯罪行为。

4. 利用女性的隐私和劣迹

有的女性有通奸行为或有不正当男女关系，被犯罪分子得知后，就以此相要挟，对被害人实施强奸或侮辱。

四、性欲型犯罪的行为特征

（一）作案方式的差异性

性犯罪者以什么样的方式实施犯罪，因其年龄、性别、体力、犯罪习惯、社会地位等条件的不同，有明显差异。主要有以下几种方式：

1. 强奸

其特征是以暴力或胁迫手段，违背妇女意志，强行与妇女发生性关系。以暴力威逼的作案人多数是男性青壮年，他们依仗体力强悍或持有凶器，迫使妇女就范。老年性犯罪者多以诱骗方式奸淫幼女或呆傻妇女。有一定权势、地位者采取威胁、利诱手段，使妇女屈从。还有些人利用职业之便进行强奸，如医生利用病机会，神汉利用封建迷信等。

2. 聚众进行淫乱活动

主要是男女流氓在淫乐思想支配下，多人同时同地交叉发生性行为。也有的在街头、公园、剧院、舞厅等公共场所，纠集多人调戏侮辱妇女。

3. 变态的性发泄

如鸡奸、窥阴、窥淫、露阴、乱伦，或者持利器或化学药物等方式切割妇女衣裤、乳房、阴部，甚至用暴虐、残害手段对妇女进行性虐待，以满足其变态的性要求。

（二）作案手段的复杂性

性犯罪的主要手段是使用暴力，包括运用体力与使用武器、凶器施暴。另外是精神上的胁迫或强制。例如，以行凶报复、揭发隐私、加害亲友等相威胁；利用封建迷信，进行恐吓欺骗；利用教养关系、从属关系以及对方孤立无援的环境条件，进行胁迫。最后是诱骗，如利用谈恋爱、征婚、找工作、冒充某种身份，以及灌输淫乱思想、腐朽生活方式等，诱骗和奸淫女性。还有的利用妇女患病急于求治的心情，假冒医生或利用治病机会，谎称治疗需要，对妇女施以猥亵和进行淫乱活动。少数性犯罪者，还使用春药或药物麻醉，使妇女产生性兴奋或处于神情恍惚甚至昏迷不醒状态，违背其意志奸淫。近年来，拐卖妇女者在拐卖过程中施暴强奸；谎称招工带到外地后胁迫妇女卖淫或诱使妇女吸毒后卖淫一类案件，也时有发生。女性性犯罪者多系从被害者发展、蜕变为害人者，在犯罪团伙中扮演以色相勾引他人，传播性犯罪思想，拉拢腐蚀其他妇女下水的角色。

（三）犯罪行为的残忍性

由于性犯罪行为违背妇女意志，必然遭到被害者不同程度的反抗，加之性犯罪的冲动性与反常性，往往使被害妇女在性犯罪过程中遭到种种虐待与残害，有的甚至被杀害。与暴力并行并与暴力性后果相联系，是性犯罪行为的一个重要特征。尤其是在一些团伙性的轮奸案件、滋扰侮辱猥亵妇女案件中，被害人遭到的摧残更是令人发指。性犯罪又往往是抢劫、诈骗、吸毒、贩毒等案件的前奏或伴随物，其社会危害性就更为严重。

五、几种主要性欲型犯罪的心理结构

（一）强奸犯罪的心理结构

1. 性需要特征

强奸犯的性犯罪心理形成后，其性需要在整个需要结构中处于特殊的位置，成为优势需要，导致其心理与行为上的一系列变化。首先是性观念的变化，表现出对传统性观念的极为不满，散布与性自由有关的言论。其次是在情绪烦躁不安时，设法接近异性，在与异性交往时兴奋激动，语言轻佻。再次是精神上逐渐变得消极颓废，不求上进。最后是在行为上表现为积极搜集和阅读与性描写有关的文艺作品，低级庸俗、淫秽下流的书刊对他们具有特别的吸引力。

2. 动机特征

首先，强奸犯的动机特征其表现复杂多样。强奸犯实施强奸行为，多数是为了满足性需要，但也有一部分强奸犯或是出于好奇，寻求刺激，或是为了发泄仇恨、报复对方，或是因歧视妇女以奸污女性为乐。其次，罪犯在实施强奸的过程中，常常伴有动机转化。这种转化表现为在实施强奸过程中，发现财物后，将女方财物洗劫一空。也有的罪犯在遭到被害人的强烈反抗或自己身份暴露后怕被告发而受到严惩，为达到逃避惩罚、保护自己的目的，残暴地杀害、伤害被害人。

3. 情绪特征

强奸犯的情绪不稳定，易受到外界刺激影响，在实施犯罪行为前，情绪兴奋激动，理智丧失，千方百计地寻找或设法接触被害对象，精心选择时间、地点，必欲达到强奸目的。这种情绪在实施强奸过程中，得到进一步发展，兴奋中心集中在性欲的满足上，而很少考虑行为的后果，在被害人的反抗面前以慌乱野蛮的动作摧残被害人。实施犯罪行为后，罪犯的情绪相当复杂，既有性欲满足后的快感，又有实施犯罪后的恐惧与紧张。

4. 意志特征

强奸犯缺乏对诱因的抵制和抑制性冲动的意志力。相当一部分强奸犯是在外界刺激的作用下，欲念上升，又缺乏良好的性道德和法治观念，在意志薄弱、心理失衡的状态下实施性犯罪行为的。

（二）聚众淫乱犯罪的心理结构

1. 精神空虚，寻求刺激

聚众淫乱犯罪分子未受到良好的思想、道德、文化方面的教育，缺乏理想、抱负，无所事事，精神空虚，但他们多处于青少年时期，精力充沛。因此，他们以流氓滋扰、玩弄异性、残害妇女来消耗剩余精力，发泄内心的不满，弥补精神上的空虚。

2. 受淫乱思想和腐朽生活方式侵袭

资产阶级淫乱思想和腐朽生活方式对贪图安逸、不劳而获、好吃懒做的人，具有较强的吸引力，引起不少青少年的倾慕，导致他们追求“性解放”“性自由”，认为“人生就是为了满足食欲和性欲”，“性解放是社会发展的潮流”。他们正是在这些淫乱思想的支配下，玩弄异性，群奸群宿，寻求感官刺激。

3. 交叉腐蚀，互相引诱

男流氓将低级下流的性观念、性意识向女青年灌输，勾引女青年，达到发泄性欲的目的。女流氓利用她们的生理特点，不仅在流氓淫乱的过程中作为男性的玩物，而且对其他男青年也有一定的诱惑力。女流氓还利用与社会上其他女青年无性别差异的特点，诱骗其加入淫乱团伙。

第五节　邪教犯罪心理

邪教犯罪是今天的人类社会面临的最危险、最复杂的犯罪现象之一。邪教犯罪，也称邪教信仰型动机犯罪或邪教组织犯罪，是指披着宗教信仰的外衣，以达到不可告人目的的邪恶动机所导致的犯罪。据有关资料统计，当今世界上存在数以千计的邪教组织，仅在美国就有2500个教派，欧洲也有1000多个。这些组织均由某个具有险恶用心的教主操纵与主宰，推崇荒谬的信仰，实施反科学、反社会、反人类的违法犯罪活动。自20世纪90年代以来，邪教组织犯罪呈现出愈演愈烈的趋势，引起了世界各国政府和人民的关注与担忧，被称为与国际恐怖主义同样可怕的“欺世恐怖主义”。在我国，这一类型犯罪的典型是“法轮功”邪教组织犯罪。

一、邪教犯罪的概念

（一）邪教

要确定邪教犯罪的概念，首先必须要确定邪教本身的含义。西方倾向于从心理学和社会学的意义上来界定，认为“邪教”是指所有那些采取可能破坏（搅乱）或严重损伤其信徒的固有性格的胁迫手段来招募徒众和传布教义的团体或集群，那些为了自己的存在而完全（或严重）破坏其信徒同原有的社会生存环境，乃至同其自身的感情联系及有效沟通的团体或集群，以及那些用他们自己的运作机制破坏、践踏在一个法治国家里被视为不可侵犯的法定权利的团体或集群。也有研究者用“邪教关系”这个词组来更为精确地表述一种邪教组织的活动与教徒间的相互影响。所谓邪教关系，是指一个人有意劝诱其他人完全地或几近完全地在重大生活决策上依赖于他（或她），同时向这些追随者反复灌输一种信念：他（或她）具有某种特别的天资、天赋或知识。我国则偏重于从政治学和法学意义上来定义，“邪教组织”是指冒用宗教、气功或者其他名义建立，神化首要分子，利用制造、散布迷信邪说等手段蛊惑、蒙骗他人，发展、控制成员，危害社会的非法组织。

（二）邪教犯罪

所谓邪教组织犯罪，也称为组织和利用邪教组织犯罪。对于邪教犯不犯罪的问题，普遍认为只要没有危害社会的行为，仅思想信仰邪教，仍然是个思想问题，无论这种思想如何邪恶，也不能认为是犯罪。但是邪教的性质使其与犯罪有着根深蒂固、千丝万缕的联系，其发展和归宿必然是犯罪。

1999年10月和2001年6月，最高人民法院和最高人民检察院先后发布的《关于办理组织和利用邪教组织犯罪案件具体应用法律若干问题的解释》和《关于办理组织和利用邪教组织犯罪案件具体应用法律若干问题的解释（二）》除对邪教组织下定义外，还对邪教犯罪进行了列举式的规定：认为邪教犯罪包括组织、利用会道门、邪教组织、利用迷信破坏法律实施罪和组织、利用会道门、邪教组织、利用迷信致人死亡罪以及利用邪教组织进行的其他犯罪。

世界各国刑法往往是将由邪教组织引发的犯罪分别归入其他具体的罪名进行处理，而很少对邪教组织犯罪作出专门规定，例如，邪教组织致使教徒或他人死亡，可以归入侵犯公民人身权利罪；邪教组织邪教徒放火、投毒可以归入危害公共安全罪。

二、邪教犯罪的特征

邪教犯罪中犯罪人往往自己形成一种对宇宙、社会及道德伦理等方面的偏执的认识，并为这种认知披上一种宗教的外衣，形成反科学性的歪理邪说组成的教义。教义的内容对邪教徒的思想行为控制起到决定性作用，也是其犯罪活动得以实施的基础。

（一）人生观

人是有思想、有精神的动物，但人的思想精神是与肉体紧密相关的。邪教往往利用唯心主义的迷信观点来宣扬身体和灵魂二元论的观点，鼓吹自杀升天论，用自杀无痛苦、自杀最圣洁、自杀是升入“天国”和“天堂”的唯一途径来残害人们。让邪教徒“放下生死”，如“法轮功”邪教主李洪志编写的《转法轮》中要求邪教徒“肉身留下，元神离开”才能升到天国。同时，散布“世界末日论”“地球毁灭论”来吓唬邪教徒，用“来世幸福论”来诱惑邪教徒。

（二）价值观

邪教犯罪人的价值观带有明显的“宿命论”的特征，本质上就是一种宿命论的人生价值观。他们将人生的意义和作用，看成为完成宿命的目标而努力，否定现实生活的意义和作用，甚至诱使或强迫邪教徒抛弃正常的社会生活和工作，如“法轮功”认为人生在世一切行为的价值都是为了“消业”，即还前世的债，去掉做了坏事以后看到的“黑色物质”，通过修炼“法轮功”，不断“上层次”，以达到“最后的圆满”，重新升入“天国”。从这些说法可以看出，李洪志的“业力说”是十分荒谬的人生价值论，只要痴迷于它，就会对原来已经形成的人生价值观造成严重的冲击，怀疑以致彻底否定原来的人生信念、理想、价值目标，抛弃正常的社会生活，丧失丰富多彩的生活乐趣。同时，人生价值的裁定权完全集中到邪教教主手上，教主说人生有价值就有价值，教主说人生无价值就无价值，教主还通过“因果报应”等歪理邪说，恐吓和控制痴迷者，让他们心甘情愿地放弃世俗生活，充当邪教教主的仆人，为邪教教主献身。

（三）道德观

邪教犯罪人把人类的道德堕落作为“世界末日论”总根源、总前提，利用人们对现世道德状况的不满和担忧心理，诱骗痴迷者对人类即将毁灭的鬼话深信不疑。将自己化为大德、至善的救世主，神化自我，将邪教编造的歪理邪说说成人类从道德堕落中被解救出来的唯一根据和希望，邪教徒只能按照他们道德观的标准来判断是非对错，不能有丝毫的怀疑。否则就是大恶，就会受到最严厉的惩罚。排斥其他一切精神信仰，而且具有极疯狂的攻击性，对其他精神信仰常常采取极端的打击手段，甚至不惜施行暴力。

三、邪教犯罪中的思想行为控制过程

（一）网罗教众

邪教犯罪以人们的基本需求，迫切需要为诱饵。邪教网罗徒众的工作通常都是以隐蔽的方式进行的，或通过套近乎、讲交情的个别接触（经常是以向遇到某种麻烦的人提供支持或帮助开始），或通过有掩护身份的招募人员（通常很难让人联想到其所属的邪教）向选中的对象推荐各类活动和培训班，以便达到成功接近的目的。人作为社会动物，都有亲和动机，有心理学研究表明，在引起较高焦虑的情境下，个体与别人亲近的需求就会增加。邪教组织对于有意识或在潜意识中强烈渴望被人爱护、被人关怀的人有着极强的诱惑力。对这些有着强烈心理需要的人，邪教有可能会给予他们指导、目的、爱护、关怀、一种归属感、个人冲突的解脱和这些人迫切寻求的自我控制力。而招募人员会对某些正被一些焦虑、压抑、孤独和恐惧等负性情绪或问题困扰的人尤其敏感，瞄准那些看起来较脆弱和孤独的人，带着伪善的面具主动接近，一旦成功，就派教徒经常前去探望，提供需要的帮助，并许诺解决其问题。处在软弱、无助状态下的或缺乏社会承认的人很难拒绝这样的吸引力。具备这些条件的人在自愿的情况下进入邪教组织，也为下一步被邪教组织控制操纵打下了基础。

（二）教化

邪教组织内部通过演讲、建议、奖惩和其他手段使邪教成员对过去的行为和选择感到不安。当他们回想起所处的世界、自己的行为和价值观时会同时被新制度所困扰，它暗示他们过去所做的都是错误的。这种回想过程让邪教组织成员困惑不解，不知道哪些是正确的、该做什么以及如何选择。在邪教组织成员正常的世界观发生变化时，邪教组织会使用感觉剥夺与反复强化的手段给他们灌输新的该组织认可的世界观。当组织攻击邪教成员以前的世界观，使他们困惑、内心混乱时，还要求他们不能说出这种困惑，也不能反对它，因为邪教领导者会不停地提问题、不停地对付邪教徒的抵触。通过这个过程，邪教成员内心的信念便被剥除了。而且，若他们身体也疲劳的话，就更能促进这种效果，这就是邪教组织必须使其成员过度劳累的原因。

例如，许多邪教组织利用“困境”的技巧或者其他的批评手法达到动摇教徒已有观念和行为的目的。比如，哈利参过军，快 30 岁以前他对自己都很有信心。但是当他加入了一种名为“圣经”的邪教组织以后，领导者反复告诫他话不能说得太快，这是他过去邪恶的象征。他就这样被告知、被教诲。不久哈利似乎失去了自信，甚至对自己在部队中所得战绩的记忆都感到怀疑。这样，他以前对自己的态度及其行为方式都已经被解冻、剥除了。

（三）转变

在此阶段，邪教成员逐渐意识到接受教规，使用教派思维减少了恐惧、焦虑等负性情绪。而且，在从众心理的作用下，开始注意观察其他教徒的举止，并决定赶超他们。并在自己承诺的压力下强化教徒行为。随着在邪教环境中花费时间的增多，教徒个人经历和邪教组织紧密相连并相互作用。

这个过程中，邪教组织会有条理地在入教者身上制造无力感。邪教组织通过剥夺人的支持体系和独立行动能力使人产生无力感。邪教追随者在剪断了以前的友情及亲情网之后便脱离了正常的环境，有时还会迁到偏僻之处去居住。邪教制造无力感的另一方法是剥夺人的主要职业和财富来源。为达此目的，许多邪教组织让成员辍学、放弃工作或职业，上缴财产、遗产及其他资产给组织，这是制造对组织的依赖感及个体无力感的步骤之一。一旦失去了惯有的支持体系（很多情况下是收入来源减少），个人对自己认知能力的自信就会削弱。随着无力感的增加，成员的自信心逐渐削弱，感到沮丧。这使他们更广泛地采纳邪教的建议，同时更加依赖环境。

感觉剥夺的作用在这一阶段非常明显，邪教徒宝贵的睡眠时间常常被剥夺，思维一片混沌，根本谈不上有理性思维能力。有的邪教组织同时采用思维闭塞的手段，思维闭塞是邪教用来杜绝向教义或领导挑战的任何思想、言语和信息的。在印度“克利须那”教派中，信徒不准询问、怀疑或“思考”。一有“思考”浮现，他们便唱起“克利须那，克利须那”。默念也被用来闭塞思维。邪教教徒长期被封闭在邪教的生活圈子里，与外界隔绝，久而久之，他们的视野就会变得狭窄，意识就会变得模糊，感觉敏锐力下降，甚至于失去对现实世界的正确理解和判断能力。

催眠和暗示的方法也经常被使用，如一些邪教活动中，使用大喊、大笑等暗示和催眠手段使人进入混沌状态，还有的邪教组织使用邪教语言、邪教思维控制了教徒对自我和外界的认知方式。

这时候如果有教徒想要离开邪教组织，会受到某些精神控制的威胁，如一位“法轮功”练习者，她曾经产生一个“不想练了”的念头，当她出门买东西时，摔了一跤，于是她马上就想，“这一定是我不虔诚（专一）遭到的报应”。因为害怕报应她打消了原来不想继续修炼的念头。这种用于恐吓惩罚形式来加强一种信念的方法，在心理学上称之为“负强化”。在“法轮功”组织散发的大量宣传品中，不外乎这样的内容：“×××人因反对“法轮功”，遭到了恶运的报应”，“×××地出现×××怪异现象，这是反对“法轮功”的报应”。

（四）教徒形成

通过以上三个阶段，并伴随着邪教痴迷的生理反应，成员最终在思想和行为上彻底转化为“忠诚”于教主和教规的邪教徒。他们的心里只有教主、师傅，他们自愿放弃自我，愿意为组织奉献一切，既不会抱怨，也不会对教主提出任何疑问。由此就产生了一批始终微笑不抵抗又勤劳的教徒。他们既不会抱怨组织的活动，也不会对宗师、领袖或组织者的权威提出任何质疑，并且非常难以脱离邪教组织。

四、邪教主的人格特征

邪教主是邪教犯罪的主体，邪教组织的灵魂，就整体而言，邪教组织是其领袖的人格与教导的扩展。有研究者认为邪教的追随者和邪教领袖之间的特殊关系非常类似于有自恋性人格的病人和他们的心理治疗师之间的关系。邪教主促使参加者过于关注自我的感受，强化所谓的“自恋性”人格。也有研究者认为杀人邪教组织的领袖不是精神变态者，就是精神病患者，或者两者兼而有之。一旦他们陷入疯狂，就会把他们的追随者一起拖下深渊。

从邪教犯罪的行为特点可以看出邪教主往往具有明显的反社会意识，性格上自私残暴，狡猾奸诈，同时善于伪装，以亲切和善的面貌示人，因此有很大的迷惑性。由于人格的复杂性，不能断定所有的邪教主都具有相近的人格特征，或认为存在“邪教主人格”。国内外研究者通过对一些邪教主生平资料的分析，认为邪教教主至少全都有着自命不凡的妄想型病态心理、伴有自恋性和偏执性人格特征。大多数邪教教主都是以某种人格类型为主，同时兼具其他多种人格特质，而这些特质相互兼容，有机地统一于邪教主身上。

（一）偏执、自信与狂妄

不少邪教主都是偏执型人格者，甚至具有某偏执型人格障碍，表现为对自己的过分关心，自我评价过高，常把挫折的原因归咎于他人或推脱于客观，对他人则特别嫉妒，不信任别人的动机，怀疑别人的存心不良，总是过多过高地要求他人。这种人固执、敏感、多疑、狭隘，易与周围人发生摩擦，偏执人格者的人际交往障碍会使其身心受损，心情郁闷，加重其变态人格的表现，而持续遭受的挫折、嘲讽和心理打击，可能使其继续发展成偏执型精神病。

有偏执狂的人，自得其乐地独处于世，以一种越来越严密的妄想机制来抵御外来的刺激与侵害，这种机制使之几乎刀枪不入，并疏远那些一旦接近就可能让其受到伤害、攻击或批评的人。同时，龟缩于妄想又阻止了自己的性情发生任何蜕变、使之永存其本色，从而可以继续表面上若无其事地天马行空。

此类人格者，如吉姆·琼斯在教团内鼓励信徒进行忏悔和告密，并建立了信徒的秘密私人档案，对某些有叛离倾向的信徒进行监视。他还具有被害妄想，认为"太阳圣殿教"将受到外部世界的迫害。他强烈的不安全感促使他率先向政府官员发动袭击，并在政府采取措施之前率领900多名信徒集体自杀，酿成震惊世界的惨案。"太阳圣殿教"的另一个头目约瑟夫·迪·芒布罗也是严重的偏执狂，他性格古怪，疑心重且好争斗，虽然很少公开露面，却有着极强的控制力。其他邪教教主们也或多或少地具有偏执型人格的某些特征，这也是他们难以适应正常社会，而要从事邪教活动的原因之一。

同时，像偏执狂描述的症状那样，有许多是幼年时期"乖僻"或"怪异"，青年时期"态度和行为孤僻、很少与同伴交往、忧国忧民、学习成绩欠佳、过分敏感、思想和语言独特和耽于幻想"。研究者发现，其中大多数邪教教主生长于高度不睦的家庭、精神和肉体上受过父母的虐待、极不自重、严重缺少关爱（常常还备受金钱困扰）、教育程度不高和不够成熟、孤僻和有着早在童年时期就受到过来自社会和学校的明显心理创伤，具有将幻想当现实的倾向……而且，绝对不是偶然，很大一部分邪教头目在14~16岁有过妄想型的经历，自以为直接得到了上帝的"启示"，认为上帝同自己讲过话并对自己点明了自己所拥有的特殊性或天神般的品格，向自己许诺了荣华富贵，让自己代为在人世间最终实现"其"意愿。

（二）自恋

这种人显示出强烈的自我重要感。他们自视甚高，自命不凡，喜欢过高地估计自己的实际成就，喜欢引人注意和欣羡而炫耀自己的欲望；他们渴望成功、权势、受人尊重或爱慕，对别人的批评易产生不正常的情绪反应；他们缺乏社会责任感，蔑视社会生活的常规，认为自己可以不受任何社会准则和规范的约束。如"太阳圣殿教"教主吉姆·琼斯的儿子斯蒂·琼斯在谈及他父亲时说："我相信驱使他做这一切的动力是他需要成为中心人物。他梦想成为万物的中心，最终没有什么能够满足他，他已经极其亢奋，各种疯狂的念头都会出现。他使尽一切办法使自己更特别、更引人注目、更强大、更果敢。我想即使他成了上帝也不会满足。我们都知道，他的欲望是没有尽头的。”并非只有琼斯是这样，当今世界邪教教主均把自己视为天下最伟大、最重要的人物，他们狂热地坚信自己无论什么时候都是正确的。他们把芸芸众生均视为凡夫俗子加以鄙弃，把信徒视为愚昧之人随意操弄于股掌，在邪教主的心目中，只有他自己才是最重要的。他们只为自己而活。这种自命不凡的感觉是过度自恋癖的直接表现，是对自己成年后生活中屡屡受挫的现实的一种不切实际的补偿。

自恋的邪教主大多自封为神或神的再生，通过各种造神手段及部分教徒的有意渲染把教主抬升为“神”。但通过对个人综合材料分析会发现，教主无一例外都是平凡的人，几乎都是男性，且大部分文化程度不高；大多数出身为农民，经济状况一般。这决定了大多数教主对物质的强烈追求和对性的偏好。由于邪教主自身知识构成、人格魅力并不出众，这也就造成教主主要是靠神化自身、利用传统宗教来迷惑教众来达到吸引人入教的目的。

（三）极强的控制欲、权力欲或领袖欲

邪教主往往具有支配型人格，有强烈的控制欲和权力欲，他们不甘居人下，喜欢按自己的意志行事，并将自己的意志强加于他人身上；他们独断、专制，不接受他人的尤其是下属的意见或建议；具有一定的管理和领导能力，竞争意识强烈，缺乏容忍与合作精神，尤其难以忍受他人违拗自己意愿的行为，大多数邪教教主具有此类人格特征。邪教教主对教徒实行专制统治是所有邪教的共同特点。在这种专制统治下，整个邪教群体的意志浓缩为邪教主个人的意志。成百上千的邪教徒只不过是邪教主的傀儡，是实现邪教主个人意志的工具。支配欲极强的邪教主决不容许邪教徒哪怕丝毫的不忠与背叛，更不容许邪教徒对自己的言行或教义提出疑问。不少邪教如“大卫教”“太阳圣殿教”“奥姆真理教”等都让信徒过一种封闭式的、没有自由的集体生活。在这种公社式的集体生活中，邪教主对教徒实行绝对的控制，教徒的思想、财产乃至整个生命均由他们支配。

五、邪教徒的认知偏差

分析一个人的个体行为是否符合邪教信众的标准，应该综合主观、客观两个方面来界定。主观上就是看个体内心对邪教的态度，即自我对邪教的认同以及自身的邪教意识；客观上就是指个体参与邪教活动的情况，即参与邪教的社会行为。按照这样的认识，具体说来，判断一个人是否为邪教信众，应该同时具备以下三个基本条件：首先要看他在思想观念上即在主体意识层面上，是否认同邪教的“教义”或者它所宣扬的观点、内容。其次要看他是否在一定程度上膜拜教主，或者说在一定程度上对教主存有神秘感和敬畏感。最后要看他在社会实践层面上有无具体的社会行为，即个体是否参与了邪教组织的活动。上述三个条件是一个有机统一的整体，缺一不可。其中最重要的是以个体的社会行为活动作为基本的判断标准。可以这样说，只要个体积极参与了邪教组织的活动，他就是一个邪教信众。

教徒加入邪教的目的与邪教主建立邪教的目的截然不同。绝大多数邪教徒是被诱骗加入邪教组织的。他们既没有邪教主那样的敛财欲望，也没有什么政治野心，往往是为了寻求庇护或解脱，为了治病或健体，为了平复心灵的创伤，为了满足好奇心或寻求超常体验等而加入邪教。研究者发现一个人之所以会成为邪教的俘虏，必定是同时四个条件：一是具有某种倾向信教的天性（崇尚鬼神，深信超自然力量等）；二是由于一时的反常情况或某个长时间悬而未决的难题，正处在特别严重和痛苦的危机，引发出超越了个人所能承受的焦虑和压力的时刻；三是被招募徒众的教派人员（不管是不是受害者的熟人）以适当的方式加以说服；四是教派提出的宗旨切中了当事者的需要、利益和思想。

邪教徒加入邪教后，从事各种邪教犯罪活动，并且在犯罪活动中表现出忠于其邪教信仰的愚顽与坚忍性，以及在教主指使和暗示下实施犯罪行为的凶狠与果断性。

邪教徒的认知偏差包括入教前的一些负面的认知、思维特征以及入邪教后强化形成的认知模式和认知偏差，这些认知特点使他们在解释外界环境与自我时，较容易产生认知上的扭曲，进一步受到邪教主的精神控制。漏洞百出的“法轮功”歪理邪说之所以能够被“练习者”深信不疑，关键在于他们已丧失了正常思维、丧失了判断善恶、是非的标准。有研究者通过与“法轮功”痴迷人员的接触，并结合专业心理个性测评工具（《明尼苏达多项人格测验》），分析发现这部分人群在考虑问题时不善于把握事物的本质，难以分清主、次，习惯于将事物看成是单一的个体；在认识事物时常以点代面，以偏概全；在解决问题时习惯于用同一种解决方案，欠缺解决问题的灵活性；在进行逻辑推理时常以毫无根据的设想为前提，迷信权威，人云亦云，无独立见解。

（一）信仰认知偏差

认识方面，犯罪人认知的迷信色彩十分浓厚。崇尚鬼神，深信超自然力量，存在混乱的逻辑思维，带有明显的唯心主义的特征。中科院心理所“反邪教”课题组对“法轮功”痴迷者的心理特点进行的调查研究的结论是，“法轮功”痴迷者的共同特点是幼稚、看问题比较片面，不能良好地适应社会生活；同时他们大部分人还比较内向、安静，不善社交，有时还比较固执，总体来说是一个社会弱势群体。

（二）自我认知偏差

邪教徒对自我的认知与邪教主恰恰相反，倾向于过低地评价自己，即自卑。

自卑是由于过多地自我否定而产生的自惭形秽的体验，即对自己的知识、能力、才华等做出过低的估价，进而否定自我。有自卑感的人轻视自己，过分看重自身短处，因而常表现出胆怯、畏惧、怀疑，担心被人嫌弃和拒绝，因而行为上采取逃避的方式。形成这种软弱无力的心理品质的原因有很多，如生理缺陷、成绩不好、能力差、失恋及社会地位低等，而其直接原因则是自己的认知方式不正确，产生认知偏差。

（三）思维过程偏差

邪教徒入教前往往存在一些思维过程偏差：

1. 绝对化要求

绝对化要求即以自己的意愿为出发点，对某一事物怀有必定会发生或不会发生的绝对化倾向，它通常与“必须”“应该”这类词联系在一起。持有这种认知的人往往把生活看成非黑即白的单色调，没有中间色，因而极易陷入情绪困扰中。

2. 过分概括化

这是一种以偏概全、以点概面的不合理思维方式。它一方面表现为对自身的不合理评价，另一方面则是对他人的不合理评价。别人稍有过失就认为其很坏，无一可取，从而一味地责备他人，乃至产生愤怒、敌意等情绪。持唯心片面绝对化思维方法者，对发展中的社会感到不适应和不满意，倾向于片面孤立地看待社会现象，易导致消极悲观偏执心态，对身心健康造成危害，即便身处和平安定、衣食丰足的生活环境里，也没有快乐幸福感，更不会有感恩之心。“非黑即白”等绝对化、片面化思维有“一刀切”的特点：要么全对，要么全错，要么洁白无瑕，要么漆黑一片，是一种完全断裂和对立的思维方式。如此丧失了批判能力，容易全盘接受邪教的歪理邪说，如只要现实社会中有任何一点瑕疵，“法轮功”教徒都可以用来印证李洪志（“法轮功”邪教教主）所说的“地球是宇宙的垃圾站”之类的谬论。

3. “糟糕至极”的想法

这种不合理的认知以夸大失败或痛苦的体验为特征，认为某一件事情发生了，必定非常可怕，非常糟糕，后果不堪设想。这种认知方式会使个体陷入不良的情绪体验之中，难以自拔。以偏概全的思维定式打开了消极信息的过滤器，社会阴暗的资料越想越多，越钻牛角尖，然后统统印证李洪志诸如“人类在败坏，到处都是魔”的说法。

（四）邪教思维

邪教往往糅合了多种宗教信仰甚至现代文化的内容，大量使用其概念并进行歪曲解释和无知臆断，具有很大程度的迷惑性，同时对神秘现象的着迷，相信道听途说，基本丧失了批判能力，同时邪教语言会产生邪教思维，邪教思维往往使信徒思维能力退化。

1. 思维过程的歪曲和矛盾性

邪教的歪理邪说扰乱了其练习者正常的逻辑思维过程，使之出现思维定向方面的障碍，在分析、综合、抽象、概括、比较、联想时，形成了一些异乎于一般人的逻辑概念，如“法轮功”犯罪人把不练“法轮功”的人比作正常人，把自己称为修炼者，把阻止其练功的人称为“魔”等，明显是抽象概括过程的歪曲。他们有时还会出现思维结构障碍、思维逻辑进程的障碍或进行诡辩等。其语言内容往往是空泛的，或自相矛盾的。

2. 自我概念的封闭性和虚假性

自我概念是指人的自我知觉的整个系统和看待自己的方式。借助于自我概念，人会产生关于自己的知觉和认识。例如，“法轮功”类犯罪人的自我概念是歪曲的、封闭的，他们很少有足够的勇气承认自己所面对的矛盾。同时，他们有强烈的自我保护倾向和心理防御机制。他们竭力否认外界的经验，目的是维持自身已形成的自我概念。他们往往利用否认的方法，把已经发生的令人痛苦的事实说成根本不存在的东西，好像什么也没有发生过，来避免心理的不安、痛苦或矛盾。他们的自我认识、自我观察和评价不真实，他们自我意识中的自我不是一个真实的客观的自我，而是一个主观的、歪曲的，甚至是虚构的自我，如他们认为自己不是常人，而是具有宇宙特性的修炼之人，不承认自己是违法犯罪者，认为自己是好人，国家总有一天会为自己平反。

他们遇事也不会依从客观事实来进行分析、判断、推理、寻找方法，而是“经文”上怎么说，我就怎么做，企盼事事顺利，逢凶化吉。例如，在与“法轮功”习练人员讨论已转化人员时，他们认为这些人与“大法”无缘，是“叛徒”，不是因为认识到李洪志及其“法轮功”的邪教本质而自动与“法轮功”决裂；对于正在接受的教育转化学习则是“师父”对自己的“考验”，是自己在“消业”。

自我封闭性表现在心理不相容，即使在人际交往中，当他人不能与自己观点一致或自己不能引起他人的认同时，而产生苦恼焦虑，导致与社会和他人相隔离、自我封闭。在心理上有不相容障碍的人，总是将自我束缚在一个狭小的交往范围内，对他人的一些个性特点往往“看不惯”，因而懒得交往。

六、邪教徒的人格特征

一些邪教徒表面上看起来是出于强身健体或宗教信仰的动机加入邪教，但其最终成为邪教徒，并被利用发生犯罪行为，根源仍主要在于其人格特征。

邪教徒在人格特点上往往表现为内向、怯懦、孤独、自卑、敏感、脆弱、情绪化、依赖、幼稚、轻信、厌世、叛逆、贪婪、易受暗示、不善交往、耐挫力或社会适应力差等。现实生活中，具有上述人格特征的人，在处于生活转型期时或遭遇挫折和失败时，心理往往变得非常脆弱，他们可能为了寻找心理慰藉而误入邪教。一般而言，女信徒往往比男信徒更善良，更单纯，也更容易轻信花言巧语。纽约的精神病学家马克·加兰特研究了大批邪教徒尤其是女信徒的情况后发现，几乎所有的人都经受着“巨大的感情痛苦”，她们往往没有什么技能，没有受过高等教育。对她们来说，与人建立关系和信任别人都是不容易的事。

（一）经验归纳的邪教徒人格特征

从现实生活看，以下几种人格类型在邪教徒身上较为常见：

1. 理想主义人格

理想主义者们对现实社会往往怀有较高的期望和对诸事追求完美的心理倾向。他们对现实生活中的种种消极、丑恶现象缺乏足够的心理准备和客观冷静的分析，也缺乏积极的心理调适手段，因而产生了对现状的不适感、不满感和厌弃感。他们幻想和期待着一种美好的社会环境和人际关系，而邪教所描绘的“天国”与他们的理想不期而遇、不谋而合，于是步入迷途。许多受过高等教育的知识分子也被邪教所惑，很大程度上是出于这一原因。如一名曾经练“法轮功”的博士生回顾自己身陷邪教的原因时说：“我出生在知识分子家庭，从小受着良好的教育，特别是中国传统的伦理道德观念在我内心播下了向往正直善良的种子。由于这种观念的影响，我对现实社会中的一些不良现象看不惯，因而在思想上产生了一种消极避世的心理。而‘法轮功’打着‘真善忍’的牌子，构造了一个‘无忧无虑，一片祥和，没有污秽及尔虞我诈的神仙世界’一下子就吸引了我。我走进了‘法轮功’的圈套，还以为是找到了人间的一片净土……”现实生活中，一些具有“完美主义”“理想主义”人格倾向或“幻想型”人格特点的人，往往因上述原因误入邪教。

2. 逃避型人格

逃避型人格者由于自我评价偏低，对自己的成就信心不足，而对自己的弱点过分沮丧，在人际交往时对他们可能受到的冷落过分敏感。因而除了生活与工作所必需的人际交往外，他们总是回避社交活动。他们遇到挫折或失意时，找不到积极的方法去面对，总是采取消极逃避的办法去寻求精神解脱，因此容易为邪教所营造的虚假的温馨氛围所欺骗而主动加入邪教。

3. 依赖型人格

依赖型人格者往往没有主见，缺乏自信，总觉得自己能力不足，甘愿置身于从属地位，遇事总想依赖他人，不敢独立思考，容易屈从他人的要求，显得过分顺从。所依赖的人不在身边时，容易发生焦虑和抑郁。依赖型人格的形成与个体成长环境及文化传统有关。如中国国民性格中的奴性与从众性，就与统治中国人民两千多年的封建专制主义意识形态有直接关系。正是这种人格特质，为中华人民共和国不同历史时期轰轰烈烈的“造神运动”提供了社会心理基础。从某种意义上说，从十年“文革”时期的“领袖崇拜”，到20世纪八九十年代的“气功热”及“教主崇拜”，与国民这种性格弱点有着直接联系。

4. 幼稚型人格

这种人人格发展不成熟，思维方式简单，缺乏稳定的价值观，处理问题有明显的情绪化倾向。他们易受暗示，缺乏理性和独立意识，有寻求保护的倾向。邪教徒中有相当一部分人属于这种人格者。在西方，有许多邪教把少不更事的年轻人作为引诱的主要对象。在我国，也有相当一部分青少年因为幼稚无知、难辨真伪而卷入邪教。

5. 封闭型人格

这种人个性孤僻、内向，自我封闭，不善于主动与社会交往和接触外界。由于缺乏人际交流和人际支持，他们很容易陷入生活困境或遭遇挫折，且在此种情况下又往往不能及时地得到帮助、鼓励和安慰，这样就比常人更容易产生焦虑、忧郁、烦闷、痛苦和厌世情绪；而加入邪教组织，不但缓解了他们内心的孤独感，也使他们暂时摆脱了现实生活中的烦恼，所以邪教徒中，有不少人属于封闭型人格者。

（二）实证测量的邪教徒人格特征

有访谈结果表明：原“法轮功”痴迷者最突出的个性特点表现为大多数人思想观念中理想主义色彩浓厚，显得有些幼稚、不够成熟，表现出这一点的人占72.5%。另外，他们也非常狭隘、固执、封闭、抑制；同时也有比较真诚、自律的一面和自卑、顺从的人格特性。

西班牙司法部的教派问题工作组于1988年主持进行了一项调查，发现痴迷于某一教派的危险组群的人格特征是敏感、孤僻、易于激动、自卑、压抑、焦虑、缺乏自信、犹豫、理想主义和追求绝对等；中国科学院心理研究所在对我国国家机关工作人员中的“法轮功”痴迷者所做的一项调查研究中同样发现，“法轮功”痴迷者最明显的个性特征是幼稚、理想主义、自卑、顺从、封闭等。因此在症状表现上，神经症所具有的诸如焦虑、恐惧、易激惹等情绪症状、强迫观念、强迫意向、强迫动作及行为、疑病观念和植物神经症状群等几乎在“法轮功”痴迷者身上都有不同程度的体现。

同时有研究发现，原“法轮功”痴迷者大部分人经历了一些重大负面性生活事件，包括身体上的、工作中的、人际交往上的以及家庭生活等方面的重大变故。这些应激环境无一不对个体人格形成产生深刻影响，因为生活事件的增加而产生的应激体验与各种各样的生理心理障碍有着明显的关系。在对生活事件与个性心理健康发展间的关系进行解释时，一般都认为由于生活事件的产生增加了个体适应环境的压力，个体要适应这变化了的生活所付出的努力也需要相应的增加，因此，如果在一段时间内发生太多的生活事件，个体的躯体和心理健康状况就会受到影响。

艾森克 EPQ 问卷调查显示，原“法轮功”痴迷者在内外向维度上的得分低于正常人，表明他们具有安静保守、孤僻离群、性格内向、不善交际以及严谨、自律、悲观等人格特质。而在神经质项目上的得分显著低于正常人，说明他们情绪反应缓慢而弱，经常进行自我控制和压抑。综合访谈和问卷两种调查结果以及与前述研究者的看法和研究结论，这种一致性说明原“法轮功”痴迷者心理上确实存在一些问题，存在相当程度的人格缺陷，心理健康水平偏低。原“法轮功”痴迷者在面对应激事件或环境时，常以自责、幻想和退避这类不成熟的应对方式，较少运用解决问题这类积极的应对方式，表现出一种神经症性的人格特点。

我国研究者对邪教痴迷者的人格倾向与心理模式进行实证调查分析发现：痴迷者 MMPI 测量，大于正常分值，显示异常的项目有精神病态、妄想狂、偏执、精神衰弱、轻躁狂、癔症。痴迷者 MMPI 测量反映出的人格倾向为：偏执型人格及强迫型人格倾向占 25%；分裂型人格占 34.09%；癔症型人格占 29.55%；冲动型人格占 10.23%；神经质型人格占 22.73%。男性痴迷者除异性化外，其他九项均高于国内常模且达到统计学显著性，揭示了男性痴迷者存在明显的人格扭曲和心理病态现象。痴迷者与吸毒者在谎分、癔症的比较结果上呈强相似性，说明二者具有相同的人格特征——掩饰性和不真实性，揭示了精神鸦片与药物鸦片对人心身毒害有相同之处。痴迷者与精神病者比较，二者在支配性、偏见性、轻躁狂、精神病态、控制项目上表现出强相似性，说明痴迷者也具有精神病样的病理人格特质，存在类似的人格变态和意识变态。

延伸阅读

关于邪教

邪教是对某些宗教教派带有负面价值的评断称呼，根据不同人士所持的不同价值观，会对邪教有不同的认定。

一、学术称呼

西方英语文化圈通行的 cult［膜拜团体，法语、德语文化圈通行的 cult－sect（膜拜教派），学术上的全称为具有严重犯罪性质的伪似宗教组织（Pseudo Religion）］。

二、简介

据统计，目前，全世界邪教组织有1万多个，信徒数亿人；西欧和南欧亦有1317个狂热教派，英国604个，法国173个，西班牙全国现有200个“具有破坏性”的邪教组织。在未来社会，由于人类情感的需要和人格的变异，邪教组织具有进一步发展扩大的趋势。邪教通过对痴迷者进行精神灌输，导致很多惨剧的发生。

三、邪教对行为的控制

住处、家庭、同居者、往来者受到规范；

穿着、打扮等受到规范；

食物受到规范；

睡眠受到规范；

无消闲的空间；

教义的灌输及组织活动（如念经文等）占去人最大部分的时间；

主要决定不能自作，必先取得批准；

需要汇报思想，感受与行动予教长；

存在行为责罚制度；

团体思维高于个人；

强硬的教义；

需要依赖和服从。

四、邪教对信息的控制

使用谎言，包括不发放消息、歪曲信息；

减低教外信息的散布或不鼓励接触这些（包括对教批评的说话和使成员过度忙碌以致无暇接触外界）；

做成教“内”和教“外”对垒的局面，由教主决定谁人可知什么；

鼓励教徒互相举报；

成立“伙伴”制度（buddy system）；

大量并广泛使用教义及由教派传播的信息，并大肆宣传。

五、邪教对思维的控制

将教义定为“真理”——黑白分明的思维；善对恶的思维；教内对垒教外的思维；

使用特殊语言代替正常的思想表达；

只容许“好”及“正确”的想法；

压制思考——只许“好”的思想，否定批判、理性想法以及建设性的批评；

空想的运用；

唱出咒语；

冥想；

祷告；

不能批评教主或教义；

不容纳别的信仰。

六、邪教对情绪的控制

使人的感受受控制；

相信所有问题都是自己的错而永不是领导的错；

过度夸大罪恶感；

过度夸大恐惧；

怕自主；

怕“外”界；

怕敌人；

怕失去救赎；

怕离开教派；

怕遭否定；

使用过大的情绪波动来控制人；

公开悔罪；

非理性的恐惧——害怕领导人，害怕离开，不会反驳领导，如离开即对前途无信心；

教外没有快乐可言，故不能离去；

离开即有祸；

对离去者杯葛；

离去即属堕落。

第十章

变态心理与犯罪

第一节　变态心理概述

一、变态心理的概念

所谓变态心理，即指人的知、情、意的活动和个性心理特征，以及行为表现超出了正常范围，甚至表现为某种程度地丧失了辨认能力和控制能力。变态心理学一般有广义和狭义之分，广义的变态心理或行为包括精神病、人格障碍、性心理障碍和精神发育迟滞；狭义的变态心理仅指人格障碍，本章内容属广义说。

变态心理学是研究异常心理现象或异常行为的一门心理学分支学科，这里的“异常心理”包括了人的心理活动的各个方面，既指心理过程和心理状态的异常改变，又包括能够反映一个人独特的、稳定的和整体特征的个性或人格的异常，因此，相对于普通心理学研究正常、健康的人的心理现象的发生、发展变化规律的科学来说，变态心理学则是研究异常心理现象的发生、发展变化规律的科学。

二、正常与异常心理的区分标准与原则

在人们的日常生活中，对心理异常的理解不够恰当的有以下几个方面：

一是从统计学角度，将心理异常理解为某种确定心理现象常模的偏离；

二是从精神医学角度，将心理异常理解为古怪的观念或行为；

三是从社会学角度，将心理异常理解为对社会原则的破坏；

四是从文化人类学角度，将心理异常理解为对某一文化常模的分离；

五是从认知心理学角度，将心理异常看作个体主观上的不适体验。

（一）正常与异常心理区分标准

变态心理与常态心理之间的差别是相对的，人的心理活动非常复杂，个体差异性很大，有些不健康的心理如过分猜疑、嫉妒等心理也存在正常人之中，所以难以找出一条泾渭分明的分界线，并且，由于变态心理表现受到环境因素、主观经验、心理状态及人际关系和不同的社会文化等许多因素影响，在不同地区、不同文化背景下显现出不同的特点。因此，对于正常与异常的区分标准很难找出一个统一的指标。

目前，最常用的区分正常与异常心理的判断标准有：

1. 医学标准

此标准根据一个人身上表现的某种心理现象或行为，便于找到病理解剖或病理生理变化的根据，在此基础上认定此人有精神疾病或心理疾患，较重视物形，化学检查和心理生理测定。这种标准比较客观，为临床医生广泛采用，但也有局限，有些心理障碍目前未能发现明显病理改变，或有的有病因史，有症状表现但不主动就医就不能据此标准判断。它把心理表现视为疾病的症状，把它产生的原因归结为脑功能失调。

2. 内省经验标准

内省经验含有两层含义：一是指病人的主观体验，即病人自己觉得有焦虑、抑郁、不适或自觉不能适当控制自己的某些行为诉诸医生；二是指观察者根据自己的经验对被观察者作出是否正当行为的判断，此标准因人而异，有很大主观性，有时难免评判不一。

3. 心理测量的统计学标准

此标准是以人的心理特征偏离平均值的程度为依据来划分正常与异常。在普通人群中对人们心理特征进行测量的结果通常显示常态分布，其中多数人属于心理正常范围，而远离中间的两端则被视为“异常”。统计学提供的数据较客观，便于比较，操作简便易行，但也有不足，如心理测量的内容同样受地域特点、文化背景的影响。故其作用不能扩大，对心理测量的解释不能绝对化，应与临床观察及其他方法结合起来。

4. 社会适应标准

一般情况下，正常人的行为符合社会的标准，即人与社会保持协调一致，此标准就是看人对社会环境能否适应来划分常态与变态。社会环境因素指社会规范、文化、风俗习惯等。不适应性标准会随时代的发展而变化，不会一成不变。

（二）正常与异常心理区分原则

虽然区分心理正常与异常的标准一时难以统一，但有学者认为区分正常与异常的基本原则是可从心理活动的定义提炼出来的。区分心理正常与异常有以下三个原则：

1. 主观世界与客观世界的统一性原则

心理是客观现实的反映，故正常的心理活动和行为就形式和内容应与客观环境保持一致性，临床上常把自知力作为是否患精神病的指标，如当一个人引起或引起一个人知觉的刺激物在客观世界中当时并不存在，却产出了幻觉，或一个人思维内容脱离现实，或思维逻辑背离客观事物的规定性形成了妄想，说明此人丧失了自我认知的统一性。

2. 心理活动的内在一致性原则

知、情、意是人的心理过程的几个部分，它们的关系是相互影响，协调一致的，如果某人遇到高兴的事却做出痛苦的表情（表情是真实的，发自内心的），那么就是此人心理过程失去内在一致性。

3. 人格的相对稳定性原则

人格特征是人在长期的生活实践中形成的，形成后具有相对稳定性，若一个乐于助人的热心人突然变得待人十分冷淡，而在现实生活中又找不到使他改变的明显的外部原因时，那么可以认为是个性的相对稳定性出现问题，人的心理活动可能出现异常了。

第二节　人格障碍与犯罪行为

人格或称个性是一个人固定的行为模式及在日常活动中待人处事的习惯方式，是全部心理特征的综合。人格障碍是指在某些不健全的先天素质特点基础上，在后天社会文化的影响下从童年或少年期开始，并持续发生的显著偏离常态的人格，这种人格发展的畸形与偏离状态表现出固定持久的适应不良行为，它也被称为病态人格、变态人格、人格异常等，人格障碍是一种介于精神疾病与正常人之间的行为特征，行为人既不是精神病，又不是正常人，人格障碍者的犯罪行为在司法实践中十分常见，他们有的人常因一个微小的刺激或偶然的动机而实施严重的犯罪行为，因为当时他们的精神状态、对事物的理解判断能力、自控能力是不健全的和病理的，在其狭隘、自私的心理作用下常发生凶杀等严重的刑事犯罪。

一、人格障碍概述

（一）人格障碍的概念

人格障碍亦称病态人格，变态人格和人格异常等，是指明显偏离正常，并且形成了根深蒂固的行为模式，对环境具有适应不良的性质，影响了他们的情感和意志活动，破坏了其行为的目的性和统一性，同时，由于其人格内在发展不协调，病人遭受痛苦或给个人及社会带来不良影响，给人一种“古怪的感觉”，他们难以对周围环境刺激作出恰如其分的反应，难以正确评定自己的行为反应方式，难以正确处理复杂的人际关系，因此，常与他们的朋友、邻居乃至亲人发生冲突，如有的人过分地倔强，嗜好成癖等，大都有病态人格的因素在起作用。

人格障碍没有明确的起病时间，通常开始于童年，青少年或成年早期，并一直持续到成年乃至终生，人格障碍主要的评判标准来自社会心理的一般标准。

（二）人格障碍的特征

1. 人格障碍表现很复杂，人格障碍者的内心体验与正常人生活常理相背离，其外显行为违反社会准则，这种偏离常态的内心体验和行为模式，用教育、医疗或惩罚措施都很难从根本上改变。心理特点紊乱与不定，并在人际关系方面与人相处很差，表现出一定的怀疑、偏执等。

2. 表现出明显的自知和自制的缺陷，把社会和外界对自己的不利及所遇到的困难都做外在归因，这样的思维不仅不能认识自己存在的问题，也谈不上吸取教训改正行为偏差。有时虽有自知力，但缺少自控力也不能用正确的认识指导其行为。

3. 没有责任感，情绪、情感表现出不成熟性。人格障碍者在没有意识障碍，智力活动无明显缺损的情况下，情绪表现极不稳定，对包括亲人在内的人都没有责任感，对伤害别人的行为既不后悔也无罪恶感。

4. 行为活动受本能驱使，自制力差，缺乏目的性、计划性和完整性。

5. 人格障碍一般从幼年开始显露，但迹象不明显，到青春期出现较明显的人格缺陷，一旦形成具有相对稳定性，较难矫正，有的人到了中年以后，由于体力、精力下降有所缓和，有的则会持续终生。

此外，人格障碍与人格的改变不能混淆，人格改变是获得性的，指那些原来人格发展正常，到成年由社会心理因素造成的人格异常，而由脑部器质性疾病损害造成的人格异常即器质性人格综合征或类病态人格，它们都不属于人格障碍。

二、人格障碍的常见类型与犯罪

人格变态的表现比较复杂，目前，其分类方法并非一致，根据中国精神障碍分类与诊断标准（CCMD－3）常见的分类如下：

（一）偏执性人格障碍

偏执性人格障碍以猜疑和偏执为特点。主要表现为：

1. 对周围的人或事物敏感多疑，心胸狭窄，自尊心过强，人际关系往往反应过度，有时产生牵连观念，常无端怀疑别人欺骗自己等。易与他人发生争辩、对抗。

2. 自负、自我评价过高，固执地追求不合理的权益。忽视或不相信与自己想法不符合的客观证据，所以很难改变自身的想法和观念。容易记仇，自认为受到轻视，为此耿耿于怀，易引起敌意和报复心。

3. 遭到挫折和失败时常推诿客观原因，不找自身的主观原因，常有病理性的嫉妒观念，怀疑配偶或情侣的忠诚。

具有偏执性人格障碍的人在嫉妒报复心理的支配下，易实施杀人、纵火、投毒等犯罪行为。

（二）分裂性人格障碍

分裂性人格障碍以情绪情感冷漠无亲切感，观念、行为、外貌装饰奇特，人际关系明显有缺陷为特点。主要表现为：

1. 冷漠、缺乏情感体验。既不能表达对他人的体贴、温暖和愤怒，又对批评和表扬无动于衷。

2. 性格明显内向（孤独、被动、退缩），回避社交，离群索居，我行我素。

3. 行为荒诞、怪僻。常不修边幅、服饰奇特，行为不合时宜、不合风俗民情。

4. 爱幻想，会有奇异的信念，想入非非，脱离现实，如思考一些正常人看来毫无意义的事情。有一些牵连、猜疑、偏执的观念。

有的分裂性人格障碍者情感冷淡、猜疑，可能会无事生非，寻衅滋事。

（三）反社会性人格障碍

反社会人格障碍是一种以行为不符合社会规范为主要特点的人格障碍，主要表现为：

1. 反社会性人格障碍的人，其行为与整个社会规范相背离，忽视社会道德规范、行为准则和义务，对自己的行为不负责任，对他人的感受漠不关心，没有同情心等特点。

2. 这类人在需要、动机、兴趣、理想等个性倾向性以及自我价值观念等方面均与常人不同，他们往往缺乏正常的友爱、亲情，缺乏罪恶感和焦虑感，极少内疚和自责，经常有冲动性行为，而且不吸取教训，行为放荡，无法无天。

3. 他们常常在童年或者少年期就出现品行问题，如逃学、说谎、夜不归宿、故意破坏他人或公共财产、无视规则、极端自私、以恶作剧为乐，使其身边的人常感到痛苦和怨恨。

反社会性人格障碍和违法犯罪具有较密切的关系。此类人格障碍的犯罪带有违背社会伦理道德和常理、罪行特别严重、作案手段残酷、本能行动强的特点，常易从事暴力犯罪和性犯罪等活动。30 岁以后常有所缓和，但难以和家庭成员建立持久、尽责、亲密的关系。

（四）冲动性人格障碍

冲动性人格障碍亦称爆发性人格或攻击性人格障碍，对事物产生常作出爆发性反应，稍不如意就爆发愤怒情绪和冲动行为，行为有不可预测和不计后果的特点。这类病人一旦发作起来对社会的危害性很大，容易发生激情性犯罪。他们暴怒时的犯罪易造成灾难性后果。从司法实践来看，他们容易实施多种冲动性犯罪行为，如性暴力犯罪、伤害与杀人犯罪、交通犯罪等。在某些情况下，冲动性人格障碍者会实施严重、残忍的凶杀犯罪活动，具有很高的社会危险性。例如，2005 年 9 月，一青年男子在和相处了一段时间的女朋友接吻时，只因女友表情冷漠，该男子顿生怒火，便用鞋带将女友勒杀。

主要表现为：

1. 情绪不稳，易与他人发生争执，冲动后对自己的行为虽很懊恼，但不能防范，情感爆发时对他人可能有攻击行为，也可能有自杀、自伤行为。

2. 人际关系强烈，并且时好时坏，没有持久的朋友。

3. 做事虎头蛇尾，缺乏目的性和计划性，难以完成需要长时间坚持努力的工作。

此类人格障碍者易激怒，微小的刺激即可使他陷入狂怒和冲动之中，不发作时一切正常，故极易发生激情犯罪。

（五）表演性人格障碍

表演性人格障碍（癔症性人格障碍）有感情用事，戏剧性，过分夸张地自我表现、追求刺激和自我中心的特点。主要表现有：

1. 爱表现自己，行为做作，在外貌和行为上表现夸张，以期望引起别人的注意。自我中心，爱强求别人满足自己的私愿，暗示性强，容易受他人诱惑。

2. 情感体验肤浅、强烈，并且容易变化。心胸狭窄，经不起批评，不如意时常以情感相要挟，如扬言自杀或威胁性自杀，达到目的才肯罢休，设法操纵他人为自己服务。

3. 爱编造谎言，凭猜测或预感作出判断，有时用幻想与想象补充事实，言语内容不完全可信。喜欢寻求刺激，甚至于卖弄风情，喜爱挑逗，好炫耀自己，给人以轻浮的感觉。

此类型人格障碍的人有些易参与诈骗、卖淫活动。

（六）强迫性人格障碍

强迫性人格障碍以刻板固执，墨守成规，缺乏应变能力为特点。主要表现为：

1. 常有不安全感，过分多虑，实施的计划反复核对，过分注重细节。唯恐出现差错。

2. 对任何事情要求过高过严，追求十全十美。按部就班、拘泥细节，犹犹豫豫，常常避免作出决定，否则会感到焦虑。

3. 主观、固执，事必躬亲，事无巨细，对别人做事不放心。

4. 好洁成癖、过分节俭、甚至吝啬，分沉溺于职责义务与道德规范，过分投入工作，但对工作却缺乏愉悦感，没有创新精神和冒险精神。

（七）焦虑性人格障碍

焦虑性人格障碍以一贯感到紧张、易惊恐、懦弱胆怯为特点。主要表现为：

1. 有广泛性的持续紧张和忧虑的感觉，因有自卑感和人际交往受限，缺乏与别人建立关系的勇气。

2. 因胆小，有不安全感，总是需要被人接纳和喜爱，对拒绝和批评过分敏感，因而习惯性的夸大日常生活中的潜在危险，而有回避某种活动的倾向。

（八）依赖性人格障碍

依赖性人格障碍以缺乏独立性，感到无助、无能和没有精力为特点。主要表现为：

1. 过分服从别人的意志，过分依赖他人，允许和要求别人安排自己的生活。

2. 事情进展不顺时有将责任推诿他人的依附心理。

人格障碍犯罪中并非都是单一型人格导致犯罪，有的是属于混合型人格障碍犯罪。犯罪的原因是极其复杂的，不能说具有人格障碍的人就一定会犯罪。

三、变态人格者犯罪的主要特征

变态人格者的犯罪行为与正常人的犯罪行为有明显的区别：

1. 犯罪行为的自觉性。变态人格者与精神病者不同，他们能意识到自己的行为后果，作案后记忆清晰。

2. 犯罪动机的偶然性。变态人格者犯罪结果与犯罪起因并不相适应，而且犯罪的起因多受偶然的刺激，情感冲动或本能愿望所驱使，一般较少预谋。

3. 违法犯罪目的不明显。变态人格者的犯罪常常是损人不利己的，其犯罪目的通常是为了缓冲心理紧张和压抑状态。因此，犯罪的功利性、目的性不明显。

4. 犯罪手法自我保护性差。犯罪前后不隐蔽也不逃避罪责，自我保护性差，害人害己。

5. 犯罪行为的连续性。由于变态人格者的犯罪是寻求心理上的满足和安慰、缓冲心理紧张状态。因此，随着这种心理紧张状态的持续和心理紧张力的积累，当外界不良刺激诱因与其固有的人格缺陷相适应时就极易再次引发违法犯罪行为，从而表现出实施犯罪行为具有连续性，作案时间具有周期性，侵害个体具有一致性的行为特征。

第三节　性变态与犯罪

一、性变态概述

（一）性变态的概念

性变态又称性心理障碍或性欲倒错，泛指在两性行为方面的心理和行为明显偏离正常，并以这类偏离为性兴奋、性满足的主要或唯一方式的一组心理障碍，从而不同程度地影响、干扰和破坏正常的性活动。

（二）性心理障碍的分类

根据中国精神疾病分类及诊断标准第三版（CCMD－3）规定，性心理障碍分为：

1. 性身份障碍：易性癖。

2. 性偏好障碍：异装癖、露阴癖、窥淫癖、摩擦癖、施虐癖、受虐癖。

3. 性指向障碍：同性恋、恋物癖、恋兽癖、恋尸癖、恋童癖。

（三）性心理障碍的判别标准

性是人类的一种基本需要，人类的性行为受社会文化历史的影响，不同的国家、种族和社会集团对性行为有不同的价值观，即使在同一文化的国家，对性行为的理解和评价也可有很大的不同。因而，判别性行为正常与否的标准是相对的、有条件的，而不是简单的、绝对的。

1. 以生物学属性为准则：如果性行为符合生物学特征和需要，如与生殖功能目的相联系的就属正常的性行为，否则为异常。

2. 与社会文化道德规范为准则：凡符合历史特定阶段某一社会所规定的道德规范或法律规范的属正常的性行为，否则为异常。

3. 与对他人和社会的影响为准则：一种性行为使性对象遭受痛苦和损害，其行为视为异常。

4. 与对本人的影响为准则：一种性行为如果使本人感到痛苦或损害，则视为异常。

5. 与严重程度为准则：如果一种性行为长时间持续发生，并不能被一般的说服教育甚至惩罚所纠正，则视为异常。偶然发生的性偏离不能归为性心理障碍之列。例如，长期放牧的牧人，在没有机会接触异性的条件下，偶然发生的兽奸，不能视为具有性心理障碍。

性心理障碍患者虽然触犯社会规范，但不能一概认为他们道德败坏，流氓成性或性欲亢进。其实，大多数患者性欲低下，甚至不能进行正常的性生活，家庭往往不和谐，甚至破裂。他们具备正常人的道德伦理观念，对寻求性欲满足的异常行为方式，有充分的辨认能力。事后多有愧疚之心，但往往难以控制自己的行为。他们当中多数患者对社会生活适应良好，工作尽责，性格内向、害羞、文静，或者是孤僻、温和、具有女性气质。

性心理障碍患者没有突出的人格障碍，虽然性心理也是人格内容之一，但除单一的性心理障碍所表现出来的对变态行为屡教不改外，并无其他与社会不相适应的行为，更无反社会行为，不符合人格障碍的诊断标准。

性心理障碍不能等同于性犯罪。性犯罪是司法概念，其中包括性心理障碍的违法行为，包括强奸、乱伦、卖淫、嫖娼等，以及非性心理障碍者所实施的违法行为。当然性心理障碍者的异常性行为触犯法律，干扰社会秩序时，应予追究。

二、性变态与犯罪

（一）性身份障碍

性身份障碍，主要指易性症。患者的特点是在心理上对自身性别的认定与解剖生理的性别特征相反，持续地存在改变自身性别的生理解剖特征以达到转换性别的强烈愿望，其性爱倾向为同性恋。

易性症患者常常为自己的性别而深感痛苦，为自己不是异性而深感遗憾。病情严重者渴望自己是异性或者坚持自己是异性，有的使用手术改变性别。手术不成功则长期服用激素改变自己的形体，抑郁自杀者也不少见。易性患者比较少见，发生率为十万分之一。其中又以男性多见，男女之比约为3∶1。男性患者约1/3结婚，即使结婚，离婚比率也较高。

性身份的核心，即我是男性或是女性的确认在人类大约3岁时完成。如果自觉性别在3岁时然是颠倒的，则以后就极难改变，到了儿童期或青春期几乎不可能建立正确的自觉性别，可能导致日后的易性癖。

男性易性癖3～4岁后出现明显的女孩兴趣和行为，自我性别辨认为女性。到了青春期和性成熟后，心理上认定自己属于女性。他们爱着女装参加女性社交活动，走路说话姿态均模仿女性，喜爱烹调缝纫，性欲较低。女性易性者幼年就出现明显的男性化行为倾向，到青春期或性成熟后有易性的强烈要求，在各项活动中以男性自居，行为举止模仿男性。

（二）性偏好障碍

1. 异装癖

异性装扮癖即异装症，这是一种反复而强烈的涉及异性装扮的性渴求与性想象，并付诸实施的心理障碍，多见于男性。

异装症患者不要求改变自身性别的解剖生理特征，对自身性别的认同并无障碍。大多数人有正常的异性恋关系，性爱指向正常。同性恋患者中有些也喜欢穿着异性服装，但同性恋患者是为了取悦于性伙伴，增加自身的吸引力。此症多始于童年或青春期，开始着女装时，偶然与性兴奋联系起来，并导致了手淫和射精，使其有了深刻的印象，以后经学习机制和条件反射机制使异性装扮与性满足的联系习惯化了，则形成了真正典型的异装癖。

2. 露阴癖

露阴癖，主要表现是以反复在异性和陌生人面前暴露自身的性器官的性渴求和性想象，获取性满足的心理障碍。在性心理障碍中较多见，且多见于男性。

患者个性多内倾，露阴之前有逐渐增强的焦虑紧张体验。时间多在傍晚，并与对方保持安全距离，以便逃脱。当对方感到害怕、惊恐或耻笑辱骂时而感到性的满足。情景越惊险紧张，他们越感到刺激，性的满足也越强烈。露阴癖又称为裸阴癖，通常发生在青春期，高峰在 25 ~ 29 岁。露阴行为反复发生，频率不尽相同，多则频发或数日一次，少则数月或一年仅数次。他们的露阴冲动实际上是对自己性格的逆反，想证明他的的确确是个男人，借以减轻他潜意识的焦虑。

3. 窥淫癖

窥淫癖也称窥阴癖，其特征是以窥视异性裸体或性交行为活动，达到兴奋的强烈欲望，获得性满足的心理障碍。多见于男性。

窥淫癖者性格常害羞胆怯，平时缺乏接近女性的手段，或在正常性生活方面存在某种障碍，他们的行为往往被路人发现，常常被当作流氓抓起来。窥淫癖患者大多数为成年人，看到异性裸体或他人性交时自然会引起兴奋，但窥淫癖者对此有强烈欲求，勉强抑制即现明显焦虑不安，且将性兴趣停留在观看他人裸体或性交活动上，并将其作为满足性欲的唯一手段。

窥淫癖者多有幼年时窥及异性裸体或他人性生活的经历，并对此有深刻印象，但典型的窥淫行为有规律性，具有反复发作的趋向。患者本人对窥淫行为有明确的非道德和非法认识，但在冲动时感到无法克制，虽被发现并受到过处分，但其后仍然重犯。有的由于偶然的机会偷看异性洗澡、上厕所不属于此症。有的爱看色情片、录像、画册同时伴有性兴奋或作为增强正常性活动的一种手段，也不能诊断为窥淫癖。

4. 摩（挨）擦癖

摩擦癖，亦称性摩擦癖。这是一种以在拥挤场所乘人不备，以生殖器或身体的某些部位摩擦异性躯体或触摸异性身体的某一部位，以引起性兴奋为特征的心理障碍。仅见于男性。

摩擦癖患者没有暴露生殖器的愿望，也没有与摩擦对象性交的要求，有进一步的性侵犯动作，甚至于企图强奸对方是流氓行为而不是摩擦症。在夏天无意中触摸到女性的臀部自发阴茎勃起甚至射精不能诊断为摩擦癖。

5. 性施虐癖（狂）和性受虐癖（狂）

性施虐癖特征是向性爱对象施加虐待，以获得性兴奋，多见于男性。性受虐癖以接受性爱对象的虐待而获得性兴奋，多见于女性。二者可以单独存在，也可以并存。

正常人在性生活中对配偶施加轻度的口咬、掐捻、压按等方式，造成对方疼痛，以增加性的快感的现象，并不少见，动物中也有类似的调情动作，不能视为异常。性施虐癖者多见于男性，有的性施虐癖者幼年曾有虐待动物的历史，成年后在性生活中屡次虐待对方甚至造成死亡。在性活动中鞭打、绳勒、撕割对方躯体，在对方的痛苦之中感受性的快乐，甚至于施虐成为满足性欲所必需的方式。性受虐癖以被鞭打、践踏、捆绑、绞勒或扮演某种受辱状态，作为获取性快感的屡用的方式。

性施虐癖和性受虐癖中，存在一些极端行为，如窒息自淫癖是通过罩上塑料袋或以绳勒颈，在部分缺氧的情况下伴以手淫时产生性快感。偶因窒息致死者，称为性窒息。嗜血淫癖以割自己或对方的皮肤使其流血，通过吸食血液以增加性交时的快感，获取性满足。

（三）性指向障碍

1. 恋物癖

恋物癖系指反复出现以异性躯体的某部分或其使用的物品为性满足的刺激物的心理障碍。该症初发于青少年性成熟期，个别起源于儿童期，几乎仅见于男性，有相当部分是单身或孤独的男性。恋物癖患者的性兴奋或性兴趣通常与某一物品固定地联系在一起，而这些物品都没有直接的性内容。对他们而言，单纯的性活动无法引起性兴奋或得到性感满足，只能在所恋物品的帮助或存在情况下才能获得性满足。正常人对心爱之人的所用之物有时也会产生闻一闻、摸一摸的想法，但不能视为恋物症。有的人所迷恋的物品是作为提高以正常方式获得性兴奋的一种手段，同样也不能视为恋物症。

恋物症患者所钟爱的物品范围很广，包括乳罩、内衣、内裤、头巾、手套、裙子、外衣、鞋、丝袜、手帕、发卡等，异性的头发、手、脚趾、腿和画像等也可成为眷恋物。患者一般通过抚摩、吻、嗅这类眷恋物，或伴有手淫，或者在性交时患者本人或性对象持此类物品即能获取性满足。只有当所迷恋的物体成为性刺激的重要来源或达到满意的性反应的必备条件或作为激发性欲的惯用和偏爱的方式时，方可诊断为恋物症。

恋物癖者的行为表现为千方百计地收集所偏爱的物品，常常不惜冒险偷窃，若看中某妇女拥有物后即窥探时机弄来，往往不择手段，其目标多为用过的异性衣物，如乳罩、内衣、鞋、袜等，一般无任何经济目的，此类恋物癖比较常见，最后多是由于盗窃案而被揭发。部分少年恋物癖患者在成年结婚具有正常性生活后，症状自行消失，单身汉、慢性酒精中毒及正常性生活受阻者预后不良。

2. 恋童癖

成年男性以未成年的异性或同性为性对象，通过猥亵或性交，作为屡用的、偏爱的、甚至是唯一的性欲满足方式，称为恋童癖。

恋童癖患者多见于男性，他们多是受害儿童的家庭成员、亲属、朋友或熟人，他们满足性欲的方式很多，包括窥视、触摸儿童阴部、拥抱接吻、鸡奸、手指插入甚至强奸等。他们中有的是单身汉，但多数已婚，中年患者多数婚姻关系和性关系均有明显问题，在与成年异性的性关系中总是感到沮丧，无法获得性快感。

3. 同性恋

同性恋，这是以同性为性爱指向对象的心理障碍。即在正常条件下对同性在思想、情感和性爱行为等方面有持续表现性爱的倾向。

同性恋者幼年起表现出一定的迹象，如游戏时爱装扮异性角色、爱穿异性衣服、爱与异性玩耍等。到青春期后性爱倾向明显化，开始对同性萌生爱慕之心，而对异性则毫无此意。多数同性恋之间有具体的性行为。同性恋者对同性恋伴侣情投意合时欲建立“家庭”，所以，一旦伴侣离开，会十分痛苦，有的甚至自杀。近年来，国内已有多起因同性恋“失恋”而导致的伤害案件。

2001 年 4 月 20 日出版发行的《中国精神障碍分类与诊断标准》第三版中一项修订显示，同性恋不再被统划为病态。

同性恋之间私下交好，若不损害第三者利益，多数国家不予追究。当前某些西方国家对同性恋采取较为宽容的态度。现已有荷兰、比利时、西班牙、加拿大、南非等 10 余国立法承认同性婚姻。另外还有几十个国家和地区承认民事伴侣结合。一般关于同性恋者的婚姻或类似婚姻的规定，对他们在彼此的法律权利和义务，身后财产继承，共同领养孩子上都有相关保护。但若因同性恋活动导致一些刑事、民事纠纷，法律将追究其责任。

在中国，虽不承认同性婚姻和民事结合，很多同性恋情侣仍然选择结婚（通常叫作“承诺典礼”）来庆祝以及确定他们的关系，履行社会婚姻方面的内容。然而这种“婚姻”不具有法律效力，因此并不能处理类似于继承、财产权和社会保险等的内容。

三、性变态犯罪的特点

由于变态心理的驱使，性变态者的犯罪行为往往表现出不同于一般正常人犯罪行为的特点，主要有：

（一）动机荒谬

性变态患者的犯罪行为往往缺乏相称的犯罪动机或者所具有的犯罪动机无法用常理来解释。如恋物癖者偷窃女性内衣，目的不在于变卖，而只在于欣赏或自己穿着以获得快感。

（二）目的异常

采用离开正常人常规范围的怪癖方式和手段，并不是为了达到性交的目的，而是基于一种意向性的满足。

（三）冲动性强

性变态者一般都具有性的异常冲动性，较难控制，一有机遇，极易再犯。

（四）行为模式固定

性变态者的异常性行为有一定的行为模式，如奸尸、鸡奸幼童等。他们往往以一种固定的行为方式发泄性欲，而且反复使用。

（五）侵害对象一般指向陌生人

性变态者的侵害对象一般是陌生人，很少指向自己的熟人、朋友或亲属，所以很难发现。

（六）性格特异

心理障碍者往往性格内向、安静少动、沉默寡言、不善交际，其行为具有隐蔽性和不可预知性，没有任何预兆。

（七）缺乏罪恶感

性心理障碍者对自己怪癖的性行为毫不感到羞耻，伤害了性伙伴也不觉后悔。

第四节　精神病人的危害行为

一、精神病概述

（一）精神病的概念

精神病是指可造成社会功能障碍和现实检验能力下降的一组重性精神障碍。

临床多表现为幻觉、妄想的特点，病程长短不一，部分病人会出现持久的社会功能损伤。

（二）精神病的分类

根据《中国精神疾病分类与诊断标准（第三版）》规定：精神分裂症和其他精神病性障碍分为精神分裂症（偏执型分裂症、青春型分裂症、紧张型分裂症、单纯型分裂症等），偏执性精神障碍，急性短暂性精神病等；情感性精神障碍（心境障碍）分为双相障碍、躁狂发作和抑郁发作等几个类型；精神发育迟滞与青少年期心理发育障碍分为精神发育迟滞（轻度精神发育迟滞、中度精神发育迟滞、重度精神发育迟滞、极重度精神发育迟滞等），言语和语言发育障碍，特定学校技能发育障碍，特定运动技能发育障碍，广泛性发育障碍等。

二、精神疾病与危害行为

精神疾病的主要症状是各种精神异常。在精神异常状态下的患者并不都产生违法犯罪行为。但某些精神病人一旦实施危害社会的行为，手段十分残忍，造成危害社会的后果也比较严重。

（一）各类精神病人的危害行为

1. 意识清晰、智能正常状态下的危害行为

主要表现为患者实施危害行为时，意识清晰、智能正常，但是由于存在幻觉或某种妄想（如被害妄想、罪恶妄想、疑病妄想、嫉妒妄想等），特别是言语指示性幻听和被害妄想，虽然能辨认自己的行为，却不能控制自己，常发生危害别人和自己的行为。

2. 意识障碍状态下的危害行为

意识障碍可发生于多种精神病，如癫痫性意识朦胧状态，药物引起的朦胧状态，病理性醉酒状态，以及病理性激情中的意识障碍，患者都可能产生某种幻觉或不能控制自己的冲动，而发生危害他人和自己的行为。

一般来说，病人既不能意识到由此产生的冲动性攻击破坏行为的后果，也不能对其发作加以控制。这种行为往往表现为残酷的暴行，以致严重地伤害别人，危害社会。这种暴行的特点是，行为缺乏预谋和计划，带有冲动性、盲目性，病人常利用随手拿起的器物作为行凶的武器，突然地产生暴力行为。

3. 智能缺陷状态的危害行为

先天性精神发育迟滞、老年痴呆症、器质性大脑疾病的某些阶段，都可能表现出智能缺陷。由于自制力差，所以，智能缺陷者进行危害社会行为的情况很多。同时，由于智能低下，特别是痴患和愚鲁的病人，对是非、善恶的理解和判断能力不够，容易受外界因素或他人的影响，暗示感受性较高，因而往往在他人

的指使、暗示或教唆下进行犯罪行为。女智能缺陷者也常成为强奸或诱奸案的受害人，有的甚至被流氓唆使从事犯罪活动。

（二）精神病人社会危害行为的特点

1. 危害对象的无选择性

由于变态心理和精神病态的制约，精神病人对自己的行为无法控制或控制力大大减弱，因此，精神病人危害行为的对象，常常无选择性，例如，常把自己的亲人、朋友、邻居或素不相识的局外人作为攻击对象（危害对象往往是离其较近的人或物），这也是与正常人的犯罪案例的一个不同之处。

2. 危害行为的无预谋性或计划性

大量精神病患者的危害行为，通常事先无预谋、无计划，对作案的时间、地点、方法等缺乏选择，有偶然性的特征。只有少数人（如妄想型精神病患者）的危害行为，实施前有一定预谋性、计划性，对行为的时间、地点、方法等也有一定的选择性。

3. 危害行为的动机、目的不明确

与一般的犯罪动机、目的不同，精神病人作案往往没有明确的动机，或者是脱离现实的动机，直接受妄想和幻觉支配，动机内容古怪、奇特、难以捉摸。有的病人当众纵火，其纵火的动机难以理解，很难找出行为的原因。至于作案目的，有的表现为无明显目的，有的也能有选择地确定目的，如有妄想和幻觉的患者事先能确定目的，但仍与精神正常的犯罪者不同，他们往往不计后果，被抓后对案情往往供认不讳。

4. 对危害结果缺乏认识

精神病人危害行为往往相当严重，但主体对危害结果却缺乏认识，表现为若无其事，不知道后果的严重性。特别是精神分裂症患者的行凶行为往往表现得极端残酷无情，例如，一女病人将自己亲生的 10 岁女儿连续砍了 200 余刀，当场将其杀死。

5. 自我保护差

由于精神病人的危害行为是病理心理的表现，精神病人对危害行为的后果和给自己带来的不利结局不加考虑，作案通常不掩盖、不隐藏，事后也不加掩饰，缺乏自我保护。

在司法实践中，对精神病人应作认真、细致的鉴定，以便确定其是否负刑事责任或负刑事责任的大小。对于伪装精神病人的违法犯罪行为，精神病人在发病间歇期的违法犯罪行为，以及在精神异常不严重的情况下所发生的违法犯罪行为等，都应追究其刑事责任。对于被司法精神病鉴定部门鉴定为无责任能力的精神病患者，应采取相应的社会保护、医疗和监督措施，以减少或防止其发生危害行为。

第五节　变态心理的形成与矫治

一、变态心理形成的原因概述

随着科学技术（包括自然科学和社会科学）的迅速发展，人类对自己身体健康与疾病本身的认识，包括对精神疾患的认识正在不断深入，已经逐渐认识到人体疾病，尤其是精神疾患绝不会是由单一的因素造成，必须从多维的角度来考虑心理异常的原因及其治疗方法的问题。当然，与人的身心健康有关的因素，概括起来只不过是三个方面，即生物学因素、心理学因素和社会文化因素。这三个方面因素的联系是错综复杂的，他们之间怎样相互制约、相互联系、相互影响，还是一个有待研究的问题。不过可以认为，任何心理异常现象的产生，都可能是这三个方面因素共同作用的结果。从这个角度来解释心理与行为异常的观点，称为综合分析观点或生物—心理—社会模式。

在生物—心理—社会模式中，生物因素、心理因素和社会—文化因素各有各的内容，同时又具有互相制约、相互联系、相互影响的不可分割的关系。生物学因素是最基本的因素，是心理学因素产生的物质基础，也是心理和社会—文化因素的物质承受者。心理学因素是在生物学因素的基础上产生的，而它一旦产生就时时刻刻给予生物学因素以深刻的影响和制约。社会—文化因素则是在生物学因素和心理学因素的共同基础上产生的，它反过来又直接影响和制约着心理学因素，是心理学因素赖以形成和出现的根源所在；对生物学因素的影响和制约是间接的，一般来说是通过心理学因素的折射作用才能实现。这个模式还告诉我们，在人的心理与行为活动（包括正常和变态）的发生、发展和变化过程中，所有这些因素都是错综复杂的交织在一起而起作用的。

因而，我们将变态心理形成的原因归结如下：

（一）生理因素

生理因素是变态心理形成和活动的物质基础，它包括先天的遗传因素、后天的神经系统（特别是大脑）的损伤或病变以及由药物导致的生理障碍等。

1. 遗传因素

个体的生理因素，部分来自父母的遗传因素，除了同卵双胞胎外，每个人的遗传基因均是不同的，而且非常的特殊，个体的生理素质为遗传基因所决定，所以人的生理状态由“遗传基因”所决定。

现代精神病学和生理学的研究表明，很多变态心理的形成与遗传因素有关。例如，染色体变异（如 XXX、XYY）的人，往往伴发人格变态。通过家谱调查，变态心理者的亲属患同样疾病的可能性比正常人高出 6 倍，血缘关系越近，发病率越高。此外，由于事故或病变导致的神经系统，特别是大脑的损伤，也往往会产生变态心理。例如，病毒性脑炎、脑膜炎、药物中毒、酒精中毒等都可能引起心理活动的变态。某些致幻、致迷、致激药物的影响，导致神经系统和内分泌系统机能的异常，也可以产生变态心理。

2. 身体素质

身体素质是指人的生理结构，包括体格、气质、内分泌功能及其他生理功能等，这些都和生理疾病的发生有关。

3. 机体损伤

疾病或损伤的组织变异，以及功能失调都能引起心理变态，特别是颅脑外伤导致的变态行为更为复杂。

4. 神经系统功能失常

大量的研究数据显示，神经生化功能失常，会引起很多变态的行为。

（二）心理因素

主体自身的心理状态、个性因素等对其变态心理的形成，起着能动的作用。心理因素的影响主要表现在以下两个方面：

（1）主体自身的心理发展不协调、不完善，可能导致其心理和行为的异常。例如，抽象思维的过分或畸形发展，会使一个人过分理智化，变得缺乏“人情味”和应有的情感色彩；形象思维过分或畸形发展会使一个人过于幻想，感情用事，易受暗示，矫揉造作，缺乏意志；本能的过分或畸形发展或使一个人缺乏理智感和道德感，其行为不仅常常违反社会道德规范和行为准则，而且与周围环境不能保持协调一致。

（2）心理素质的缺陷直接影响到变态心理的发展和定型。家庭和社会的不良影响是否会导致一个人的心理变更，取决于它的心理承受能力和对不良影响的抵抗力。事实上，在社会生活中的每个人都可能受到一些不良因素的影响，但并不是每个人的心理都变态。变态心理者由于自身的心理素质的缺陷，不能及时抵御不良影响，也不能及时矫正心理异常，因此，其变态心理便逐渐发展并定型。

（三）社会环境因素

环境因素是影响变态心理形成和发展的决定因素。环境因素的作用具体表现在以下几个方面：

1. 家庭的不良影响

家庭是社会的细胞，是儿童最早接触的社会环境。家庭气氛、家庭成员的人际关系、家庭结构是否健全、双亲的养育态度等，对儿童心理的发展起着至关重要的作用。研究表明：如果家庭破裂，家庭气氛不和谐，或者对子女的教育方法不科学，对子女的要求太苛刻或放任自流等，都可能使儿童产生强烈的挫折感，或自暴自弃、悲观失望，或任性、反抗、粗暴等。如果在儿童以后的生活中，这些不良的品质未能及时矫正反而进一步发展，就可能成为变态心理。即使是成年人，如果由家庭导致的精神创伤过于严重，不能解脱，也可能导致心理的失常或变态。

2. 学校教育的不当或不良影响

学校教育是影响儿童心理发展的主导因素。如果学校教育的内容和教学方法不遵循儿童心理的特点和规律，过分压制儿童的个性发展，那么长期压抑的结果就可能导致个性的畸形发展或变态。例如，对学生的打骂和歧视，可能导致其反社会人格的形成；对青少年性教育的忽视，可能导致青少年对性问题的过分神秘，久而久之就可能逐渐形成性变态；片面追求升学率，儿童的学习负担过重，可能导致神经衰弱、精神分裂症等。

3. 社会不良风气和不良人际交往的影响

恶劣的社会风气，剥削性质的社会制度，动乱的社会经济形势，严重的精神污染等都可能导致个体的社会意识、价值观念、社会行为的异常。特别是当其有不良的交往后，成员间的相互传习、感染，更容易促使变态心理的定型。例如，反社会人格、偷盗狂、性变态等变态心理的定型，多是受不良的社会风气和不良的人际交往的影响。研究表明，与变态心理者交往密切的人，患同种疾病的可能性比正常人高 2 ~ 3 倍。

总之，生物—心理—社会模式表明，在解释各种各样的变态心理现象时，不应片面地只从某个侧面来加以说明，而应该运用综合分析的观点，同时从社会的、心理的和生物的各个方面来探索心理变态发展的根源。这样才能避免简单化和片面性的偏向。

二、预防变态心理犯罪的措施

犯罪是一种社会现象，犯罪行为本身就是一种偏离行为，但变态心理犯罪与普通犯罪在其根源上有着本质的区别，即变态心理犯罪的根源是由于犯罪行为人的精神障碍。因此，预防变态心理犯罪的重点就必须立足于减少变态心理的发生以及对业已发生的变态心理患者进行积极有效的治疗。

（一）重视对变态心理的科学研究

针对变态心理犯罪的特点，应着重加强对产生变态心理的各种因素的科学研究，加深对变态心理产生机制的了解。一般认为，变态心理的产生受生物学因素、个体的生活经历和社会环境等方面的共同影响，因此，对变态心理现象的了解需依赖于神经生理科学、遗传学、心理学和社会学等多学科的协同合作，像变态心理犯罪案件，不仅需要犯罪学家的介入，生理学家、心理学家和社会学家也应该积极地介入以进行相关的研究。

（二）加强精神医学的相关研究

许多精神病理现象和器质性病变、躯体疾病有关，还有一些精神病理现象与脑的功能代谢有关，一些精神病理现象也会引起躯体疾患和脑功能的异常。这就决定了积极有效的治疗是一个十分关键的干预手段，但目前我国精神疾患的治愈率不是很理想，导致精神疾病的反复和趋重，加重了对社会的危害。另外，必须加强司法精神病学的科学研究，加强精神卫生专业队伍的建设，因为如果对违法犯罪人员进行精神障碍的诊断与治疗，并把他们与普通犯罪人员相区别对待，他们就可能得到更好的改造，这样会减少重复犯罪。

（三）消除社会现实中不良因素的影响

心理是人脑对客观现实的主观能动反映，因此心理的变态也反映出社会现实的某种扭曲。研究表明，诸如社会不公、经济贫困、无能力接受教育或接受不良教育、不当和恶劣的家庭环境这样一些因素倘与特定的个人生活经历相联系，就可能成为变态人格的温床。因此，确保社会公正、消除贫困、让所有人都能接受良好的教育和实现其社会价值、让所有家庭都能发挥其社会功能，这是消除变态心理犯罪产生的根本途径。

（四）及早干预诱发心理变态的心理社会因素

心理社会因素包括重大生活事件的打击，如亲人死亡、家庭不和、失业、离婚、疾病、自然灾害、意外事故以及各种精神紧张，如社会压力、人际关系紧张、人身纠纷等，这些因素危及甚至损害个体的切身需要，对个体的利益或其价值系统造成威胁，如不及时加以疏导调适，就会使个体的心理控制或调节难以负重，从而导致大脑功能的失调。因而，社会有必要建立一个干预机制来承担疏导、消除这些影响之职责，以确保个体健康发展。

（五）普及社会成员的心理卫生知识

心理卫生是探讨人类如何来维护和保持心理健康的心理学原则和方法。心理卫生不仅是个人，而且是整个社会都应当关心的问题。普及民众的精神卫生知识，提高对精神障碍的认识，消除对精神障碍患者的偏见和歧视。在实践中，有不少民众缺乏对精神障碍的正确认识，一些患者有了疾病宁愿忍受痛苦而不愿去治疗，甚至求助于迷信与巫术。当然，普通民众也因此而恐惧、疏远精神障碍患者，这些偏见与歧视亦使一些患者或其家属因此而隐瞒病情，导致更多问题的发生。

（六）加强监护监管及立法建设

对于发病期的变态心理患者，家庭和社会应当加强监护或监管。如果家庭监护不能有效地起到防止作用，就应当将其送到专门的监管机构，一方面可以减少人身危险，另一方面也有利于精神疾病的治疗。同时，应加强法治建设，强化法律监督，加大执法力度，形成对变态心理犯罪的威慑作用。国家必须以法律强制力的形式来确保各项措施的有效实施，法律要对反社会、反人性的变态行为有具体的规定，并且制定出严厉的处罚措施。

三、变态心理的矫治措施

犯罪行为的实施并不都具有怪异表现，只有部分犯罪行为属于本章讨论的情况。事实上异常行为不仅限于变态犯罪人中，在未实施犯罪行为的一些人身上可能也具有某些异常行为，虽然他们现在未发生违法犯罪行为，但在其异常行为心理和其他外在诱因的促动下可能会出现违法犯罪行为。为防止此类犯罪活动的出现，加强预防，及时矫治和治疗异常行为对预防犯罪，综合治理社会环境，构建和谐社会具有十分重要的价值和意义。

变态心理一旦形成，就具有相对的稳定性。对变态心理的矫治，是一件非常艰巨而持久的工作。目前，对变态心理的矫治，可区分为心理治疗和躯体治疗两大类：

（一）心理治疗

心理疗法是指应用一整套心理方法，通过对患者进行启发、教育、劝告和暗示，逐渐提高患者的认识能力，改善情绪，消除心理障碍。一般有精神分析疗法、团体疗法、催眠疗法等。

心理疗法既可针对个别治疗，也可进行集体治疗。治疗的效果取决于治疗者对患者的态度，若以尊重、理解、同情和感兴趣的态度对待患者，并与患者建立起一种彼此信任、相互合作的气氛，则治疗效果较佳。个别的心理疗法主要有：

（1）疏泄和劝慰。以同情的态度耐心聆听患者倾吐病情，鼓励患者尽量将自己的感情疏泄出来，医生进行适度的劝慰。

（2）保证。对患者的检查和治疗结果作出患者能接受的保证，以坚定患者战胜疾病的信心。

（3）暗示。这是指利用医生的权威，借助语言和周围的环境，使患者直接接受医生给他的观念来消除症状。

由于各学派的理论观点不同，施治方法也各有所异。言语和非言语的心理疗法目前均已被广泛用于各类变态心理患者；催眠疗法、暗示疗法等则各有其相应的适应症，只有选择恰当，才能获得显著的疗效。

（二）躯体治疗

躯体治疗包括精神药物治疗、物理治疗、心理生理治疗和外科治疗。20 世纪 50 年代初，精神药物问世之后，改变了以往对严重的行为障碍束手无策的状态。精神药物对幻觉、妄想等表现的精神病性障碍以及躁狂症抑郁症、焦虑症等情感障碍，都有显著治疗效果。20 世纪 30 年代开始使用的胰岛素治疗，已为精神药物所取代，电休克治疗几乎极少应用；对一些严重的难以治愈的变态心理，也很少使用对症性精神外科治疗。此外，包括心理治疗、躯体治疗、工作治疗、文娱治疗的综合性疗法，效果显著，被越来越多的医务工作者所重视和采用。其中行为疗法和生物反馈疗法较为常见。

1. 行为疗法

行为疗法又称矫正疗法，它是根据条件反射的原理，通过行为学习来调整和改造异常行为。行为疗法一般有：系统脱敏法、厌恶疗法、消退训练和强化法。

（1）系统脱敏法。即将条件反射方法和肌肉放松技术相结合，当患者产生焦虑反应的同时，让他产生一个与焦虑相对立的肌肉松弛反应，这样，使焦虑反应的强度逐渐随之减轻至消失。

（2）厌恶疗法。只利用一种患者厌恶的或惩罚性的刺激，来减少或消除患者的不良行为。当患者产生不良的行为时，即给予惩罚性或厌恶的刺激，使其不良行为逐渐得到纠正。

（3）消退训练和强化法。指患者出现不良行为时，即予以惩罚；当其出现良好的行为时，予以奖励。即逐渐消除不良行为，使良好行为得到不断强化和巩固。

2. 生物反馈疗法

生物反馈疗法又称为生物回授法，即让患者知道他本人的生理反应，并强化或奖励，逐渐改变其心理和行为的异常。常见的生物反馈信息有：心电图、肌电图、脑电图、皮肤电反应、温度等。

延伸阅读

我国精神病患者人数过亿，各地频发行凶杀人案件

一、精神卫生现状不容乐观

当前，我国精神疾病患者基数庞大，在救助、监管普遍不力的现状下，精神疾病患者失于监护，导致发病肇事、危害社会的事件时有发生。

受访专家分析，在社会转型期，诱发精神疾病的因素增多，例如生活节奏的加快导致社会普遍的心理紧张，价值观念混乱甚至解体造成普遍的无所适从感，社会严重分化造成的心理失衡，以及人的期望与实际的落差增加等，种种因素造成当前我国精神疾病患者人数不断攀升。

中国疾病预防控制中心精神卫生中心2009年年初公布的数据显示，我国各类精神疾病患者人数在1亿人以上，但公众对精神疾病的知晓率不足五成，就诊率更低。另有研究数据显示，我国重性精神病患者已超过1600万人。

按照国际上衡量健康状况的伤残调整生命指标评价各类疾病的总负担，精神疾患在我国疾病总负担的排名中居首位，已超过了心脑血管、呼吸系统及恶性肿瘤等疾患。各类精神问题约占疾病总负担的1/5，即占全部疾病和外伤所致残疾及劳动力丧失的1/5，预计到2020年，这一比率将升至1/4。

专家指出，从一般心理障碍到严重精神疾患之间，还有一段距离。他们中的许多人，平常看起来和常人毫无二致，但这并不意味着完全健康。当其中一些人面临就业、婚姻、子女、养老等生存压力时，其无助和挫折都可能成为一触即发的“引信”，瞬间点燃“炸药包”。

陕西省西安市一位基层民警说：“根据多年案例分析，造成恶性事件的精神病患者主要是具有暴力倾向的青壮年，具有较强的暴力性和攻击性，作案手段残忍。同时，侵害对象具有不确定性，但多是与精神病人经常接触的家人或周围邻居或同乡；犯罪行为具有突发性和无目的性，防不胜防。多数案例后果严重，社会危害大，给被害人亲属及周围群众造成极大的心理伤害。”

二、多块短板亟待弥补

频频发生的精神疾患恶性肇事背后，是当前我国精神卫生领域存在的诸多问题。

受访专家分析，首先，防治体系薄弱，专业机构及人员严重匮乏。据中国疾病预防控制中心统计，截至2005年年底，全国精神疾病医疗机构仅572家，共有精神科床位132，881张，注册精神科医师16，383人。照此计算，全国平均精神科床位密度为每万人1.04张；平均每10万人中才有一位精神科医师。

其次，我国精神卫生法规不健全。这影响了对精神疾患人员合法权益的保护，包括治疗、求医、就业、救济以及不受歧视等。精神疾病有不同于一般残疾的特殊性，若没有明确的立法规定，涉及精神病人救助的各部门只能按一般残疾人的规定来对待和处理，这种情况下精神病人的具体问题很难解决，因此迫切需要立法。

更为关键的一点是，当前对于精神病患的救助、管理机制严重缺失。解决部分重性精神疾病患者肇事惹祸问题，首先要通过系统和规范的治疗缓解和控制其病情。但由于精神病人中80%需终身康复治疗，这使许多患者家庭难以承受长期的规范化治疗。

目前的现实是，在大多数情况下，重性精神病人肇事惹祸之前，没有专门机构对其行为进行监管，也没有相关救治经费。一旦肇事惹祸，公安部门会将其送往医疗机构进行精神鉴定。如果确定当事人在肇事惹祸期间不能辨认或控制自己的行为，将不负刑事责任并被遣送回家，形成精神病人肇事“事前没人管，事后也没人管”的局面。

第十一章

犯罪心理的预测

第一节　犯罪心理预测概述

一、犯罪心理预测的概念

（一）犯罪心理预测的含义

犯罪心理预测就是运用心理科学的理论和方法对某些个体或群体犯罪或再犯罪的可能性所做的有根据的估计和推断。具体来说，犯罪心理预测是在深入调查过去和现在的有关犯罪资料的基础上，运用心理学的理论和方法，以及统计学、逻辑学和数学等相关知识和方法，进行科学分析和技术处理，揭示犯罪原因、条件、相关因素之间的内在联系及其活动的规律性，并对犯罪心理和犯罪行为的未来发展趋势、犯罪种类、犯罪人员构成、犯罪类型分布、犯罪手段和方式，以及某些个体或群体犯罪和重复犯罪的可能性等进行事先测定与推估的犯罪心理研究工作过程。

（二）犯罪心理预测的依据

1. 理论依据

犯罪现象的因果性原理。目前心理学、犯罪学、法学、社会学、伦理学等学科不断地探索和论证犯罪产生和犯罪的原因，再运用统计学的方法可以较精确的测算出这种因果关系的相关程度，从而为犯罪心理预测提供直接的科学方法论基础。

犯罪心理与犯罪行为之间的关系原理。犯罪行为的发生是以一定的犯罪心理为先兆。犯罪心理包含的内容复杂，在不同的犯罪阶段有不同的表现，只有在合适的环境条件下才会转化为犯罪行为。因此，依据产生犯罪心理及其导致犯罪心理转化为犯罪行为的条件，可获取相关的信息资料，以预测犯罪行为发生的可能性。

2. 事实依据

个体信息，即个体的既往生活史、性格特征、气质类型、一贯的行为表现等来预测其是否有犯罪或再犯罪的可能性。

环境信息，主要包括生活环境、家庭环境、工作环境、学习环境等预测其是否有犯罪或再犯罪的可能性。

个体与环境因素的相互作用信息，主要指个体对环境的适应、环境对个体的反作用来预测其是否有犯罪或再犯罪的可能性。

（三）犯罪心理预测与犯罪心理预防的关系

犯罪心理预测为犯罪心理预防提供信息，是犯罪心理预防的前提，只有科学地预测，才能有效地预防。犯罪是一种与多种因素有关的复杂的社会现象，是社会的各种消极因素相互作用的结果。因此，对犯罪心理的预测应综合有关方面的相关因素作为预测因素，确定出若干指标，对各种指标进行综合，加以反复权衡，制定出未来行为的体系，并经过不断实践探索检验校正，以此作为依据进行科学预测。

犯罪心理预测的根本目的在于预防犯罪，在于有效地为控制、减少犯罪提供充分的科学依据。因此，科学而准确的犯罪预测，对于及时而有力地打击犯罪，维护社会的长治久安，保障社会主义现代化建设的顺利进行等，具有特别重要的意义。在同犯罪现象的长期斗争中，人们积累的实践经验越丰富，科学技术越发达，对犯罪心理预测的可能性越大，准确性越高。

科学的犯罪心理预测是制定犯罪对策的前提，是预防和控制犯罪的根据。犯罪预测工作是犯罪学研究工作中的重要内容，犯罪心理预测研究的成果将成为国家制定相关法律、法规、政策的依据。实际工作部门将根据预测成果制定相应的犯罪防控对策，有效地预防犯罪、制止犯罪、打击犯罪、改造罪犯和开展社会帮教工作，减少犯罪，维护社会的稳定。因此，犯罪预测研究必须遵循实事求是的原则。

二、犯罪心理预测的分类

依照不同的标准，犯罪心理预测可以分为不同的种类。

（一）从性质上可分为定性和定量预测

1. 定性预测是指根据犯罪的性质、特点、过去和现状的延续状况，对未来犯罪进行推断性的总体趋势分析的工作过程。定性预测的目的一般是判断犯罪处于何种阶段，有哪些倾向和趋势。

2. 定量预测是依据客观数据资料计算出的结果，使对犯罪形态和趋势有一个直观的量化值的描述，它比定性预测更为准确。任何事物都是质和量的统一，因此，在对犯罪预测的工作中，经常要把定性预测和定量预测结合起来进行。

（二）从对象上可分为社会总体、局部和个体预测

1. 社会总体预测是指以整体社会为研究对象进行的各种犯罪发展趋势和发展规律的预测。它是在对社会的政治、经济、法治、文化诸方面进行研究的基础之上，推测出犯罪发展的可能性。社会预测有助于对犯罪现象的整体研究，有利于从社会原因去探讨、控制犯罪。如全国性的犯罪预测和大区域性的犯罪预测等。这种预测一般由决策机关和专门犯罪研究部门组织进行。

2. 局部预测是从制定局部预防和控制犯罪措施的需要出发，对影响局部社会环境及单位治安形势的方面进行预测。这种预测一般由实际工作部门进行。

3. 个体预测是指以某个人为对象进行的未来犯罪可能性的预测。它是以该人的生活经历、家庭环境、社会环境、生理、心理等方面为依据作出的预测，以做到早期帮教、早期预防，防止犯罪行为的发生。

（三）从时间上可分为近期、中期和远期预测

1. 近期预测是指对未来一两年内的各种犯罪趋势和变化规律的预测。其目的在于依据预测结论制订和实施犯罪防控的具体方案与措施。预测宜细不宜粗，短期预测过程要求预测迅速、决策果断、结论准确、功效显著，整个预测过程如同处于备战状态。

2. 中期预测是指对未来三五年的各种犯罪趋势和变化规律作出的预测。中期预则的目的在于着手制定或调整犯罪防控中心和打击重点。该项预测在具体实施时既有宏观部署，又有微观安排，两者配合适中，预测粗细兼顾。

3. 远期预测是指对未来十年左右及更长时间的各种犯罪趋势和变化规律的预则。远期预测大都与国民经济的长远规划同步进行，长期预测宜粗不宜细。长期预测的目的是为较久远的刑事立法、防控措施和计划提供依据。

（四）从形式上可分为综合、分类和单项预测

1. 综合预测是指对犯罪的众多项目或内容进行多方位、多角度、多方法的预测。它是社会治安综合治理工作中社会防范工作的前提和依据。

2. 分类预测是指对某一类别的犯罪进行预测，如对经济犯罪、暴力犯罪、危害公共安全犯罪的专题预测，或对大案、要案的预测。

3. 单项预测是指对某种具体犯罪进行的预测，如对盗窃罪、贪污犯罪、抢劫犯罪的预测，它是制定具体防范措施的工作依据，也可以是综合性预测的组成部分。

三、犯罪心理预测的内容

犯罪预测的内容，指的是在犯罪心理预测工作中所包含或涉及的变量、特征、范围和犯罪发生的社会环境条件等。

（一）犯罪类型的预测

犯罪类型的预测是指对未来一段时间内犯罪种类的发展变化趋势的可能性描述，包括趋于稳定的犯罪类型、趋于升降变化的犯罪类型、可能新产生的犯罪类型，以及犯罪类型变化对整个社会治安的影响后果。比如未来十年女性犯罪率可能呈上升趋势。

（二）犯罪时间的预测

犯罪时间的预测是指犯罪将在什么时间范围内的可能性描述。如犯罪与季节的关系、一天中犯罪的高发时间段；哪些犯罪类型容易在什么季节、什么气候条件下发生，哪些犯罪常常发生在白天或夜间。同时，犯罪时间的预测还用于犯罪主体和个案方面，如某人将在什么时间或年龄有犯罪的可能性趋向（尤其是变态心理犯罪），某地域在什么时间容易发案。另外，在犯罪趋势的预测中也涉及犯罪峰谷的时间确定问题。

（三）犯罪手段的预测

犯罪手段预测是指犯罪分子采取什么样的方法和工具实施犯罪，随着科学技术的高速发展，高新科技更多地被用于犯罪，新的犯罪手段犯罪技术对防范技术和破案手段都提出了新的挑战。如近两年随着电子商务的兴起，网络集团病毒将目标瞄向广大民众的电子钱包。

（四）犯罪空间的预测

犯罪空间的预测是指犯罪将在什么空间或区域范围内发生的可能性描述。如犯罪在人口稠密和稀疏地区的一般分布情况，或犯罪在特殊空间表现出来的规律，如在城市死角、城乡结合部或社会控制真空地带、独居住宅、工矿、商店、市场、旅馆、车站与码头、国边境等特殊地区的犯罪情况，这有助于我们有针对性地做好防范工作。

（五）犯罪形态的预测

犯罪形态是根据犯罪的外部表现而划分的犯罪的具体表现形式。同是暴力犯罪，是单个人犯罪、共同犯罪、集团犯罪，还是黑社会犯罪。同是抢劫犯罪，是徒手、使用刀具、枪械，还是使用了其他更为严重的犯罪手段，不同犯罪形态对社会的影响和危害程度显然是不同的。因此，对犯罪形态的未来发展状况进行研究是非常重要的。

（六）犯罪率的预测

这是指对未来一段时间和空间内犯罪行为发生率的上升或下降等波动情况进行的可能性描述。包括的发案率、犯罪人在全体公民中所占的比例，犯罪数量绝对值的升降变化，不同类型案件发生率的变化等，以便社会对此采取相应的对策和措施。

（七）犯罪人的预测

对犯罪人的预测主要包括犯罪人的职业、年龄、性别分布、性格特征、文化程度和家庭状况等。如初次犯罪的年龄特征、女性犯罪率增长的趋势、犯罪者的职业分布情况、问题家庭与犯罪等问题，使社会有可能提前对某些人进行帮教，防止犯罪，如加大对青少年的法律知识普及可以有效减少犯罪现象的发生。

（八）犯罪趋势的预测

犯罪趋势的预测是指随着社会和客观自然环境的变化，对犯罪将会出现什么趋势，以及变化规律的描述。这属于宏观预测方面的内容，是为国家制定刑事政策、为防控部门事先制定防控措施提供依据的。

犯罪预测的内容十分广泛，并会随着社会的发展、对控制犯罪的实际需要和研究方法的进步而发生变化，这也是我们在研究中需不断注意的问题。

四、犯罪心理预测的步骤

犯罪心理预测的实施虽然受具体的预测方法的制约，一般来说，通常包括以下几个步骤：

（一）明确预测的目的、任务

预测的目的要明确、具体，从实际需要出发。对未来前景的预测总是为当前的行动决策服务的，每项预测要明确应该解决什么问题，为什么目标服务，然后提出具体的预测任务、项目等。

（二）搜集和审核预测所需的资料

根据预测任务的要求，搜集充分而准确的资料，这是预测的基础工作。在搜集资料后，首先要做的工作就是确定相应原资料整理指标体系，一般对搜集到的犯罪资料，可以从不同的角度来选择不同的指标体系。选择何种指标体系，取决于犯罪现状分析和犯罪预测的需要，其基本要求是必须系统地、有针对性地选择能充分反映犯罪总体及其各组成部分数量关系的综合性资料。预测所需的资料包括历史资料、现实资料和相关资料，在必要时还应该作一些补充调查或间接推算，以弥补现有资料的不足。为保证犯罪资料的质量，必须对搜集来的原始资料进行严格的核实。犯罪资料的准确无误，直接关系到犯罪预测的科学性。审核通常包括完整性、准确性两个方面。对于各项资料都要认真审核指标口径、所属时期、计算方法、使用方法等，并进行必要的订正，确保资料、数据的准确性。对犯罪资料的审核，首先要对资料进行常识性和逻辑性的检查，不能出现自相矛盾、不合逻辑的情况，一旦发现问题，应及时补充或更正，以确保真实性与可靠性；其次要核实犯罪统计数据的计量单位是否统一，如果不统一，则不能进行资料的统计处理。

（三）确定预测模型和预测方法

将资料基本关系用一定的数值形式和数学方程表现出来，便是确定预测模型。根据现象的特点有各种各样预测模型供选择，如平均数模型、趋势模型、回归模型等。对于模型参数值的估计也有各种各样的方法。一种预测模型可以使用多种预测方法，一种预测方法也可以适用于多种预测模型，要从多方面分析加以结合运用。

（四）资料的分类与汇总

资料的分类是根据犯罪预测的要求，对诸多犯罪数据资料有目的地分成若干部分的工作。犯罪现象在犯罪行为方式、犯罪主体特征等各方面表现为多种类型，不仅性质上有所不同，而且在犯罪总量中所占比重也不一样。通过分类，可以分别计算出各种类型所占的比重，反映出犯罪的内部结构，分析研究这种内部结构，对我们揭示犯罪现象的状态、特征以及变化趋势有着十分重要的意义。资料的分组一般分为简单分组和复合分组。简单分组是指按某一项标准进行分组，只能反映犯罪现象某一侧面的状况。复合分组是指按两项以上的标准进行分组，能够多侧面地反映犯罪现象，更利于把握犯罪状况的全貌。犯罪资料的汇总则是指将犯罪资料的各种数据归纳到某一标准的各组中，以此计算出各组数值及其所占比例。

（五）估计参数和进行预测

确定了预测模型和预测方法之后，就可以利用历史资料、现实资料或相关资料进行直线或曲线拟合和估计参数。预测模型中给定了具体的参数值，则模型就成了特定的可供专门问题预测使用的模型。但在应用模型以前还要对模型进行检验，即应用统计假设检验原理与方法，验证模型中所包含的变量及其结合形式、方向以及相关程度是不是能够代表客观情况的，例如检验变量的运算关系、方程的形式以及参数的符号和大小是不是与预测理论和实践经验相符合。模型经过检验，基本上符合理论假设，就可以用来进行预测。预测的过程也就是模型的求解过程，给定我们所关心的未来时间可能的预测结果。预测结果的形式可以表现为具体的数值，也可以表现为一定的变动区间范围。在模型的外推预测中，也要考虑内部因素和外部条件是否发生变化，它是否明显地影响着现象发展的连贯性。如果没有明显影响，则预测结果就是可行的，如果有明显影响那就需要对预测结果进行一定的修订。

(六) 分析预测误差

预测是对现象未来犯罪心理与行为发展变化的估计，由于客观现象的因素和条件变化相当复杂，要求预测完全准确无误是不现实的。预测不可避免地存在着预测值与未来的实际值的误差。但是，预测误差的大小能够反映预测准确程度的高低。因此，必须对预测误差的大小以及可能来源进行分析，如果发现预测误差超出了允许的范围，那就有必要对模型作某些改进，或总结经验以提高预测水平。

(七) 作出预测报告

把预测的根据、最终结果以及可信程度加以整理，形成文件或报告，向有关领导部门上报，或以一定的形式向社会公布，供实际工作者参考。

第二节　犯罪心理预测的方法

一、专家预测法

犯罪心理预测的方法是犯罪预测的重要手段之一，没有正确的预测方法，就不能得出准确的预测结果。准确的犯罪心理预测不但要求预测者要有实事求是的科学态度，大量地占有资料，还要求预测者掌握科学的预测方法。犯罪心理预测的方法多种多样，有用于犯罪定性、定量预测的方法，也有用于综合定性、定量两个方面进行预测的技术预测的方法，还有用于犯罪行为个体的预测方法，具体说来，主要包括以下几类：

(一) 专家预测法

专家预测又可进一步分为个人预测和集体预测，前者主要是通过征求专家个人的意见来进行预测判断的方法，其优点是简单易行，但容易出现片面性；后者是通过召开专家小组会议来获得预测性判断的方法，虽然这种方法在一定程度上可以做到集思广益，但参加专家会议的人数总是有限的，代表性可能不充分，同时难以排除相互暗示和干扰等专家之间相互影响的情况，如个别专家的权威影响太大，往往权威人物一发表意见，其他人就容易顺其思路发表意见，或者有碍于此而不表示不同意见。

(二) 特尔斐预测法

特尔斐法是专家预测法的发展和创新。以往征询专家意见往往采取召开专家会议的方式，这种方式不利于个人意见的充分表达，不便于个人意见的及时调整。美国兰德公司对专家法进行了改革后，创造了特尔斐法。该法的工作程序如下：

1. 组织准备阶段

在这一阶段要先成立一个专门的犯罪预测领导机构，确定预测主题，并选择与犯罪研究工作有关的专家，包括学者和实际工作者，专家人数一般以 10 ~ 15 人为宜。规模较大的犯罪预测，为了确保预测结论的准确性、权威性，也可适当扩大专家规模，多者可达百人左右。

2. 预测问题的确定

特尔斐法的整个预测过程是通过不断给专家发放事先设计好的调查表，并要求其以填写的方式进行。首先，根据预测对象，把要预测的内容写成若干条含义十分明确的问题，并规定统一的评估方法；其次，在确定了具体预测目标后，精心设计需要专家应答的调查表，根据调查工作的需要，将所列问题进行分类，明确对回答各类问题的要求，并将上述调查表寄送给选定的数十名专家，当然对专家的姓名要严加保密。

3. 预测过程

预测一般分四轮进行，如果意见不集中，还可进行第五、第六轮的工作。第一轮调查，发放的调查表不带任何限制，让专家们自由提出自己的设想和主张。该表回收后，按问题用科学方法进行定量统计归纳以反映专家集体的意见，经整理汇总后作为第二轮调查表发放。专家根据要求对问题逐一评价，并说明理由后交回。在第三轮调查中，专家再次判断推测，甚至修改或纠正上一轮自己的判断，并说明理由。对于坚持不同意见者，请其详述理由，防止正确意见被忽视。如果意见仍不一致，可增加调查的次数。直至意见基本趋向一致，就可总结整理出犯罪预测的结论。

4. 预测结论的处理和表达

特尔斐法利用专家的经验和专业知识进行直观预测，但其具有匿名性、反馈性、统计性等特点，故效度、信度不同于并且高于一般的专家预测法。为了保证结论的客观性、准确性，对预测结论分别通过人工处理或电脑处理，或两者结合进行，对犯罪预测结论的表达，一定要做到用语客观、内容全面、数据精确、结论正确。特尔斐法在预测研究中曾得到广泛的应用，有时比通过会议方式征求专家意见更能取得正确结论，但缺点是容易忽视开始时由个别专家提出但未能被大家所理解的创造性预测。

二、探索型预测法

所谓探索预测法，是指假设未来的发展趋势不变，从现状推论未来的方法，如趋势外推法就是一种典型的探索型预测法。

所谓趋势外推法，是根据历史和现有的资料分析出发展趋势，从而推测未来的发展情况，这是当前较常用的犯罪预测方法。这种方法的主要特点是：根据过去和现在已知犯罪构成规律的动态统计数据向未来延伸的方向，预测未来的犯罪态势。它首先借助数学方法计算出过去到现在的一个时间范围内犯罪状况和结构的变化指标，然后将这些变化的速度和节奏的指标，通过构成绝对数据或指数的动态数据的途径，将其移用于未来的一段时间。

趋势外推法是在假设未来犯罪发展态势不变，从现状推断未来的犯罪动态。而犯罪态势不可能在较长时间内保持不变或不发生较大变化的，故而，趋势外推法不适宜进行长期趋势预测，尤其不适宜在政治、经济、文化大变革的时期进行。当社会结构面临较大变化，社会存在某种震荡时，在中短期的犯罪预测中也不适宜使用。犯罪趋势的相对稳定只存在于社会稳定发展的某个不太长的时期内。在此阶段，运用趋势外推法对未来犯罪态势进行短期预测和中期预测，可取得较为准确的结论。趋势外推法具体还可分为线性趋势外推、曲线趋势外推和时间序列趋势外推等多种方法。

三、规范型预测法

所谓规范型预测法，实际上就是根据社会需要和预想目标，从未来回溯到现在，预测实现目标的时间、途径和所需创造的条件等因素的方法。其具体方法有相关树预测法、因素分析法、指数评估法。

（一）相关树预测法

相关树法又称关联树法，它是一种比较典型的规范预测方法。20 世纪 60 年代初，它是在 1957 年 C. W. 裘克曼等人提出决策树的方向上，加上矩阵理论而发展起来的。它是用图表的形式明确排列可能实现的目标和所需解决的问题，或按系统深入分析其结构与因果关系的组成，并根据这种排列通过有机的搭配和选择，最终确定最佳解决途径和方案的一种预测方法。相关树法适用于那些按因果关系、复杂程度和从属关系分成的预测系统。在整个预测过程中，每搭配一种模式、划分一个系统，实际上就是为了实现某种目标或解决某一问题，也就是对未来的预测对象可能出现的某种发展趋势作出预测。

相关树法的核心问题是分析等级结构，每一级分支的交点被称为顶点，每一顶点至少要分出两个分支，可以如此一直划分下去，数量根据需要不用限制。在设计相关树时，必须明确总任务、总目标、总目的和总问题等，并以此作为关联树的顶点，然后对各相关因素进行分析，如因果关系、主从关系、构成关系、发展关系等。在对第一个层次划分完之后，需要明确下一层次分支的任务、目标、目的和问题等。

根据需要，可以不断地进行垂直和水平分支的划分，这将有助于全面系统地考虑所要预测的对象的整体情况，并发现必须要解决的具体问题。为了便于量化分析和研究，在相关树中各级纵横关系都应标明相关系数，相关树的具体组成方法，可以按系统的构成因素组成，可以按解决问题的方案构成，还可以按需要解决的问题构成。

（二）因素分析法

所谓因素分析法，是指从事物发展中找出制约该事物发展的重要相关因素，以此作为对该事物发展进行预测的预测因素，测知各重要相关因素即各预测因子分别具有多大的预测能力，然后，依据诸预测因素所起作用的大小和变化，预测该事物的发展趋势的方法。

因素分析法是较为常用的一种犯罪预测方法。该方法是在承认犯罪现象受诸多复杂因素制约的前提下，从中找出制约各种犯罪产生、变化和发展所需要的相关因素，作为对未来犯罪预测的预测因子，通过对这些预测因子和犯罪相关性的分析，确定预测因子与犯罪的相关系数。从而测定各预测因子的预测能力，根据各预测因子所起作用及变化，预测犯罪的发展趋势。

这里所指“相关性”，是指两种或两种以上的变量彼此相伴随变动的趋势。这种相关性可分为：正相关、负相关和零相关三种。正相关，即一种变量的增加，同时伴以他种变量的增加；负相关，是一种变量的增加，同时伴以他种变量的减少；零相关，是一种变量的增加或减少，不引起他种变量的变化。相关性是通过相关系数来表达的，相关系数就是用以表示两种事物相关程度与方向的适当数量。相关性越大，相关系数越高；反之，则相关系数越低。求得预测因子与犯罪的相关系数，我们即可测知因子的预测能力，并可通过分析预测因子的变化来推断犯罪未来的发展变化和趋势。

在因素分析法中，我们不仅可以测知犯罪的未来趋势，而且还可以根据对预测因子相关系数的分析，从预测因子中区分出长期起作用的因素、暂时起作用的因素、强相关因素、一般相关因素、负相关因素和容易控制的因素、难以控制的因素，以及遏制犯罪发生的因素，可以使我们在预测犯罪过程中，为预测犯罪提供科学依据，抓住重点，争取主动，有效遏制犯罪，减少犯罪的社会危害性。

（三）指数评估法

指数评估法，是指对构成行为人犯罪心理的若干重要因素，分别按一定标准评分，然后加以综合，作出总的估量，得出可能犯罪性各指数，以作为某一个体犯罪可能性的量的指标，根据所测定的可能犯罪性各指数所属的不同区间，以及指数的变化趋势，分别加以统计，这样，既可对某一个体的犯罪可能性及其趋势进行预测，又可对某一社会范围犯罪率起伏趋势进行预测。

四、反馈型预测法

所谓反馈型预测法，实际上是将探索型预测和规范型预测相互补充，并使它们处在一个不断反馈的系统之中。

上述犯罪心理预测方法由于应用现代数学与计算科学、统计科学、现代化计算技术设备而日渐增强了科学性和准确性，开始显示出越来越强的预测能力。此外，还有数学模拟预测法、系统分析法、矩阵法等，各有千秋。在实际的犯罪心理预测操作过程中，往往根据需要和实际情况，采取几种预测方法，将结果相互印证，减少误差，力求得出的结论更为准确。

五、初犯预测与再犯预测法

对个体的犯罪心理预测通常可分为两个方面的预测：

（一）对初次犯罪人的预测

这种预测可有利于对他们及时采取措施，防止他们形成犯罪心理和实施犯罪行为；对未曾发生违法犯罪行为的人估量其将来是否可能发生违法犯罪行为的预测。对初犯的预测最早是由格卢克夫妇进行的。他们动员各方面的专家，倡导直接与研究对象当面接触，广泛搜集有关材料，通过对预测素材的各种因素进行加权，然后再对它们进行加权求和的方法，即失分加权法，然后预测出犯罪倾向的大小和可能性。近几年来，我国已开始重视研究对初犯的预测问题。研究者根据我国的实际情况，运用心理学知识，从人的日常生活中所表现出来的种种征兆，探讨违法犯罪预测的可能性。这种预测方法具有广泛的群众性，便于掌握。违法犯罪征兆的预测主要是在人与人的关系方面、物质追求方面、精神状态方面、性的追求方面、学习、工作和劳动方面等有无不良倾向或异常表现。预测的方法主要有：观察法、活动产品分析法、调查访问法、心理测验法等。

（二）对重新犯罪人的预测

这种预测主要在监狱管理机关中对即将释放的人员采用，通过使用一定方法，预测他们的犯罪心理得到改造的程度，从而预测他们出去后重新犯罪的可能性。这是犯罪预测的一个重要组成部分。犯罪预测始于1928年美国的伯吉斯对假释者的研究，后来，相继出现了美国的格卢克夫妇、蒂比茨和德国的希德特等人的重新犯罪预测。具体方法包括伯吉斯的再犯预测法、格卢克夫妇的再犯预测法、奥林的再犯预测法以及格卢克夫妇的少年犯罪早期预测法等。格卢克夫妇根据其研究结果，编制了“违法行为预测表”，根据分值的高低评价被试者再犯的可能性，其中对品格特征方面的主要调查，他们提出五种预测因素：（1）冒险性；（2）行动的外向性；（3）受暗示性；（4）顽固性；（5）情绪不安定性。近年来，犯罪预测工作有了新发展，如在技术上日趋完善，广泛应用数理统计和计算机技术；在组织上兴建了大量的由专家参加的研究机构；在研究方法上多采用横断研究与追踪研究相结合，心理、人格测验应用的更加广泛等。

在我国，重新犯罪的预测主要是根据可能重新犯罪的人员在日常生活、学习、工作、劳动及人际交往等方面的表现，运用犯罪心理学的有关理论，来预测他们重新犯罪的可能性。在预测中分析犯罪原因时，将社会环境因素、生物因素与心理因素结合起来，以社会因素为主导线索。一般来说，释放人员接受外界不良影响越多、越复杂，腐蚀性越大，形成重新犯罪心理和行为的可能性就越大；主体具有的消极内在因素越多、越严重，形成重新犯罪心理和行为的可能性也就越大，这是重新犯罪预测的重要依据。重新犯罪预测主要在决定是否假释和刑满释放时使用。

延伸阅读

表 11－1　世界各国和地区著名再犯罪预测研究检选出的预测再犯罪的因子

序号	伯杰斯	格卢克夫妇	希得	欧林	台大法律所	张甘妹
1	犯罪性质	劳动习惯	遗传基因	罪名	初犯年龄	初犯年龄
2	犯罪类型	假释期间的犯罪	不良的教育关系	犯罪人类型	犯罪类型	犯罪者类型
3	共犯人数		不良的学习成绩	共犯人数	勤劳习惯	文身状况
4	国籍		学徒之半废	精神病愈后	不良交友关系	
5	双亲状况		先辈之犯罪	家属的关心	家庭经济责任	
6	婚姻状况		不规则的上班	家庭状况	婚姻状况	配偶状况
7	社会类型		18 岁之前之犯罪	社会类型		
8	犯罪行为、地点		特别迅速的累犯性	出狱后工作的适当性		
9	住所社会大小		涉及其他地区之犯罪			

续表

序号	伯杰斯	格卢克夫妇	希得	欧林	台大法律所	张甘妹
10	近邻类型		饮酒嗜好	居住社区		
11	捕时有无固定住所	释放后不良的社会关系	释放后不良的社会关系			
12	宽大处理与供述					
13	收容有无经过犯罪答辩	收容前受刑经验				
14	宣告刑性质与长度	犯罪重度与次数		判决刑期	判决刑期	判决刑期
15	假释前实际所服刑期					
16	以前犯罪记录	本犯以前的指控	4次以上前科			受刑经验
17	以前职业记录	判决前经济责任		职业经历	犯罪时职业	
18	机构内惩罚记录	在监中违反规则的频度和程度	狱中一般行为之不良			
19	释放时年龄		36岁之前释放			
20	智能年龄					
21	性格类型及精神医学诊断	入狱时精神异常性	性格异常	人格		

表11-2 预测因子的排序

预测因子	出现次数	百分比（%）
犯罪经历（犯罪累积次数、释放到重新犯罪时间）	6	100
受刑经历（次数、刑种、刑期等）	6	100
家庭结构与联系（父母、配偶等）	5	83
职业经历（种类、连续性）	4	67
初犯年龄	3	50

注：罗大华：《犯罪心理学》，中国政法大学出版社2007年版，第443～445页。

英国《每日邮报》新闻

科幻迷都知道，在好莱坞巨星汤姆·克鲁斯主演的科幻电影《少数派报告》中，人类发明了能窥测人脑电波的机器人“先知”——它能辨别出人的犯罪企图，这样嫌疑人在犯罪之前就能被警方逮捕并获刑。而据中国日报梁杉特稿援引英国媒体8月25日报道，美国科学家日前宣称他们真的发明了类似的预知犯罪软件，并已经在该国的一些城市率先使用。这一神奇软件是由美国宾夕法尼亚大学的理查德·伯克教授编写完成的，目前巴尔的摩和费城两座城市的警局已经开始使用该预测犯罪软件。伯克教授介绍说，通过输入假想嫌疑人的详细资料，软件经过一系列复杂的运算后就能得出此人未来的犯罪率。据警局人员介绍，他们目前主要输入的是在缓刑期和保释期的犯人们的资料。伯克教授说：“一般人都认为，只要这个人杀过人，那将来他很有可能再干这种事。”伯克教授表示：“我们永远不可能做到完美地预测未来发生的犯罪。”即便如此，目前华盛顿特区有关部门也打算启用这套软件，如果在特区被证实确有效果的话，美国司法部门则打算在全国范围内推广。

——《真正的少数派报告：美国警方审讯软件可预测谁最有可能犯罪》

第十二章

犯罪心理的预防

第一节　犯罪心理预防概述

众所周知，犯罪是具有严重危害性的行为，它给国家和社会造成危害，给人民群众带来生命、财产、人身权利等多方面的损失，并且犯罪行为一旦实施，其所造成的危害和损失往往难以挽回或根本无法补救。因此，对于犯罪现象无论进行多么严厉的打击，实际上均已不能挽回其所造成的危害和损失。要想避免这些危害和损失，唯一的好办法就是进行有效的预防，防患于未然。犯罪心理学与所有研究犯罪的学科的最终和最高目的是有效地预防犯罪。可以说，犯罪预防是犯罪科学研究的归宿。

一、犯罪心理预防的可行性

犯罪心理预防是指通过给予个体的心理以某些影响，达到预防其发生犯罪行为的方法系统。实际上就是要达到消除个体的犯罪心理或抑制个体犯罪心理结构的形成，以遏制个体去实施具体的犯罪行为的目的。因此，犯罪心理预防的机制就是根据犯罪心理产生的原因进行科学分析，采取有针对性的措施，割断或者削弱犯罪心理产生与其原因之间的因果联系的行为体系，尽最大可能消除产生犯罪心理的各种原因和条件，防止和减少犯罪行为发生，确立社会性和专门性的综合防治措施体系。

实现犯罪心理预防既是可行的，也是必要的。首先，人作为一种理性和意识的存在，为犯罪心理预防提供了人性基础。因为人所具有的理性和意识（或自我意识）不仅使人类能够观察和认识自然与社会，并且在一定程度上能有选择地接受外界环境与规范的影响和制约，而且使人类能够进行自我观察、自我评价、自我修养和自我控制，从而在特定的环境下表现出一定的自我完善能力和行为的自我选择能力。外界环境的影响和人的自觉的自我修养，共同造就了人类个体的特定人格，这种人格一方面支配着个体的行为选择并通过个体的选择行为而得以外化，另一方面又在环境的不断影响和自我意识的不断修正下继续发生变化。

其次，犯罪人往往表现为人格品质的缺陷，这种缺陷进而导致他们在社会认知能力、社会适应能力和自我控制力方面的低下或者减弱，导致他们在一定的社会背景和具体场合下作出了违法犯罪行为的选择。就具体犯罪行为而言，有的可能是犯罪人在权衡利弊之后的理性选择，有的可能是出于难以自制的某种情感或本能冲动，有的则可能是出于心理变态或者精神障碍。然而，无论哪种情况，均与行为人人格品质的缺陷有关，如表现为个人世界观和价值观扭曲，或道德认识、道德情感、道德意志、道德行为习惯等个人内在自我控制力量未能充分发展，以及心理变态的表现。这些都旨在说明使个体人格健康完美的心理预防是十分必要的。

需要指出的是，强调犯罪的心理预防，并不是否认犯罪预防还可以通过其他途径进行，不是把犯罪现象简单地理解为一种纯粹心理现象，也不是把犯罪的预防措施完全归结为一套纯心理学的手段。实际上，我们所说的犯罪心理预防，是指犯罪预防体系中的一个方面，它与社会预防、治安预防、刑罚预防等一起构成了犯罪预防体系的不同层次或环节，这些不同层次的犯罪预防措施是相互补充、相得益彰的。我们强调犯罪的心理预防，无非是意在强调预防犯罪的基础不仅在于社会的完善，而且在于人的内在完善。预防犯罪不仅需要一定的外在社会控制，也需要人的心理的自我完善，而且绝大多数犯罪预防措施必须通过人的心理活动有效地发挥作用。

二、犯罪心理预防的内容

（一）排除和减少消极因素

个体的生活环境及其日常的人际交往对个体（尤其是青少年）品德的形成和发展至关重要。排除个体生活环境中的杂质与污秽，使个体无法接触到对其产生负面影响的消极内容，无法形成反社会的心理和行为，是防止犯罪动机萌生的重要手段。

（二）防止形成犯罪心理

个体的心理活动内容既包含积极因素，也包括消极因素，一般是积极因素占主导，如果消极因素占上风，在一定条件下就可能形成犯罪心理。所以，防止犯罪心理形成并外化为犯罪行为的关键就是防止消极因素的滋生。

（三）预防突发性犯罪行为

突发性犯罪行为多由机遇性、情绪性因素所诱发，由人际关系冲突所引起，由主体的个性心理缺陷所决定。因此，在犯罪心理预防的过程中，要善于调节人际关系矛盾，减弱个体的情绪郁结，减少对抗和冲突。

（四）破坏已形成的犯罪心理结构

那些有违法犯罪历史的刑满释放人员，以及经过犯罪心理预测可能进行预谋犯罪和恶性犯罪的个体，都是潜在的犯罪因素，必须采取必要防范措施，同时进行心理疏导，动之以情，晓之以理，帮助他们改变心理结构，放弃犯罪动机，以防止犯罪行为的发生。

（五）消除实施犯罪活动的机遇

犯罪机遇是实施犯罪活动的条件，又是促使个体萌生犯罪动机的诱因刺激，消除或减少犯罪机遇，是进行犯罪心理预防的一项重要内容。

三、犯罪心理预防的种类

（一）主体预防与客体预防

主体预防是指研究并采取某些措施，以防止某些个体成为犯罪的主体。客体预防是指研究并采取某些措施，以防止某些个体成为犯罪行为侵害的对象，主要的手段是增强潜在受害者的防卫能力，减少可能出现的过失和责任，以控制和防止某些犯罪行为的发生。

需要说明的是，以前对犯罪心理预防的研究主要集中在犯罪人身上，这无疑是十分必要的，但有时犯罪行为之所以发生与被害人自身的因素也有很大的关系，所以从被害者的角度来探讨如何减少和防范犯罪的发生也十分有意义。

（二）宏观预防与微观预防

宏观指社会整体，微观主要指人们直接生活在其中的具体社会环境。宏观预防，即动员全社会的力量，针对犯罪心理结构形成的原因，采取思想的、政治的、经济的、行政的、法律的等各种措施来遏制、减少和消除犯罪心理形成的条件，防止犯罪心理的形成。它的着重点是运用国家的职能作用制止和消灭犯罪现象的发生。微观预防，则是通过家庭、学校、街道、工作或劳动单位及派出所、治安保卫委员会、调解委员会和工会、共青团、妇联等各方面的思想政治教育工作或帮教挽救工作，防止某一个对象走上犯罪道路，矫治防范刑满释放与解除劳教人员重新犯罪，以及矫正一般违法犯罪分子的心理结构。

（三）物质预防与精神预防

物质预防是指在物质生产领域中采取预防措施，以适当满足人们的物质需要，防止个体不合理的物质欲望恶性膨胀，从而萌生犯罪动机实施犯罪行为。精神预防是指在精神生活领域中防止个体形成犯罪心理的预防措施，其核心是帮助人们形成正确的人生观、价值观和法纪观，基本措施是加强全社会的精神文明建设，进行全社会范围内的智育德育和普法教育。

（四）一般预防与特殊预防

一般预防，是从研究解决形成犯罪的内在和外在原因入手，依靠和组织全社会的力量采取有效措施，防止犯罪行为的发生，以减少或者控制犯罪现象的蔓延，并逐步消除犯罪。一般预防是针对社会上的所有人群。特殊预防是指对已经犯罪的人使用惩罚手段，直接挫伤和打击罪犯的犯罪心理，迫使犯罪主体不得不增强自我制约和自我控制的能力。特殊预防主要针对特定人群，如不良的顽劣少年、刑满释放人员等。

一般预防和特殊预防，两个方面相辅相成，都应抓好。就两者的效果来说，特殊预防主要打击犯罪分子的嚣张气焰，威慑犯罪，警戒社会其他不稳定分子，基本上属于治标性质，而一般预防则是治本性质。犯罪的综合治理就是要把两者有机地结合起来，既要治标，又要治本，做到标本兼治。

（五）单项预防与综合预防

单项预防是指采取某项措施来防止个体犯罪，如户口管理、调解、刑罚等，它起着直接的、近期的心理效果，但多属治标的应急措施，不能发挥长久作用。综合预防是指采取综合性的措施，如政治的、经济的、法律的、行政的、教育的措施等，运用多学科知识，如法学、政治学、心理学、教育学、精神医学等来预防犯罪。它可产生间接的、长远的心理效应，属于治本性的预防。

（六）免疫性预防与矫治性预防

免疫性预防主要是依据犯罪心理形成的规律性研究结果，对社会成员（特别是青少年）强调犯罪前早期预防的重要性，并加强家庭、学校、社会在预防犯罪中“三道防线”的作用。这是最积极的犯罪心理预防，是消除心理隐患的治本预防。在免疫性预防中，家庭、学校和社会是三个主要的预防环节。矫治性预防是指对已形成犯罪心理和有过犯罪行为的个体进行的心理矫治，防止产生犯罪（或再犯罪）行为。矫治性心理预防的针对性强，是防御性的心理预防。矫治性心理预防主要依靠公安机关、监狱、工读学校和基层单位的帮教小组实施。

四、犯罪心理预防的方法

犯罪心理预防是一项社会系统工程，它必须依靠社会各方面的力量，采取综合治理的措施，以期收到比较好的效果。同时犯罪心理预防是一项长期性的、艰巨的工作，预防的方法应当是灵活多样、不拘一格的，考虑到预防工作的系统性和复杂性以及特殊性，下面仅介绍一些原则性的方法。

（一）加强早期防范教育

早期防范教育包括理想教育、共产主义品德教育、社会主义道德教育、社会主义法治教育、劳动教育以及良好的个性品德、个性修养教育等。通过这些基本观点的教育，使广大人民群众（特别是青少年）懂得遵纪守法的道理，自觉遵守社会公德，履行公民职责，树立崇高的理想和事业心以及社会责任感，形成良好的道德品质和个性修养，树立劳动光荣的思想，自觉抵制资产阶级腐朽思想的侵蚀，争取做“一个高尚的人，一个脱离了低级趣味的人”。

早期防范教育的方法要科学化，要根据受教育者的具体情况，选择生动活泼、具体形象、灵活多样的教育措施，把典型事例、模范榜样等与受教育者的现实生活结合起来，深入浅出，寓教于乐，使受教育者愉快而自觉地接受教育。如果早期防范教育仅限于讲大道理、喊高口号，这样的教育方式不仅不易被人接受，达不到应有的教育效果，还可能产生抵触情绪。

早期防范教育要从小抓起，从小事抓起。研究表明，对3~6岁的学龄前儿童就开始进行防范教育，如不讲脏话、不打架骂人、不说假话、不拿别人的东西、不扰乱秩序等，对于儿童形成良好的个性品质和道德品质大有帮助。一旦发现儿童有不良习惯或不良习惯倾向，就应及时加以纠正。在早期防范教育问题上，家庭教育和社会教育必须与学校教育协调一致，否则，就会削弱甚至抵消正面教育的效果。在进行早期防范教育，加强基本观点教育的同时，还必须清理、整顿文化市场，广泛开展“扫黄”“清毒”运动，坚持“严打”，把精神垃圾彻底消除掉。

还有重要的一点是要重视开展心理卫生工作。开展心理卫生工作，是维护心理健康、培养健全人格的重要途径，也是犯罪心理预防的重要途径。因为个体心理健康与否，对其能否自觉地抵制不良环境因素的侵蚀有着十分重要的意义。因此，教育人们维护和保持心理健康，以及出现心理失调时及时地恢复心理平衡，就成为预防犯罪心理形成的一个重要方面。马加爵的悲剧很能说明提高心理素质对预防一个人形成犯罪心理、走上违法犯罪的重要性。

（二）根据不同情况，灵活处理

导致人的劣迹行为的因素是极其复杂的，应当根据被预防者的具体情况，采取灵活多样的预防措施。

首先，要准确地预测出被预防者可能的违法犯罪类型，然后根据不同类型的特点和规律，对症下药，以取得更显著的预防效果。例如，对于人际关系恶化型的被预防者，应及时进行调节、疏导，对被预防者应给予同情和安慰，帮助他们把内心痛苦宣泄出来；对于物质贪婪型的被预防者，可通过正面教育和提供反面事例使他们认识到自己的错误和严重性，逐步树立正确的幸福观和劳动观；对于逞强好斗型的被预防者，应帮助他们加强个性修养，增强自制力，树立正确的英雄观和友谊观。

从宏观上看，由于不同的犯罪类型有其自身的特点和形成规律，因而预防的措施也应有所区别。例如，预防青少年犯罪，除了加强早期防范教育外，还应坚决贯彻执行《未成年人保护法》，通过法律的手段，强制要求家庭、学校和社会必须严格保护青少年的健康成长；预防性犯罪，除了彻底“扫黄”、净化社会环境外，还应加强性知识教育（包括性道德教育、性生理卫生教育、性病危害教育等），可试行在中学就开设性知识教育课，以消除青少年对性的好奇和神秘；预防经济犯罪，应加强和完善经济立法，健全经济、金融管理制度，使犯罪分子无可乘之机；预防暴力犯罪，应在暴力犯罪案件发生较多的时间和空间上，严加防范，严格控制，严厉打击。

其次，应根据情节轻重，采取不同的预防措施。任何事物都有一个发生、发展、变化的过程。人由好变坏、由初见劣迹到临近犯罪的边缘，也有一个发展过程。应根据被预防者的情节轻重，及时采取相应的预防措施。例如，对于品德不良（如极端自私，爱欺负小同学和女同学，爱捣乱等，爱看黄色录像、书刊等）的人，应由家长、老师或领导协同教育，帮助他们纠正不良品德，养成良好习惯；对于有较严重劣迹（如小偷小摸、性罪错等）的人，应送工读校、少管所等机构进行教育。

（三）综合治理

要从根本上预防犯罪，必须采取综合治理方针。综合治理要求家庭、学校和社会通力合作，形成良好的社会风气和强有力的、正确的社会舆论，使广大青少年健康成长，使有劣迹或刑满释放的人员改邪归正。除此之外，还应注意以下问题：

一是要大力办好工读学校。实践证明，工读学校对于预防有轻微违法犯罪行为的行为人继续犯罪是非常有效的。有人把工读生形象比喻为“患有传染病的病人”。由于工读校带有一定的隔离性质，既可防止工读生本人的“病症”进一步恶化，也可避免传染、腐蚀其他人。同时，对于维护社会治安、改善一般中学的教学秩序、形成良好的校风等，都起着积极的作用。

二是要完善教育立法，预防中小学生流失。近年来，不少中小学生流失，或弃学做工、弃学经商，或离家出走、流入社会。由于流失生心理不成熟，极易受到社会不良影响，走上违法犯罪的道路。近年来，流失生犯罪率的激增已引起了社会各界的普遍关注。因此，完善教育立法，防止中小学生流失，是目前综合治理中迫切需要解决的问题之一。

三是要广泛组织帮教小组。帮教小组是由党员、街道干部、民警、老师、家长、退休职工等成立的教育、挽救有劣迹行为人员的群众性组织。由于帮教小组参加的人员广泛、声势大，能使被帮教者清楚地意识到自己的行为已引起广大群众的关注和不满，从而在社会舆论的压力下逐渐引导被帮教者认清形势、悔过自新、改掉恶习。实践证明，这种形式的预防犯罪措施效果十分显著。

四是必须严厉打击刑事犯罪分子。为了形成良好的社会风气，维护社会的长治久安，必须依法从重从快地打击刑事犯罪分子，使其对有劣迹或刑满释放人员产生强烈的威慑效应，起到预防犯罪的作用。

第二节　未成年人犯罪心理预防

一、未成年人犯罪的主要原因

大部分未成年犯经历了一个从受害到施害的过程：他们生活的家庭往往存在各种问题，受其影响，逐渐形成不良个性和习惯；他们进入学校后，因为缺乏竞争力而被逐渐边缘化；他们逐渐脱离正常群体，结交“志同道合”的朋友，组成自己的团体，形成自己的文化；他们逐渐脱离校园，闲散于社会，游荡在不良场所，惹是生非，最终锒铛入狱。本章作者采用问卷调查的形式，对某省未成年管教所100名未成年罪犯进行调查，总结他们在家庭、社会、学校等方面的犯罪原因并结合心理学原理对未成年人犯罪的主要原因进行了以下分析：

（一）家庭环境因素

1. 来自社会底层，并且父母文化水平较低

在调查中，父亲文化为文盲或小学的有28.6%，初中文化46.7%；父亲职业为农民的有36.2%，无固定工作的有32.4%。

母亲文化为文盲或小学的有44.8%，初中文化36.2%；母亲职业为农民的有46.7%，无固定工作的有24.8%。

2. 父母（监护人）养育方式不当对未成年人违法犯罪的影响

未成年服刑人员家庭存在三类典型的错误养育方式：暴力型家庭、放纵型家庭和漠视型家庭。

3. 家庭氛围不良对未成年违法犯罪的影响

由于夫妻关系不和、家庭矛盾较大或家庭关系异常等，未成年人在家庭中缺乏关爱，家庭充满辱骂和争吵甚至是暴力的氛围。有的父母文化水平偏低，有的

还有一些如赌博、酗酒等不良习惯。孩子在这样的家庭耳濡目染，成为问题少年也就不奇怪了。

4. 家庭结构残缺对未成年违法犯罪的影响

本调查中在入所以前和父亲或母亲（单亲）生活在一起的有24.8%；有19%的人和亲戚朋友或爷爷奶奶住。

（二）教育因素

1. 早期教育的影响

从人的一生发展来看，人类生命的最初3年是生长发育的重要时期。联合国儿童基金会2000年年底发表的报告中指出，婴儿出生以后的36个月是成长的关键时期，营养和环境刺激对大脑发育能产生重要影响。报告说，为3岁以下儿童提供充足的食物、医疗服务和认知教育，可促进儿童日后在健康、个性、语言和认知能力方面的提高，进而有助于国家教育发展、经济增长和降低犯罪率。因此，报告呼吁各国政府以及家庭重视3岁以下儿童的成长。

英国精神病学家鲍尔贝在20世纪50年代对监狱44名少年犯进行了调查，他发现在6岁以前经历过与母亲完全分离，或者6个月以上分离的占17名（对照组有2名），有抑郁性格的占14名（对照组为0），这些抑郁性格之人的违法行为都特别恶劣，因此他认为出生头几年与母亲长期分离是形成少年犯罪的最大原因。

2. 学校教育的影响

首先，教育方法简单，教师素质不高。一些教师不懂得根据未成年人生理和心理特点进行教学和教育，往往采取简单的说教、训斥、惩罚，有的教师对"差生"冷嘲热讽，甚至采取停学、开除的方式将其推向社会。在本次调查中，因为打架和逃学被学校停学或开除过的有49.5%。

其次，重智育，轻视其他教育。在被调查对象中，有65.7%没有上过青春期教育课程。一些家长和老师不告诉性知识方面的事情，有42.9%通过网络、41.9%通过朋友、38.1%通过看电视录像的方式了解的。另外还存在学校的法治和道德教育缺乏、心理健康教育缺乏和性知识教育缺乏的问题。

最后，由于其学习成绩差，在学校缺乏关爱，导致厌学心理严重。在本次调查中，有73.3%是失学、辍学生；有71.4%不喜欢老师，不喜欢上学；交的朋友大多数是学习成绩不好或老师不太喜欢的有57.1%；在上学期间，想过要退学的有79%，其中有67.6%退过学。

（三）社会因素

1. 社会不良文化和有害信息的影响

网络中的不良信息、电影电视音像制品和非法出版物、娱乐场所、毒品等都会对未成年人造成不良影响。调查中有49.5%的人最崇拜黑道头目；去网吧上网的，有54.3%说网吧管理人员从来没有询问身份证件；有21.9%说只是偶尔会问到。

2. 不良的社区环境的影响

在社区中缺乏关爱和归属感，被环境所排斥，再由于交友不慎，形成了犯罪亚文化小团体，他们缺乏成功的机会，被他人歧视，使同辈群体取代了家庭和学校的功能，创立了自己的行为规范和价值观与社会主流文化相对立，从而形成各种越轨和违法犯罪行为。

3. 大量农民外出打工造成“留守儿童”的教育问题

据统计，中国有1.2亿农民常年于城市务工经商，产生了近2000万留守儿童。88.2%的留守儿童只能通过打电话与父母联系，其中64.8%的留守儿童是一周以上或者更长的时间才能与外出的父母联系一次。

2005年1～8月，某县检察机关共批准逮捕犯罪嫌疑人233人，其中不满18周岁的未成年人27人，占11.6%。这27人中，有10人属留守儿童，占37%。

（四）未成年人自身身心特点

十一二岁到十四五岁，是身体发展的一个加速期，心理的发展虽然也在发展，但是相对于生理发育速度来说相对平稳，因此造成了未成年人在这个阶段身心发展的种种特殊矛盾和表现，使他们面临一系列的心理危机。这个阶段中，生理变化对心理活动的冲击是心理上的断乳期，心理上出现成人感与幼稚性的矛盾，烦恼增多，容易出现心理与行为的偏差。

（五）矫正制度

在我们国家，刑法规定犯罪人必须年满16周岁才负刑事责任，而年满14周岁的也只有犯法定的八种犯罪才追究刑事责任。这就有了很大的空缺：不满14岁的或已满14岁不满16岁少年的不良行为不属于司法管辖范围，这样做的结果是，大量危害社会的行为被排除在犯罪之外，从而排除在司法管辖领域之外，造成很多青少年违法后得不到及时的处理及预防。

按照我国现行法律，对严重危害社会却又不够刑事处罚的未成年人的矫治方式有严加管教、训诫、送工读学校、治安处罚等。在实际操作中，很多地区只采用严加管教、训诫和治安处罚三种，这对于那些家庭管教不力和放之任之的失足青少年来说，往往会形成一种“自己年幼、犯事后政府拿他们没办法”的侥幸心理，继而我行我素，危害社会，最终走上犯罪道路。

二、未成年人犯罪的预防和治理

（一）重视早期教育，优化家庭教育，建立预防未成年人违法犯罪的家庭防线

应该优化家庭环境，提高家庭教育能力，加强对贫困家庭的救助、儿童日托

照料、亲职教育指导、对有心理问题的父母的咨询和治疗、父母监护责任的法律监督、脱离家庭儿童的救助、福利机构的设置和管理等。

1. 早期接触与爱的缺乏导致问题儿童的产生

在某市工读学校对处于犯罪边缘的青少年群体进行的调查显示，父母教育缺失型家庭占到了问题青少年家庭的大多数。

表 12－1　某市工读学校部分学生家庭结构统计

家庭类型	健全型	离异型	单亲型	分居型	再婚型	无双亲型	养子女型	合计
学生数	25	183	114	56	57	21	23	479
比例（%）	5.5	38	24	11.6	11.7	4	5.2	100

由表 12－1 可以看出，父母在家庭教育中的缺失导致了爱的匮乏，而早期教育和爱的匮乏恰恰是形成犯罪心理的重要原因，因此仅满足儿童生理需求是远远不够的，我们应该给孩子更多的接触与更多的爱。拉康对于克莱因派的贡献在于提倡了母亲离去的积极意义，然而在很多犯人家庭我们看到的是这种过度的背离，所以成功养育的关键在于接触与爱，而不仅仅是哺育的能力。从这个角度来说，单亲和孤儿的养育者也能在养育儿童方面起到相同的作用。单亲、孤儿或者贫穷家庭本身并不必然产生“问题儿童”或者罪犯，但是在这样的家庭里，他们的养育者没有真正的爱他们的孩子，而仅仅是哺育他们，这就会造成一种“爱的缺失”，显然单亲、孤儿或者贫穷家庭更有可能会造成“问题儿童”的产生。

2. 父母早期的管教方式不当导致儿童问题行为的产生

在哈罗对虐待儿童问题进行的研究中，他发现被虐待的孩子似乎很依恋那些对他们虐待的父母，如果依恋是最强烈的基本需求，那么它的作用将远远超出虐待惩罚。

精神分析的理论认为，凡被视为权势重的，地位高的人，往往会在潜意识里被认为是早期关系中的重要人物，如父亲或者母亲。犯人往往自己又无意识地将过去和父亲的关系转移到了现在和警察的关系身上，这就是绝大多数犯人内心声称自己是无辜的投射机制。

笔者调查所得出，2009 年某省未成年犯管教所在校学生犯罪中主要罪名排列前五位的分别是抢劫、盗窃、故意伤害、强奸、故意杀人，共占押犯总数的 100%，无其他罪名犯罪。

表 12－2　某省未成年犯管教所犯罪类型结构

犯罪类型	抢　劫	盗　窃	故意杀人	强　奸	故意伤害
比例（%）	52.3	11.2	14	15	7.5

由表12－2可以看出，暴力型犯罪占到了罪犯的绝大多数，按照上述案例分析，我们有理由相信，这些暴力型罪犯的家庭早期环境也应该是暴力型的教育模式。而除了暴力型家庭以外，溺爱和冷漠型的家庭环境也由于缺乏爱（溺爱不是真正爱）和亲人过度的背离，而导致儿童的怨恨与自责，从而导致孩子的负罪感加强，责任感降低。而这种负罪感的加强，会让他们无意识地追求惩罚，而责任感降低则会使他们在追求惩罚的无意识心理支配下作出一些违法的事情。

3. 预防犯罪的关键途径在于婴儿早期适当的爱的给予

不良的情绪以及问题行为（内因）加上诸多社会问题（外因）导致了犯罪。如果我们认为作为外因的社会问题在任何阶段都会以不同方式表现出来，那么我们就认为预防犯罪的关键途径就在于适当的婴儿早期爱的给予，然而这取决于亲代的人格与欲望机制的成长与完善。更重要的是，通过转移（注：转移是精神分析临床的一大技术，其机制就是爱，所以著名精神分析学家Gibal又说：精神分析是用爱来工作的）的技术，精神分析学打开了通向罪犯心灵的入口，而对罪犯来说这是重回现实世界的门。

由于早年缺乏父母之爱，转而挑战父母的权威（长大后可能挑战法律权威），从而在报复父母的同时获得父母的关心，并且对于弗洛伊德症状满足了欲望，但是由于其非合法性同时就是惩罚，我们可以说犯罪同样是欲望的双重满足。王某在无意识中显然是知道自己幼年所做的事情在父母看来是错误的，而长大的偷盗是犯法的，然而只有通过这样的方式才能满足无意识的欲望：受到关注才能找到个人存在的价值。同时其方式的罪恶性在无意识中通过超我发挥作用，超我的现实中介在幼年就是父亲的惩罚，长大就是坐牢。由于早年其父母并没有在其反叛行动中意识到其动机而去满足他的爱，而恰恰相反严厉地惩罚了他。这种约束方式增加了他受委屈的感觉并进而激起他更大的攻击性。所以美国精神分析学家梅宁格才会认为反社会行为首先是一种自杀。因为他们是一群在爱中迷失的孩子，他们由于找不到爱，攻击父母，攻击社会，最终攻击自己，完成死冲动的目标。

（二）重视和改善学校教育，巩固预防未成年人违法犯罪的学校防线

1. 教育部门建立问题学生特殊教育学科，培养师资；普通学校配备专职的心理咨询人员，及时发现和干预问题学生。

2. 中小学校与家长不应仅仅重视学生的知识教育，完善孩子的人格更需要进行情感教育，可从以下几个方面加强对学生的情感教育：

（1）加强亲情教育。亲情中最本质的成分是真挚无私的爱。亲情教育就是爱的教育，目的是让学生珍视爱，懂得怎样去爱。

（2）加强生命教育。学会尊重、珍爱、欣赏、敬畏生命，强化生命意识，

珍视生命价值和发展生命潜能，这是生命教育的基本要义，也是人本教育的重要内涵，它包括建立生命意识、培养生存能力和提升生命价值三个层次。

（3）加强友情教育。真挚友情是温暖心灵的阳光，是促人向上的力量，应该让青少年懂得什么才是真正值得看重和珍视的友情，友情教育的目的是教学生学会善待他人，真诚付出。

（4）加强爱情教育。爱情是人类情感领域里极为重要的组成部分，能否妥善处理，关乎一个人情感生活的质量，也会影响相关社会成员的利益。应注重传授正确的性价值观和行为规范，教学生学会自爱、自尊和自重。

（5）加强民情教育。生活在城市里的孩子与生活在偏远穷困的山区乡村的孩子相比，存在很大的地域距离和认知空白。了解民情，了解弱势群体的生存状况，对其成长具有积极意义。让青少年了解处于低生活水平人们的生存状态，感受生活的艰辛，对他们全面认识社会，形成关心弱势群体、自觉扶贫济困的意识具有积极意义。

（6）加强国情教育。爱国必须知国，应该理直气壮地宣扬民族英雄，了解他们的事迹，懂得崇敬他们。

（7）加强生态教育。作为有理性有良知的人类，应该关心人与所有生命的关系，善待和自己一同生活于地球上的其他生命形态以及赖以生存的环境。

3. 加强教师的职业道德建设，重视教师的心理健康水平，加强对中小学教师队伍的管理。

4. 加强对农村贫困地区基础教育的投入，严格控制学生辍学，严格控制对停学、开除等处分的滥用。重视流动人口以及“留守儿童”的上学问题。

（三）官方和社区共同营造社会防线

社区是预防的平台，是介入沟通家庭和学校的桥梁，是预防犯罪的社会网络，因此我们要重视社区在未成年人犯罪预防中的作用。无论是立足于营造良好环境，矫正偏差少年，还是整顿环境，消除犯罪隐患，都要求我们必须扎根社区。从我国的现实情况看，政府责任有待强化，民间组织和个人更是亟待重视和开发的肥沃资源。

1. 加强社会工作者队伍的建设

我国澳门地区许多民间社团在预防青少年犯罪中发挥了积极作用，特别是在开展与犯罪边缘少年接触、为犯罪边缘青少年提供外展服务方面，作出了卓越成绩，民间社团组织的社工队伍多晚上活动，为流连街头、公园、酒吧、网吧等青少年提供劝导和帮助服务，以防止因单亲家庭、家庭解体、失学等问题而留连在外的青少年走向堕落，滑向犯罪。我国内地也应加强社会工作者队伍的建设，切实发挥民间的预防犯罪工作的力量。

2. 开展专项整治，净化未成年人成长的社会环境

政府应加强扫黄打非的力度，加强对网吧的管理，加强对娱乐场所、游戏厅和录像厅的管理。

（四）完善我国未成年人犯罪刑事矫正制度

包括完善未成年人行刑的社区矫正制度；完善未成年人非刑罚矫正措施；监督未成年犯管教所切实落实《监狱法》相关规定；各地应建立工读学校，作为行为问题学生矫正、研究、相关师资及社区工作者培训的基地等措施。

典型案例剖析

该案例为该章编者作为未成年人刑事调查员调查的案件，案件为团伙抢劫，犯罪嫌疑人为王亮（化名），1989 年 11 月出生，初中文化；王强（化名），1990 年 7 月出生，初中文化；李店（化名），1989 年 6 月出生，发案时 3 人均未满 18 周岁。在这起抢劫案里，3 人共作案 3 起，除李店还是在缓刑期属第二次犯罪外，其余 2 人均为初犯。

王亮的情况：父亲，42 岁，初中文化，农民；母亲，40 岁，小学文化，农民。王亮父母的婚姻为包办婚姻。王亮还有一个妹妹，1992 年出生。母亲因丈夫经常酒后殴打自己，夫妻感情不和，在王亮不到 6 岁时离家打工，自此再没回家（其间回家一次短暂停留）。2003 年，王亮父母正式离婚，王亮被判给父亲照顾，王亮的妹妹被判给母亲照顾。之后母亲长期在宁波打工，并再次组建了家庭，将王亮的妹妹放在外公外婆家照顾。王亮本人因父亲长期在外地打工则主要与爷爷奶奶共同生活。王亮的爷爷是老党员，退伍回村后当过村干部，在村里威望较高。在母亲离家后，父亲也常年外出打工，王亮则和自己的爷爷奶奶生活在一起。王亮是爷爷奶奶的独孙，爷爷奶奶对他较为宠爱。王亮开始在村小学上学，三年级因为小学被撤，转学至另外一小学，后升入当地中学读初中，在初中班级还担任组长职务，根据其老师回忆，当时他的成绩在班级尚可，属于中等成绩，人也比较老实，不多说话，在学校没有任何违纪行为，初三还加入了共青团，为此，作为老党员的爷爷颇为自豪。王亮初三毕业后未能考上高中，复读半学期后，因为家庭条件差，学费负担较重，自己也不想上学了，就退了学，自此开始了打工生涯。他到合肥先后做过瓦工、汽车修理工、饭店服务员，学过厨师，被拘留前还在一饭店打工，打工期间和另一个同乡在外合租房居住。据其父亲和王亮本人陈述，王亮在合肥打工期间，父亲从未过问过他的事情，其父甚至连他学校班级、班主任姓名以及后来打工单位都不知道。王亮的性格较为内向，

不善言谈，和亲人沟通也很少，在其父母离婚后因为想念母亲去宁波找过几次母亲，但是几乎不和母亲说自己的事情。王亮在打工期间结识了同乡的李店等人，李店有前科，因为参与抢劫而被判缓刑，王亮称很听李店的话，几次抢劫都是由李店主使，第一次作案是在2007年过年前，当时被抓住后，派出所民警让其父亲交了罚款，这一次处罚王亮本人并未受到很深的教育，在2007年4月后，伙同李店等人再次连续作案13起，直至案发。

王强的情况：父亲在2003年开始在外打工，2004年12月其母亲因有外遇不辞而别，王强还有一个妹妹。母亲喜欢打麻将，离家出走前经常在外打麻将很晚回来，很少管王强，王强从小和父母一块长大。据王强初中班主任回忆，王强的成绩属于中等偏下，但是初二以后旷课增多，上学期间没有受到过处分。王强本人也陈述母亲离家出走后打击很大，经常受到同学的指指点点和挖苦讽刺，非常痛恨母亲，也不再想上学。初中没毕业辍学后，他先后在昆山、温州还有河南等地打工，案发前从昆山回来，遇到李店等人，将打工挣的2000多元钱和王亮、李店等人共同挥霍完后，李店等人劝说王强参与抢劫，头两次王亮等人作案自己并没参与，但是第三次未能抵御住劝说，一方面因为经济困窘，另一方面感觉可以“玩一次，不会有什么事情”。后案发，被拘留。

李店的情况：李店是家中的长子，自幼与父母、弟弟妹妹生活在一起，母亲小学文化，父亲不识字，家庭生活来源主要依靠父母在村里开杂货店的收入，经济条件尚可。由于忙于生意，平时父母与李店的沟通和交流较少，疏于管教，至其缺乏良好的家庭教育。李店初二时开始接触网吧，但并无迷恋现象。2005年就读于寄宿制的高中，至此脱离家庭的约束，就开始与社会上的不良青年有了密切的接触，加上学习成绩较差，产生了厌学情绪，在2006年高二开学时主动辍学。辍学在家期间，李店的思想极不稳定，加上看到父母在生意上也过于操劳，想走捷径赚大钱的念头愈加强烈，在继续与社会青年来往中，于2006年11月因抢劫被法院判处有期徒刑10个月，缓刑1年。此次被捕之后，李店虽有悔悟之意，但并没有痛改前非，在执行缓刑期间仍然在社会上浪荡。父母为了能够帮助李店，在亲戚开办的旅行社里为其找了份工作，但李店由于自身条件有限，不到一个月以没兴趣为由就离开了。之后又瞒着父母在苏州待了一段时间，与一些不务正业的人混在一起。这些经历都为李店第二次抢劫埋下了隐患。

三人除李店应划分到惯犯中去外，另两人均为初犯，犯罪原因应有区别。下面是对该案件三位未成年人犯罪原因的分析与反思：

一、家庭因素

1. 父母教育缺失。王亮与王强尽管父母健全，但是父母疏于管理，或者缺位（父亲外出打工，母亲离家出走），造成了两人均缺乏应有的家庭教育。

2. 家庭贫困。王亮与王强家庭经济来源均是靠父亲常年在外打工，家庭负担均较重。

3. 家庭氛围差。王亮母亲没有出走前，其父亲家庭暴力，经常殴打妻子，王强母亲出走前经常彻夜不归打麻将，并和同村一男人私混在一起。

4. 值得注意的是，王亮和王强的家庭有个共同特点，就是母亲不辞而别。王亮母亲因为家庭暴力，王强母亲因为私奔，均没有正式离婚（王亮母亲离家8年后才离婚）便离家出走。

法国著名儿童精神分析家多尔多就曾提到，关心子女，不让别人取代双亲的角色，这是父母一方不在家时应该履行的情感和象征义务，如果父亲常年在外，如果父亲按时通信或者电话，则体现了象征责任的重要性，既是让子女感觉到，即使父母中一方不再回家，他（她）仍然履行着教育子女的义务，而母亲的离去加重了父亲的负担，孩子既会怜悯父亲的不幸，同时也会感到自己加重了父亲的负担，会有一种负罪感，而母亲的离家，则更是否定了自己的存在（母亲并不爱我——这在王强身上表现得尤为突出，“母亲出走后，我感觉活得没什么意思，也不想上学了”这一点在他班主任那里也得到了证实），母亲不辞而别，在没有正式离婚的情况下不尽任何责任和义务更加会导致孩子的负罪感加强，责任感降低。而这种负罪感的加强和责任感降低对孩子来说可能是致命的。

二、社会因素

1. 缺乏社会关爱。家庭的教育缺失导致了问题行为，加上学校对于这类学生基本上听之任之，甚至有些歧视。在调查中，他们的班主任老师均对他们没什么深刻印象，知道他们经常旷课，但是不管，学生则对他们的家庭冷言冷语(均为母亲离家出走)。王亮在汽配城打工期间还遭到老板娘刻薄对待，仅仅干了一个月便辞职了。

2. 过早地走上社会。3人除李店高中辍学外，均为初中辍学，便外出打工，在身心还未发育成熟的时候过早地接触社会，特别是初中阶段属于逆反和反抗期的孩子，本身就容易出问题，加上无人管教，过早走上社会，危险系数加大。

三、个体心理因素

这几起案件均为团伙犯罪，这也是未成年人犯罪的一个显著特点，在团伙犯罪里，一个团伙的“头”起到了关键作用，往往他能够影响团伙其他成员的思想和行为，在这起案件里，李店就是“头”，李店因为参与抢劫而被判缓刑，不到几个月，便作为团伙组织者连续作案，而且他的劝说和鼓动，也是另外两人犯罪的重要因素。团伙成员有共同特点：年纪相仿，无人管教，玩世不恭，缺乏良好教育，有一定的血脉联系（3人均为同乡），贫穷，法制道德意识差，讲义气。

四、刑罚因素

在这起案件中，李店起着重要的作用，同时还在缓刑期间，在庭审中，李店的辩护律师说到自己几个月前刚刚为他进行辩护，并建议对李店适用缓刑得到了法庭采纳，但是没有想到仅仅几个月便第二次犯罪。鉴于此，公诉人发言时建议，对3名被告不能溺爱和纵容，均建议不再适用缓刑。

如果从保护未成年人角度对他们适用缓刑，由于目前的社区矫正刚刚起步，而且尚未普及各个乡村，则可能又会造成他们在缓刑期间仍然处于脱管状态，教训不深刻，觉得未成年人再犯一次罪无所谓，而导致二次犯罪，这一点在李店身上表现得尤为突出。而如果对他们适用监禁刑，势必把他们送进监狱，而因为目前监禁刑罚存在的种种问题（罪犯分类问题、教育改造等问题），而且对于一个身心尚处于发育阶段，无重大恶习的青少年来说（王亮和王强在犯罪前基本上是一个安分守己的打工者，在学校也是一个容易被人忽略的学生），几年甚至十几年的刑罚可能会造成他们破罐子破摔的心理以及在监狱的“耳濡目染”可能会把他们变成真正的罪犯，这一点其实从很多累犯身上都看到了。如果像王强这样的初次犯罪的犯罪情节不严重的未成年人应适用缓刑等的非监禁刑，那么如果他们不接受教训再次犯罪，则应该加重处罚，这样既体现了刑罚的人道性，又体现了刑罚的严厉性。

第十三章

罪犯危险性评估

“罪犯危险性评估”一词近年来在监狱管理中出现的频率越来越高，也成为构筑监狱安全屏障和构建监狱风险管理机制的重要因素。罪犯危险性评估在我国监狱管理实践中尤其是在监狱安全管理科学化进程中尚处于起步阶段，或称为探索阶段。有许多规律性认识有待进一步探索和深层次地研究，评估技术层面的开发利用更多地需要国内相关科研机构、高等院校的参与和开发研究或对引进的技术进行本土化的改造和消化。但罪犯危险性评估的意义和作用已成监狱管理界和实务界的共识。

第一节　罪犯危险性评估概述

所谓危险性评估，是指国家刑罚执行机关的专业机构或专门社会机构对依法投监服刑改造的罪犯运用特定的工具和技术，分别作出罪犯入监人身危险性测评、罪犯在刑危险性测评和罪犯出监再犯罪危险性预测和鉴定的一项综合性、专门性的工作的总称。它是一种从过程角度防范和控制监狱风险、社会治安风险的监狱管理制度，是行刑个别化的一项基础性工作。或者更准确地说，它是用以控制监狱社会安全风险、保障监狱安全、社会安全和社会秩序的一项组织化社会管理措施。

一、罪犯危险性评估的意义

监狱安全和监狱风险管理的性质决定着罪犯危险性评估的性质，其意义和作用归纳为以下四个方面：

（一）罪犯危险性评估有利于实现监狱的根本宗旨

我国监狱工作宗旨是“改造人”，因此“改造人”就是监狱工作的灵魂和刑罚的价值追求。监狱能否实现“改造人”的工作宗旨，最终实现刑罚的价值追求，其根本前提是监狱能否安全和稳定，监狱人民警察能否在法治的行刑环境中履行宪法和法律赋予的神圣使命，科学分析判断服刑客体的人身危险性，理性把握行刑过程中的风险防范，准确预测刑释人员重返社会后可能带来的社会危险性，对于确保监狱正确执行刑罚，顺利完成惩罚和改造罪犯的根本任务，实现预防和减少犯罪的根本目的，全面落实以“惩罚与改造相结合以‘改造人’为宗旨”的监狱工作方针奠定了前提和基础。

（二）罪犯危险性评估有利于化解监狱风险，维护监所安全和秩序，确保公正执法

监狱作为国家刑罚执行机关，面临着现阶段我国押犯总量的不断增加，押犯结构的重大变化，以及社会环境的异常复杂（社会矛盾凸显期），狱内不安全因素日益增多的客观现实，监狱风险剧增，监所安全面临内外因素的挑战。监内秩序复杂多变，因此监狱要有效地化解风险，确保正确执行刑罚，维护社会主义法治和秩序，就必须建立罪犯危险性评估机制和监狱风险防范机制，做到未雨绸缪，防患于未然。

（三）罪犯危险性评估有利于最大程限化解监狱人民警察的职业风险，从而有效实现监管职业风险控制

当前，惩罚与反惩罚，狱内改造与反改造的斗争日趋激烈，监管安全的不稳定因素增多，特殊的工作性质和工作环境，使作为监狱行刑主体的人民警察，面临的考验和挑战日益增多，由此带来了诸多的职业风险。其中人身安全风险尤为突出，个别罪犯为发泄对社会和法律的不满，不惜铤而走险，把监狱警察作为攻击和侵犯的目标，暴力袭警已达到逃脱的目的，诸多类似“内蒙古呼和浩特二监的‘10·17’”的监狱袭警案件给监狱人民警察的人身安全带来严重的威胁。建立罪犯危险性评估有利于监狱警察及时预见危险，并有效防范化解。立足“早预见、早预防、早发现、早化解”，从而有效地降低监狱职业风险的发生概率。

（四）罪犯危险性评估有利于预防犯罪，实现社会治安有效治理

随着社会主义民主和法治观念日益深入人心，国家要实现社会长期有效治理，构建社会主义和谐社会，就必须有一个安全稳定的社会环境，随着社会文明不断进步，人民群众对社会治安的预期也会越来越高，社会对犯罪的打击力度和治理强度也会不断加大。中央政法委向全国政法机关提出三项重点工作的要求，

更加凸显“化解社会矛盾，创新社会管理”的重要性和急迫性。通过对建立罪犯情况的变化趋势有充分的认识和把握，通过对刑释前罪犯的再犯罪危险性的预测，及时采取补救措施，调整监狱改造和社会帮教对策，同时又能及时向社会治安管理部门和机构反馈信息，实施超前预防，对于实现社会治安有效治理和治安形势的根本好转意义重大。

二、罪犯危险性评估的分类及特征

正因为罪犯人身危险性具有服刑阶段性特征，受阶段性监禁生活的影响明显，故其危险性评估又显现着阶段性的特征，人身危险性的历史性更多是通过现实性来表现的。所以现实性评估才是罪犯危险性评估的真正目的。

罪犯危险性评估根据罪犯服刑的不同阶段可分为三大类：入监人身危险性评估、在刑现实危险性评估、刑释再犯罪可能性危险性评估。三者既有联系，又相对独立；既互为前提和条件，又呈现出明显的阶段性特征。其主要特征表现为以下五个方面：

（一）客观性

虽然罪犯的危险性具有不被人们直觉所直接感知，具有潜在性和未知性，但其特定生活状态和人格特质加之伴随受刑过程的各种不确定因素的影响，其反惩罚、反改造和转向侵犯的矛盾斗争是客观的存在，是人们能通过感性和理性的反复认识所认知的。因而罪犯危险性评估具有客观性的特征。

（二）可预测性

可预测性，是指罪犯危险性评估建立在“由此及彼，由表及里”的“诊断”基础上的，因而其评估结果具有科学的预见性：一是通过评估把握了罪犯个体危险性的征兆；二是经过评估预测，基本锁定危险性个体目标，一旦发生危险性行为，管理者很快掌握了解其所有资料，及时启动预案和处理措施，收到“敌动我知，敌行我制”的“精确制动”的功效。

（三）现实性

由于罪犯人身危险性具有明显的阶段性特征，受服刑阶段监狱、社会、家庭、心理等诸多因素的影响突出，故罪犯危险性评估更多的是现实危险性的预测和评判，研究分析其原发性危险因素的诱因，更多的是管控现实性危险行为，因而，现实性是罪犯危险性评估的立足点和归宿点。

（四）科学性

罪犯危险性评估是由专业人员或专家参加的，运用评估技术，使用量表、工具，在收集、分析、评判管控对象信息基础上，通过摄入性谈话和访谈观察等诊断，获取有关有评估价值的阳性资料、心理认知数据以及人身危险性的检测结果作为对罪犯进行危险性评估的重要依据，因而具有系统性、全面性、权威性和科学性。

（五）前瞻性

运用心理测试和信息评估等手段能使监狱防控工作更具有超前性。尤其是通过心理测试和人格调查，准确、及时、全面地掌握罪犯的个性缺陷、生物节律、心理防卫机制、行为倾向、气质、性格类型以及监内外可能出现的有关刺激因素，可以准确地确定重危分子、区分危险类型，关押在与其危险相适应的警戒等级的监狱或监区，有针对性地开展管夹控制、教育转化，从而增强超前防范能力，能有效地防止监狱安全事故的发生。

三、罪犯危险性评估的产生和发展

罪犯的危险性评估源于国外监狱的分类制度设计与罪犯分类行刑实践。最早期的罪犯调查分类制度是随着近代自由刑的兴起而产生的。1597 年，荷兰将女犯和男犯分离监禁，开创了罪犯分类制度的先河。随后，美国的一些轻度监管、一般监管、从严监管的监狱，日本的惩役制、购置监等戒备和监控等级不同的类型监狱的出现，使分类制度逐步从生理分类走向人格和心理分类，凸显对监禁个体的人身危险性关注。

此后，“分类制还包括对罪犯的分类，即通过对罪犯前科的统计，心理素质的测试，及生理、性别、文化、犯罪情节因素的综合分析，确定每个罪犯的安全系数和矫治难度，从而给其确定一个合适的监管位置”。这使分类制度有了更加丰富的内涵。随着西方行刑个别化的推动，罪犯危险性评估和矫治难度测评更引起了行刑界高度重视，成为统领行刑领域一切工作的基础和平台，更为监狱分类建设和罪犯分类监禁、矫正奠定了前提基础。1955 年，日内瓦“联合国预防犯罪与罪犯处遇大会”通过《囚犯处遇最低限定标准准则》，其中规定了按类隔离、分类、个别化处遇等内容。

19 世纪后期至 20 世纪，由于自然科学和其他以人为对象的学科如医学、精神病学、社会学、教育学和生物学等科学的长足发展和罪犯问题的日益严重，促使有关犯罪的学科如犯罪生物学、犯罪人类学、犯罪心理学等应运而生，从而亦使对于罪犯的调查与分类问题有了技术上的突破。罪犯分类除了考量犯罪人的年龄、性别、罪性、罪情等因素外，还将罪犯体质、心理的差异，肉体与精神健康程度的不同，实行职业训练的可能性和改造的可能性等因素都列入考量的范围。

我国对罪犯危险性评估起步较晚，真正大规模开展罪犯入监评估并实施分管分教实践的是始于 1991 年全国“三分”工作现场会后，但由于着眼点不同或者说我国分类制度的目标期望值过高，使“三分”制度在推行过程中走入“急功近利”和“形而上”的误区。其着眼点是用若干个标准将罪犯按犯罪性质和手段分为若干群类，力求避免不同犯罪之间的“交叉感染”问题。但顾此失彼，又回避不了同一类型犯罪之间的“深度感染”问题，陷入了“分类尴尬”境地，希望通过一次性分流、若干次类中分层式管束的方式，从而达到分类矫治的目标。尽管在实践中困难重重，但它也有力地推动了我国监狱分类的纵深发展，从管理理念和管理实践上为监狱管理积累了许多宝贵的经验。

1994年的《监狱法》规定，监狱根据罪犯的犯罪类型、刑罚种类、刑期、改造表现等情况，对罪犯实行分别关押，采取不同方式的管理。这就从立法上对“三分”实践予以肯定并确立为监狱的一项管理原则。但对如何建立罪犯评估机制，实施科学的分类制度还缺乏深层次的认识和足够的重视，因而使这项制度最终还停留在浅层面、经验性和理论设计阶段。2002年4月，由司法部监狱局召集相关省、市人员聚集南京，研究罪犯改造质量评估问题，从而揭开了我国监狱罪犯改造质量评估的序幕，后来也出现湖南模式、天津模式、上海模式、江苏模式、北京模式等，但均因缺乏实证的科学性和实践的可操作性而推行渐难，收效不明显。

第二节　罪犯危险性评估的标准与流程

一、罪犯危险性评估的标准

罪犯人身危险性评估的基点是现实构成的监狱安全危险（包括对民警、同改罪犯、罪犯自身、监管秩序和监狱管理制度）和未来构成的社会安全危险。大量事实证明，“对社会危害最大的是被判过重刑，出狱后没有受到就业安置而重新犯罪，做大案、做恶性案件的人”。因此，建立在现实和未来安全风险预测基础上的罪犯危险性评估标准，其立足点和着力点是危险因素而非矫治因素，故结合中外对监狱罪犯危险性评估的实践经验，建立适合我国监狱罪犯实际的评估标准尤为重要。

（一）违法记录和犯罪前科标准

根据在押犯犯罪史调查和大量统计分析，犯罪群体中，尤其是青少年犯罪群体中不断涌现出的作案次数多，作案时间长的惯犯、累犯是监狱安全和社会治安的危险源。据安徽省芜湖市一项调查统计显示，犯罪人员中受过拘役、劳动教养、判刑监禁的占该市判刑罪犯总数的28%。这些有过违法记录和犯罪前科人员中许多视犯罪为日常习惯和一种生活状态，违法犯罪心理定式趋于强化，且有丰富的作案经验和逃避司法机关打击的成熟做法，犯罪心理、惩罚承受心理极强，这些人不仅成为狱内危害性较大的教唆犯或顽危分子，而且成为监狱安全的潜在威胁。

（二）个体心理健康标准

目前我国监狱对罪犯进行认知心理和行为检测，主要是通过量表设计和测评等工具来进行评估的，这项标准主要是研究激发罪犯心理外化为危险性的犯罪行为的动力因素。罪犯改造心理学原理告诉我们："人的行为是人的内部心理状态和客观刺激相互作用的结果。""罪犯入监服刑的整个过程将具有潜在危险性的犯罪意向外化为犯罪行为，都是其个体主观的动力因素和监狱客观环境中的有关刺激因素相互作用的结果、它包括外显的个体的认知、心理和行为三个层面。"

完整的认知结构应包含情感、意识和能力三个部分。"罪犯服刑心理是主体导向的心理基础。罪犯危险性心理是罪犯改造消极心理的有机组成部分，是罪犯原有犯罪心理结构在服刑过程中的滞留及其对改造目标和措施的极端反映，我们只有充分地认识罪犯改造期间的心理结构，才能科学地推断出罪犯危险性心理的原发因素，从而实现针对性监管和矫治罪犯服刑的心理结构"。其诊断方法有：生活史调查、行为观察、摄入性谈话、犯罪事实判断、心理测试等。罪犯行为是罪犯个体特定认知和心理的外显，有助于我们观察和分析，帮助我们全面地分析和评估罪犯的个性特征和行为表现。

在以上评估的基础上，我们可以归纳出罪犯的心理健康评价指标，"共分为五个方面：（1）罪犯情绪的易变性；（2）罪犯焦虑抑郁症状；（3）罪犯适应性；（4）罪犯精神异常状况；（5）心理偏执性"。

重视监狱里罪犯的心理健康问题已得到世界许多国家的共同关注。2007年1月6日的法国《巴黎人报》报道，法国西北城市鲁昂监狱发生一名囚犯杀害同居一室的狱友并吃掉他的部分身体的"食人"惨案，震惊了法国司法部门，从而引发了一场世界范围的关于罪犯心理健康问题的讨论。据统计，法国60,000名在押囚犯中有12,000名犯人有心理问题，即每5名犯人中就有一个受到或轻或重的心理疾病的困扰。由此，在特定监禁状态下的囚犯个体心理健康问题尤为突出，对监狱安全影响巨大。

（三）个体自然因素标准

个体自然因素标准，包括个体生理、性别、年龄、文化、犯罪情节与手段、服刑表现和态度等因素。研究罪犯个体不同生理、自然状况、文化背景和犯罪行为表现及服刑表现和态度等差异性，对于全面客观地把握罪犯个体的心理和行为特点，剖析和研究其服刑改造的规律，实现分类管理和实施个别化矫治教育都具有重要意义，例如，是否有精神、心理和身体方面的疾病问题，职业技能和特长情况，智力、受教育情况，有无保护性关押的需要，等等。这对新收分类更具有重要的参考价值。

（四）早期家庭环境因素标准

早期家庭因素是指犯罪人所在的家庭成员特别是罪犯早年对罪犯的评价态度、家庭的遗传基因与环境状况。美国匹兹堡大学博士斯蒂苏·马努克在一项研究“遗传因子与攻击性关系”中认为：“实际遗传信息不会改变基因或大脑，而大脑生长和成熟的环境则会起到这样的作用。”研究发现：“只有对于那些愤世嫉俗、充满敌意或父亲文化程度较低的人来说，一种较弱的单胺氧化酶——A（MAOA）基因才与攻击性行为有关。相比之下，对于那些不愤世嫉俗、没有敌意或父亲文化程度较高的人来说，MAOA 基因较弱的人并不比 MAOA 基因较强的人更具有攻击性。”通过长期监狱基层管理实践、归纳、分析后我们认为，家庭环境状况对服刑罪犯极端心理的影响主要表现在以下三个方面：（1）罪犯遭遇家庭抛弃或家庭发生重大变故，如父母去世、夫妻离婚、子女流离失所等，罪犯会因失去精神寄托，或因悔恨内疚转而产生极端，转向暴力行为；（2）一部分亲情犯罪的罪犯因长期悔恨、自责和内疚，继而产生对自己的极端加害行为；（3）一部分无亲人、无家庭、生活无着落，又身无一技之长的罪犯内心极度自卑和失落，对前途充满迷茫和绝望，更容易走极端。

经典的精神分析心理学认为，凡被视为权势重的，地位高的人，往往会在潜意识里被认为是早期关系中的重要人物。在监狱这个特殊环境中，管理警察和服刑人员朝夕相处，对服刑人员实施管理教育，服刑人员往往把童年和重要关系人（如父母的关系）的情感转移到现在和干警的关系中。

如果警察在管理服刑人员时能够充分了解到服刑人员的早期关系，例如，父母对服刑人员在早期是如何教育的；该服刑人员对父母抱有什么样的感情；和父母有没有发生过冲突行为；是什么样的冲突行为；等等。在服刑人员新入监时，管教警察如果认真了解服刑人员的这些信息并做好记录，可以针对性地管理服刑人员及对服刑人员的心理、行为进行把握和预测。

该章编者根据服刑人员最常有的几种原始关系，总结出了服刑人员的危险等级与管理策略，仅供参考。

表 13－1　服刑人员的危险等级与管理策略

重要关系人早期的管教方式	服刑人员对重要关系人的心理反应	该服刑人员的危险等级	管教警察对该服刑人员的管教策略
溺爱	怨恨（由于溺爱导致了犯罪）	* *	适当交流
暴力	反抗	* * * * *	尽量不用粗暴、严厉的言行管教
暴力	顺从（表面上）	* * * *	严厉与说服并用
漠视	希望父母注意、怨恨父母	* *	多交流，多谈话

注：溺爱型家庭是指家庭早期对孩子的教育属于无原则的满足要求，这样的孩子成年后如果犯罪，在他的潜意识里更多的是对早期给予他的溺爱的一种怨恨，这种情感转移到现在和警察的关系中，如果警察给予他更多的关注，他就会在潜意识里把警察认同为自己的父母而产生怨恨。漠视型家庭多见于由于家庭结构缺损或者父母外出打工等原因，造成孩子缺乏应有的关注和爱，这类罪犯潜意识里希望得到警察更多的关注，对这类罪犯警察如果多关注多交流，则会给罪犯更多的温暖，对其改造有利。暴力型家庭主要是指以打骂甚至虐待为主，比较少用说理和关爱为主要教育方式的家庭，如果罪犯早期反抗过父母的暴力，比如动手打父母等，那么这样的罪犯危险等级最高，慎用粗暴方式管教，如果没有动手反抗过父母的暴力，危险程度也很高，总之暴力培养了暴力，暴力型家庭的孩子成为罪犯后危险程度最高。

“*”代表危险等级，“*”越多，罪犯危险性越强。

（五）社会因素

社会因素是指社会主流对犯罪人的态度（包括民众、政策和刑事司法政策等），社会帮教体系完备与运作，社区组织及其受害人等的吸纳、包容与关爱，社会舆论与环境的精神抚慰与熏陶以及社会犯罪诱因的防范和抵制等。如 2004 年 8 月，陕西省某刑释人员简某某（男，35 岁，初中文化，曾因强奸罪判刑 5 年，减刑一年提前释放）因邻居（系其犯罪的受害人）怀疑他盗窃而到公安机关告发，由此生发怀恨之心，手持利斧将邻居一家及其亲属一家八口人砍死，制造了骇人听闻的血案；合肥系列割喉案主犯鲍某，因出狱后就业受挫，勾结狱友疯狂报复社会。通过这些案件可见社会因素对服刑人员危险性诱发的直接作用和强度。

二、罪犯危险性评估的流程

罪犯危险性评估流程归纳为以下七个环节：

（一）信息采集

包括八个方面的信息，即书面信息、犯罪史信息、生活史信息、成长史信息、个体生物信息、服刑史信息、个体自诉信息以及可能获取的其他信息。

（二）量表测试

目前，世界上通用的罪犯心理和人格测试量表主要有三种：（1）SCL－90心理健康自评量表，通过躯体化、强迫症状、人际关系敏感、抑郁、焦虑、敌对、恐怖、偏执、精神病性等项目测试，统计个体阴性—阳性项目分值数对个体心理健康状况及危险性心理特征作出测量结果分析。（2）明尼苏达人格测试量表（MMPI）。（3）艾森克（EPQ）人格测试量表。后两种测试量表为罪犯人格特征和人格缺陷的评估提供重要的数据性资料信息和验证。

（三）个体诊断

主要采用“望、闻、问、切”四种方法。“望”是指监狱管理者对评估对象的日常行为、表情、情绪变化等的观察分析；“闻”是指通过监狱管理者对罪犯的个别谈话、测评人员对罪犯的摄入性谈话、评估人员对罪犯的回访性谈话以及被测评对象的自诉等信息的收集与分析；“问”是指摄入性谈话以及设计问卷所得到的针对性、验证性、具体性的信息与分析；“切”是指信息分析判断和测试、问卷评判以及综合分析判断。

（四）综合分析

包括对搜集到的所有信息和测量结果进行综合分析、评判以及对罪犯个人生活史、成长史、家族史和犯罪史、服刑史进行综合分析判断两个方面。

（五）罪犯分类

关于犯罪人分类，我国长期使用的按照犯罪类型的客观主义的分类法只关注犯罪人的客观行为及行为后果，对犯罪人犯罪的原因却不予涉及，这种分类只不过是对犯罪的分类，还谈不上是对犯罪人真正的分类。

主观主义的分类法相对于客观主义而言有着显著的进步，使犯罪学的研究进入了以“犯罪人”为中心的时代。至此，人们开始将研究的触角深入了犯罪人的内心世界，去探求人之所以犯罪的主观因素。正是基于主观主义的这种研究，对犯罪人进行事前预防才成为可能，为减少和消除犯罪提供了一条正确的道路。

犯罪学家从不同视角对犯罪人进行生物学、社会学、心理学、法学标准上的划分，都有一定的可取之处，但也具有一定的局限。突出犯罪人的生物性，容易忽视犯罪人的主观能动性，导致生物学决定论的天生犯罪人观，不利于犯罪人在后天环境下的改造。突出犯罪人的社会性，容易忽视犯罪人本身在生理上的缺陷，导致对刑罚惩戒的公正性重视不够。人格犯罪人观的提出，恰恰可以在此两者间寻求一种平衡。因此我们选择人格作为犯罪人分类的标准。

在刑事法领域，德国著名的刑法学家、刑事社会学派创始人李斯特认为，刑事责任的基础不在于行为本身，而在于行为人的反社会的危险性人格。刑罚的处罚中心应归结为犯罪人，特别是犯罪人的性格或心理状况，应当以犯罪人的性格、恶性、反社会性为评判标准，个别地量定刑罚。李斯特的这一思想在刑事法学上有着重要意义，被认为是人格主义的滥觞。最早将“人格”的概念引入犯罪学的是美国心理学家塞缪尔·约克尔森和斯塔顿·萨姆诺，他们认为精神病人具有不同于常人的思维方式和行为方式，特别容易从事反社会行为，由此揭示了要正确认识犯罪人格的内涵。本章编者根据经典犯罪学犯罪人分类理论并结合实际，并综合以上四点流程的信息，将罪犯按照以下原则进行分类并提出防控建议。

1. 对罪犯的分类

（1）精神病罪犯。这类罪犯包括了犯罪前就有精神病倾向的，以及在监狱里由于各种原因患病的罪犯。根据统计，这类罪犯占总罪犯数目的2%左右，这类罪犯主要是要早发现早治疗，如果及时隔离和治疗，效果会比较好，否则危害性很大。

（2）生物因素罪犯。这类犯罪人是基于生理原因而导致人格发育不完整或者不健全，包括了部分青少年犯罪人和病理性精神障碍犯罪人。青少年犯罪人由于社会阅历的限制，加上青少年的身心还处于一个不断发展的过程，往往表现为较弱的辨认能力和控制能力，在人格上就有一种不稳定性。这种不稳定性一方面表现为因为心理冲动极易诱发犯罪，另一方面则表现为如果进行正确引导又能够及时矫正其犯罪倾向。所以对于青少年犯罪人不宜采用集中关押的方法，以防止交叉感染。同时，对青少年犯罪人也不宜采用剥夺其人身自由的方法，并尽量减少青少年的过错行为对其人生发展带来的不利影响。

病理性精神障碍犯罪人包括癫痫病犯罪人、身体残疾的犯罪人、各种脑部疾病和脑外伤的犯罪人等，由于其辨认和控制能力程度不同，有的就是由于残疾或者大脑的损伤而导致个性的改变从而引发了犯罪。对待这类犯罪人在正常的管理和教育的同时要给予及时的治疗。

（3）人格障碍罪犯。其表现为具有完全的反社会人格，包括冲动控制型人格障碍、边缘型人格障碍等类型，这些人格障碍比较根深蒂固，强烈而难以改变，他们具有严重的人身危害性，包括惯犯、多数的累犯以及一些非常残暴的故意犯罪和行为人承认其有深刻的反社会性的犯罪人，如实施严重危害公共安全犯罪的人和危及公民人身财产安全犯罪的人，聚众犯罪和有组织犯罪中的组织者和首要分子等。累犯、惯犯以及监狱内的抗改、顽危罪犯的绝大多数属于人格障碍犯罪人。这类罪犯占到服刑人员总数的50%左右。

（4）偶然犯。其犯罪人格尚不稳定或基本健全，由于受外界条件的作用而临时地表现出犯罪性，他们在犯罪过程中或犯罪后往往有所悔悟，并易于教育和矫正，具有较轻人身危害性，包括很多的未成年犯、女性罪犯、防卫过当者、职务犯、胁从犯、中止犯等。

（5）激情犯。这类罪犯主要是由于精神因素导致犯罪，在一定的情境下，由于冲动或者激情导致的犯罪，具有一定的偶然性，但是结合其个性心理因素，又具有一定的必然性。这类罪犯无明显人格缺陷，多见于女性犯罪人、职务犯。

（6）假性犯罪人。这类罪犯是由于政治及社会原因，而被归为犯罪人。

2. 防控与矫正的重点

（1）主要改造与心理矫正的对象为：第四、五、六类罪犯。因为这类罪犯相对来说人格基本完整，犯罪行为和习惯没有根深蒂固，还有一些是处于犯罪人格形成的边缘，因此对这三类罪犯应该作为重点矫治对象。

（2）第一类罪犯为鉴别和治疗的对象。这类罪犯应该早鉴别早治疗，分开关押。

（3）第二类罪犯要注意区分。如果是生理创伤和缺陷导致的人格改变，需要心理矫正和身体治疗并用，如果没有条件进行专门治疗，对这类罪犯最好能给予特殊关注。

（4）第三类罪犯应该是监狱重点防控的目标。尤其是严重的人格障碍罪犯，因为这类罪犯比例很大，同时很难矫正，但是如果改造手段组织得当，矫正效果也会很好。对这类罪犯进行教育和矫正的部门应该运用心理学的手段研究他们的心理变化规律，掌握对他们的改造策略，同时预防一些可能会发生的危险。这类罪犯需要更为细致的划分，来掌握他们的改造策略。

（六）鉴定安全系数和矫治难度

就是在以上信息采集、量表测试和诊断的基础上，对罪犯作出：高度危险、较危险、一般危险和无危险以及可矫治、难矫治、不可矫治等基本判断或结论。

（七）反馈结论与归因分析

（1）综合分析、诊断、鉴定结果并提供危险性评估档案；

（2）矫正建议；

（3）分流建议。

实训设计一

一、服刑人员陈某改造期间违规情况

服刑人员陈某被判 15 年投入监狱服刑后，对家人保证："你们放心，我会非常努力很快获得减刑，我相信自己最多待 8 年到 9 年就会出去。"陈某改造一直

很积极，也确实实现了自己的诺言，很快减刑了一年半，当他再次大干准备获得再次减刑时，警察因为改造需要，调整了他的工种，以前的工种是他能熟练操作的，现在调整的工种他从未接触过，他感觉警察有意和自己过不去，并认为干这样一个生疏的工种自己还怎么积极改造获取成绩，减刑也没希望了。在这种思想的驱使下，他干脆撂挑子不干了，从一个积极改造的服刑人员很快变成了一名自甘堕落的落后分子，对抗警察，不思进取，这种转变让他周围的人都很难理解，他本人也有很多矛盾和委屈。

二、服刑人员陈某改造期间违规心理原因识别

1. 个人基本情况与生活史：服刑人员陈某30岁，初中文化，现已经是第二次服刑，家庭很贫困，从小就在贫困的环境中长大，没少遭受同村人的欺负。他印象非常深的一件事是童年时和哥哥、父亲一起上山砍柴，母亲哭哭啼啼地跑到山上来说村里某村民又到家里来欺负她，他们听到这个消息后，立即下山，陈某记得当时自己手持镰刀追了这个村民很远才停下来。“这件事让我刻骨铭心，并埋下了仇恨的种子，觉得只有出人头地才不会被欺负。”（陈某语）他15岁外出打工，并决心用自己勤劳的双手改变自己的命运，到县里一家工厂干了一段时间，厂长对其很好并希望他能够长期做下去，但是他却认为这实现不了自己出人头地的理想，毅然辞职前往上海，做起了水果生意，并很自信通过自己的努力绝对可以过得不比本地人差。他拼命工作，在20世纪90年代初经济并不太发达的情况下，一年赚了2万多元，很风光地回到家里。不久后他在一个朋友的促使下想投资做发廊，认为可能会赚钱快，于是倾自己的家当和那位朋友合开了一家发廊，但是却因意见不合与朋友分道扬镳，原因是那位朋友想在发廊里经营一些非法生意，而陈某坚决不同意，认为不能赚昧心的钱。生意失败后他离开了上海，前往绍兴投奔一个开饭店的亲戚，陈某做得非常努力，饭店也经营得很红火。

2. 个人犯罪史：变化发生在他谈了个当地女朋友之后。他们感情很好，到了谈婚论嫁的程度，但是女方父母却不同意，原因是陈某是外乡人，又没有什么钱，女方父母曾有一段时间把自己女儿关在家里不让其和陈某见面，这件事对陈某打击很大。“那一段时间我天天昏昏沉沉，我在想为什么世界这么不公平，为什么别人能过上好日子，而我却不能，为什么别人有的我却没有。”（陈某语）在一个晚上自己鬼使神差地跑到隔壁一家商店拿了抽屉里的几千元钱，但是自己并没有跑，而是睡在店里，直到被抓到。这就是陈某的第一次犯罪。在当地服刑了一年，释放后又找到以前女友，言归于好，和女友一起跑到合肥做生意。开始几年生意同样做得很好，但是后来生意逐渐变得不景气。一个偶然的机会，一个朋友教他学会了开车，一段时间里他迷上了开车，很想有一辆自己的车子，但是自己却买不起。有一天晚上，他终于没有克制住自己的欲望偷了一辆车子，并把它开回了家乡，很是风光，把车子在家乡低价卖了以后，回到合肥继续做生意。一段时间以后他再次控制不住自己又如法炮制，偷了第二辆车子，又开回家乡说是自己做生意买的，风光过后，将车子再次卖掉回到合肥。如是再三，终于在第四次偷车时被当场抓住。

三、危险等级评估

1. 该服刑人员早年和父母的什么关系模式迁移到目前的人际关系中？

2. 该服刑人员危险等级是怎样的？

实训设计二

1. 服刑人员基本情况。王某，男性，45岁，为正在监狱服刑的罪犯，未婚。

2. 主诉。服刑3年来和同犯发生几次口角，受到管教警察处理后认为警察处理不公，因此和管教警察发生3次对抗，受到严肃处理，心里感到委屈。

3. 个人成长史。从小父母管教很严，在自己的记忆中父亲似乎没有肯定过自己。父亲的管教方式主要是打骂，在父亲责打自己时母亲也往往站在父亲一边。印象深刻的事件是自己小的时候有次和一个小孩打架，母亲不分青红皂白打自己，王某认为主要责任不在自己而感到非常委屈。从小对父母的感情是委屈、怨恨和反抗。在20多岁的时候，谈恋爱，和女友感情很好，到了谈婚论嫁的程度，但是遭到父母的反对，始终不同意女朋友进家门，最后和女友分手，他感到很委屈，对父母感到不理解、怨恨，从此再未谈过恋爱。记忆中和父母发生过两次冲突，一次是在母亲指责自己时，将自己手里滚烫的稀饭泼到母亲身上，致使母亲被烫伤；另一次是和父亲发生冲突而将父亲按倒在床上，欲殴打父亲时被别人制止。

4. 犯罪与改造史。30岁时开始第一次犯罪，扒窃，释放后不到一年第二次犯罪，仍然是扒窃，第二次释放一年后第三次因扒窃入狱，至今已经是第四次入狱，他扒窃的理由就是缺钱，需要钱结婚。目前正在监狱服刑，在第四次坐牢的3年期间和管教警察发生了3次顶撞，原因是认为警察处理问题不公。对警察同样是委屈和怨恨交织的感情。咨询师为此走访了他的管教警察，详细地调查、了解了和他发生冲突的3起事件，了解到王某在和其他服刑人员发生口角后，警察处理的应该算是公平的，但是王某仍然坚持认为警察对自己处理不公平，感到委屈，从而和警察发生顶撞，受到了严肃处理。

分析与讨论

1. 王某的原始关系（与父母或者早年其他重要关系人的关系情感模式）是什么？

2. 王某过去和父母关系（原始关系）和现在同警察的关系有什么关联，王某的现实危险性有多大？

第十四章

罪犯心理矫正

第一节　罪犯心理矫正概述

一、心理矫正的概念

从广义上讲，凡是通过言谈、举止、表情、态度、环境气氛、使用相关仪器给出的信息等良性刺激和因素，以减轻或消除病犯心理疾病症状，都被称为心理矫正。从狭义上说，“心理矫正是指在良好的矫正关系基础上，由经过专门训练的矫正者运用心理学的理论与技术对患者进行帮助，以消除或缓解患者的问题和障碍的过程”。心理矫正一般具有以下几个特征：

1. 矫正者必须经过心理学或医学专业训练，具有心理矫正的专业知识和技能；

2. 矫正者与患者之间必须建立起良好的矫正关系；

3. 矫正手段为以心理学理论为基础的方法与技术；

4. 利用各种针对性的矫正方法和技术改变患者的认知、情绪和行为，调动患者的主观能动性，改善或消除病犯的心理障碍，使病情好转乃至康复，是心理矫正的最终目的。

二、心理矫正的类型

依据心理学的主要理论与矫正实施要点，心理矫正可以分为以下五类：

（一）分析型心理矫正

这类方法在于帮助病犯进行内心分析，将病犯受幼时经验影响而形成的无意识冲突转化到意识层面，从而使病犯理解自己的内心动机，领悟到症状的真正原因，并使症状失去存在的意义。

（二）认知型心理矫正

这类方法认为，人对主客观世界的认知都会影响其情绪和行为。非理性的认知和信念导致不良情绪和行为的产生。如果用理性的认知和信念去替代非理性的认知和信念，就会改善病犯的情绪和行为。

（三）行为型心理矫正

这类方法的理论基础是巴甫洛夫的经典条件反射原理、斯金纳的操作条件反射原理和社会学习理论。这些理论认为，人的任何行为都是通过学习获得的，人的反常行为经过适当的奖惩，使当事人通过另外的学习而得以矫正。

（四）人本型心理矫正

这种方法认为，任何人在正常情况下都有着积极的、奋发向上的、自我肯定的无限的成长潜力。如果人的自身体验受到闭塞，或者自身体验的一致性丧失、被压抑、发生冲突，使人的成长潜力受到削弱或阻碍，就会表现为心理病态和适应困难。如果创造一个良好的环境使他能够和别人正常交往、沟通，便可以发挥他的潜力，改变其不良行为。

（五）整合型心理矫正

行为矫正家把认知心理学的语言、理论、技术融合到行为主义的刺激—反应模式中，心理分析学家也接受了学习理论，环境因素的致病作用和行为主义学派的语言。认知行为矫正是心理矫正整合的典范，他们既反对行为主义的刺激—反应模式，也不完全接受心理动力学的观点，特别注意人的思想和理念，认识到人的外在表现实际上是深层认知结构的反映。这种认知结构的形成与过去的经历有关。在理论整合方面，有人试图寻找一种综合的理论，用更熟悉和合理的概念来解释心理障碍的成因和心理矫正生效的机制，指导临床实践。

三、罪犯心理矫正的原则

在罪犯心理矫正过程中，医生必须遵循接受性原则、支持性原则和保证性原则。三者是一个相互联系和影响的有机整体，但首要条件是必须遵循接受性原则。

（一）接受性原则

接受性原则，亦称“倾听”（对矫正师而言）或“倾诉”（对病犯而言）原则。其基本要求包括：一是矫正师对所有求治的病犯，不论其地位高低、年龄大小、症状轻重、初诊再诊，都要一视同仁，热情相待。二是要深信病犯的理性和康复的潜能。三是要尊重病犯，特别是求助的病犯。由于“监狱化”的结果，病犯的智能下降，自卑、敏感，如果医生在言语、表情、态度和举止等方面稍有不尊重病犯的表现，就会使病犯更加感到自身的卑微和无能，从而也就不愿暴露自己的内心情感，使矫正难以进行。因此，矫正师只有诚心诚意地去倾听，才能取得病犯的信任，也才能使病犯倾诉自己压抑很久的内心感受。

病犯能够畅所欲言地倾诉，矫正师能够诚心诚意地倾听，这本身就具有了矫正作用。在这一矫正过程中，病犯的情绪会得到安定，心理障碍会明显改进。所以，接受性原则是心理矫正中的一条关键原则。

（二）支持性原则

在矫正师充分了解病犯症状的病因后，就可以运用心理学的理论和心理矫正的技术，给病犯不厌其烦地解释，帮助病犯找到一个合适的解决办法，并在心理上给病犯鼓励和支持。遵循这一原则应当注意两点：一是解释必须有据可循，有充分的说服力，语调要温和、坚定、慎重，具有亲和力。二是对悲观消极、久治不愈的重症病犯，矫正师要不厌其烦地解释疏导。一次不行，可以进行多次，通过反复给予鼓励和支持，使病犯感受一种强大的心理支持力，从而调动病犯的心理防卫机能和主观能动性。

（三）保证性原则

保证性原则，是指在心理矫正过程中，矫正师逐渐对病犯的心理症结和病理机制等有了深刻了解，并对病犯加以说明、解释和保证。矫正师要充分利用心理矫正的人际沟通和心理相容原理，在心理上给予保证，逐步解决病犯的具体心理问题，进一步提高疗效。

对病犯而言，还必须遵循主观能动性原则。如果只有矫正师的接受、支持和保证，而不注意引导病犯对自己的心理疾病进行正确认知，充分发挥和调动病犯自我调治的主观能动性，也不可能取得良好的心理疗效。具体来讲，要做到以下几点：

1. 要有真实的求治动机，这是心理矫正能取得成效的关键因素。通过矫正师的帮助和引导，病犯对自己要有一个正确的定位，即知道自己存在优点、长处与短处、缺点，并且有愿意改变自己问题的动机。

2. 要相信自己的理性和潜能，相信自己经过努力是可以治愈的。同时，还需有积极的行动使这种改变成为现实。

3. 病犯要对自己具有责任心。“监狱化”的结果往往使罪犯具有较强的依赖心理，因此，在矫正病犯的过程中，必须使病犯克服这种对矫正师的依赖性，激发起病犯对矫正的责任心，让病犯积极参与到心理矫正中去，与矫正师相互配合、共同努力。

四、罪犯心理矫正的目标

（一）解除病犯的症状

精神与身体不适或心理问题都会妨碍求治罪犯的适应，并因此而造成心理上的痛苦，所以心理矫正的主要目的是解除求治者在心理或精神上的痛苦，或帮助解决其无法自己解决的心理冲突。例如，用心理矫正方法（系统脱敏疗法、满灌疗法、厌恶疗法等）矫正求助罪犯的恐惧、焦虑心理等。

（二）提供心理支持

在急、慢性应激状态下，求治罪犯因应付不了或忍受不了危机的环境，从而产生心理疾患或障碍。心理矫正可以帮助他们增加对环境的耐受性，降低易感性，提高心理承受力，增加应付环境和适应环境的能力，使之能自如地顺应和适应社会。这方面的心理矫正技术有危机干预、应激应付、应激免疫训练等。

（三）重塑人格系统

这一点尤其被深层心理学流派（如精神分析等）所强调，他们认为，只有重塑人格系统，才能从根本上改变求治者的病态心理和不良行为方式。矫正的内容包括：帮助求治者理解自己、分析自己情绪冲突的原因，获得内省能力，以了解意识和潜意识的内容。其矫正方法可分为两大类：一类为指导性的，另一类为表达性的。前者是针对求治者存在的心理问题，由施治者进行劝告、建议、指导、解释；后者又称非指导性的。在心理矫正过程中，求治者处于主导和中心地位，施治者以倾听为主，居被动地位，但仍应努力营造良好的气氛，使求治者在讲述自己的心理问题的过程中完成自我理解，达到自己解决自己问题的目的。总之，无论采取哪种方法，施治者期望达到的仍是重塑求治者成熟的人格。

五、罪犯心理矫正的技术

心理矫正是比较深入的层次，在这一阶段中，采用何种矫正技术，心理矫正师的水平、态度、病犯与心理矫正师的配合等都会直接影响矫正的效果。因矫正方法不同，这一阶段的步骤也各异。关于矫正的技术问题，有些技术如倾听、解释等与咨询相似，这里重点介绍移情、反移情和防御方式等。

（一）移情

移情是病犯把过去生活里与他人关系中产生过的情感转移到矫正师身上。这种移情对下一步的矫正具有积极的影响，但是矫正师必须充分认识，若处理不当就会产生不利影响。例如，增加病犯对矫正师的依赖性，移情成为某种形式的矫正阻力，病犯不愿意结束矫正关系，以致病情出现反复，等等。矫正师根据移情的具体情况，或让其自生自灭，或进行必要的解释。

（二）反移情

反移情，亦即医生将自己未经解决的对某个主要人物的情感转移到病犯身上。这种反移情会影响到医生对病犯的正确理解，使其失去判断能力，因此医生必须对此有清醒的认识。

（三）防御方式

就总的意义上来讲，防御机制可以理解为是自欺的各种手段。它们助长了我们向自己撒谎。这些谎言的目的在于：当任何形式的信息有降低某人自尊心的危险时，它们有助于提高他的自尊心。防御机制被认为是一种常态行为方式，它们的存在相当普遍。但是，如果它们被过分地应用或干扰生存中的有效功能作用，它们就可能变成神经过敏或者适应不良。为了应付焦虑，自我必须要有办法来处理这些情况，自我防御机制否认或歪曲现实，在无意识水平运作，当自我防御机制不常应用时，自我防御机制在减轻压力中有适应性价值。然而，如果他们频繁地应用，这就变成病态了，个体形成了回避现实的风格。

（四）阻抗

阻抗是指阻止那些使自我过分痛苦或引起焦虑的欲望、情绪和记忆进入意识的力量。阻抗作用在意识中使人拒绝承认实际上影响他的行动和经验的潜意识动机。在心理矫正中，正确解决病犯的阻抗与移情现象，是获得矫正成功的关键。解决病犯的阻抗问题，矫正师要有耐心与技巧，随时要做观察记录与分析，并针对病犯不同的具体情况采取不同的方法。病犯出现阻抗，并不表示矫正的失败；相反应视为接触到了问题的核心或者真正致病情结的症结所在的信号，应更加有信心地鼓励病犯合作，以便把病犯的“心病”根源发掘出来，将其疾病治愈。

（五）解释

在矫正过程中，矫正者有一项很重要的工作就是向病犯解释他所说的话中所隐含的潜意识含义，帮助病犯克服阻抗，而使被压抑的心理内容得以通过分析带入意识中来。解释是逐步深入的，根据每次会谈的内容，用病犯所说过的话做依据，用病犯能理解的语言告诉他的心理症结所在。解释的程度随着长期的会谈和对病犯心理的全面了解而逐步加深和完善，而病犯也通过长期的会谈在意识中逐渐培养起一个对人、对事成熟的心理反应和处理态度。

（六）心理动力学诊断

搜集资料的目的是了解以下问题：病犯的主要冲突是什么？次要冲突是什么？病犯主要的防御机制是什么（成熟的、不成熟的、神经症性的）？病犯的人格结构有哪些特征（自我检验程度、自我控制能力、防御机制、现实检验等）？在了解清楚以上内容后判断来访者人格发展的过程，从而较准确地预测其今后的心理发展轨迹，心理动力学诊断不仅应用于心理有问题的求助罪犯，更应该广泛地应用在对新入监罪犯的心理评估上。

六、罪犯心理矫正的方法

（一）个别心理矫正

这是心理矫正师与个别病犯进行谈话形式进行的心理矫正。心理矫正师与求助罪犯交谈的目的在于了解疾病发生的过程与特点，帮助病犯掌握自己疾病的情况，使病犯对疾病有正确的认识，消除紧张不安的情绪，接受矫正师提出的矫正措施，并与矫正师合作，向疾病作斗争。个别心理矫正是一种普遍应用的心理矫正方式。

为了做好个别心理矫正，取得良好的矫正效果，必须注意以下几个问题：第一，心理矫正师的态度应该是诚恳、热情、耐心而细致，取得求助罪犯的信任，获得可靠的信息。第二，在交谈过程中，要耐心地倾听病犯的主述，然后，心理矫正师根据病情与求助罪犯的个性心理特点，进行指导与帮助。第三，心理矫正师要有目的、有计划地对病犯进行心理矫正。每次都安排好内容，矫正时间以一小时左右为宜，矫正后做好记录。第四，个别心理矫正的房间应该布置在安静的环境中，要简易舒适，整洁调和。

（二）集体心理矫正

这是心理矫正师把同类疾病的求助罪犯组织起来进行心理矫正。一般把求助罪犯分成几个小组，每个小组由数个或十几个求助罪犯组成，并选出组长。集体心理矫正的主要方法是讲课、讨论与示范。心理矫正师根据求助罪犯中普遍存在的消极心理因素与对疾病的错误看法，深入浅出地对求助罪犯讲解有关疾病的症状表现、病因、矫正和预防等，这使得求助罪犯了解疾病的发生发展的规律，消除顾虑，建立起与疾病作斗争的信心。在医生讲课之后，组织病犯分组讨论。求助罪犯联系自己疾病的实际情况，加强理解心理矫正师讲课的内容，讨论要力求生动活泼，鼓舞求助罪犯进行自我分析，提出与疾病作斗争的具体措施。心理矫正师邀请矫正效果较好的求助罪犯作矫正的经验介绍，通过求助罪犯的现身说法，起到示范作用。

集体心理矫正一般每周 2 ~ 3 次，每次一小时左右。整个疗程所需时间根据病情等确定，一般 3 ~ 4 周为一疗程。个别心理矫正与集体心理矫正还可以结合起来。集体心理矫正着重同类病犯的共同问题，个别心理矫正侧重解决病犯的具体问题。

罪犯心理矫正的方法从程序上来分，可以分为最初的接触、评估诊断等五个步骤：

1. 步骤一：最初的接触

向求助罪犯提供其急切关心的信息，尽快建立良好的关系。求助者是否对矫正者产生了基本的信任、形成了基本的好感，是该阶段是否成功的标志。

（1）主动和求助者打招呼，相互问候。

（2）介绍心理矫正的门诊情况和矫正者个人的情况、心理矫正的性质以及通过矫正能解决的问题。

（3）初步询问了解求助罪犯求诊的原因后，要向求助者讲清矫正的形势、程序、时间安排、保密原则以及需要求助者作出努力的方面。

2. 步骤二：评估与诊断

包括一个与求助罪犯进行诊断性的会谈，以了解求助者的现在和过去。在分析信息时要注意事物之间的联系，还要分清问题的主次。

（1）主要问题：求助者最关心、最困扰、最痛苦、最需要改善的问题。通常只有经过多次会面，求助者逐渐产生了对矫正者的信任，才有可能逐渐暴露问题的实质。

（2）要注意问题之间在时间上的联系：把求助者的过去、现在、将来的信息综合起来考虑。

（3）注意心理过程之间的内在联系：了解求助者的认知和情绪是什么关系，认知和行为又是什么关系。

3. 步骤三：矫正目标的确定

当对求助者的评估资料确定之后，矫正师就要和求助罪犯共同协商矫正的目标问题。

（1）必须明确如下问题：处理问题的方法、整个矫正的过程、矫正的时间安排以及矫正期间矫正者和求助者各自应该承担的责任和义务。

（2）矫正目标应具体、切实可行，分出轻重缓急。

4. 步骤四：矫正目标的实施

运用心理矫正的方法和手段，如认知、精神分析等对罪犯进行多次的心理矫正。

5. 步骤五：心理矫正的结束、评估和随访

当矫正师开始确信求助者已经能够独立解决自己的问题、预期的矫正目标已经达到时，就应该着手讨论结束矫正的问题。结束矫正是一个循序渐进的过程。

（1）矫正要向求助者指出他在矫正中取得的成绩和进步，并向他们指出还有哪些应该注意的问题。

（2）帮助求助者重新回顾矫正的要点，检查矫正目标实现的情况，进一步巩固矫正所取得的成果。

（3）在征得求助者同意的前提下，留下求助者的通信联络方式，以便今后随访。

（4）矫正全部结束后，矫正师要对整个矫正过程进行回顾性的客观评估，总结经验，吸取教训。

第二节　罪犯心理矫正的实施

中国幅员辽阔，监狱数量众多，尽管监狱体制相同，执法统一，但由于监狱之间存在地域分布、自然条件、经济力量、监狱人民警察素质、押犯构成等方面的差异，因此，难以以统一的心理矫正工作模式去要求每一个监狱。但监狱工作的特点以及心理矫正自身的规律，决定了监狱开展心理矫正不能随心所欲，而必须要注意以下问题。

一、罪犯心理矫正的实施原则

（一）宣传教育是首要任务

心理矫正的实际效果主要取决于矫正人员的素质、监狱人民警察的配合和参与程度以及服刑罪犯对它的依赖。如果说，先进的设备和设施，只要有钱，谁都能很快办成，那么唯独专业人员的素质、其他监狱人民警察的观念、罪犯的态度，除了通过深入细致的工作，没有其他捷径可走。在与其他监狱人民警察、罪犯的直接互动过程中，既能面对面地和准确地直接传播心理矫正知识，又可以及时掌握他们的想法并进行针对性的工作，因而，能较为深入地进行宣传教育，并取得良好的效果。与此同时，集中力量进行试点试验，由于具有资源优势，因而更容易取得较为满意的效果。一旦监狱人民警察或罪犯尝到了心理矫正的甜头，他们就会成为心理矫正的积极支持者、参与者，从而产生一传十、十传百的级数增长式的心理矫正的宣传教育效应。

（二）培训专业骨干是关键任务

在心理矫正人员严重匮乏的情况下，要想物色到一个合格的心理矫正专业人员也是很难的。实践中，监狱的心理矫正人员，包括组织者，大多只经过短期培训即走马上任。即使是具备这样最为起码条件的专业人员，开始时一个单位也就只有 1 ~ 2 个。在人数少，自身专业知识、技能和经验都严重缺乏的情况下，让他们全面启动一个单位的心理矫正工作是极不现实的。一方面，可以通过狱外专家的指导、自己的亲身体验，使现有的心理矫正人员在实践中增长知识和技能，获得极为宝贵的心理矫正工作的经验；另一方面，也可以在这一过程中进一步选拔并培养日后推广心理矫正所需的专业人员和辅助人员。

（三）先易后难，循序渐进

随着罪犯改造难度的加大，监狱工作要求的提高，特别是心理矫正在监管改造工作中实际作用的进一步显示，越来越多的人认为应当加快推进监狱的心理矫正工作。但任何事物的发展，无论是有机界，还是无机界，必然要经历一个由低级到高级，由简单到复杂的过程。经过十多年的探索，一些先行单位的心理矫正工作不仅工作内容和形式日益丰富多样，而且矫正工作的层次也由最初关注“小毛小病”，到今天尝试矫正心理疾病。那么，刚刚开始心理矫正工作的单位，能否一步到位直接进入较高层次的矫正工作呢？我们认为，虽不排除极个别单位因具备高素质的专业人才等条件，可以齐头并进，同时开展咨询、矫正等不同层次的矫正工作，但就绝大多数单位来说，心理矫正工作的推进，既要适应监狱人民警察、罪犯对心理矫正的认识逐步提高的现实，又要适应心理矫正人员的专业素质逐步增强的事实，严格遵循先易后难、循序渐进的原则。所谓先易后难，循序渐进，在这里是指监狱开展心理矫正工作，要根据矫正人员的素质、人们的认识水平等实际情况，按照先容易、后困难，先简单、后复杂，逐步推进监狱的心理矫正工作。当然，由于各个单位的实际情况存在差异，因此，逐步推进的进程也就不可能完全相同。有的单位可能进展得快一些，有的单位则可能进展得慢一些。

根据开展心理矫正工作需要的专业水平的高低不同，心理矫正依次可以区分为心理卫生教育、心理辅导、心理测验、心理咨询和心理矫正等几个层次。遵循先易后难，循序渐进的原则，也就是要根据心理矫正人员的实际专业能力，首先选择开展心理卫生教育、心理辅导等相对容易的工作，然后，随着专业水平的提高逐步开展心理测验，进行心理咨询和心理矫正。

（四）以我为主，内外结合

罪犯心理矫正是一项专业性很强的工作，而监狱目前又缺乏这方面的专业人员，为此，是主要依靠自己的力量逐步建立自己的专业队伍，还是借助社会力量开展心理矫正工作，在理论和实践部门一直存在争论。主张以社会力量进行心理矫正的同志认为，心理矫正专业素质要求高，监狱人民警察难以达到这样的要求，所以在监狱心理矫正工作中，监狱心理矫正人员至多只能充当外聘专业人员的辅助人员。毋庸讳言，自心理矫正工作开展以来，制约心理矫正工作深入发展的主要因素就是心理矫正人员的素质，那么，是不是监狱就建立不起自己的专业队伍，或依赖社会专业力量就可以解决押犯中出现的各种异常心理了呢？我们认为，罪犯的心理问题大多与监禁改造生活密切相关，狱外心理专家虽具有处理一般人心理问题的专业知识和技能，在很多情况下，这种知识和技能也完全可用于对罪犯心理问题的处理，但由于他们不了解监狱，不熟悉罪犯的情况，因此，有时难以对罪犯的问题作出正确的判断，从而影响矫正效果。但是外部专家力量却有着自己的理论与实践优势，因此，我们可以借助外部，向社会专业力量学习，而最终目的是建立自己的心理矫正人员，坚持以我为主，内外结合的原则。

二、罪犯心理矫正的方法

（一）明确指导思想

监狱在开展该项工作之初，首先应该明确指导思想，“为服刑人员改造服务，为监狱安全稳定服务”应该作为监狱罪犯心理矫正工作的宗旨。“为服刑人员改造服务”就是通过心理健康教育以及心理咨询提高罪犯心理健康水平，稳定改造情绪，提高改造质量，“为监狱安全稳定服务”就是以保持监管场所的安全稳定为目的，以心理矫正工作的基本理论为依据，深入分析研究新时期罪犯心理及其矫正方法，加大罪犯心理矫正工作力度，不断提高狱政管理的科学性和教育改造的针对性。

（二）建立心理矫正工作网络

建立由心理健康教育中心、心理咨询联络员、心理健康宣传员组成的三级心理矫正网络是做好该项工作的组织保障。心理健康教育中心一般隶属于监狱的教育改造部门，由若干专兼职心理咨询师组成；心理咨询联络员由各监区热心于此项工作的管教干部组成，主要是负责检查心理健康板报情况，收集反馈，并指导有心理问题的罪犯前来心理咨询；心理健康宣传员由各监区具有一定文化水平的服刑人员组成，宣传员主要任务是向本监区罪犯宣传心理健康，动员有心理问题的罪犯前来咨询并及时收集咨询后的效果反馈等。

（三）完善规章制度

需要制定并完善一系列规章制度，在完善相关制度和台账的同时建立并规范典型罪犯心理矫正档案。罪犯心理档案是记录罪犯入监甄别、心理矫正情况，并经立卷归档集中保管使用的各种资料。一些有自杀倾向、人格障碍的典型罪犯或其他一些有比较严重的心理疾患者应作为建立心理档案的对象，心理档案应包括：罪犯基本情况、心理测验结果及分析、心理诊断结果、心理矫正方案、历次心理咨询与矫正记录、效果反馈与评价等内容。

（四）心理健康教育是重点

很多阻碍该工作的“拦路虎”归根到底都是由于罪犯的不了解或误解，例如：一些罪犯不配合心理测试工作，认为在掏他们的内心想法，所以不实事求是地填写；还有一些罪犯认为心理测试就是心理咨询，感觉做完测试卷后，没效果；有些罪犯认为去心理咨询就是“脑子不好”，去咨询会遭同犯嘲笑；有些罪犯认为去心理咨询不能说实话，咨询员不可信；有些罪犯认为心理咨询应该替他们办点实事；有些罪犯认为去心理咨询就像打针一样，立竿见影，把希望都寄托在咨询员身上，自己不愿去反思，去努力；有些罪犯认为心理咨询只是用嘴说说，不会有作用；等等。所以，宣传教育的好坏乃是其他工作能否成功的根本保障，心理测量的准确度如何，心理咨询与矫正的效果如何，都依赖于罪犯对自己心理的正确认识及对这项工作的了解程度。而对罪犯的心理健康教育本身也可以提高罪犯自我调节能力，起到预防心理疾病的作用，因此，心理知识宣传与教育应是监狱罪犯心理矫正的一个重点工作和长期工作。

具体心理健康教育的方法可以多种多样，可以在监狱黑板报、墙报、监狱小报上开辟心理卫生专栏，可以在出入监教育中开办心理健康课，利用电化教学的方式对全监罪犯普及心理健康知识，还可以通过心理健康宣传员进行宣传等。

（五）重视专业人员培养

心理矫正工作人员的学习培训、补充“养料”是做好该项工作的保证。目前监狱系统正在培养具有心理咨询师国家职业资格证书的专职人员，但是因为心理矫正是一门理论、实践性较强的学科，心理矫正是专业性很强的技术，且需要有一定深度的人际知觉能力，短暂的几次培训是远远不够的，这就要求从事该项工作的同志要具有除心理学、精神医学以外的犯罪学、监狱学、人类学基本知识。同时，这项工作不仅要求具备一定的业务知识，而且对思想道德及心理素质都有着较高的要求，这也就需要心理咨询师们在实践中不断提高，平时在认真学习业务知识的同时，还要不断提高自己在各方面的综合素质。从事这项工作也可能会遇到各种困难和阻力，若没有一个较好的心理素质和对该工作的热爱，这项工作也很难进展下去。

（六）心理矫正工作和日常管理相结合

对罪犯的心理矫正主要采用个别式门诊咨询，但也可以采用一些集体咨询、现场咨询等灵活的咨询形式。心理矫正师结合对罪犯心理矫正的情况，向该名罪犯的管理干警就如何对其进行有针对性的管理教育提出建议，这是保持心理咨询效果延续性的重要环节。

此外，对怀疑有精神疾病的罪犯的初期诊断也是心理咨询工作的重要内容。

（七）心理测试与诊断和个别教育相结合

心理测试的形式可以采取集体和个别测试相结合的办法，在需要了解某一类型罪犯共同心理特征或在入监罪犯中进行普查时可以采用集体测试的形式。在对个别罪犯进行矫正或需要进一步诊断时，可以进行个别测试，为心理诊断提供依据。

心理测试应和个别教育结合，心理测试的运用可以为制订个别教育方案提供心理学依据，丰富个教的方式和方法；可以掌握罪犯个性心理特征，预防突发事件；可以使干警在掌握罪犯各种情况的前提下，提前介入，为罪犯设计一个理想的改造方案，有目的地按照我们设计的方案改造罪犯，完善其人格，纠正其恶习，改变过去由于把握不住罪犯思想动向、心理特征而造成谈一次话好几天，不谈话事不断的“按下葫芦起了瓢”的被动局面，减少了盲目性。

（八）重视宣传总结交流

和外单位加强交流，可以借助外脑，开拓视野，因此，监狱心理学工作者应该和精神病院、大学心理咨询中心建立一定联系，取长补短，促进该工作的开展。但是，根据罪犯心理的特殊性以及目前心理学在我国发展的现状，我们必须要认识到外部资源作用的有限性，因此，我们认为，对罪犯心理矫正工作的探索应该主要依赖于从事该项工作的同志长期刻苦的摸索与钻研以及干警整体心理学意识的提高。

开展狱内调研，撰写调研论文也应该是罪犯心理矫正工作的一项很重要的任务，这既是对工作经验的总结，也可以对基层管理工作起到很好的指导作用。此外，它还是向广大基层干警及监狱领导进行宣传的一种手段，因为该项工作缺少广大干警及监狱领导的支持也是很难开展的。

三、罪犯心理矫正的条件及注意点

（一）罪犯心理矫正工作开展的条件

1. 领导认识是否到位

根据单位开展罪犯心理矫正工作的动因不同，罪犯心理矫正可以分为内发型和外推型。所谓内发型，是指基于单位自身的实际需要而主动开展的心理矫正工作；所谓外推型，是指在主管机关要求、外单位竞争压力等外力的推动下，被动开展的心理矫正工作。不管是哪一种类型的心理矫正，单位主要领导和主管领导的支持是心理矫正工作得以启动的基本前提。为此，心理矫正工作者，尤其是组织者，既要了解领导态度，又要以富有成效的工作去争取领导的支持。

在监狱，要开展心理矫正没有主要领导，至少是分管领导的首肯是不可能的。因此，让你组织开展这项工作本身，已经说明领导，至少是部分领导对心理矫正工作是支持的。然而，如果领导认识不统一，或者认识统一却不能到位，心理矫正作的开展仍然会面临诸多困难。

2. 工作人员的人选是否适合

领导对心理矫正的态度影响监狱挑选什么样的心理矫正工作人员，而什么样的心理矫正工作者又会反过来影响领导的态度。试想一个扶不起的“阿斗”，又怎能通过开创性的工作，发挥心理矫正作用，坚定领导开展心理矫正的信心呢？为此，作为监狱领导，不管你对心理矫正存在怎样的想法，但只要真心想在监狱推动心理矫正组织，就要时刻反省自己是否具备了作为组织者最起码的条件。

根据心理矫正自身的特点和监狱工作的状况，我们认为作为心理矫正工作的组织者应当具备以下基本条件：

（1）有志于心理矫正工作

我们经常能够听到一些外派学习的学生抱怨，领导信任，送自己出来学习，可自己不感兴趣，不学不行，学又缺乏动力，真是左右为难。对于很多单位来说，这部分学员是作为心理矫正骨干或组织者派出来的。然而，由于没有认真考虑该学员对心理矫正的兴趣，因此，这些人既难学到真材实料，也难以承担心理矫正的重任。心理矫正是一项专业性很强的工作，也是需要更多奉献的工作。作为尚不具备专业知识、技能的工作者，如果缺乏从事心理矫正工作的兴趣，那么，他也就不可能有很多的精力去钻研业务，更难以一种良好的心态去面对来自同事的误解，去处理求助犯人复杂的心理问题。相反，工作者只要有志于心理矫正工作，即使缺乏专业素质，缺乏实践经验，他们也可以通过不断学习、锻炼得以弥补。现阶段活跃于监狱心理矫正一线的组织者和心理矫正骨干，绝大多数是在强烈的兴趣和责任驱使下，通过自身的不断努力，由门外汉变成“土专家”的。

（2）具有心理学、精神病学、监狱学、犯罪学的专业知识

具有专业知识，但对心理矫正不感兴趣，成不了好的心理矫正工作者。同样，仅有热情，却对专业知识一无所知，也不是一个理想的心理矫正工作者。由此，监狱在初选心理矫正工作者的时候，如果能够同时具备这两方面的条件，那是最好不过了。但如果在这两项条件中，只有具备一个条件的人选，那么，我们宁愿选择有志于心理矫正的人员。当然，这些人一旦被确定为一个单位心理矫正的组织者，必须接受系统的专业知识、技能的学习和培训。否则，不能马上承担组织者的重任。

作为一名心理矫正人员，所做的工作比心理咨询应该更加深入，解决的问题也应该更加彻底，这就使矫正者需要比一般的咨询师有更高的专业水平，不仅仅应该具有心理咨询的工作经验，还应该掌握精神病学、犯罪学、监狱学甚至医学的专业知识，由此看来，对作为监狱心理矫正工作人员的心理矫正主体的要求要比监狱心理咨询师高得多。

（3）具有较强的工作协调能力

心理矫正工作的组织者同时也应该是心理矫正的专业人员。如果说兴趣和专业知识、技能等是从事专业工作本身的需要，那么，协调能力则是作为心理矫正

组织者所特有的素质。如前所述，心理矫正作为一项开创性的工作，与传统的监狱工作既有观念上的冲突，又有实际操作中的矛盾，因此，作为组织者，无论是在全监狱推广心理矫正，还是在某一个监区进行试点，都必然要涉及方方面面的关系协调。这种协调工作，尤其是心理矫正启动初期的协调工作做得好与坏，直接关系到心理矫正工作的成败，也正如此，心理矫正的组织者还应该是协调各种关系的能手。

当然，心理矫正组织者所需要的素质应该是多方面的，有些素质是可以在任职以后逐步培养的，但以上三方面的素质在选拔任用时就应该考虑。

3. 开展工作所需的资源是否具备

要产出，就得有投入，不仅经济活动是如此，监管改造活动，包括心理矫正也是如此。罪犯心理矫正所具有的预测、预防、矫正等作用，是通过心理矫正人员运用自己的专业知识和技能，进行一系列的测验、评估、咨询、矫正等活动来实现的。而每一项活动的开展，都需要相应的人力、物力等资源的投入。所以，监狱要开展心理矫正，在确定心理矫正组织者的同时，不仅要赋予其相应的权力，而且要为其提供基本的工作条件。

（1）独立的身份

监狱工作的特殊性决定了心理矫正工作的组织者一般都是由管理、教育或医生岗位的监狱人民警察担任的。他们熟悉犯人，了解监狱工作的运作情况，有的还有主持一个部门的经验，对组织心理矫正具有明显优势。但一些单位或考虑到警力紧张，具有组织能力的人才更是难得，或是认为心理矫正本是教育改造的一种延伸，或是觉得既然是试点就不宜对人事等做大的变动，因此，任命的心理矫正组织者都是兼职者。具有兼职身份的心理矫正组织者虽然也具有利于协调关系、便于共享资源的优势，但是却存在难以克服的弊端。

（2）基本的职权

组织罪犯心理矫正必然涉及人员的组织、工作关系的协调、物资的调配等，因此赋予组织者与其所承担的责任相适应的权力，既是组织开展心理矫正工作的需要，也是责权利相一致原则的要求。一些单位的心理矫正工作组织者，因光有责任而无权力，所以，不仅工作寸步难行，而且工作热情严重受挫。

（3）工作的条件

这里所讲的工作条件主要是指开展心理矫正所需要的物质基础，包括：测验所需的量表，处理测验结果的配套软件、电脑、打印机等设备；复印、制作问卷、档案，购置专业书籍、贮存档案资料的柜子等所需资金；提供办公、咨询的专门场所；提供并创造学习交流的机会；分散单位还要提供下监区工作的交通便利；其他开展工作所需的设备和设施。

（二）罪犯心理矫正工作的注意点

1. 困扰该项工作的“五大矛盾”

（1）心理矫正主体的自愿性与改造的强制性的矛盾。心理矫正要求来访者完全自愿，但监狱中罪犯由于长期在监管改造的被动约束下，习惯了被动听从命令，另外，由于自身认识的偏差以及存在的种种顾虑，导致罪犯不能主动前来矫正。

（2）心理矫正的自由性与监规的约束性的矛盾。心理矫正不论何时矫正，找谁矫正，应该自己可以自由选择；而监狱的罪犯却不可能，去咨询要经过本人申请、监区签署意见、咨询室审批等程序。这就在需要咨询的罪犯心里形成了无形的障碍，一些罪犯就会因为手续的烦琐不去咨询。

（3）心理矫正的保密性与监管安全性的矛盾。心理矫正工作必须坚持保密原则，但如果被矫正罪犯透露出自杀、逃跑、伤人等具有危险性的心理倾向时，就会给矫正师造成两难处境：到底是坚持心理咨询的保密性原则还是要维护监管安全和稳定。

（4）心理矫正主体与管教主体的矛盾。心理矫正工作要求咨访者之间是一种职业性联系，除此之外双方不再有别的瓜葛，在双方预期中没有长远的利益、情感联系，不用担心对方日后会利用这种联系对自己进行控制，造成威胁。然而，监狱中咨询人员多是人民警察兼任，他们与来访者之间存在管理者和被管理者的关系，从而使双方交流产生障碍，阻碍了咨访关系的建立。

（5）心理矫正理论的西方化和实践本土化的矛盾。国内监狱的罪犯心理矫正，大多是引进西方国家的心理咨询和矫正的理论技术，但我们在实际应用中有很多理论技术和中国实际不相符，这就给从事该项工作的同志提出了一个巨大挑战，也就是如何把西方的理论技术中国化、监狱化。

2. 心理矫正工作要和监狱的特殊性相结合

（1）以心理健康宣传教育为抓手。我们应该看到，一些矛盾的产生很大部分是因为对心理咨询这项工作，或对自身心理认识不足、有偏差，所以心理健康宣传教育要紧紧扭住，在任何时候都不能放松。这就要求从事该项工作的同志根据本监狱特点编写或是改编现有教材，使它符合本监狱和各个不同时期宣传教育的需要。

（2）以主动介入特殊罪犯为重点。心理咨询要求求询者应主动前来，才能积极配合咨询矫正达到效果，但监狱有监狱的特殊性，对罪犯的心理矫正应遵循心理学规律以罪犯主动前来为主，但对一些特殊罪犯（如关禁闭的罪犯、抗改罪犯等）也可以采取咨询员找到恰当的切入点主动介入的办法，但被咨罪犯的信任和配合仍是不可缺少的，因此，前提必须是要用一些时间来建立相互信任的关系，打消他们的顾虑，使其主动地配合咨询，这样做往往也能收到很好的效果，因为此类罪犯的内心往往也是矛盾的，也是希望有倾诉的对象的。

（3）始终坚持心理矫正的保密原则。但需要清楚的是，保密的内容应该是咨询中所涉及的隐私，对罪犯威胁监管安全稳定的内容则不能保密。心理咨询工作者应是专职人员，不应从事管教工作，特别是在服刑罪犯面前，更不应以管教干警的身份出现，否则，咨询员的双重身份只会加深罪犯对他们的不信任感，从而使罪犯的心灵再一次封闭起来，最终把咨询员又推回到管教干警的立场上。

（4）心理矫正技术本土化应该注意两个问题：其一，准确地把握这些心理矫正技术的要领，区分其精华与糟粕；其二，与我国罪犯以及监狱环境的实际结合起来，针对具体的个案或团体，加以改造和修正，逐渐创立适合我国监狱实际的心理矫正方法体系。正在研制中的中国罪犯心理测试（COPA），是研究本土化测试量表的一个努力，应该看到咨询技术的本土化工作不是靠一两个人短期内完成的，而是要靠所有从事该项工作的人，经过数年、数十年甚至几代人的努力才可能实现。

四、未成年罪犯的心理矫正建议

（一）未成年罪犯心理矫正的关键在于爱的给予

法国精神分析学家拉康说过："精神分析学解决了犯罪学中的两难困境：它将罪行非现实化，但又不将罪犯非人化。"不良的情绪以及心理问题（内因）加上诸多社会问题（外因）导致了犯罪。作为外因的社会问题在任何阶段都会以不同方式表现出来，并对个体产生影响，因此我们更应该在个体早期进行干预与预防。由此看来预防犯罪的关键途径就在于婴儿早期爱的给予，同时也取决于其父母或监护人的人格及其欲望机制的成长与完善。然而，导致未成年人犯罪的恰恰是由于其早期爱的匮乏，因此，监管机构（未成年犯管教所、劳动教养所、工读学校等）所体现出来的不应该是冷冰冰的制度，而应是对其施予更多的爱。爱会打开通向未成年罪犯心灵的入口，而这也是他们重回现实世界的门。

（二）未成年罪犯心理矫正的途径在于监管人员要树立起家庭治疗模式观

未成年人和成人罪犯的一个很大区别就是未成年人在进入监管机构之前往往并没有脱离家庭环境的约束，在心理上也对自己的父母等的重要关系人有依赖感，这个心理上的依赖感会很快地转移到监管人员身上。精神分析理论认为，凡被视为权势重的、地位高的人，往往会在潜意识里被认为是早期客体关系中的重要人物。在未成年犯管教所这个特殊环境中，管理警察和罪犯朝夕相处，对罪犯实施管理教育，罪犯往往会把原始关系（童年和重要关系人的关系）转移到现在和干警的关系中。因此，要改变当事人的病态行为，只有把眼光放在整个系统中，以“家庭系统”的观点与取向来了解当事人的心理与行为，运用家庭结构、沟通、角色扮演等方法来改善人际关系。应该说这是一种更加有效的方式，可以使未成年罪犯健康成长。

1. 要从“家庭”这一宏观体系去分析未成年罪犯的心理问题

未成年人身上出现的各种偏差甚至是犯罪，常常是由于自身的不良个性所导致的。但我们的着眼点不能光放在这些未成年人身上，这些不良个性常常是因为家庭环境的各种问题折射到孩子身上所致，因而监管机构要以“家庭”系统为着眼点，去分析未成年罪犯问题的症结，往往监管人员在潜意识里会被未成年人替代为父母的角色，而我们监管者就需要清楚地认识到这些未成年罪犯以前和父母之间的关系。管教人员在管理未成年罪犯时如果能够充分了解到罪犯的早期原始关系，如父母对他们在早期是如何教育的？该未成年犯对父母抱有什么样的感情？和父母有没有发生过冲突行为？是什么样的冲突行为？等等，并做好记录进行分析，就可以有针对性地管理未成年犯及对他们的心理、行为进行把握和预测。

2. 心理矫正未成年罪犯要以“情”为重

有问题的家庭，由于长期的冲突，往往情绪、情感很恶劣，面对矫正者会争着数落、说理，要求评断是非。而矫正者决不能充当法官，判断出谁是谁非，反而更伤感情。要想办法让他们去注重解决眼前矛盾，尽量避免翻旧账，要淡化缺点，发现闪光点，树立当事人的自信心。

3. 积极引导，充分促进矫正主体间的沟通与交流

家长对子女要求过严、子女对家长逆反，常常是由于互相缺乏理解所致。而缺乏理解的根源就是当事人之间缺乏沟通和交流，不能了解彼此的所思所想及行为的出发点，甚至相互之间还有许多误会。在监管场所，这种情况同样存在，管教民警和未成年罪犯之间缺乏沟通，会加剧本来就存在于未成年人内心的和成年人的鸿沟。而矫治人员和未成年罪犯之间最好的沟通方式莫过于对未成年罪犯耐心的倾听。“家庭治疗模式”最突出的优点也是诱发当事人倾诉心声，在矫正者的帮助和分析之下获得理解和同情。

实训设计

刚满26岁的王某，因邻里纠纷以故意伤害罪被判有期徒刑10年。在监狱为新入监服刑人员定期举办的心理健康教育上，咨询师为服刑人员讲解心理健康知识之后，王某立即举手要求预约咨询。可到了监狱咨询室，他却又闪烁其词，除

了说自己白天精神恍惚，训练力不从心，晚上像翻烙饼一样辗转难眠外，其他的事避而不谈，似乎有什么难言之隐。他的异常情绪使咨询师感到有问题。咨询师立即调出其档案。查阅中，一份诊断治疗记录引起了咨询师的注意。

记录显示：王某在看守所羁押长达3年，其间多次出现烦躁抑郁症状，特别是羁押的最后1年，也就是判决前夕，其一直在当地看守所警察指导下服用镇静剂来勉强入睡。是什么原因导致王某产生此种异常心理呢？

心病还得心药治。

为了找到王某心理问题产生的根源，咨询师决定对其实施倾诉疗法。

2008年3月15日，王某如约来到监狱心理咨询与矫正中心接受矫正。在“静心间”（心理咨询室专门为求助者设立的一个平静心情的空间），咨询师让他首先通过音乐疗法（听了一首轻音乐，大概6分钟）缓解紧张情绪后，再将其带入“咨询间”。从刑期开始谈到人生，从人生又转向家庭，一步步将话题引入正题。

看到王某低着头，膝盖上的双手不住颤动、脸额微红，几次欲言又止时，咨询师果断动用刺激疗法。

咨询师：“你是来咨询心理问题的，却讳疾忌医，不肯说出心里的想法。心理的问题，越憋越严重，它不仅会影响人的精神，还会摧垮人的身体，你就算不替自己考虑，也该想想家人的感受。难道你还想让年迈的母亲和瘦弱的妻子为你落泪吗？”

这番推心置腹的话语，终于触动了王某封闭的心扉。断断续续中，他缓缓道出了自己心中的淤积：自己家境贫寒，弟弟长年在外打工谋生，年迈的母亲靠其一人赡养。犯罪入狱后，生活的重担都落到了妻子身上。从2005年开始家中音信全无，因此他非常担心年轻的妻子会难耐贫困离他而去。又因为王某与妻子是在新婚不到半年就犯罪入了狱，旺盛的精力和对妻子思念的冲动无处宣泄，王某在看守所时就有了自慰的毛病，尤其是在看到电视、杂志等漂亮的女性画面时，性冲动随之而来。事后又总觉得这是一种不道德的可耻行为，既倍感自责又怕被人发现。在这些心理的交互折磨下，他开始出现呼吸困难、手指震颤、无法入睡等症状，加之不善与人沟通，致使陷入心理误区一直无法解脱。

咨询师边听倾诉，边观察王某的表情及肢体语言——呼吸加重，额头稍有汗珠，双手紧握，不知所措。

在其尽吐郁结、负性情绪尚未产生时，咨询师中断话题，有意暗示他进行释放性宣泄：在“宣泄吧”里面对沙袋尽情击打。

大约26分钟后，通过监视镜头画面看到，他已是大汗淋漓，疲惫不堪。咨询师要其停止击打，递给一杯水时，发现其双手背微有血渍。咨询师要他把宣泄感受书写下来，下次咨询时带来，就这样结束了第二次咨询，实际也是对其性压抑有效释放的首次矫正。

解开心里郁结加脱敏疗法奏效。

找到王某的心理症结后，咨询师会同中心的其他同志精心制订了矫正方案。首先，对王某采取认知疗法：一方面，通过个别谈话、指导阅读和监狱网络视频心理咨询，使他正确理解性知识、性道德；另一方面，想方设法与其家人取得了联系，邀请其妻子来狱亲情帮教，为他解开了最大的心理郁结。

在与其第三次咨询时，按照预定矫正方案对其性冲动的宣泄行为表示理解，暗示他其宣泄方式要健康，作为年轻人更应把精力放在学习和劳动上。亲情帮教后，王某发生明显转变。

矫正中心趁热打铁，运用脱敏疗法对王某进行全面的心理及行为矫治。同时鼓励王某多参加监狱组织的各种集体活动，培养健康兴趣，通过气质转变和人际关系和谐巩固治疗效果。在警官们的关爱下，王某圆满结束了入监教育，走上了改造岗位。

王某下队后，咨询师又多次进行跟踪回访，教育引导他将对妻子的思念转化为改造和学习的动力。经过两个月的巩固期，爽朗的笑声、红润的面色再度回到了王某的身上。走出心理误区的他很快投入积极改造的行列中。捧着火红的奖状，王某感慨地对同犯说："没有监狱心理咨询与矫正中心警官们的悉心帮助，就不会有我的今天啊!"

结合上面的案例和本章理论，谈谈罪犯心理矫正的方法和技术。

第十五章

中国优秀传统文化在犯罪预防与罪犯心理矫正中的应用

犯罪是一定环境的产物。在影响犯罪的各种环境因素中，文化传统、社会经济状况等社会性因素和以时间、空间为内容的自然环境因素对犯罪的影响具有普遍意义。而其中的文化传统规定了人类的思维与活动方式，构成了一切实践的基础。罪犯作为一类特殊的群体，因为触犯了刑法而被剥夺了自由。他们或由于社会责任感淡薄，以自我为中心；或缺乏理智，动机茫然；或情感淡漠，不计后果。正是在这种心理的影响下，他们狭隘、自私、冷酷，走上了犯罪之路。归根结底，他们缺少了真正的仁爱之心。如何用传统文化中的“仁爱”精神换回他们的“赤子之心”，使他们成为对社会有用的人，已经成为全社会共同的责任。而中国传统文化则由于它的文化属性和仁爱之心，在犯罪预防和罪犯矫正中可以发挥重要作用。

第一节　中国优秀传统文化在犯罪预防中的应用

一、人格的建构与犯罪预防

（一）一起案件的反思

1. 案件回放

2010 年 10 月 20 日晚 10 时 40 分许，西安长安区大学城翰林路，骑电动车下班回家的张某，被一辆雪佛兰轿车从身后突然撞倒。旋即，连中八刀身亡。3 后天命案告破。行凶者药某某在父母陪同下投案。这位 21 岁的西安音乐学院钢琴系大三学生给出的杀人理由，竟然是交通肇事后，觉得农民难缠，怕张某看到车牌号码找自己和家人麻烦，遂杀人灭口。

2. 对案件的拷问

我在这里拷问的并不是良知，也不是道德，而是对心理和人格层面的拷问。事故是偶然的，假设一下，如果药某某没有出这起交通事故，他就在我们身边，你会认为他会成为杀人犯吗？你会认为他是一个人格有问题的人吗？经过调查，药某某既非官也非富，药某某案件的可怕在于他的家庭教育在多数人眼中没有特异性，也就是说，找不到药某某心理的明确成因和动机。如果硬要把练习钢琴作为特异性的话，这种刻意地由果找因难以让人信服。

3. 儿童思维

“觉得农民难缠，怕张某看到车牌号码找自己和家人麻烦。”这种思维是儿童的直觉思维——认为某种让自己讨厌的某人或者某事不存在了就不会烦我了，而不考虑后果。从该章编者的视角来看，药某某始终活在本我和自我建构的世界里，有他的行为准则和处世方式，也就是说他在心智上还是一个孩子。他像儿童一样思考，但是却有着成人的行为方式。类似药某某这样的案件近年时有发生，还有很多“药某某”，他们也许不会去杀人，甚至“品学兼优”，但是他们的人格是不完整的。

（二）人格的合理建构可以有效预防犯罪

1. 超我的建构

在心理动力论中，本我、自我与超我是由精神分析学家弗洛伊德之结构理论所提出的精神的三大部分。“本我”代表欲望，受意识遏抑；“自我”负责处理现实世界的事情；“超我”是良知或内在的道德判断。本我、自我、超我构成了人的完整人格。

一般来说儿童在六七岁（也可以更大一些，到十二三岁），孩子以养育者（主要是父母或者父母的替代者）为媒介，认同社会规则，最终建构出超我，人格得以完善。超我是自我理想即实现自己（想成为什么人）的理想，相当于个体为自己所设的行为价值标准与道德良心，由于它是至善原则，因此超我是对自我（社会欲望）和本我（本能欲望）的制约。一般来说，家庭父母是通过家庭伦理（文化）并通过和子女的联结传递给下一代并建构下一代的超我的。

2. 什么样的文化建构超我

孩子最初是从父母身上来理解社会，父母应当以自身的人格和信仰来建构孩子。这个信仰并非宗教的，而是父母自己坚信不疑的价值趋向和社会规则，其实就是家庭伦理文化。而这样的家庭伦理文化需要符合两个条件：（1）合道。道是深层信仰，合道就是符合我们的深层信仰和伦理文化。（2）符合至善原则。如果按照上述条件而用自我的经验来建构孩子人格，将会非常危险。

根据上述原则，从目前我们现存的文化来看，中国传统儒家伦理对建构超我有着重要价值，而儒家经典从来不乏修身齐家的内容。

3. 正确建构超我可以有效预防犯罪

很多父母用自我的经历建构孩子人格。所谓自我的经历就是说，用自己过去经历中的成功与失败教育孩子，也就是说每个父母教育孩子的方式和内容都会不同，甚至差别很大。而有一些父母则是教育虚无主义者，他们认为孩子不需要教育，应该给他一个快乐自由的成长环境，多给孩子关爱。还有一些父母是对自己儿时成长经历的反叛，如自己关爱少，要多给孩子关爱，自己受到家庭暴力就格外强调善，自己儿时家庭贫困就给孩子尽量多的物质满足，这个反叛其实也是自我的经验。

这样的父母在教育孩子的过程中，自己也不是很自信，往往他们会疑惑：我这样教育对吗？这种疑惑是很正常的，因为孩子未来的道路谁都无法预测，即使和父母有共同的经历，用父母过去的方式来应对也未必成功（时代、环境、机遇等发生很大变化）。

文化信仰和价值趋向是人格的一部分，它的建立是以成人深信不疑为前提的，孩子会认同成人心理深信不疑的那个东西。如果孩子没有建立一个成人世界都认可的价值趋向，他成年以后就会成为一个活在本我和自我的世界里、活在欲望世界里的人。他们平时也许不会表现出来，还是像正常人一样，但是他们大脑偶尔会“短路”。一旦短路，他们的人格缺陷暴露无遗，他们像儿童一样思考，但是却是成人的行为方式，药某某就是典型例证。而我们的身边还有很多药某某，他们也许不会去杀人，但是他们缺乏敬畏感，缺乏生命教育，缺乏内在道德的约束，他们的人格是不完整的。

父母用要用沉淀下来的优秀文化来建构家道伦理进而构建孩子的人格。前提是父母（养育者）要相信并且遵从，否则不能完成建构。而根据上述分析，这个优秀文化首推儒家伦理。

二、家庭伦理需要与传统文化融合

阅读材料：

留学日本的中国学生汪某因学费问题在上海浦东机场用水果刀捅伤前来接机的母亲。在尊崇“百善孝为先”的中国，这样以怨报德式的行为触动了国人的神经和情感。先是儿子机场刺母，再是母亲尽一切办法替儿子辩护。事件一时间演变为一场“中国式”母爱与教育的争论。

2011 年4 月1 日晚，在浦东国际机场到达大厅，搭乘航班从日本返沪的中国留学生汪某到达不久，就与前去接机的母亲顾某发生争执，焦点是因为学费寄晚了。据亲属介绍，汪某留学日本5 年所有费用都靠母亲每月7000 元的工资来支出。为了儿子，母亲顾某曾多次向朋友借钱。这次，顾某可能真的凑不到。事发当时，汪某从托运的行李中取出一把水果刀，对着母亲顾某连刺9 刀，导致母亲当场倒地昏迷。汪某随即被赶来的民警抓获，同时民警迅速将顾某送至附近医院抢救。据医生介绍，顾某在被送医抢救时胃和肝均已破裂。然而，病床上满身插满了各种各样的管子的顾某最担心的仍是学校还会不会接收儿子以及儿子会不会被判刑。

事件发生后引起媒体广泛关注，不少评论认为这体现出家庭教育的失败，该个例也呈现出“中国式家长”的悲剧，折射出当前青少年心理健康问题的严重，健全人格教育应予以重视。也有评论指出，在中国时下的家庭教育内，家长们往往只对孩子的学习提出要求，对他们的独立生活能力、为人处世之道、生活价值观等少有关注，更多地给他们提供“衣来伸手，饭来张口”的环境，有的甚至格外溺爱。这样的孩子一旦出国，面对文化环境、生活方式的突变，将遭遇巨大的现实落差和心理冲击。

上例是一名成年人的犯罪个案，但是这个案例中汪某表现出来的人格缺陷，却是有着极大的代表性。当一名儿童在家庭的教育中所塑造的人格不健全，那么他不在未成年期表现出来，也必然会在成年后表现出来，不通过犯罪的形式表现出来，也会通过其他方式表现出来。而如何在儿童早期塑造一个健全的人格是一个很重要的命题，除了以上谈到的早期接触与爱以及家庭管教方式以外，由社会文化影响下的家庭伦理文化也是塑造儿童人格的重要方面。

本章作者在某省未管所对男性和女性未成年犯，针对道德信仰等问题进行了抽样调查，其中有86.7 %的人对学校开展的道德教育不喜欢或者没感觉；觉得信仰很重要的占了53.3%，但是有68.3%选择了没有信仰，51.7%认为金钱最重要；在未管所推广的《弟子规》等传统文化教育，有75%认为有帮助。

上面的问卷调查能反映出来部分未成年罪犯群体的信仰和价值观，他们大都缺乏信仰，或者金钱占据了他们的信仰，他们对学校的道德教育没有兴趣，但对清朝人写给儿童的道德启蒙书《弟子规》感兴趣。由此我们需要反思的是在家庭、在学校，我们应该根据儿童的心理发展规律给他们及时地进行信仰和道德伦理教育，而教育的形式不应该是空洞的和脱离他们心理发展规律的。道德伦理教育是我们每一个人人格的一部分，这也是人之所以为人的基础。道德伦理的教育主要不是言教而是身教，《弟子规》这本小册子用三字短句表达了一些浅显的做人道理，而这本应该在儿童进行的教育，犯人之所以喜欢也说明了他们在儿童期，在道德教育的关键期道德伦理教育的缺失。

家庭道德伦理教育缺失的直接恶果是会导致儿童的人格不健全，儿童成年后会表现出来种种问题，上面的汪某杀母的案例和药某某的案例，都是极端和典型的例证。家庭伦理与传统文化的融合可以建构孩子健康的人格，孩子只有拥有健康的人格才有可能会拥有幸福的人生。而建构孩子健康人格需要父母从孩子出生开始就在日常行为和亲子关系中慢慢建构出来的。因此，儒家的伦理文化不能仅仅是作为一种哲学思想去理解去背诵，而是应当作为日常的行为规范、夫妻相处之道、养育孩子之道进入现代的家庭，让父母有意识地遵从和生活，如此才能构建出孩子的人格。因此，该章编者提出以下建议：

（一）以西方心理学为参照系，以儒家伦理为核心，构建孩子的人格

在此基础上，在家庭伦理层面实现传统文化的复兴。西方心理学历史虽然不长，但是它扎根于漫长的欧洲哲学，对人性有很深刻的理解。特别是弗洛伊德等心理学先驱在研究人的个性的成长方面有独到的见解，擅长对孩子成长中的关系和身体、心理进行比较系统和细致的分析，而且都有观察和实验作为依据，也非常注重对孩子人格发展的研究，并有相对成熟的心理学范式。

（二）用西方心理学解构儒家伦理

儒家伦理主要重视的是人与人之间的关系，如从家庭关系到社会关系；而西方心理学也非常重视儿童早期的亲子关系，并研究关系对人格发展的影响，从这一点上，两者具有共通点。但是，儒家的伦理道德和社会规范不能完全回答一个人人格成长的诸多很细致的问题，而西方心理学是一个重要的补充，它不仅填补了儒家文化中不重视个体的缺陷（西方心理学尤其是精神分析学派特别重视个体），同时也会提供一个很踏实的次第来实现自身人格的完善和孩子的教育。用西方心理学解构儒家伦理可以很好解决以下两个问题：

1. 有意识地运用儒家伦理建构自己和孩子的人格以及教育的目标和指向明确（成为什么样的人，为什么成为这样的人）。

2. 根据信息传递的熵增原理，我们越是想让一个地方有序，就越是会导致总体的更加无序。这也可以解释为什么一些人强烈反对和抵触传统文化。因此，父母作为文化和家道伦理的传递者就不能强迫孩子被动地接受，同时也不能让孩子仅仅对父母有依赖性的一面，而必须要培养孩子有一个主动的、创造性的接收，也必然要培养孩子的独立性。

第二节 中国优秀传统文化在罪犯心理矫正中的应用

传统文化是我们的精神家园，是保持内心和谐的重要因素，罪犯也不例外。

由于每个罪犯都是带着传统文化的烙印进入监狱同其他犯人一起接受改造的，可以说每个犯人的血管里都流淌着传统文化的血液，只是多寡不同。这些因素在罪犯当中，相互作用，相互影响，构成了一个传统文化场，虽然罪犯们也受其他文化的影响，但是，对于改造好的罪犯来说，传统文化因素的影响是至关重要的。从以下几个方面的传统文化的教育可以对罪犯的人格起到重塑和矫正作用，当然，这种变化需要监狱警察的身教和言教。

1. 孝顺父母——“为人子，止于孝”。罪犯大都是极端的利己主义者，在犯罪的时候，他们不考虑别人，包括自己的父母，只想到他们自己；入狱后又有相当一部分人，不好好接受教育改造，不悔恨犯罪给他人和父母造成的伤害，反而怨恨父母无能，甚至不考虑父母的境况，一味地向父母要钱物。在对某监狱近500名犯人问卷中，发现40%的犯人不尽孝道。

2. 疼爱儿女——“为人父，止于慈”。“无情未必真豪杰，怜子如何不丈夫”。罪犯中不疼儿女、不讲求慈爱者有之。在对某监狱近500名犯人问卷中，发现30%以上的犯人在犯罪之前对子女不尽慈道，入监以后又没有良心发现。因此，教育罪犯正常的慈爱儿女也是非常必要的。

3. 讲求诚信——“与国人交，止于信”。信，即诚实守信。这是中华民族自古以来所倡导的为人处世的道德规范。经我们考察，大多数罪犯为了一己之利，很少讲信用，他们吃、喝、嫖、赌、抽、坑、蒙、拐、骗、偷，都是以“自欺欺人”为基础的。因此，我们教育罪犯必须讲求信用、光明磊落、心胸坦荡、坦诚实在、表里如一，成为一个值得社会信赖的人。

应当说，孝、慈、信是做人最起码的道德标准，也是“止于至善”的最高标准。也许罪犯的思想境界距离“止于至善”的思想境界还很遥远，然而，向善靠拢一步，就是一种飞跃，一种历练，一种净化，一种升华，一种进步，我们的矫正教育工作也就向前迈进了一步。因此，《大学》的“三纲领”特别是“止于至善”的教育目标为罪犯矫正教育提供了重要标的。

一、心理教育与优秀传统文化的融合

心理教育与优秀传统文化的融合可以对那些在早期教育中已经出现一些问题和缺陷的少年、成年人进行弥补性的教育，重新塑造人格。就这个角度而言，心理教育和传统文化融合后可以在监狱进行普及，作为日常教育的内容。

该章编者认为完全可以采用一些儒家经典进行心理教育，儒家经典强调孝道，“百善孝为先”，通过开展孝道教育，可以触及受教育者心灵中最柔软、最脆弱的部位，从而产生情感共鸣，“孝道、仁爱、廉耻、诚信”可以激发受教育者的心灵深处的爱与情感，成为打开受教育者心灵世界的窗口。

在激发受教育者的心灵深处的爱与情感的同时，让其自我反省，进一步塑造其人格。儒家经典从来不乏塑造人格的思想内容，如真诚地去关心他人，爱护他人，“老者安之，朋友信之，少者怀之”（《论语》）；做到仁爱之心，“老吾老以及人之老，幼吾幼以及人之幼”（《孟子·梁惠王上》）。通过对仁爱精神的领悟，感受到人间的真爱，提高自省意识，加强自身修养。孔子讲“克己复礼为仁”（《论语·颜渊》），即主体自觉提高道德修养，约束自己，自觉履行道德规范。首先是“由己”，要从自己做起，“晨必盥，兼漱口，便溺回，辄净手”，“置冠服，有定位，勿乱顿，致污秽”；其次是“克己”，即约束自己、抑制自己，加强自身道德修养，“步从容，立端正，斗闹场，绝勿近”，“用人物，须明求，倘不问，即为偷，借人物，及时还，后有急，借不难”。

但是心理教育和优秀传统文化相结合还需注意以下几个问题：

（一）教育者应先受教育

教育者应学习传统经典，明是非、知荣辱，常修为政之德、常思贪欲之害、常怀律己之心，修身正己，正己正人，保持自省，知行合一。孔子云：“其身正，不令而行，其身不正，虽令不从。”教育者无声的示范将在受教育者的心灵深处形成一股排山倒海般的内化力。

（二）要注意和公共伦理和法治教育相结合

儒家经典特别是家庭伦理要注意和当代社会提倡的社会主义核心价值观相结合，特别是要和公共伦理和法治教育相结合，这样才可以避免可能会出现的一些盲点。

（三）经典教育需要语言的转换

古人在读经典的时候是怎样思考和感受的？我们不是古人，但是我们可以想到，在那个时代，读书写字甚至口语和我们现在都会有很大不同，语言是思维的工具，在这个环境长大的孩子读颂经典，相信会有他的理解，并非只读不理解，私塾老师在讲经的时候，相信也不会不讲意义，但是可以相信的是，他们用他们的口语讲意义，对我们现在人来说仍然是难懂的，因为我们现在是白话文，用简体字和白话文进行思考，其实和古人的思维已经处于两个世界了。同时还有一个事实是，当时的社会都有着共同的价值标准，都有着共同的父母教育孩子的标准和家道伦理，父母、老师共同遵从着他们读的圣贤文化。而现在并不具备这个环境条件。

（四）读诵经典也要理解和认同

我们需要解读经典，像古人一样阅读经典，在阅读的时候知道我为什么要读它，它的意义何在。特别是对于家长和教育工作者而言，了解经典的意义和核心理念，是至关重要的。他们可以确立一个稳定而正确的文化，并用这种文化重新塑造受教育者的人格。由于我们和传统文化的隔绝，文字语言的隔离，我们要准确地理解文字已经很困难；即使理解了，我们也不能明确它到底是否适合现代人。不可否认的是，传统文化里的家庭关系、社会关系、修身内省的思想和方法的确需要转换才能被现代人所接受。

二、心理矫正技术与传统文化的融合

现有的心理治疗方法需要扎根在心灵之“道”上，也就是要和我们自己的传统文化深度融合。实际上，许多西方著名的心理学家在其理论和体系形成的过程中，确实受到了中国文化的影响。其中，卡尔·荣格便是一个例证，申荷永等系统地阐述了荣格及其分析心理学与中国文化的关系。除了一些类似荣格这样间接受到中国与东方文化影响的例子之外，在林林总总的心理治疗的类别中，还有一些直接源自中国传统文化的治疗方法，如森田心理疗法与正念训练。而随着西方心理治疗的发展，一些西方心理治疗学家越来越清楚地认识到自身的局限性以及中国传统文化的智慧，甚至有人认为心理学的未来在中国。近年来，超个人心理学在西方迅速崛起就是一个很好的证明，这个流派是建立在东方文化基础上的心理学体系，同时也综合了西方精神分析、人本主义等重要流派的思想，力图建立心理学的全景谱系，而此学派最重要的代表人物就是美国心理学家肯·威尔伯。

（一）肯·威尔伯的意识谱理论

该理论把人的意识分为阴影层、自我层和心灵层，每一层代表着对个人本体的不同理解。

阴影层是意识中最狭窄的层次，此时人只和自我意识的某些部分（或与其人格面具）相认同，自我的其他倾向则被视为痛苦的、不适当的阴影而被排除在外。意识处于这个层次的人最有效的治疗方法就是精神分析疗法。

自我层表明人只和他的自我意象相认同。人的有机体一分为二，一个是作为自我奴仆的肉体，另一个是与肉体相脱离的自我。人的本体意识在这一层次逐步缩小。意识处于这个层次的人最有效的治疗方法是人本主义。

心灵层是人的最内在的意识与宇宙的终极实在相认同时的意识状态，它是意识的唯一真实的状态，因而又被称为宇宙意识层、人的最高本体层。在这里我与非我的界限被打破，即达到东方哲学中天人合一的境界。意识处于这个层次的人需要灵性的开启。

威尔伯认为，西方心理学主张主客二分，从而把身与心、我与非我、心灵与宇宙人为地分隔开来。超个人心理学就是力图克服这种主客二分，使心灵的虚幻分化转变为本体意识的统一，使人的童年期、成年期和精神发展阶段联结成一个连续统一体。

（二）以中国传统文化为基础的新心理矫正观

心理矫正在身体、心理、灵性三个层面都不可忽视，且每个层面的矫正都可以和中国文化的思想结合起来。我们可以把这三个层面的构成方式都构想成中国的太极图，运用以下几个层面的训练以达到身心的整合与心灵的成长：

1. 身体层面的矫正

中医治疗学强调治疗要从整体出发，注意整体的阴阳气血失调情况，并从协调整体阴阳气血及脏腑的平衡出发，扶正祛邪，消除病变对全身的影响，切断病变在脏腑间相互传变所造成的连锁反应，从而通过整体的治疗效应，达到消除病邪治愈疾病的目的。中医临床学的辨证论治，实际上即是整体治疗观的具体体现。

2. 心理层面的矫正

我们需要修正西方两分法思维的意识与无意识的冰山图。在中国文化中，意识与无意识可以看作太极图里的阴阳鱼，只有相互对话，意识对无意识的内容做到理解、宽恕，才能真正做到意识与无意识的动态平衡。而穿越自我的幻象和认识个体无意识在心理学各种方法和流派中，精神分析的方法走得既稳妥又深入。精神分析的自由联想鼓励病人说出每一句话，让病人直面自己内心的阴影，真正做到悦纳自己，从而起到治疗的效果。

但是用精神分析或者其他矫正手段并不能达到心灵的超越，而对于很多“病人”来说，他们的心理疾病恰恰是由内心无所皈依，缺乏心灵家园而导致的，不解决这个问题，他们的心理问题无法彻底解决。荣格后期也发现，他的一些中年期的病人内心问题的根本原因就在于缺少内心的整合，即使事业成功，也仍然感觉人生的空虚。因此这就涉及心理治疗的第三个层次——心灵层次。

用超个人心理学大师肯·威尔伯的话来说就是：“用揭露技术，使问题浮现，将其整合，这些障碍是被语言制造出来的，被罪恶感支撑的，我们鼓励病人说出心中浮现的每一句话，目的是要和阴影面建立友谊，并重新承认它的存在。使用禅的技术不足以放松私我的全部，譬如那些被压抑的障碍，因为压抑的障碍常被避开，因此禅的作用不应该只被诠释成揭露的技术。反之，你可以尽量使用揭露的技巧，但是你不会因此而得到彻底的解脱。弗洛伊德不是佛陀，佛陀也不是弗洛伊德。因此应该将心理治疗和静修结合起来使用，让他们各自发挥所长。”

3. 心灵层面的矫正

身心的整合就是心灵的太极，以起源于印度的瑜伽为例（调息、体位、放松、冥想），强调的就是身心的整合。当你放下一切烦恼，让身体进入瑜伽的动静之中，此时的头脑不用那么累地去掌握每一刻的对错，让身体的每一个细胞开始动作活络起来，把原本的身体秩序打破，再重新组合，慢慢引导出内在的统一，你将会感受到一个全新自信的自己。

而内观禅修中的正念的训练也可以达到相应效果，正念训练要求如其所说的观察当下一刻接一刻发生的身心内外体验，是一种特殊方式（有意的、活在当下及不作评判）的觉知。正念训练是一套技术（或一种方法），旨在鼓励有意的、非价值评判的、与此时此刻发生的事件连接。简单地说，正念训练就是以一种接纳和充满好奇心的态度，通过非价值评判的观察，有意地注意于个人当下身心内外的体验。1940 年前后，缅甸佛教长老玛哈希等在政府赞助下开始大规模的正念练习普及教学，这一教学在 1956 年后传至欧美社会，并逐渐引起了临床医生和心理学家的注意。20 世纪 70 年代末，美国麻省理工学院压力治疗中心开始运用正念训练让患者进行疼痛治疗和压力管理，并最终创立了正念减压疗法，并使这一课程在美国得到了广泛的认可，随后发展出了一大批以正念训练为核心技术，或者以正念为基础的心理治疗方法。例如，正念认知疗法、辩证行为疗法，接受与投入疗法，等等。近年来，与正念训练相关的疗法如瑜伽疗法，也主要是以观想进入境界，运用三种相应方法，即手结契而不散、口诵直言不停、意做观想不乱，广泛应用于各类神经症、成瘾行为、人格障碍等的治疗。但是正念训练的有效性也仅仅限于人格基本健全，心理症结基本解决，为进一步寻求心灵超越的人。我们并不否认有很多像佛陀那样伟大的心灵，通过自我心灵的修炼可以达到某种心灵的超越，但是更多的人通过纯粹的心灵修炼是难以真正地达到某种超越，还可能会导致对现实的逃避。因此，首先应该要穿越自我的幻象，直面自己，在这个基础上再通过心灵的提升达到某种境界。

延伸阅读

《曾国藩家书》

治学论道之经

一、为学譬如熬肉

“子思，朱子言为学譬如熬肉，先须用猛火煮，然后用慢火温”。

二、读书之要在格物致知

“格物，致知之事也；诚意，力行之事也”。

三、治学以有恒为主

“盖士人读书，第一要有志，第二要有识，第三要有恒”。

持家教子之术

一、不存做官发财之念，愿子孙做君子不做大官

“余不愿为大官，但愿为读书明理之君子”；“吾不望代代得富贵，但愿代代有秀才”。

二、让儿孙一无可恃

“儿子若贤，则不靠宦囊，亦能自觅衣饭；儿子若不肖，则多积一钱，渠将多造一孽，后来淫佚作恶，必且大玷家声”。

三、不可浪掷光阴

“劳则善心生，佚则淫心生”。

处世交友之道

一、人生适意之时不可多得

“人生适意之时不可多得”；“圣门教人不外敬恕二字，天德王道，彻始彻终”。

二、与人相处疏疏落落

“不轻进人，亦不会轻退人；不妄亲人，亦不会妄疏人”。

三、鼎盛之际宜收敛

“方在鼎盛之际，此等处总宜收敛，不宜过于发扬”。

修身养性之诀

一、以“平和”养德保身

“胸多抑郁，怨天尤人，不特不可以涉世，亦非所以养德；不特无以养德，亦非所以保身”。

二、有福不可享尽有势不可使尽

“福不多享，故总以俭字为主，自然惜福矣；势不多使，则少管闲事，少断是非，自然悠久矣”。

三、读书可以变化气质

“古之精于相法者，并言读书可以变换骨相。欲求变之之法，总须先立坚卓之志”。

参 考 文 献

一、著作类

[1] 罗大华、何为民主编：《犯罪心理学》，中国政法大学出版社 2009 年版。

[2] 梅传强主编：《犯罪心理学》，中国法制出版社 2007 年版。

[3] 熊云武编著：《犯罪心理学》，北京大学出版社 2009 年版。

[4] [意] 切萨雷·龙勃罗梭：《犯罪人论》，黄风译，中国法制出版社 2005 年版。

[5] 邱国梁主编：《犯罪与司法心理学》，中国检察出版社 1998 年版。

[6] 张保平、李世虎编著：《犯罪心理学》，中国人民公安大学出版社 2007 年版。

[7] 吕瑞萍：《犯罪与侦查行为心理》，郑州大学出版社 2007 年版。

[8] 张明主编：《走向歧途的心灵——犯罪心理学》，科学出版社 2004 年版。

[9] [美] 布伦特·E. 特维：《犯罪心理画像——行为证据分析入门》，李玫瑾、屈名、庄东哲、于阳、刘杰、王子涵译，中国人民公安大学出版社 2005 年版。

[10] 徐俊文：《犯罪现场之犯罪心理痕迹解读技术》，中国人民公安大学出版社 2006 年版。

[11] 付有志、刘猜：《破解测谎的密码——心理生理检测在探案中的应用》，中国人民公安大学出版社 2006 年版。

[12] 邱国梁：《犯罪心理学的理论与运用研究》，群众出版社 2005 年版。

[13] 刘邦惠主编：《法制心理学理论与实践》，中国政法大学出版社 2002 年版。

[14] [美] 约翰·道格拉斯、[美] 马克·奥尔沙克：《变态杀手——恶性犯罪深层次心理探究》，岳盼盼、白爱莲译，海南出版社 2001 年版。

[15] 张春兴主编：《教育心理学》，浙江教育出版社 2002 年版。

［16］［奥］阿德勒：《挑战自卑》，李心明译，华龄出版社 2001 年版。
［17］Roger R. Hock：《改变心理学的 40 项研究》，白学军等译，中国轻工业出版社 2004 年版。
［18］［美］哈罗德·J. 维特、［美］小杰克·赖特：《犯罪学导论》（中译本），知识出版社 1992 年版。
［19］马立骥主编：《罪犯心理与矫正》，中国政法大学出版社 2009 年版。
［20］杨持光：《犯罪心理学导读》，中国水利水电出版社 2006 年版。
［21］《现代汉语词典》，商务印书馆 2002 年版。
［22］连春亮主编：《社区矫正理论与实务》，中国检察出版社 2010 年版。
［23］张保平编著：《犯罪心理学》，中国人民公安大学出版社 2015 年版。
［24］刘邦惠主编：《犯罪心理学》，科学出版社 2009 年版。
［25］［日］森武夫：《犯罪心理学》，邵道生等译，知识出版社 1982 年版。
［26］彭聃龄主编：《普通心理学》，北京师范大学出版社 2004 年版。
［27］张远煌：《现代犯罪学的基本问题》，中国检察出版社 1998 年版。
［28］全国 13 所高校《社会心理学》编写组编：《社会心理学》，南开大学出版社 1995 年版。
［29］时蓉华：《社会心理学》，浙江教育出版社 1998 年版。
［30］徐乃龙：《犯罪心理学》，群众出版社 2000 年版。
［31］［美］艾滋恩、［美］蒂默：《犯罪学》（中译本），群众出版社 1988 年版。
［32］康树华：《比较犯罪学》，北京大学出版社 1994 年版。
［33］［德］汉斯·约阿希姆施奈德：《犯罪学》（中译本），中国人民公安大学出版社 1990 年版。
［34］陈显荣、李正典：《犯罪与社会对策——当代犯罪社会学》，群众出版社 1992 年版。
［35］康树华主编：《犯罪学大辞书》，甘肃人民出版社 1995 年版。
［36］康树华主编：《当代有组织犯罪与防治对策》，中国方正出版社 1998 年版。
［37］［日］菊田幸一：《犯罪学》（中译本），群众出版社 1989 年版。
［38］［美］斯蒂文·哈桑：《走出邪教》，杨善录、杨菲译，安徽文艺出版社 2001 年版。
［39］［西］佩佩·罗德里格斯：《痴迷邪教》，石灵译，新华出版社 2001 年版。
［40］［美］玛格丽特·泰勒·辛格：《邪教在我们中间》，刘宇红、黄一九译，湖南人民出版社 2000 年版。

二、论文类

［1］Datong Huo，*complexe de generation. la relation de mere fils dans le reve chi-*

nois（代情结——中国人梦中的母子关系），EHESS（法国高等社会科学院硕士论文），1990，29.

[2] Sous la direction de J. – D. Nasio，*Introduction aux oeuvres de Freud. Ferenczi. Groddeck. Klein. Winnicott. Dolto. Lacan* editions payot et Rivages，Paris，1994，214.

[3] 姚峰：《对一名服刑人员的心理动力学分析及其启示》，载《犯罪与改造研究》2004 年第 7 期。

[4] 姚峰：《早期环境对于犯罪心理形成的影响——对犯罪原因的一个心理学阐释!》，载《重庆工商大学学报》（社会科学版）2011 年第 1 期。

[5] 姚峰：《未成年人犯罪的特点、原因及预防对策》，载《安徽警官职业学院学报》2009 年第 1 期。

[6] 姚峰：《潜意识创伤：天使还是魔鬼——对一名服刑人员犯罪原因的分析》，载《科技风》2008 年第 28 期。

[7] 姚峰：《监狱服刑人员管理干预中心理测评的研究》，载《科技风》2008 年第 17 期。

[8] 杜红梅、冯维：《论家长素质对未成年人犯罪的影响》，载《陕西青年管理干部学院学报》2003 年第 3 期。

[9] 蒋索、何姗姗、邹泓：《家庭因素与青少年犯罪的关系研究述评》，载《心理科学进展》2006 年第 3 期。

[10] 姚峰：《未成年人的犯罪原因与心理矫治对策——以一起未成年犯罪案件为例》，载《长春理工大学学报》（社会科学版）2011 年第 1 期。

[11] 李伟兰：《从弗氏人格结构理论的角度分析犯罪心理形成因素》，载《法制与经济》（中旬刊）2008 年第 7 期。

[12]《公安部通报七起全国打黑除恶专项斗争典型案例》，载中国平安网，最后访问日期：2009 年 9 月 1 日。

[13] 燕振安、油新红：《打击和预防黑社会性质犯罪的几点思考》，载《青少年犯罪研究》2000 年第 4 期。

[14] 邓又天、李永升：《试论有组织犯罪的概念及其类型》，载《法学研究》1997 年第 6 期。

[15] 孙建军：《有组织犯罪的心理成因》，载《青少年犯罪研究》1997 年第 8 期。